Steffen Dietzsch

Immanuel Kant

Eine Biographie

R E C L A M
L E I P Z I G

Besuchen Sie uns im Internet:
www.reclam.de

© Reclam Verlag Leipzig, 2003
1. Auflage, 2003
Umschlaggestaltung: Gabriele Burde unter Verwendung
eines Immanuel-Kant-Porträts von Rosmäsler nach
Schnorr von Carolsfeld (1789)
Autorenfoto Umschlagklappe: © Regine Bartholdt
Gesetzt aus ITC Slimbach
Satz: Reclam Verlag Leipzig
Druck und Bindung: Ebner & Spiegel, Ulm
Printed in Germany
ISBN 3-379-00806-0

für Ruth Dietzsch und Gaëtano Esposito

»Che questo mondo civile egli certamente è
stato fatto dagli uomini
onde se ne possono, perché se ne debbono,
ritruovare i principi dentro le modificazioni
della nostra medesima mente umana«*.

Giambattista Vico: Principi di una scienza nuova
[1744], Sezione terza, 331.

* [Die Prinzipien dieser Lebenswelt, die ganz gewiß vom
Menschen gemacht sind, können und müssen in den Modifikationen unseres eigenen menschlichen Geistes aufgefunden
werden.]

Inhalt

Prolog
Königsberg 1724–1740

> Mir scheint der Hauptzug Königsbergs in einer durch
> den nüchternsten Verstand beherrschten Universalität
> zu liegen.
>
> *Karl Rosenkranz**

Denkwürdig war das Jahr 1724 für die Stadtgeschichte Königsbergs. Der Ort der Krönung preußischer Könige – zwischen
1701 und 1867 – erlebte jetzt seine ›zweite‹ Geburt als europäische Metropole. Königsberg galt wie Berlin als eine Residenzstadt, war aber nicht – wie diese – eingesponnen in ein dichtes
Netz höfischer Traditionen und Rituale. Der momentane Nach-
teil des ständig abwesenden herrschaftlichen Personals wird
bald zum Vorteil werden. Hier kann sich ein Gemeinwesen entwickeln, das durch die Dominanz deutlich selbstbewußter
Stadtbürger geprägt wird.

Um das Mitte des dreizehnten Jahrhunderts erbaute Schloß,
das 1309 ein zentraler Stützpunkt der Ordensritter und seit
1322 geistliches Zentrum des Bistums Samland war, hatten sich
im Lauf der Zeit drei Siedlungen herausgebildet. Das Ganze
war seit 1626 von einer Bastionärbefestigung umschlossen.
Nach den Schwedischen Kriegen ließ Kurfürst Friedrich Wilhelm 1657 auf einer Anhöhe am linken Pregelufer, westlich der
Vorderen Vorstadt, eine Zitadelle errichten – die Friedrichs-
burg. Hier war die Garnison untergebracht, die zu Kants Zeiten
mit fünftausend Mann eine der größten des Königreichs war.

Die einflußreichste jener Ansiedelungen war – seit 1286 – die
Altstadt, südlich des Schloßes gelegen; sie war 1340 der Hanse
beigetreten. Östlich vom Schloss etablierte sich um 1300 eine
›Novacivitas‹, der *Löbenicht*, ein Platz für Handwerker und

9

Ackerbürger. Und schließlich bildete sich südlich der Altstadt, auf einer Insel, vom Pregel umflossen, 1327 der *Kneiphof*. Hier war das Quartier der Fernkaufleute. Auf der Kneiphofinsel wurde zwischen 1330 und 1380 der Dom gebaut, angeregt vom Hochmeister Lutherus von Braunschweig. Diese Teilstadt stellte nicht nur einen wirtschaftlichen, sondern auch geistlichen Mittelpunkt dar. – Die Stadt liegt auf sieben Hügeln, inmitten einer weiten Ebene. Hohe Mauern und Türme schloßen einst jedes der drei Gebiete ein, Tore führten hinüber zu den anderen Stadtteilen und Brücken zu den sogenannten ›Freiheiten‹. Die Grüne Brücke und das ehemalige Grüne Tor, mit seinen schlanken Türmen ein architektonisches Wahrzeichen, führten zu der Kneiphöfischen ›Freiheit‹, in der dann Kant geboren werden wird.

Alle drei Siedlungen waren lange umgeben von solchen ›Freiheiten‹, z. B. der Schloßfreiheit, die man 1701 vergeblich zu einer ›vierten Stadt‹ – der Friedrichstadt – ausbauen wollte. Diese ›Freiheiten‹ waren Gebiete, die durch Freibrief eigene Gerichtsbarkeit hatten. Im Jahre 1809 wurden diese Strukturen abgeschafft.

Die drei Städte wurden durch das Zusammenspiel von vier politischen Ordnungen regiert: a.) dem *Rat*, als der höchsten Obrigkeit; er bestand aus dem Bürgermeister (*Consul*), seinem Vize und zehn Ratsherren, die seit 1701 den Titel *Stadtrat* führten; b.) dem *Gericht*; c.) den *Zünften* (Kaufleute, Brauer, Großbürger) und d.) der *Gemeinen* (Kleinbürger, Handwerker). Wahlfähig für den Rat waren *nur* die evangelischen Herren der Zünfte. Das liberalisierte sich erst 1808.

Der Rat erledigte seine Verwaltungsarbeit mittels sieben Hauptämtern: neben Bürgermeister- und Vizebürgermeisteramt waren das 3.) der *Voigt* (oder auch der ›Dritte‹ genannt) – der Voigt der Altstadt hieß *Burggraf*, 4.) der *Wettherr* (oder auch der ›Vierte‹ genannt) mit zehn Beisitzern, dem die Handels- bzw. Marktordnung unterstand, 5.) der *Kämmerer* für die Finanzen, 6.) der *Kriegscommissarius*, der für das Feuer-,

Wach- und Brunnenwesen zuständig war, und 7.) der *Richter*. Alle diese Ämter wurden über Wahlen besetzt. – Daneben gab es noch den im Schloß residierenden *Oberburggrafen*, der die juristische Vertretung des Landesherren repräsentierte und unter dessen Jurisdiktion der Adel und die königlichen Bediensteten fielen.

Die Universität zu Königsberg hatte daneben eine eigene, selbständige (sogar Straf-)Gerichtsbarkeit für ihre *cives academici*.

Zu dieser Konstellation dreier Siedlungen gehört aber noch übergreifend ein vierter Faktor hinzu – der Pregel-Fluß. Diese Wasserstraße funktionierte als ein, modern gesagt, Kommunikationsmedium, durch das materielle und natürlich auch symbolische Güter in den alltäglichen Lebensprozeß dieser jetzt zu Beginn des 18. Jahrhunderts vereinten Stadt vermittelt und verarbeitet wurden.

Namentlich war es der Handel mit dem polnisch-litauischen Hinterland, der immer wieder lebendige Kräfte für jenes Gemeinwesen aktiviert haben dürfte. Es war ein besonderes Zeichen der Wahrnehmung dieser kulturellen Einflüsse, daß 1723 bzw. 1728 ein litauisches und ein polnisches Seminar unter dem Dach der Theologischen Fakultät in Königsberg eingerichtet wurden, deren Absolventen nun ihrerseits als zukünftige Pfarrer in jene Gebiete zurückwirken sollten. Die Kirche am Steindamm wurde umgangssprachlich noch weit bis ins 19. Jahrhundert hinein *Polnische* Kirche genannt.

Diese Handelstätigkeit war, wie es in einem zeitgenössischen Reiseführer heißt, »wegen der bequemen Schiffahrt considerabel, und ist was besonders, dass auf dem Pregel, einem Fluss von etwan 60 Schuh breit, die grossen Schiffe nächst an die Stadt und Brücke kommen können.«[1] Der Königsberger Hafen erstreckt sich von der Grünen Brücke bis zur – später erbauten – Eisenbahnbrücke. Er liegt gut geschützt, denn durch einen engen und sehr langen Meerbusen, das *Frische Haff*, ist er von der offenen See getrennt. Das Hafenbecken ist sehr tief

11

und so gut schiffbar. Links des Pregel liegen die Werften. Königsberg war von alters her ein bekannter Umschlagsplatz für den Salz- und Getreidehandel. – An der Königsberger Universität wurde in den achtziger Jahren des 18. Jahrhunderts sogar erwogen, ob nicht hier ein entsprechender Lehrstuhl eingerichtet werden sollte, »welcher den hiesigen Seefahrern zu Vortheil der Preußischen Majestät theoretische Kenntnisse der Steuer-Manns Kunst beygebracht werden können.«[2]

Um hier ungestörte Warenströme zu gewährleisten, waren generell neue, liberale Regularien – möglichst unabhängig von berlin-brandenburgischen, d. h. höfischen Partial-Interessen – unabdingbar. Die wirtschaftlichen Entscheidungen des neuen Königs vom Ende der zwanziger Jahre des 18. Jahrhunderts trugen dann dem auch Rechnung – u. a. wuren freie Salzeinfuhr, Aufhebung der Marktstunden und der Getreidezölle sowie Neufassung, d. h. Formalisierung und Verrechtlichung des Arbeitsmarktes (mit u. a. einer neuen Gesindeordnung, einer Handwerksordnung und einer Marktordnung) eingeführt. Das war zugleich verbunden mit der ›Enttabuisierung‹ bestimmter Erwerbstätigkeiten: »Gassenkehrer, Totengräber, Nachtwächter, Bettelvögte und Schäfer wurden für ehrlich erklärt und damit ihre Kinder zum Handwerk zugelassen.«[3] So konnte sich sukzessive neues wirtschaftliches Denken und Handeln gegenüber der alten Zunftordnung durchsetzen. – Damit wurde à la longue die neue – abstrakte – Idee der *Gesellschaft* gegenüber der von der herkömmlichen *Gemeinschaft* – also einer sinnlichen, blutsverwandt-familiären Patriachalik – gestärkt. Auch die städtische Verwaltungsarbeit löste sich damit aus den informellen Konstellationen ständischer Ad-hoc-Interessen und wurde zu einer juristisch standardisierten und damit überschaubar nachvollziehbaren – und notabene justitiablen – rationalen Tätigkeit. Von jetzt an war kommunales Handeln eingebunden in ein gesamtstaatliches Interessen- und Politikgeflecht.

Der Pregel mit seinen drei Quellflüssen – Inster, Pissa und An-
gerapp – kam weit aus dem Osten. Durch diese Handelsströme,
die »aus weit entlegenen Landschaften … unter der Leitung
der Juden nach Königsberg«[4] organisiert wurden, kam immer
wieder das Eigene mit fremdem Neuem in Berührung. Für die
Juden entwickelte sich auf Grund ihres Vorteils, in allen Han-
delsfragen unstrittig kompetent zu sein, die Möglichkeit, einen
sogenannten (allerdings personengebundenen) ›Schutzbrief‹
zu erlangen. »Die Religion bestimmt die Lebensart der Juden«,
soviel konnte Kant von frühauf selber wahrnehmen, und »weil
sie jederzeit besorgen zu einer andren gezwungen zu werden,
so verabscheuen sie eine jede Lebensart, in welcher sie nicht
Freyheit gnug haben würden es zu vermeiden. Daher bauen
sie nicht den Acker.«[5]
Das Generaljudenreglement erlaubte den Schutzjuden z. B. einen unbegrenzten Silberhandel, der per Reskript[6] vom 6. September 1742 nochmals ausdrücklich für Königsberg bekräftigt
wurde. Solche kargen Privilegien aber reichten schon aus, gegen sie Vorurteile zu erzeugen bzw. zu befestigen. Einer der
Vorwürfe war, daß sie als eine ›Kaufmanns-Nation‹ geradezu
schicksalhaft eine ›Nation von Betrügern‹ seien. Das mag ja
empirisch, von Fall zu Fall, nicht ungegründet sein, so hat Kant
einmal dazu Stellung genommen, ist aber natürlich gar keine
Erklärung. Die Juden seien Händler geworden nicht auf Grund
eines über sie verhängten Fluches, und sie sind deshalb auch
nicht in aufklärerischer Manier etwa auf »Ehrlichkeit hin zu
moralisieren«, sondern sollten »vielmehr als *Segnung* angesehen werden […] zumal der Reichthum derselben als Indivi-
duen geschätzt, wahrscheinlich den eines jeden anderen Volks
von gleicher Personenzahl jetzt übersteigt.«[7] – Wie rigoros jedoch die Sanktionen bei juristischen Verfehlungen von Juden
waren, offenbart ein Edikt, wonach, »wenn ein Jude wissent-
lich gestohlene Sachen kauffet, selbige sofort unentgeltlich re-
stituiret, und der Jude ausgepeitscht und gebrandmarket, und
der die ihn zugebrachten Sachen nicht angezeiget des Landes

verweisen, überall der Judenschafft auch bei Verlust des Capitals verbothen seyn solle, nicht mehr als 12. pro Cent [Zins] Jährlich zu nehmen.«[8]

Andere Volksgruppen aus dem Osten, namentlich Russen und Polen, nahm Immanuel Kant noch anders wahr als quasi orientalische Völker, die »nicht imstande sind eine einzige Eigenschaft der Moral oder des Rechts durch Begriffe auseinanderzusetzen«[9], und die »dem Zwang der Mächtigen allein unterworfen seyn wollen.«[10] Im Unterschied dazu nennt Kant eine Nation dann *europäisch*, wenn sie »gesetzmäßigen Zwang annimmt«[11], ihre Freiheit also allgemeingültigen Regeln unterwirft.

Durch Waren, Geld, Kulte und Ideen, die immer wieder neu in diesem Gemeinwesen zirkulierten, wurden die Welt und ›Weltbegriffe‹ wichtige Faktoren, die hier ein weltbürgerliches Selbstverständnis miterzeugten. Kant selber hat diesbezüglich über seine Heimatstadt als die »große Stadt, de[n] Mittelpunkt eines Reiches, in welchen sich die Landescollegia der Regierung dasselbst befinden«, gesagt, daß »Königsberg am Pregelflusse schon für einen schicklichen Platz zu Erweiterung sowohl der Menschenkenntniß als auch der Weltkenntniß genommen werden, wo diese, auch ohne zu reisen, erworben werden kann.«[12]

Einer der frühesten Biographen und Tischgenosse des alten Kant, der Theologe Johann Gottfried Hasse (1759–1808), hatte diese Pregellandschaft sogar mit dem Attribut *paradiesisch* beschrieben. In einem Pentateuch-Kommentar hatte er »wegen der in den Pregel hinein fallenden Flüsse und Bäche die fünf Ströme gefunden, die das Paradies umfließen.«[13]

Und in einer zeitgenössischen Ode auf Königsberg heißt es:

Ihr Bürger! kommt mit mir und eilet
da wo des Pregels breiter Guß
die Wiesen trennt und sich verweilet;

Der Kneiphof schwimmet auf den Wogen;
die Insul hat Mercur bezogen,
der hier das andre Tyrus fand.

Ein Schiffer läuft mit vielen Lasten
und Jauchzen in dem Hafen ein.
er überschlägt das Volk, die Kasten,
die seinem Ruder zinsbar seyn.
Hier klettert einer an den Tauen
der Börse Pracht voraus zu schauen.
Man läßt das Guth ans Bollwek bringen
bald wälzt der Krahn sein weites Rad,

Wer den bewohnten Raum durchmißet,
wird von der Straßen Vielheit matt;
Doch ist der saure Gang versüßet:
das Auge schaut sich nimmer satt.
Der Thürme Spitzen, die Paläste,
der Dächer Ordnung, Kunst und Pracht,
der Städte Tiefe, Höh und Weite
sind Felder, wo die Schönheit lacht.[14]

Durch eine königliche Verordnung, das *Rathäusliche Reglement* vom 13. Juni 1724, wurden nun die drei Städte an der Mündung des Pregel vereinigt. Das stieß zunächst auf Widerstand bei den drei alten Stadtregierungen, die allerdings durch ihren ständischen Filz, durch Cliquenwirtschaft, Korruption und Sippenwirtschaft der Patrizierfamilien zum Hemmnis für die Entwicklung dieser wichtigen Region Preußens geworden waren.

So war also diese Vereinigung, die am 28. August 1724 im Altstädtischen Rathaus feierlich zelebriert wurde, gewissermaßen einer der Höhepunkte in einer Serie von Reformen aus der Herrschaftszeit von Friedrich Wilhelm I. zwischen 1713 und 1740. Vieles in der Verwaltung gerade für Ostpreußen mußte generell ganz neu begonnen werden. Dabei wurde nicht nur eine alte, uneffektive Wirtschaftsform durch eine moderne ersetzt, sondern es etablierte sich dadurch auch ein neues Staatsbewußtsein. Das früher allein Interessante des alltäglich vor Augen Liegenden‹, der sinnlich konstatierbaren Umstände, erweiterterte sich nun zu einem die ganze Polis betreffenden – eben *politischen* – Sachverhalt. Das führte insgesamt zu einer Verrechtlichung und Homogenisierung sozialer Lebenszusammenhänge, zu rationalen Lebensentwürfen.

Der preußische Beamtenstaat nahm jetzt auch hier in Königsberg seine ersten Konturen an. Es gab von hier an erst eine geregelte Kompetenzverteilung und eine, besonders finanztechnisch, nachhaltige Abgrenzung von Hof, Staat und Stadt. Die Mitglieder des Magistrats waren zukünftig nicht mehr ›ehrenamtlich‹ tätig, sondern königliche Beamte auf Lebenszeit.

Eine der ideengeschichtlichen Pointen, die mit diesen Umschichtungsprozessen verbunden ist und der dann – ohne hierbei einen Kausalnexus zu imaginieren – in Kants Theorie philosophisch Rechnung getragen wird, ist die Neuverfassung des Begriffs des (unsinnlich) Allgemeinen. Wobei an ihm jetzt gegenüber dem Sinnlich-Empirischen eine konstitutive und konstruktive Kompetenz erkannt wird – und der von Kant dann auch einen neuen ›Namen‹ bekommt: das *Transzendentale*. Mit ihm experimentiert Kant dann am Problem des *Selbst-Entwerfens* eines möglichen Erfahrungsraums durch und für menschliche Tätigkeit. Die also wird vernünftigerweise als extern immer endlich, aber intern unbeschränkt begriffen werden. Die Grenzen dessen, so hat es dann Kant mit seiner Theorie begreiflich machen wollen, was intersubjektiv als möglicher Erfahrungsraum konstituiert werden kann, all das macht die Grenzen meiner Welt. Insofern kann, z. B. in bezug auf Rousseau, mit dem sich Kant gern verglich, den er mit Gewinn las und der sich als *Citoyen de Genève* bezeichnete, mit Recht gesagt werden: »Kant sah sich eher als *citoyen du monde*.«[15]

16

Noch kurz vor der Regentschaft von Friedrich Wilhelm I. hatte die Pest 1709/10 Leben und Verwaltung Ostpreußens nahezu zusammenbrechen lassen. In einem zeitgenössischen Bericht jener Tage lesen wir: »Der Ausgestorbenen Wiesen und Felder liegen wüst, und ist kein Mensch, der sie austet [d. h. erntet, von ›Kornaust‹ - Ernte] und beackert. Die königlichen Vorwerke sind wegen Mangels der Menschen nicht auf die Hälfte zugepflügt ... und wo nicht aus den deutschen Orten werden Menschen geschickt werden, die solches auf dem Felde austen und aussetzen, so muß alles draußen bleiben. Es kann der Jammer nicht genug beschrieben werden.«[16]

Vieles mußte ganz neu begonnen werden, angefangen mit der Wiederansiedlung von Leuten, der sogenannten *Repeuplierung* der Landschaft, die sich über viele Jahrzehnte hinzog. Unter denen, die hier weit im Osten einen Neuanfang wagten, waren Protestanten aus der französischen Schweiz, Pfälzer, Salzburger und hugenottische Refugiés aus Frankreich.

Kurz, das Land bedurfte eines umfassenden *Retablissements*, d. h. die innere Ordnung im Land und die Beziehungen dieser Landschaft zum Königreich Preußen überhaupt mußten neu konstituiert werden. Eines aber blieb: »Immer wieder verschaffte sich auch im ›neuen‹ Etatsministerium das ›landschaftliche Sonderbewußtsein‹ in Ostpreussen Geltung.«[17]

Für das künftige Leben in Königsberg besonders bedeutsam waren die staatlichen Schutzmaßnahmen für den Königsberger Handel, allen voran die Kodifikation des Seerechts, aber auch die Vereinheitlichung der Maße und Gewichte (1733). Von alters her gab es ein besonderes Königsberger Handelsprivileg, das sogenannte *Stapelrecht*. Darüber hat der Königsberger Stadtpräsident Theodor G. Hippel (1741–1796), ein enger Freund Kants, gar ein Buch geschrieben.

Auch andere Reformen der Verwaltungspraxis wurden begonnen, wie u. a. die Umwandlung des ehemaligen ›Hofhalsgerichts‹ in ein modernes *Kriminalkollegium* (1722), die Etablierung eines *Medizinalkollegiums* (1724), des *Pupillenkollegiums* (1725), d. i. eine Vormundschaftsstelle mit einem Etatsminister und sieben Räten, sowie der *Kriegs- und Domänenkammer* (1723) und auch einer *perpetuierlichen Kirchen- und Schulkommission* (1732), des Konsistoriums. Sie führte 1733 die allgemeine Schulpflicht ein.

Nicht zuletzt wurde 1739 das Fuhr- und Postwesen staatlicherseits neu geregelt, d. h., dieses in privaten Händen liegende Geschäft wurde neu mit dem Hofpostamt koordiniert. Zu Kants Lebenszeit bestanden von Königsberg aus sieben Postlinien, mit Kutsche und Reiter. Die Entfernung von Berlin nach Königsberg beträgt 590 km. Eine *direkte* Bahnverbindung bestand erstmals zwischen 1867 und 1945. Vorher dauerte eine Reise zwischen beiden Haupt- & Residenzstädten zwischen sechs bis acht Tage.

Als Handelsstadt war Königsberg auch Ziel vieler Zuwanderer aus anderen Ländern, die sich hier merkantilen Erfolg versprachen. Namentlich englische und schottische Handelshäuser kamen hier schon kurz nach der Königskrönung zu Beginn des Aufklärungs-Jahrhunderts in den Genuß von Zollfreiheiten. Unter den Begründern bzw. Betreibern dieser Firmen, namentlich Robert Motherby (1736–1801) und Joseph Green (1727–1786), fand Kant dann seine vertrautesten Freunde, mit denen er sogar seine philosophischen Ideen diskutieren konnte. So habe er kaum ein Satz in der *Kritik der reinen Vernunft* »niedergeschrieben, den er nicht zuvor seinem Green vorgetragen und von dessen unbefangenen und an kein System gebundenen Verstande hätte beurteilen lassen.«[18] Über Joseph Green hat man einmal gesagt, daß er, auch wenn er regelmäßig die Börse an der Grünen Brücke in Königsberg besuchte, immer »mehr Gelehrter als Kaufmann war.«[19]

Dies vor allem waren die wirtschaftlichen, kommunalen und auch geistigen Voraussetzungen, oder, mit einem zentralen Methodenbegriff Kants ausgedrückt, die *Bedingungen der Möglichkeit*, durch die die Stadt Königsberg für die kommenden zweihundertfünfzig Jahre, bis zu ihrem Untergang im August 1944, zu den wichtigen alteuropäischen Seestädten – von Neapel über Lissabon, London, Amsterdam, Danzig bis Sankt Petersburg – aufsteigen konnte. »Das Kapital, das ein Amsterdamer Kaufmann verwendet, um Getreide von Königsberg nach Lissabon und Früchte und Wein von Lissabon nach Königsberg zu schaffen, ist in der Regel zur Hälfte in Königsberg und zur Hälfte in Lissabon, und braucht niemals nach Amsterdam zu kommen. Der natürliche Wohnsitz eines solchen Kaufmannes müsste«, so hat es der berühmte Nationalökonom Adam Smith dekretiert, »Königsberg oder Lissabon sein.«[20] Und wenn ein so wichtiger Handelsplatz wie Lissabon eines Tages in Trümmern liegt, so wie tatsächlich an Allerheiligen 1755 durch ein Erdbeben geschehen, so ist das natürlich ein Anlaß für gerade einen Königsberger Intellektuellen wie Immanuel Kant, darüber zu reflektieren. Kant hat dazu gleich drei Aufsätze geschrieben.

In solchen Marktmetropolen wie Königsberg oder auch Edinburgh können sensibilisierte Geister aber auch für das *Denken* selber auf neue Problemlagen stoßen. – So haben gerade Adam Smith und Immanuel Kant, jeder auf seine Weise, mit einem Denkfetisch der Neuzeit aufgeräumt: dem auf-sich-selbst-zurückgeworfenen Einzelnen, der literarisch in den sogenannten *Robinsonaden* das neue Selbstverständnis des aufgeklärten Individuums versinnbildlichte.

So hatte Smith mit seiner Arbeitswerttheorie die merkantile ›Robinsonade‹ eines an-sich wertschaffenden Ichs verabschiedet, indem er zeigte, daß der Wert von etwas Produziertem nicht diesem an-sich-selbst, gewissermaßen naturhaft, anhängt, sondern erst als eine Resultante von zwei am Markt miteinander kommunizierenden Faktoren – *tauschend* – sich bildet. Daß also der *Markt* als das ›Dritte‹ – *Apriorische* – immer erst (oder schon) die Bedingung der Möglichkeit einer Werterzeugung für ein Produkt darstellt. Erst so wird aus etwas Natürlichem *an-sich*, aus einem sinnlich-einzelnen Produkt, etwas Artifizielles, etwas Phänomenales *für-uns*, eine sinnlich-allgemeine *Ware*. Der empirische Gegenstand hat erst als *Ware* eine empirisch-abstrakte Doppelnatur, wird so erst kommunikabel zur Vergleichung des naturhaft Ungleichen. – Strukturell ganz ähnlich hatte auch Kant das von ihm so genannte *transzendentale* Subjekt verstanden wissen wollen, als ein die vielen empirisch-verschiedenen Subjekte verbindend Identisches. Das aber war ein Denkeinsatz vom Menschen her, der, wie Kants späterer Biograph Johann Benjamin Jachmann aus eigener Anschauung wußte, den Zeitgenossen fremd war. Denen sei »der nothwendige Unterschied zwischen Phänomenon und Noumenon, und daß folglich der Mensch in beyder Hinsicht betrachtet werden müsse, völlig unbekannt: so scheint's ihnen auch unmöglich begreifen zu können, daß der Mensch als Phänomenon dem Naturmechanism unterworfen, und doch als Noumenon frey seyn ... könne.«[21]

Kant hat damit alle philosophisch seit Descartes inspirierten Gedankenspielereien eines isolierten, ›robinsonesken‹ Subjekts, das als empirisch Einzelnes wahrheitsfähige Erkenntnisse aus sich heraus schafft, sei es – sensualistisch – dank *primärer Sinnesqualitäten*, sei es – rationalistisch – dank *eingeborener Ideen*, verabschiedet.

So wie bei Smith der *Markt* als das ›unsinnlich Dritte‹ den Raum schafft, in dem allein Werte erzeugt werden, so ist bei Kant das *Transzendentale* das ›unsinnlich Dritte‹, in dessen Medium sich für ein Subjekt die Wahrheit eines Objekts erst herstellen läßt. ›Wert‹ wie ›Wahrheit‹ sind also beide in jener Zeit neu bestimmt worden als *interaktive Verhältnisse* und nicht länger als – eher mystische – Eigenschaften von einzelnen Substanzen oder Subjekten.

Christian Jacob
Kraus

Es war eben gar nicht zufällig, daß gerade hier »an der Königsberger Universität zwei Männer gewirkt in einem Sinne, der,
allem faulen Dahinnehmen im traditionellen Denken und in
den politischen Verhältnissen feind, allen überlebten Ordnungen in Staat und Gesellschaft gegenüber abweisend war. Beide
Männer haben in engen persönlichen Beziehungen zueinander gestanden [...] Der eine, überwiegend rezeptiv und enzy-
klopädistisch veranlagt, Polyhistor, Begründer der National-
ökonomie als Wissenschaft [und ›Sprachrohr‹ Adam Smiths an
der Universität] – *Christian Jakob Kraus*; der andere, auf scharf
begrenztem, aber grundlegenden Gebiete die tiefsten Tiefen
erforschend: *Immanuel Kant.*«[22]

Die Stadt Königsberg hatte zu dieser Zeit ca. 50 000 Einwohner,
immerhin doppelt soviel wie die Residenzstadt an der Spree. –
In Königsberg war die ostpreußische Provinzial-Regierung angesiedelt, das später so genannte *Etats-Ministerium*. Eine von
heute her gesehen sehr kleine Behörde: es gab vier Etatsmini-

ster, ein paar Kopisten, Referenten, insgesamt nicht mehr als zwanzig Leute.

*

Am 22. April 1724 wurde hier in der Handwerkerfamilie Kant der Knabe Immanuel (im Taufeintrag: *Emanuel*) geboren, an einem Samstag, morgens gegen fünf Uhr. Er war das viertälteste Kind der Familie. Die Mutter Anna Regina, geb. Reuter (1696–1737), aus Nürnberg, brachte in ihrem vergleichsweise kurzen Leben immerhin neun Kinder zur Welt, einige starben schon als Babys. Mit Immanuel wuchsen vier Schwestern auf – Regina Dorothea (geb. 1719), Maria Elisabeth (1727–1796), verh. Kröhnert, Anna Louise (geb. 1730), verh. Schultz, Catharina Barbara (1731–1807), verh. Theuer, und der Jüngste der Familie, sein Bruder Johann Heinrich (1735– 1800), seit 1781 Pfarrer im kurländischen Altrahden.

Die Eltern Kant heirateten am 13. November 1715 im Kneiphofschen Dom, die Trauung vollzog der neue Diakon Michael Lilienthal (1686–1750). – Nach dem Zusammenschluß der drei Teilstädte hat Michael Lilienthal, der auch Bibliothekar, Mitglied der Berliner und Petersburger Akademie und zudem ein gelehrter Kartograph war, einen seinerzeit weitverbreiteten Stadtplan Königsbergs angefertigt.

An die – dann leider frühverstorbene – Mutter dachte Immanuel immer mit tiefer Verehrung. Sie war gewissermaßen das geistliche Haupt der Familie, regelmäßig besuchte sie die Betstunden des berühmten Pietisten Franz Albert Schultz (1692–1763), des Konsistorialrats und Pfarrers der Altstadt, der auch dreißig Jahre lang, seit 1733, Direktor des Collegium Fridericianum war. Er war es auch, der die Eltern Kants überzeugte, ihren Ältesten doch studieren zu lassen.

Kants Mutter war »eine liebreiche, gefühlvolle, fromme und rechtschaffene Frau und eine zärtliche Mutter, welche ihre Kinder durch frommen Lehren und durch ein tugendhaftes

Königsberg: Grüne Brücke und Börse

Beispiel zur Gottesfurcht leitete. Sie führte mich oft außerhalb
der Stadt, machte mich auf die Werke Gottes aufmerksam, […]
sie pflanzte und nährte den ersten Keim des Guten in mir, sie
öffnete mein Herz den Eindrücken der Natur, sie weckte und
erweiterte meine Begriffe und ihre Lehren haben einen immer-
währenden, heilsamen Einfluß auf mein Leben gehabt.«[23]
Die Kants wohnten in dem neben der Altstadt dichtbesiedelt-
sten Areal Königsbergs, nämlich in einer der zwei sogenannten
›Kneiphofschen Freiheiten‹, der Vorderen Vorstadt – jenseits
der ›Grünen Brücke‹, die in den Kneiphof führte –, in der Satt-
lergasse 22, die in die spätere Bahnhofstraße mündete. Hier an
der Grünen Brücke wurde dann auch das Symbol allen Handels gebaut: die Börse, wohl eines der schönsten Gebäude Königsbergs.
Das Geburtshaus Kants befand sich also im Zentrum des Fluß-
handels, in einer lebhaft kommerziellen Stadtlandschaft, mit
Speichern, Geschäftsräumen, billigen Gasthöfen, Kneipen,
Coffeehäusern, etc. Hier kreuzten englische und holländische

23

Seeschiffe, die aus dem Westen kamen, ihren Weg mit polnisch-litauischen Flußfahrzeugen. »Jeder Gang nach der Schule und in die Haupttheile der Stadt führte [...] durch das anregende Gedränge des Handels, und erweckte früh in ihm [Kant] die Vorliebe für eine genauere Kenntniß der Sitten und Gewohnheiten fremder Länder und Völker, für eine charakteristische Auffassung ihrer Verschiedenheiten.«[24] Das Geburtshaus Immanuel Kants wurde schon zu seinen Lebzeiten, Mitte des 18. Jahrhunderts, abgerissen.

In den Jahren, in denen Kant in Königsberg lebte, wurde die Stadt von vier großen Bränden heimgesucht: 1756, 1764 traf es vor allem den Löbenicht, 1769 wurde Kants Kindheitsgegend, die Vordere Vorstadt mit vielen Speichern, verwüstet, und 1775 wurde die Hintere Vorstadt getroffen.

Diese urbane Vordere Vorstadt nahm »im Verhältnis zum Kneiphof eine ähnliche Stellung ein wie der Steindamm [d. i. die älteste ›Freiheit‹ Königsbergs] zur Altstadt.«[25] – In der anderen Kneiphofschen Freiheit, dem Haberberg, bildete später die preußische Armee ihre Artilleristen aus. Die exzeptionelle Erhöhung alles Militärischen gehörte auch zu den Reformideen von Friedrich Wilhelm I., den man ja schließlich auch den ›Soldatenkönig‹ nannte. Im Jahr 1724 erlitt das geistige Leben Königsbergs aber auch einen herben Verlust: In diesem Jahr floh nämlich der Magister Johann Christoph Gottsched (1700–1766) vor den Werbern der preußischen Armee, die den jungen Mann mit dem Gardemaß gern rekrutiert hätten, aus seiner Heimatstadt nach Leipzig, deren künftiges akademisches Leben er maßgeblich mitbestimmen sollte.

Die Vorfahren von Immanuel Kants Vater waren aus Preußisch-Litauen, aus Memel, am Nordende des Kurischen Haffs, nach Königsberg gekommen. Die Profession von Vater Johann Georg Kant (1682–1746) war das Riemerhandwerk. Die Familie war streng lutherisch. – Das war auch die dominante Konfession in der Stadt Königsberg, hier gab es vierzehn lutherische Kirchen, neben drei reformierten Kirchen und einer katholischen Kirche. Und es gab seit 1704, als sich eine Beerdigungsbruderschaft (eine *Chewra Kaddischa*) konstituierte, eine zu Kants Lebzeiten sehr kleine jüdische Gemeinde in der Stadt, deren Mitglieder aber bis 1812 nicht als inländische Staatsbürger galten. Ein erstes Bet- und Schulhaus, das seit 1682 für die durchreisenden Handelsjuden bereitstand, befand sich im Eulenburgschen Haus in der Kehrwiedergasse, der späteren Theaterstraße. Im Jahre 1756 wurde die Erlaubnis zum Neubau einer Synagoge erteilt. Diese wurde in der Vorstadt errichtet, und am 23. Dezember 1756 in der Nähe von Kants Kindheits-Kiez, in der Schnürlingsgasse, eingeweiht (sie brannte am 14. Juli 1811 ab). Hier in der Vorderen Vorstadt wurden später noch – Mitte des 19. Jahrhunderts – je eigene Synagogen für die polnische jüdische Gemeinde und für die Chassidim gebaut.

Seit dem Jahre 1721 durften Juden an der Königsberger Universität studieren, zumeist waren sie an der medizinischen Fakultät inskribiert. Seit Mitte der vierziger Jahre gab es hier in Königsberg auch einen jüdischen Buchhandel. Die Kriegs- und Domänenkammer erlaubte – gegen eine Pacht von 105 rth. (Reichstaler) – am 21. Mai 1745 dem Juden Israel Moses Friedlaender für zwölf Jahre »den jüdischen Bücherhandel in Königsberg [...] dergestalt, dass der Pächter mit jüdischen Büchern sowohl in Königsberg als zur Jahrmarktszeit in Memel und Tilsit ganz allein zu handeln, andere Juden aber so wenig als christliche Buchführer dessen befugt sein, sondern, wenn ein oder anderer darüber betroffen werden möchten, deshalb zur Fiskal-Strafe gezogen werden soll.«[26]

Zu Beginn des 18. Jahrhunderts gab es ansonsten fünf Buchhandlungen in der Stadt, die Firmen von Paul Friedrich Rhode († 1709), Michael Lange (bis 1722), Fam. Martin Hallervord jun. († 1714) und dessen Sohn Gottfried († 1759), von Georg Jacob Heerdan († 1744) und Heinrich Boye († 1760).

Eine neue Buchhändlerdynastie begründete Christoph Gottfried Eckart († 1750), aus Grimma in Sachsen eingewandert, als er 1722 Hallervords Ladengeschäft an der Schmiedebrücke übernahm. Erst nach dem Regierungsantritt von Friedrich II. wurden ein paar neue Konzessionen für Buchhändler vergeben. Eine davon bekamen Johann Heinrich Hartung (1699–1756) und sein Sohn Gottfried Leberecht Hartung (1747–1797), die ihre Geschäfte zusammen mit dem erfahrenen Eckart führten. Hartung gründete 1752 die *Königl. priviligierte preussische Staats-, Kriegs- und Friedenszeitung*. Die zweite Königsberger Zeitung, die *Königsbergische gelehrte und politische Zeitung*, kam seit Februar 1764 in der Buchhandlung von Johann Jacob Kanter (1738–1786) heraus.

Natürlich gehörte die Universität (gegründet 1544) zu den maßgeblichen geistigen Institutionen der Stadt. Aber: »Die Universität mit ihren Angehörigen bildet eine von der städtischen Obrigkeit eximierte besondere Gemeinschaft, die der Stadtgemeinde nebengeordnet ist. In allen gemeinsamen Angelegenheiten muß daher zwischen beiden verhandelt werden.«[27] Alle vier altpreußischen Universitäten Frankfurt/Oder, Duisburg, Halle/Salle und Königsberg wurden seit 1747 dem Oberkuratorium (in Berlin) und damit einer einheitlichen Ministerialinstanz zugeordnet.

Es sind viele Generationen der Kants fast ausschließlich aus städtischen Milieus gekommen. »Manche Züge Kants werden wir auch auf diese städtische, vielleicht allzu städtische Abstammung zurückführen dürfen, [...] seine gesellige Begabung, seine Liebenswürdigkeit und selbstverständlich die große Beweglichkeit seines Geistes und die Vielfältigkeit seiner geistigen Neigungen.«[28]

Seinen ersten Unterricht erhielt der Knabe Immanuel in der vorstädtischen Hospitalschule, danach besuchte er zwischen Ostern 1732 und Herbst 1740 das Königsberger *Collegium Fridericianum*.

Diese im Jahr der Königskrönung 1701 von Theodor Gehr (1663–1705) gegründete Lateinschule wurde am Kreuztor – der späteren Collegienstraße – eingerichtet, im *Creytzenschen Haus*. Der Lateinschüler erreichte die Schule, indem er am Zollgebäude des *Holländer Baums* – hier residierte später Johann Georg Hamann – über die Grüne Brücke in den Kneiphof ging, und zwar durch die Langgasse, am Rathaus vorbei, dann nach rechts am Schloß vorbei, um schließlich die Französische Straße zu erreichen, die zum Kreuztor führte. Ein Weg, den er lange acht Jahre täglich zu machen hatte.

Das Fridericianum war nach dem Vorbild der von August Wilhelm Francke in Halle konzipierten Stiftung gestaltet. Sie war durchaus ein Novum im Schulgefüge der Stadt, denn sie war die erste Schule, die keiner Kirchengemeinde unterstellt war.
Das Ansehen dieser Lehranstalt war sehr groß, sie galt bald als Vorbild für alle Lateinschulen im Lande. – Erst nach 1780, unter dem Rektorat des Theologen Gotthilf Christian Reccard (1735–1798) und seines Inspektors Domsien, verlor das einstmals herausragende Fridericianum an Bedeutung.
Der erste Direktor des Collegiums war Heinrich Lysius (1670 bis 1731), der Theologieprofessor primaris der Universität und zugleich seit 1702 Pfarrer am Löbenicht.
In den nachfolgenden beiden Interimsjahren 1731–1733 von Georg Friedrich Rogall (1701–1733), der trotz seiner Jugend schon ein namhafter pietistischer Autor (von weitverbreiteten Kirchengesangbüchern) war – und bereits mit 24 Jahren Philosophieprofessor –, kam Immanuel Kant Ostern 1732 an diese Schule. – In diesem Jahr mußte übrigens die Universität mit ihrer bislang niedrigsten Immatrikulationsrate zurechtkommen: nur 252 Studenten waren insgesamt eingeschrieben.

Die geistige Atmosphäre hier am Fridericianum war vom Pietismus geprägt. Vor allem eben der dritte Direktor der Schule, Franz Albert Schultz, brachte diese geistige Erbschaft aus seiner Studienzeit in Halle an der Saale mit zurück an den Pregel. Er wurde 1732 als jüngster Professor in das in der Rangfolge *erste* theologische Ordinariat – für Dogmatik – an der Universität berufen, bevor er im Jahr darauf wegen des überraschenden Todes von Rogall die Rektorenstelle des Fridericianums übernehmen mußte. Mit ihm erlebte diese Lateinschule eine reichsweite Führungsrolle gegenüber vergleichbaren Instituten.

Wir kennen von Kant rückblickend manche kritische Einlassung gegen jene strenge Herzens-Zucht in dieser Schule; Kants späterer Tischgenosse Theodor Gottlieb Hippel (1741–1796) erinnert sich an Kants »Drangsale der Jugend«, und daß ihn »Schrecken und Bangigkeit überfiele, wenn er an jene Jugendsklaverei zurückdächte.«[29] Dasjenige aber, was den Pietismus zur verächtlichen Sekte macht, sei nicht, wie Kant noch im hohen Alter schrieb, dessen Frömmigkeit, »sondern die phantastische und bei allem Schein der Demuth stolze Anmaßung sich als übernatürlich-begünstigte Kinder des Himmels auszuzeichnen, wenn gleich ihr Wandel, so viel man sehen kann, vor dem von ihnen so benannten Weltkinder in der Moralität nicht den mindesten Vorzug zeigt.«[30]

Dasjenige aber, was der Gymnasiast Kant doch von seiner pietistischen Erziehung zeitlebens mitgetragen hat, ist mit dem Begriff *Ehrfurcht* treffend beschrieben – Ehrfurcht vor allem Geschaffenen, vor dem Menschen, vor seinen Bestrebungen, und nicht zuletzt vor Texten. Vielleicht ist ein gelegentlich an Kant beobachteter Rigorismus doch auf diese juvenile Zucht zurückzuführen.

Es war Schultz allerdings nicht nur ein eifernder, strenger Frömmler, vielmehr versuchte er etwas ›Drittes‹ zwischen festem Glauben und beweglich-reflektierendem Verstand namhaft zu machen. Damit begegnete dem Schüler Immanuel erstmals eine Denkfigur, die sich später im eigenen Denken in ganz neue Dimensionen hin entfalten wird.

Glauben und Wissen sollten nicht entweder auf das eine oder andere reduziert werden, sondern neu als Einheit zu begreifen sein, ohne daß ihre je verschiedenen Strukturen vereinheitlicht werden sollen. Und so wurde die intellektuelle Neugier des jungen Studenten Kant nahezu ›institutionell‹ befördert, weil »die alte von *Schultz* besonders lebhaft befürwortete Sitte von den Theologie Studirenden verlangte, dass sie ihre ersten Semester fast ausschließlich auf philosophische Studien verwandten.«[31]

Natürlich waren die jungen Lateinschüler angehalten, sich mental in den Geist des Christentums einzuüben. In einer Unterrichts-Verordnung von 1735 heißt es dazu einleitend, es werde »nicht nur in den untersten Classen [...] der *Catechismus Lutheri*, sondern auch die Ordnung des Heils, und die Kern- und Macht-Sprüche aus der Bibel der Jugend beygebracht; Hiernach diese auch in das Neue Testament selbst geführet, und ihnen die vornehmsten Biblischen Geschichte [...] bekandt gemachet. [...] Die *Praeceptores* aber sollen das Vorgelesene mit der Jugend doch nicht anders als durch Frag- und Antworten beständig durchgehen, und ihnen dadurch solches recht beybringen.«[32]
Kants Schulfächer waren die lateinische Sprache, Griechisch, Hebräisch, Französisch, Geschichte, Mathematik, Logik und Geographie. Über die letzten drei Realien wird er einst an der Universität selber Vorlesungen halten. Kant äußert sich später gegenüber einem seiner Biographen, daß durch die Präsentation dieser Fächer in der Schule leider keine Funken übersprangen, um dasjenige, was »in uns zum Studium der Philosophie oder Mathese lag, zur Flamme bringen«[33] zu können.
Auf dem Dach der Schule wurde später unter Reccard, der »zur Astronomie gebohren ist und sein Vergnügen in den Tiefen des Firmaments findet«[34], ein kleines Observatorium eingerichtet. Einer der Lehrer für Astronomie, der getaufte Jude Christian Seligmann (1717–1780), machte hier 1760 vielbeachtete Entdeckungen über den Lauf des Planeten Venus.
Als Universitätslehrer erinnerte sich Kant allerdings mancher inspirationsloser Stunden, in denen er sich mit der Absicht

Collegium Fridericianum

trug, selber zu versuchen, »eine Kinderphysick zu schreiben.«[35] – Ein Vorhaben, das dann im 20. Jahrhundert einen, wie er sich nannte, *altkantianischen* Satiriker – Salomo Friedlaender (›Mynona‹) – auf die Idee brachte, nun einen *Kant für Kinder* zu schreiben.

Am liebsten vertiefte sich der junge Kant in lateinische Autoren; von dem hier Gelernten konnte er noch im Alter manches repetieren. Sie machten einen Großteil seiner Bildungssicherheit aus. Seine bevorzugten Autoren, wie etwa Cicero, Nepos, Horaz und Livius, tauchen später immer wieder in seinem Universitäts- und Forschungsalltag auf, ob als Prüfungsgegenstände bei Aufnahmen von Novizen oder in seinen Werken, wie der *Kritik der reinen Vernunft* (A 689), sowie nicht zuletzt als Zitate

in den Praefationes der Vorlesungsverzeichnisse in den Semestern, in denen er Dekan der philosophischen Fakultät sein
wird. So etwa Cicero in der Praefatio zum Lektionskatalog des
Wintersemesters 1785/86, in der es programmatisch heißt: »Sed
par est, verba sunt Ciceronis, omnes omnia experiri, qui *res
magnas* et *magno opere expetendas* concupiurunt.«[36]

Der Tagesablauf im Fridericianum war klar definiert. Zwischen fünf und sechs Uhr wurden die Schüler (je nach Alter)
geweckt; jeder Tag begann natürlich mit religösen Exerzitien.
Der Schultag ging bis in den Nachmittag, mit einer Stunde Mit-
tagspause. Jede Klasse wurde dabei abwechselnd von zwei
Lehrern betreut. Vormittags wurden die Sprachen, nachmittags die Realien gepaukt. Natürlich wurde auch der Unterricht
unabhängig vom Fach bei »Anfang und Schluß einer jeden
Lection von dem Lehrer selbst mit einem erwecklichen und
kurzen Gebet« begleitet, »damit die Arbeit geheiliget und
gesegnet sey.«[37] – Am Nachmittag gab es zwischen vier und
fünf Uhr fakultative Beschäftigungen (Musik, Polnisch).
Abends zwischen sieben und acht Uhr gab es Abendbrot, und
um 22.00 Uhr wurde das Licht in allen Räumen gelöscht. Nur
der Sonntag war unterrichtsfrei.

Der Lateinschüler Kant war aber keineswegs ein introvertier-
ter, altkluger, nur an den Büchern interessierter Knabe, »denn
er erzählte selbst, daß er einmal auf dem Wege nach der
Schule, sich auf der Strasse mit seinen Kameraden in ein Spiel
eingelassen, seine Bücher deshalb niedergelegt, sie daselbst
vergessen und nicht eher vermisst habe, als bis er in der Schule
zu ihrem Gebrauch aufgefordert wurde.«[38] Von Kants Schul-
freunden sind vor allem drei zu nennen, die später auch akademische Verdienste hatten: David Ruhnken (1723–1798), der
später in Leyden Philologieprofessor wurde, sein – lebenslang
einziger – Duzfreund, Johann Gerhard Trummer (1729–1793),
der, als er am 20. Januar 1793 starb, »einer der gesuchtesten

Ärzte in Königsberg war«[39] und Kants späterer Professorenkollege Georg David Kypke (1724–1779).

Während seiner Schulzeit verlor der Knabe Immanuel die sehr geliebte Mutter. Er wurde danach von einem Oheim mütterlicherseits, Schuhmachermeister Richter, unterstützt und betreut.

Das Curriculum der Schule begann mit einer je fünften lateinischen und theologischen Schulklasse sowie einer je dritten mathematischen und kalligraphischen Klasse. Die Klassen wurden je nach Fachgebiet und Schwierigkeitsgrad eingerichtet, also z. B. eine fünfte bis erste griechische, lateinische oder französische Klasse. Das Schulziel war erreicht, wenn man je die erste Klasse erfolgreich absolviert hatte; – und Kant erreichte »Ostern 1739 auch in der Theologie, im Griechischen, in der Geschichte und in der Mathematik die erste Klasse. Michaelis [d. i. September] 1740, nachdem er zwei Jahre der lateinischen Prima, und insgesamt 8 1/2 Jahre dem Kollegium angehörte, wurde er zur Universität entlassen.«[40]

Die Abschluß-Prüfungen waren ziemlich hart. Es gab öffentliche und interne Examen. Die öffentlichen wurden im Fridericianum selber oder in der Kirche abgehalten. Es dauerte zwei Tage, schriftlich und mündlich. Die Prüflinge mußten zuallererst gute Christen sein, am Text und im Herzen, die Septuaginta hebräisch und das Neue Testament griechisch lesen, eine lateinische Konversation führen sowie eine französische Rede aufsetzen und natürlich das Deutsche beherrschen. Dazu kamen Examen in Mathematik (Arithmetik, Geometrie), Literatur (Dichtkunst), Geographie, Geschichte und Rhetorik.

In jenen Jahren offeriert Kants späterer Kollege und Freund Johann Gotthelf Lindner (1729–1776) ein Panoptikum der geistigen Verkehrslage in Königsberg: »Ich darf es Ihnen nicht melden, daß wir beÿ uns Gothen in der Philosophie oder trockne Weltweisen, magere Historienschreiber, spielende Redner, viele Freÿbeuter in allen Künsten, eine Menge von kleinen Geistern und Pedanten, ungetauffte Poeten und wenige gültige Kunstrichter haben. Der Geschmack ist altväterisch, hüficht und unrein. [...] Sie wißen, daß hie wenig für den gesunden Witz, für eine aufgeräumte freÿe Philosophie, und für die schönen Wissenschaften zu thun seÿ. Man druckt beÿ uns wenig vorzügliche Bücher, [...] wir steigen selten über das mittelmäßige.«[41]

Ein allzubereiter Boden also für einen veränderungsbereiten freien Geist, von dem dereinst gesagt werden wird, »daß die Wissenschaft in Deutschland, vorzüglich durch Kant, ein Gefühl der inneren Unabhängigkeit des Menschen, ein Gefühl seiner auf Freiheit gegründeten Würde, verbreitet hatte.«[42]

Dem dritten Nachfolger Kants, der von der Saale an den Pregel kam, eröffnete sich erst spät der spröde Charme der Stadt – und seines größten Geistes:»Königsberg ist dem Fremden eine düstere, ungenießbare, abschreckende Stadt, aber wenn man die trübe, schroffe Außenseite und den Egoismus der Königsberger, Königsberger zu sein, überwunden hat, gewinnt man Respekt vor so viel Bildung und Charakter in solch ungastlicher Natur.«[43] – Und er – Karl Rosenkranz –, der so viel zum Verständnis Kants beigetragen hat, dem sich die Stadt Königsberg auch erst langsam erschloß, hat einmal einen Freund zum Verständnis für die harten Kontraste zwischen dieser Nebellandschaft des Ostens, ihren ungezähmten weiten Provinzen und dem Behauptungswillen der Menschen anregen wollen, als er ihm schrieb:»Daß Kant hier das Licht der reinen Vernunft anzündete, erkläre ich mir so, wie die Holländer auch die besten Landschaftsmaler wurden. Im Dunkel sucht man nach Licht.«[44]

Die Albertina

Dieses Land, das so fruchtbar an Pferden,
bringt nicht ein einziges denkendes Wesen hervor.

Kronprinz Friedrich (1739) *

Die Königsberger Universität wurde während der Reformation gegründet, von Albrecht (1490–1568), Markgraf zu Brandenburg. Als Gründungsdatum ist der 20. Juli 1544 auf der Stiftungsurkunde vermerkt. Jetzt sollte ein *Wittenberg des Ostens* entstehen. Diese geistige Verwurzelung gleichermaßen für den Osten und im Osten Europas hat die Königsberger Universität in ihrer gesamten vierhundertjährigen Geschichte schicksalhaft geprägt.

Der Geist der Universität war zwar evangelisch-lutherisch, »dennoch wünschte Markgraf Albrecht die Bestätigung der Akademie durch den Papst, damit dieselbe die Promotionen gültig vornehmen könne.«[1] Nur so waren die Abschlüsse hier auch über die Provinz hinaus etwas wert. Da das Herzogtum Preußen nicht zum Heiligen Römischen Reich Deutscher Nation gehörte, sondern (seit 1525) der Lehnshoheit des polnischen Königs unterstand, so sollte, dachte man, die päpstliche Satisfaktion ohne Umwege über das Placet des Kaisers in Wien leicht möglich sein. Der erste Rektor, Georg Sabinus (1508–1560), Professor für Beredsamkeit und Dichtkunst, der Schwiegersohn Melanchthons, hatte gute persönliche Beziehungen zur römischen Kurie. Rom jedoch forderte wider Erwarten eine kaiserliche Bestätigung, die aber auf sich warten ließ.

So wurde dann 1560 die Königsberger Universität schließlich von König Sigismund II. August von Polen bestätigt, der ihr die Privilegien der Universität Krakau verlieh.

Universitäten im protestantischen Deutschland waren »gelehrte Corporationen, von den Landesherren selbst [...] gestiftet, mit eigenen Einkünften dotiert, mit Privilegien ausgestattet, als da sind: eigene Jurisdiktion, Befreiung von bürgerlichen Lasten«[2], namentlich war man von Kontributionen und Einquartierungen frei.

Ihre Lehraufgaben betrafen zunächst die hebräische, griechische und lateinische Sprache, weil das zum Verstehen der Quellen des Christentums entscheidend ist. Daneben wurde kirchliches und römisches Recht gelehrt, Medizin und natürlich Metaphysik.

So war die Universität in vier Fakultäten gegliedert, die drei ›oberen‹ und eine ›untere‹ Fakultät. In den drei *oberen* Fakultäten – Theologie, Jura, Medizin – wurden die nach Maßgabe des staatlich Nützlichen und Notwendigen stabilen Wissensgüter vermittelt. Die Philosophische Fakultät war demgegenüber als eine Anstalt wissenschaftlicher Propädeutik, als ein *studium generale* angelegt.

Diese begriffliche Unterscheidung der *oberen* Fakultäten als »trium Superiorum Facultatum«[3] findet sich einmal Ende des 17. Jahrhunderts anläßlich der Schlichtung einer Rangstreitigkeit, nämlich »daß die regierenden Bürger-Meister Unserer hiesigen dreyen Städte Königsberg, so oft dieselben mit den Titular Räthen und Doctoribus und Profesoribus extraordinariis concurriren, vor diesen insgesampt die praecedentz haben und ihnen vorgehen sollen«, und andernfalls, daß »die so dawider *sub quocunque praetexte* [unter gleich welchem Vorwand] handeln würden, zu exemplarischer Strafe gezogen werden sollen.«[4]

Bei aller strukturellen Erneuerung aber wird z. B. auch noch in den neuen Statuten der Philosophischen Fakultät im preußischen Halle 1694 »die Artistenfakultät weiterhin als Vorstufe für die drei oberen Fakultäten angesehen.«[5]

Im ersten Säkulum der Königsberger Universität wurden nur die elementaren akademischen Grade verliehen; erst seit 1640 wurden Promotionsverfahren an den oberen Fakultäten durchgeführt; die Philosophische Fakultät verlieh nur den Magistergrad.

Die Theologie war lange die ›Regina‹ unter den Wissenschaften. Und die Königsberger protestantische Theologie nahm mehrfach Anteil an der Richtungsbestimmung des Protestantismus. So wurde sie noch im Gründungsjahrhundert bekannt durch den sogenannten *Osiandrischen Streit* – ein Vorgang, der früh zum reformatorischen Selbstverständnis gegen alle ›katholisierenden‹ – und obskurantistischen – Tendenzen beitrug. Die Königsberger Theologie machte sich weiter verdient bei der Vermittlung von Luthertum und Calvinismus, als sie sich im sogenannten ›Synkretismus‹ engagierte. Und schließlich wurde Königsberg dann an der Wende zum 18. Jahrhundert eines der Zentren der Frömmigkeit des Pietismus. Dessen Durchbruch hier in Königsberg war mit der Anstellung von Franz Albert Schultz 1731 erreicht. In der häuslichen und schulischen Erziehung des jungen Kant hatte er einen maßgeblichen Einfluß. Der Pietismus war aber in allen Fakultäten präsent, in der Philosophischen Fakultät etwa durch Daniel Heinrich Arnoldt (1706–1775), der eine Geschichte der Königsberger Universität schrieb, und Kypke sen., der hier seit 1725 Extraordinarius für Philosophie war. Beide erhielten gleichzeitig auch theologische Professuren.

Diese pietistische Dominanz im Universitätsbetrieb hatte für die Studenten auch ganz praktische Auswirkungen auf ihre Lebensart. Nicht nur, daß sie sich bestimmte Vergnügungen (eigentlich alle) versagen mußten, beispielsweise hatten sie Theateraufführungen zu meiden, auch in den Studienbetrieb gab es Eingriffe. Lehrveranstaltungen über Poesie hatten es schwer, z. B. beklagte sich einmal der dafür zuständige Ordinarius, Johann Georg Bock, »daß er kein collegium poeticum zustande bringen konnte.«[6] Auch für die Prüfungspraxis bedeutete die pietistische Grundierung, daß generell alle Kandidaten – nicht nur Theologiestudenten – neben selbstverständlich gründlichen Kenntnissen immer zugleich auch in viriler

Weise ihre persönliche geistliche Verfaßtheit als immer-wache Christenmenschen nachzuweisen hatten. Noch in Kants Studentenjahren war diese geistige Atmosphäre allgegenwärtig. Als er im vierten Semester war, 1742, wurde Professor Schultz zum Rektor gewählt. Sein Vorgänger im Amt war der orthodoxe Lutheraner Johann Jakob Quandt (1686–1772), aus alteingesessener Königsberger Familie. Dieser Wechsel im Rektorat wurde vom Berliner Hof aus gegen den Akademischen Senat und auch gegen die Ostpreußische Regierung durchgesetzt.

Die intellektuelle Opposition gegen den Pietismus war in Königsberg aber auch durchaus breit gefächert. Neben dem Adel und den Studenten, deren Lebensart auftrumpfende Frömmigkeit fremd war, hat sich auch der theologische Rationalismus gegen den Pietismus gerichtet. Im Jahre 1737 machte ein in Königsberg gedrucktes antipietistisches Pamphlet die Runde – *Die Pietisterey im fischbeinen Rock.*

In der Juristischen Fakultät hatte man sich zunächst auf die Vermittlung der Justinianischen Institutionen und der Pandekten (Sammlung römischen Rechts) konzentriert. Doch wurde die Fakultät bald schon mit praktischen Erfordernissen innerhalb Preußens konfrontiert, so z. B. als der Aufbau eines landesweiten gelehrten Gerichtswesens die Konzentrierung auf sozusagen königreich-spezifische Strukturen und Verfahren erforderlich machte. Dementsprechend war seit 1693 ein Staatsexamen abzulegen, wenn man im höheren Dienst des Landes weiterkommen wollte.

Die Medizin in Königsberg war hinsichtlich ihrer Sicht auf die Natur des Menschen aristotelisch ausgerichtet; und Aristoteles – der alle Fakultäten dominierte – in Verbindung mit »Aberglaube und Alchemie [...] macht im wesentlichen die beherrschenden Kräfte des Zeitalters«[7] aus.

Auch die Naturkunde wurde zunächst innerhalb der medizinischen Fakultät als ›Hilfswissenschaft‹ für Ärzte gelehrt. Sie

Immanuel Kants Vorlesungsschein für den Studenten Carl Gottfried Hagen 1769

blieb bis lange in die Neuzeit hinein ein empiristisches Konglomerat aus überliefertem praktizistischem - teils magischem - Erfahrungswissen, das sich für seine Begründung vielfach noch des Volksaberglaubens versicherte. »Findet doch ein Professor der Medizin der Albertina in der ersten Hälfte des 17. Jahrhunderts in den Veränderungen der Himmelskörper die Ursachen einer Pest. Ebenderselbe durchaus tüchtige Praktiker schreibt es der unmittelbaren Wirkung des Teufels zu, wenn Kranke zuweilen Würmer und Haare von sich geben und bestätigt, dass der Teufel in dem Magen eines Mannes vier stählerne Messer erschaffen habe.«[8]

Hier bringen erst der dann auch in Königsberg akzeptierte Cartesianismus und die Fortschritte der Chemie Abhilfe. - Und erst der Kant-Schüler Carl Gottfried Hagen (1749–1829) wird hier eine moderne Vermittlung von Chemie, Botanik und Pharmazie begründen. Er stammte aus einer alten Königsberger Apothekerfamilie, sein Vater und sein früh verstorbener älterer

Bruder Johann Heinrich (1738–1775) machten sich um die Königsberger Pharmazie verdient. Sie waren auch Mitglieder der ›Berlinischen Gesellschaft Naturforschender Freunde‹.

Auch die Absolventen der Medizinischen Fakultät hatten ab 1724 eine Staatsprüfung abzulegen. Bei den Prüfungen hatte diese Fakultät noch ein spezielles Recht, sie »ertheilt die Doktorwürde ohne auf Religion Rücksicht zu nehmen, auch an Juden.«[9] Allerdings wird auch hier, wie auch sonst an jeder anderen Fakultät, »jüdischen Doktoren nie die Vollmacht zum akademischen Lehrunterricht ertheilt.«[10]

Der Wissenschaftsstatus der ›oberen‹ Fakultäten blieb bis ins Zeitalter der Aufklärung hinein generell kritischen Geistern der Universität suspekt. »Der Aristotelismus überwucherte […] alles Geistige. Was einst als Mittel begann, war zum Zweck geworden. Neben diesem Aristotelismus kommt eine selbstständige Einzelwissenschaft nicht auf.«[11] Der Wissenschaftsbetrieb wird geistlos sammelnde Gelehrsamkeit.

Und Kants gerade hier erfolgte gründliche Revision der inkompetent gewordenen Leitwissenschaft Metaphysik ist natürlich in solch einem geistigen Zusammenhang zu sehen.

Denn: der Theologe, so sieht es Kant, schöpft »seine Lehren nicht aus der Vernunft, sondern aus der *Bibel*, der Rechtslehrer nicht aus dem Naturrecht, sondern aus dem *Landrecht*, der Arzneigelehrte *seine ins Publicum gehende Heilmethode* nicht aus der Physik des menschlichen Körpers, sondern aus der *Medicinalordnung*.«[12] Wie nötig der Theologe, der Jurist oder Arzt für die Gesellschaft ist, das war über die Zeiten überwiegend unstrittig. Die Alltagskultur und der ›gesunde Menschenverstand‹ waren hier ganz auf seiten der *oberen* Fakultäten. Man will nämlich wissen, »wie, wenn ich auch *ruchlos* gelebt hätte, ich dennoch kurz vor dem Torschlusse mir ein Einlassbillett ins Himmelreich verschaffen, – wie, wenn ich auch *unrecht* habe, ich doch meinen Prozess gewinnen, – und wie, wenn ich auch meine körperlichen Kräfte nach Herzenslust benutzt und *mißbraucht* hätte, ich doch gesund bleiben und lange leben könne. Dafür habt ihr ja studirt, daß ihr mehr wissen müßt als unser einer (von euch Idioten genannt).«[13]

Aber was sollte aus einem *Magister philosophiae* wohl werden? Kants Zeitgenosse Jacob Reinhold Lenz hat es beschrieben – in *Der Hofmeister oder Vorteile der Privaterziehung* (1774).

Die Frage: Wozu Philosophie? schien bis in jene Zeit anfangs des 18. Jahrhunderts wissenschaftstheoretisch und universitätspraktisch entschieden; sie hatte den Status einer Propädeutik zu den eigentlichen Fachstudien. Philosophie war, ohne daß dies zunächst vordergründig herabwürdigend oder hämisch zu verstehen gewesen wäre, *ancilla theologiae et jurisprudentiae* [Magd der Theologie und Jurisprudenz].

Nun hatte allerdings schon der bedeutende Hallenser Philosoph Christian Wolff (1679–1745) Anfang des 18. Jahrhunderts diese Arbeitsteilung problematisiert, als er schrieb, daß, wenn auch »die Philosophie keine Dienstmagd seye, so leugne ich deswegen nicht, daß sie der Gottesgelahrtheit, Rechtsgelehrsamkeit und Arzneykunst bedienet sey. Denn man saget, die Philosophie diene den höhern Facultäten, in so ferne sie sowohl die Kunstwörter, als auch die Grundlehren an die Hand gibt, welche man nötig hat, dasjenige besser zu verstehen, was in den höhern Facultäten gelehret wird. Ob ich also gleich gezeiget habe, daß man aus der Weltweisheit solche Dinge erlernen könne, welche man sowohl in dem gemeinen, als bürgerlichen Leben von nöten hat, und welche man von den höhern Facultäten vergebens erwartet; [...] Zum andern ist zu erinnern, daß wenn ich vorstelle, in wie weit die Philosophie nicht diene, und also behaupte, daß der Grund irrig seye, warum die philosophische Facultät, in Absicht auf die höhern, die niedrige genennet wird, ich mich dabey nicht an die Worte stoße, und den übrigen Facultäten gleichsam den Vorzug nicht gönne, welche ihnen die Gewohnheit einräumet. Denn obschon die Weltweisheit in einem nicht gar bequemen Verstande eine Dienstmagd der höhern Facultäten genennet wird, weil sie die

Gründe an die Hand gibt, dadurch dasjenige deutlicher und gewisser wird, welches es sonst weniger ist, und also eine Dienstmagd genennet wird, in so ferne sie [...] das Licht vorträgt.«[14] Kant wird am Ende des Aufklärungs-Jahrhunderts diese Emanzipation der Philosophie zu Ende bringen und in der Philosophie einen für die Welt des Wissens unentbehrlichen Vernunft-›Katalysator‹ identifizieren, mit dessen Hilfe erst die ›Naturwüchsigkeit‹ unserer Wissensmassen in eine immer wieder neu zu organisierende *Enzyklopädie* lebendiger Erkenntnisse zu formen gelingen kann. Und Kant gibt diesbezüglich weiter zu bedenken, dass das nach der einzig vernünftigen Maßgabe, der Maßgabe des freien Menschen zu erfolgen habe. Ohne die Philosophie mit ihrer höchsten Frage, die nach Kant lautet: *Was ist der Mensch?*, bliebe die Wissenschaft mit ihrer höchsten Frage: *Wie kann ich immer mehr wissen?* defizitär und sogar lebensfeindlich.

Die Universität, das *Collegium Alberti*, erhält ihr Domizil im Kneiphof, an einem Platz nördlich vom Dom; es waren ursprünglich zwei Gebäude, das sogenannte ›Alte Kollegium‹. An seiner Rückseite floß der Pregel. Daneben wurde 1569 ein ›Neues Kollegium‹ errichtet, das bis 1862 der zentrale Ort der alten Universität blieb. – Die neue Universität wurde Mitte des 19. Jahrhunderts am Paradeplatz, nordwestlich vom Schloß errichtet.

Seit den Jahren, die mit Kants Namen verbunden sind, wurde die Universität fiskalisch und institutionell modernisiert. Möglich wurde das, weil die Universität in den enddreißiger Jahren eine Schenkung von 28 000 Thl. erhielt. In der medizinischen Fakultät beispielsweise wurde 1738 die Professur für Anatomie und Botanik getrennt, und es wurde eine *fünfte* medizinische Professur eingerichtet.
Auch wurde die Accisefreiheit zugunsten einer jährlichen Bar-Entschädigung durch die Königliche Kasse aufgehoben. So konnten die Professoren jetzt Geldzulagen anstatt ihres frühe-

ren Rechtes der *freien Metze* (Getreidedeputat) und des *Brau-
ens* erhalten. Und seit 1744 gibt es das Amt des *Kanzlers* der
Universität (bis 1842), das immer der *erste* Jura-Ordinarius
ausübte. Seine Pflicht ist es, die Aufsicht über alle akademischen Feierlichkeiten zu führen und über die Einhaltung der
Rechte und Freiheiten der Universität zu wachen.

Die Verfassung der Philosophischen Fakultät der *Albertina* ist
älter als die der drei anderen Fakultäten. Die Statuten der *Facultatis artium* stammen schon aus der Gründungszeit, aus
den Jahren 1546 bzw. 1554 und sie blieben – mutatis mutandis
– bis weit ins 19. Jahrhundert hinein gültig.

Die hiesige Philosophische Fakultät war ausgestattet mit acht
Ordinariaten. – Als Kant die Universität bezog, waren hier die
folgenden ordentlichen Professoren tätig:

der Professor für *hebräische Sprache*, Johann Bernhard Hahn
(1685–1755), seit 1715;

der Professor für *Mathematik*, Christoph Langhansen (1691 bis
1770), seit 1719;

der Professor für *griechische Sprache*, Johann Behm (gest.
1753), seit 1717;

der Professor für *Logic & Metaphysic* [ehedem *Dialectic*], Johann David Kypke sen. (1692–1758), seit 1727;

der Professor für *practische Philosophie* – dieses Fach gab es
hier seit 1619 –, Johann Adam Gregorovius sen. (1681–1749),
der letzte Königsberger Aristoteliker, seit 1728;

der Professor für *Naturlehre*, d. i. Physik, sie war übrigens zwischen 1619 und 1637 an der Medizinischen Fakultät angesiedelt, Johann Godfried Teske (1704–1772), seit 1729; im Jahre
1709 las Heinrich von Sanden in Königsberg erstmals über *Experimentalphysik*;

der Professor für *Poesie*, Johann Georg Bock (1698–1762), seit
1733; und

der Professor für *Beredsamkeit & Geschichte* – diese beiden Fächer wurden hier in Königsberg seit 1701 verknüpft –, Cölestin

Kowalewski (1700–1771), der eigentlich Jurist war, seit 1735. Als er starb, verfaßte der frisch zum Professor ernannte Immanuel Kant einen *Denkvers*, in dem es – immer auch rückverweisend auf den Autor – heißt:

> *Umsonst schwillt das Gehirn von Sprüchen und Gesetzen,*
> *lernt nicht der Jüngling früh das Recht der Menschen*
> > *schätzen,*
> *Wird nied'rem Geize feind, vom Vorurtheil bekehrt,*
> *wohlwollend, edel, treu, und seines Lehrers werth.*[15]

Es kam immer wieder zu Veränderungen im Status von Lehrgebieten. So etwa zu Beginn des 19. Jahrhunderts beim Ordinariat für Praktische Philosophie und Kameralwissenschaft, die beide zusammen Christian Jacob Kraus bis zu seinem Tode 1807 vertrat. Mit dem ›Erbteil‹ der Praktischen Philosophie wurde das Ordinariat für Logik und Metaphysik im Herbst 1807 weiter gestärkt und aufgewertet. Als Christian Jacob Kraus starb, wurde dessen Lehrstuhl für Praktische Philosophie zweigeteilt: in eine selbständige Professur für Kameralistik und in die für Praktische Philosophie. Für die letztgenannte wurde Wilhelm Traugott Krug – seit 1805 Nachfolger Kants – noch zusätzlich mit berufen.

Zu Kants Universitätszeiten waren die Lehrgebiete der ›unteren‹, der Philosophischen Fakultät – anders als an den drei anderen, ›höheren‹ Fakultäten – *nicht* hierarchisiert, d. h. es gab hier keine rangbestimmende 1. bis x-te Professur. Gleichwohl wurden nur bestimmte Fachvertreter aus der ›unteren‹ Fakultät in den Senat entsandt. Bei den ›oberen Fakultäten‹ war die Zuordnung, welcher der Professoren welches Fach lesen durfte, statuarisch geregelt, z. B. las nur der 1. Professor der Rechte den justinianischen Kodex, nur der 1. Medizin-Professor durfte Anatomie betreiben, und dem Professoris primaris Theologiae war die Dogmatik vorbehalten.

Als eine der Eigenheiten an der Königsberger Universität fiel über die Jahre immer wieder einmal auf, daß »Professoren, die, nachdem sie mit schlechter Besoldung vorlieb genommen haben, nun ihr Brod durch Neben-Ämter suchen; so daß einer neben einer theologischen *und* philosophischen Professur noch Prediger *und* noch Direktor eines großen Gymnasiums ist. [...] Von den Schriften dieser Männer hört und liest man nun freylich desto weniger.«[16]

Aber auch wenn man nicht gerade in zwei Fakultäten angesiedelt war, so mußten doch gerade die Lehrer der Philosophischen Fakultät ständig ganz unterschiedliche Wissensgebiete anbieten. – Kant etwa las als junger Privatdozent dann gleichermaßen über Logik und physische Geographie, Metaphysik, Menschenkunde oder auch Trigonometrie und einmal sogar über Psychiatrie. Dieses auf den ersten Blick exotische Fach für einen Philosophen geriet in Kants Blick, weil, wie es ein Juraabsolvent der Königsberger Universität des Jahres 1795, der *Auskultator* Ernst Theodor Amadeus Hoffmann (1776–1822), aus seiner Universitätszeit kannte, »die Untersuchungen des Gemüthszustandes ganz der philosophischen Fakultät zugehören, wogegen Metzger [ein Königsberger Kollege Kants; und andere] vorzüglich deshalb protestiren, weil ein Arzt von allgemeiner philosophischer Geistesbildung, und nur ein solcher sey zum Gerichtsarzt geeignet, sich leichter die [...] nöthige Kenntniß der psychologischen Lehrsätze und Regeln erwerben könne, als der Philosoph.«[17]

Es war eben diese Fächervariabilität die Einlösung der von der Verfassung der Philosophischen Fakultät gewollten Idee einer enzyklopädischen Bildung, einer allgemein-wissenschaftlichen Propädeutik als Vorbereitung für die eigentlichen Fachstudien an den drei »oberen Fakultäten«. Der segensreiche altpreußische Cultusminister Freiherr von Zedlitz, ein Freund und Mäzen Kants, hatte einmal in einem Papier von 1778 auf diesen heuristischen Sinn philosophischer Studien aufmerksam gemacht, nämlich daß zunächst, zu Beginn der akademischen Zeit, »die Studenten auf Universitaeten von den Brodt-Collegiis zurück zu halten und ihnen begreiflich zu machen [sei], daß das bißchen Richterey, ja selbst Theologie und ArzneyGelahrtheit unendlich leichter und in der Anwendung sicher wird, wenn der Lehrling mehr philosophische Kenntniß hat«[18]; schließlich sei man, so Zedlitz weiter, doch nur an wenigen Stunden des Tages Richter, Advokat, Prediger oder Arzt – in so vielen Stunden mehr aber Mensch! – Noch ein halbes Jahrhundert später klagt Karl Rosenkranz, der dritte Nachfolger auf Kants Lehrstuhl: »Die meisten unserer Studierenden sind von den Bedürfnissen der Brodwissenschaft wie von einer Chinesischen Mauer umgrenzt.«[19]

Jedes Mitglied der Philosophischen Fakultät konnte – idealiter – alle vertretenen Fächer lehren, ausgenommen sind nur jene Fächer, die in den ›oberen Fakultäten‹ vertreten werden.

Diese prima vista Intradisziplinarität der Philosophischen Fakultät induzierte nun aber in aller Regel dort noch nicht etwa Forschung als den besseren Geist des Katheders. Grundlagen- bzw. angewandte Forschung wurde in jener Zeit überwiegend an außeruniversitären Institutionen und Akademien betrieben. Erst im Fortgang der Professionalisierung auch der einzelnen Fächer in der Philosophischen Fakultät verliert sich – im 19. Jahrhundert – jene aus der alten Universitätspraxis herkommende Fächervariabilität im Lehrangebot.

Die Aufsicht über die Königsberger Universität im Aufklärungsjahrhundert hatten zwei Gremien. Erstens das 1736 gegründete Geistliche Departement bei der Ostpreußischen Regierung (Etatsministerium). Die bestimmte einen Kurator für die Universität, der auch dem Stipendienkollegium vorsteht. Zweitens das Oberkuratorium in Berlin, dem der Staatsminister für Geistliche Angelegenheiten vorsteht. Zu Kants Zeiten waren das Abraham Freiherr von Zedlitz (1731–1793) – dem Kant seine *Kritik der reinen Vernunft* widmete – und als sein

Nachfolger Johann Christoph Woellner (1732–1800), mit dessen Namen die Verschärfung der Zensurgepflogenheiten in den neunziger Jahren verbunden ist.

*

Fünf Jahre, bevor Kant die Universität bezog, wurden ihre Statuten, Regeln und Vorschriften neu bestimmt. Eine Präzisierung der alten Verordnungen wurde nötig, um dem sich rapide beschleunigenden Niedergang im geistigen Niveau der Studenten entgegenzuwirken. Viele Studenten hielten sich nämlich ohne erkennbare Studienabsicht in der Gelehrtenrepublik auf.

Taback und Pfeifen her ... und auch Kanaster,
Komm', edles Tabackskraut, du rechtes Lebenspflaster,
Komm', fülle Pfeif und Kopff mit deinem sanften Rauch.
Auf, lasst uns lustig sein, die vollen Gläser leeren,
Die leeren eingeschenkt, ein jeder trink es aus![20]

Aber nicht nur die Studenten waren im Grunde nicht hochschulgeeignet, u. a., weil sie vielfach noch zu jung für die Universität waren, zu unreif, zu ungebildet. Auch der Lehralltag schien höchst miserabel zu sein. Die Professoren vermittelten ihre Fächer zu oberflächlich, allenthalben wurde über die Vielzahl ihrer Beschäftigungen außerhalb des Hörsaals geklagt. Die Studienfächer wurden schier zusammenhanglos angeboten, die Juristen trieben zu viel Römisches Recht, die Theologen lasen schlecht, der Professor für Dichtkunst wurde zeitweise ganz gemieden, und auch bei den Medizinern war das Fächerangebot für die künftige Praxis nicht hinreichend.
Und am Ende gar die Philosophen – die widersprechen einer dem anderen, stiften so Konfusion in den jugendlichen Köpfen. Denen wird eingetrichtert

was in des Menschen Hirn nicht paßt;
was drein geht und nicht drein geht,
Ein prächtig Wort zu Diensten steht.[21]

Solche verwahrlosten geistigen Zustände sollten sich nach der Jahrhundertmitte in Königsberg ändern. Die Studenten durften nunmehr keine Degen tragen (sofern sie keine Adligen waren), Exzesse wurden unnachsichtiger bestraft, mit Karzer oder *concilium abeundi*, also Verweis aus Königsberg. Das Kneipengehen wurde bis 21.00 Uhr begrenzt.

Und es wurde von den neu an die Universität kommenden Studenten, den *Novizen*, jetzt verlangt, daß sie sich an einer der drei oberen Fakultäten einzuschreiben hätten. Und es durften nur, durch Prüfung ermittelt, geeignete, motivierte Kandidaten zugelassen werden: »Keiner soll *ad Studia Academica dimittiret* werden, der nicht eines tüchtigen *Ingenii* ist, [und wenn] jemand zum *studiren* ungeschickt wäre: so ist demselben anzurathen, daß er in Zeiten eine andere *Profession* erwähle, und seine Zeit in der Schule nicht vergebens durch alle Classen zubringe.«[22]

Auch wurde ein Wissenskanon für die Hochschulreife amtlich festgeschrieben. Demnach sollte der Novize 1.) einiges aus dem Bereich der Humaniora beherrschen, nämlich Cicero *geläufig expliciren*, einem lateinischen Vortrag folgen, die logischen Syllogismen handhaben und das *allernothwendigste* aus Geographie, Geschichte und *Epistolographie* [Briefschreibekunst!] beherrschen können. Und 2.) als theologische Mindestanforderung hatte er zwei Evangelisten *griechisch* und die dreißig ersten Kapitel aus dem 1. Buch Moses *hebräisch* zu analysieren.

Die Einkünfte der Universitätsprofessoren waren durchaus nicht üppig. Es war eben lange üblich, daß die Lehrenden sozusagen ›auf vielen Hochzeiten zu tanzen‹ sich angewöhnt hatten. So war es bei den Professoren der Theologischen Fakultät gerade in Königsberg z. B. so, daß nur die in der Rangfolge beiden ersten Professoren das »volle Salarium, der dritte nicht unter rth 100, die übrigen aber gar kein Gehalt genießen; so haben von je her die Professores Theologiae zugleich in Officio

Ecclesiastico [als Pfarrer] gestanden, aber neben bey an der
Academie bekleidet: dergestalt, daß sie, indem wegen Dürftig-
keit der [studentischen] Zuhörer die Privat Collegia wenig oder
nichts einbringen, und sie ihren Unterhalt durch Arbeit in anderen Academien sauer erwerben müssen, bloß auf Collegia
diejenige Zeit nicht verwenden können, als wohl Professoren
auswärtiger Academien, die außer den Vorlesungen keine weiteren Geschäfte haben.«[23] Es war allerdings seit einer Verordnung von 1804 »nicht mehr erlaubt, daß ein Professor zwei
Stellen in verschiedenen Fakultäten besitzen darf.«[24]

Nach einer ministeriellen Anweisung aus den frühen dreißiger
Jahren mußten »in allen Fakultäten bey Verlust des Salarii alle
Professores wenigstens vier Stunden wöchentlich publice [un-
entgeltlich] lesen, und sonst der Jugend durch nützliche Collegia zu statten kommen.«[25]

Die Lehrkräfte sollten erstens ihre – unentgeltlichen – öffentlichen Vorlesungen so anlegen, daß sie in einem Semester jeweils den Stoff einer Wissenschaft vollständig präsentieren –
also »eine *Science publice* zu Ende bringen, zum *Exempel*, daß
die *Logica* in einem, *die Metaphysica* im anderen [...] halben
Jahre absoviret werde.«[26] Und zweitens sollten sie sich künftig
vor allem an die Grenzen ihres Fachgebietes halten. Die Kern-
gebiete der jeweiligen Wissenschaften mußten für den Studenten fakultätsspezifisch erkennbar zu identifizieren sein. Besonders die Philosophische Fakultät wurde – strafgeldbewehrt
– angewiesen, daß keiner ihrer Lehrenden künftighin »sich
unterstehen soll, *Theologica* zu treiben [...] Insbesondere aber
soll allen *Philosophis* verbothen seyn, unter dem Nahmen eines *Collegii Oratorii Sacri*, *Collegia Homiletica* [Predigtkunst]
zu halten.«[27] Privatim durfte man, unter Beachtung der Fakul-
tätsgrenzen, weiter auch speziellere Gegenstände traktieren. –
Daraus ergaben sich aber trotzdem Interessenkonflikte zwischen der Philosophischen Fakultät mit ihrem Bildungsauftrag
und jener Verordnung von 1735. Wenn man nämlich bestimmte griechische Texte nur in Privatissima anbieten darf,

dann, so befürchtete Kant einmal, wird das Bildungsniveau insgesamt sinken. Anläßlich eines Einspruchs von Samuel Gottlieb Wald (1762–1828) kommt das zur Sprache: »Eine Verordnung von 1735, 25ten Octbr. befiehlt den Professor der Griechischen Sprache publice das NT [Neues Testament] zu lesen und es precise in einem Jahr wöchentlich sind 4 Stunden dazu ausgesetzt zu absolviren. Diese Verordnung hindert das Studium der Griechischen Classiker, welche die Studierenden hier für kein Brotstudium halten, daher auch privat Vorlesungen über profane scribenten, und von sehr wenigen besucht werden. In einer privat Vorlesung über den Phädon im Jahr 1787 meldete sich nur *einer*, der jetzige Feldprediger Woltersdorff. Ich stellte dieses im Decbr 1787 dem Königl. Ober Schul Coll. vor und bat mich auf die alten Statuten der philosophischen Facultaet zurückzuweisen, nach welchen der Graecus einige Classiker publice lesen soll. Dagegen wollte ich das NT privatim lesen und es [...] in zwei Jahren wöchentlich 6 Stunden endigen und jedem Armen erlauben, es umsonst zu hören.«[28] Kant erläutert der ostpreußischen Regierung und seinem Senat noch einmal das Problem: »Die Gegengründe des Etats Ministerii scheinen durch die neuere Erklärung Exc: Graeci nicht gehoben zu seyn. Denn, daß das Brotstudium publice, die übrige Wissenschaften aber, die respective zum eleganten Studio gezählt werden könnten, allenfalls privatim docirt werden, ist wesentlich in der Einrichtung unserer Universität begründet, welche für die größthen Theils unbemittelten Landes Kinder, dergleichen vornehmlich die sind, welche sich dem theologischen Fache widmen, beabsichtigt ist. Da der sich zum Examen darstellende Candidat, wenn er sein griechisches Testament gut expliciren kann, abergleich den Sophocles oder Xenophon nicht gelesen hat, doch sicher ist nicht abgewiesen zu werden, so ist natürlich daß dem Professor dadurch, daß er über das Testament *privatim*, über die Classiker aber *publice* liest, zwar allerdings geholfen werde, aber nicht dem Studiosus; auch nicht einmal darinn, daß er die elegante griechische

Literatur treibe, weil man billiger maßen das letztere im theologischen Examen von ihm nicht fordern kann. – Übrigens weiß ich nicht, warum die Vorstellung quaesti samt dem Rescript des Etatsministerii nicht der philosophischen Facultät zu ihrem Gutachten communiciret worden, vor welche sie mir zu gehören scheint.«[29]

Walds und Kants Ersuchen wurde natürlich seitens der Regierung abgelehnt.

*

Am 24. September 1740 wurde Kant an der Albertus-Universität vom Rektor, dem Orientalisten Johann Bernhard Hahn, *ex Collegio Fridericiano dimissi* (als Absolvent des Fridericianums) in die Gelehrtenrepublik als akademischer Bürger aufgenommen.[30] Der neue Student hatte zuvor die Aufnahmeprüfung, das *Testimonium initiationis*, beim Dekan der Philosophischen Fakultät, der in jenem Herbst der Theologe und Mathematiker Christoph Langhansen (1691–1770) war, erfolgreich bestanden. – Immanuel Kant hat dann später als Fakultätskollege, anläßlich des Todes von Langhansen, einen gereimten Nachruf auf ihn verfaßt:

> *Dem, der die* äuß're *Welt nach Maaß und Zahl verstand,*
> *Ist, was sich uns verbirgt, das* Inn're *dort bekannt.*
> *Was stolze Wissenschaft umsonst* hier *will erwerben,*
> *Lernt weise Einfalt* dort *im Augenblick:* durch's Sterben.[31]

Kant hörte bei den Professoren Christian Friedrich Ammon (1696–1742), Martin Knutzen (1713–1751) und Johann Gottfried Teske (1704–1772) Physik und Philosophie.

Kants Duzfreund aus dem Fridericianum, Johann Gerhard Trummer, »mein Arzt und guter Freund«[32], wurde mit ihm immatrikuliert, an der Medizinischen Fakultät. Durch ihn hatte Kant einige Beziehungen auch zu Medizinstudenten. Und auch seine akademische Debütarbeit von 1749 widmete Kant einem Königsberger Medizinprofessor.

Im Herbst des Jahres 1744 kam es in Königsberg zu einer Empörung gegen einige Angehörige der Medizinischen Fakultät, da bekannt wurde, daß sie sich den toten Körper einer gerade in der Nähe Königsbergs hingerichteten Kindsmörderin aneignen wollten, um ihn in der Anatomie für Lehrzwecke einzusetzen. Zunächst nahm die aufgebrachte Menge die Leiche wieder an sich und brachte sie zurück auf den Friedhof. Da jedoch der hiesige Anatom, Christoph Gottlieb Büttner (1708–1776), seit 1738 Professor *quintas* der Medizinischen Fakultät, durch ein Königliches Privileg[33] von 1735 berechtigt war, Leichen von Delinquenten zur wissenschaftlichen Forschung zu verwenden, ging die Leiche doch wieder in die Verfügungsgewalt der Universität über. Sie wurde – immerhin gegen die Sitte und das gemeine Empfinden – wieder exhumiert und in die Königsberger Anatomie gebracht. Büttner begründete die Forensik in Königsberg. Er hatte 1736 auf dem Weidendamm ein – zunächst privates – *theatrum anatomicum* errichtet, das nach seinem Tod in den Besitz der Universität übernommen wurde. – Büttners Nachfolger wurde 1777 Johann Daniel Metzger (1739–1805).

In Preußen wurden gegen Ende des Aufklärungsjahrhunderts das öffentliche Zurschaustellen, die öffentliche Identifizierung, etc. von Leichen eingeschränkt. Zunächst »durch Verordnung vom 15. September 1787 das öffentliche Ausstellen von kontagieusen [mit ansteckenden Krankheiten kontaminierten Leichen verboten«, und dann seit 1802 »das öffentliche Ausstellen aller und jeder Leichen [...] allgemein verboten.«[34]

Über den weiteren Lebensweg seines vertrauten Kommilitonen Trummer sind wir durch Kant selber unterrichtet: Er »wurde nach Beendigung des 7jährigen Krieges, wo er Feldmedicus war, als gouvernements medicus in Pillau placirt. Als nachher das Gouvernement von Pillau überhaupt (nämlich das personal) aufgehoben wurde, so interessiert sich der Generallieutenant v. Stutterheim für ihn und schlug dem König vor, ihn mit einem Gehalt von 300 rth (die er bis zu seinem Lebensende genossen hat) in Königsberg zu placiren, unter dem Vorwande, daß ein besonderer Medicus nöthig wäre, um die durch Königsberg gesandten recruten ihren Gesundheitsumständen nach zu examiniren.«[35]

Gerade in den Jahren, in denen Kant die Universität besuchte, wurde sehr genau darauf geachtet, daß die Landeskinder auch wirklich einheimische Universitäten bezogen; zu Beginn der fünfziger Jahre wurden dazu entsprechende Edikte erlassen. Darin wurde beispielsweise bestimmt, daß, »wann sie aber ausländische Academien [etwa Leipzig oder Jena] auch nur auf ein viertel Jahr besuchen von allen guten Stellen ausgeschlossen seien, und überdem gegen die Adelichen ... mit Confiscation des Vermögens verfahren werden solle.«[36]

Gleichermaßen die ›Humaniora‹ wie ein besonderes Interesse an den Naturwissenschaften, namentlich Newtons, und an physikotheologischen Fragestellungen prägten Kants Studium. Die Physikotheologie entwickelte sich vor allem im nachcartesianischen England, und es ging dabei um die Frage, wie man physikalische Sachverhalte der empirischen Natur mit christlichem Denken in Einklang bringen könnte, bzw. wie sie biblischen Aussagen widerspruchsfrei anzupassen seien. Der Student Kant gehörte »zu den Gründungsmitgliedern von Martin Knutzens physikotheologischer Gesellschaft«[37], die so etwas wie ein studentischer Studienkreis gewesen sein mag, zu dem u. a. auch ein Schulfreund, der ›Friderizianer‹ Johann Lindner, aber auch Johann Georg Hamann gehörte. Kants 1755 anonym veröffentlichte Schrift *Allgemeine Naturgeschichte und Theorie des Himmels* gehört in diesen geistigen Kontext.

Kant hatte diese Schrift aus Königsberg seinem König – Friedrich II. – gewidmet, dessen Skepsis bezüglich einer nennenswerten Geistigkeit in jenem östlichen Außenposten seines

Reichs dort bestimmt bekannt war. Und vielleicht wollte er in der Berliner Akademie Aufmerksamkeit erregen mit dem Hinweis, »daß ihm in diesem Werk die Lösung eines Problems gelungen war, dessen weitere Bearbeitung deren Präsident de Maupertuis für aussichtslos erklärt hatte.«[38]

Das interessante Werk Kants drang allerdings kaum in die Öffentlichkeit. Selbst Johann Heinrich Lambert (1728–1777), mit dem Kant zehn Jahre später in Briefwechsel trat und der mit seinen *Cosmologischen Briefen* (1761) eine benachbarte Thematik berührte, schien es bis dahin nicht gekannt zu haben. Kants Überlegungen gehen dahin, jene überlieferten physikotheologischen Hypothesen als wenig schlüssig vorzustellen. »One of the basic motives« seiner *Allgemeinen Naturgeschichte* »is that of the polemic against physicotheology, in line with Maupertuis' principles. This is, again, an anti-Wolffian trait, although Wolff had accepted physicotheology, very widespread in his time, more in order to counteract his opponent's accusations of fatalism, than for an original conviction. Another typical anti-Wolffian attitude in Kant's stressing of the limits of human knowlegde.«[39]

Wenn Kant jenen ›physikotheologischen‹ Schöpfer vielleicht auch nicht für völlig überflüssig erklärt, so will er ihn aber zumindest in eine Modernität hinüberziehen, in der die Natur als das Werk eines »Ingenieurgottes«[40] – der dann die Gesangbücher verläßt – sich darstellt: »Wenn der Weltbau mit aller Ordnung und Schönheit nur eine Wirkung der ihren allgemeinen Bewegungsgesetzen überlassenen Materie ist, wenn die blinde Mechanik der Naturkräfte sich aus dem Chaos so herrlich zu entwickeln weiß und zu solcher Vollkommenheit von selber gelangt: so ist der Beweis des göttlichen Urhebers, den man aus dem Anblick der Schönheit des Weltgebäudes zieht, völlig entkräftet.«[41] Der Aspekt des *Herstellens* weist, zumal wenn man die nachfolgende geistige Entwicklung Kants recht bedenkt, nicht zurück auf einen Gott der Theologen, sondern nach ›vorn‹ auf den Menschen. Hier könnte man problemgeschichtlich ein Renaissance-Thema erkennen, demzufolge über der Natur mit ihrer Ordnung noch der Mensch steht. Der Mensch, der nicht nur in der Ordnung der Natur steht, wie die Natur ist und nach ihr begriffen werden kann, sondern – die Botaniker der Renaissance aus Pisa und Padua hatten solche Ideen – die Natur auch ›herstellen‹, ›machen‹ kann. – Das ist auch ein Hintergrund von Kants Metapher, mit der er sein Erkenntnis-Projekt plausibel zu machen suchte – *die koperni- kanische Wende*. In uns ›spiegeln‹ sich nicht die Gesetze der Natur, sondern wir schreiben sie ihr vor!

Erst im Frühjahr 1791 machte sich Kants Freund, Kollege und Tischgenosse, der Mathematiker Johann Friedrich Gensichen (1759–1807), daran, noch mal einen Auszug jener Schrift zu veröffentlichen – als Anhang zur deutschen Ausgabe von Wil- liam Herschels *Über den Bau des Himmels*. Bei dieser Gelegen- heit konnte auf diese von neuerer astronomischer Forschung vielfach bestätigte Pionierleistung Kants verwiesen werden.

So ist es Kant allerdings öfter ergangen. Seine besseren Ideen – wie diese kosmogonische oder auch dann seine kritizistische – wirkten nicht unmittelbar durch ihr Erscheinen, sondern erst sozusagen ›sekundär‹, im Gefolge seines späteren medialen Marktwertes.

Man brauchte damals als Unverheirateter, als Student, der nur für sich zu sorgen hatte, ca. vierzig Reichstaler (rth.) als Exi- stenzminimum. Für mittellose Studenten gab es die sogenann- ten Königlichen Alumnen, d. h. freie Wohnung und freies Es- sen, sowie das akademische Convictorium (auch ›Kommunität‹ genannt) mit seinen Freitischen.

Kant buhlte nicht um Stipendien. Wenn er Geld brauchte, dann gab er schon als Student Stunden für wissensbedürftige Kom- militonen, übte also Tutoren- und Repetitorentätigkeit aus. Das war aber eher gemeinsames Nacharbeiten von Vorlesungen, dessen ›Bezahlung‹ auf Freundschaftsbasis beruhte, also nicht ›vertraglich‹ geregelt, sondern gelegentlich erfolgte. Diese

Zusammenkünfte fanden nicht in Kneipen, sondern ›auf Bude‹ statt; und derjenige, der gerade am ›flüssigsten‹ war, finanzierte die Unkosten. Auch Freund Trummer wurde u. a. so von Kant unterrichtet bzw. trug seinerseits zum Lebensunterhalt von Kant bei. Es kam auch vor, daß die Kleider von einem der Ihren wieder einmal nicht präsentabel waren. Dann mußte einer zu Hause bleiben, und der andere stieg in dessen Kleider. – Die Kommilitonen, mit denen Kant näheren Umgang hatte, waren neben Trummer Johann Heinrich Wlömer (1728–1797), der später Bankier in Berlin wurde, Christoph Friedrich Heilsberg (1726–1807), später Schulrat in Königsberg, Christoph Bernhard Kallenberg (aus Preußisch-Litauen), Theodor Michael Freytag (1725–1790), später Pfarrer in Neuhausen bei Königsberg, und Johannes Cunde, später Rektor der Stadtschule zu Rastenburg.

Eines wollte der ansonsten nicht sehr betuchte Student Kant nicht entbehren: nämlich einen brauchbaren Fundus wissenschaftlicher Literatur. Namentlich mit Erasmus von Rotterdam und Michel de Montaigne, von denen er Ausgaben besaß, unterhielt Kant bisweilen die Freunde. Gleichwohl war Kant kein Bibliomane (wie vielleicht sein Kommilitone Hamann).

Kant hielt die Freunde an, bei der Auswahl der Vorlesungen nicht zu eng oder zu wählerisch zu sein. Auch selber legte er sich nicht zu früh auf ein verbindliches Studienfach fest. Er hörte in viele Vorlesungen aller vier Fakultäten hinein. Eine feste Berufsabsicht ist bei Kant in dieser Zeit noch nicht erkennbar. Kant studierte, entgegen jener neuen Verordnung von 1735, nicht ein spezielles Fach aus einer der oberen Fakultäten. Er hat zu verschiedenen Zeiten über seine Studienziele die unterschiedlichsten Angaben gemacht.

Das alles verbindende Stichwort für Kants geistige Existenz wurde in einem Gespräch am Rande einer theologischen Vorlesung bei ihrem alten Lehrer vom Fridericianum, Konsistorialrat Schultz, offengelegt. »Warum hören Sie denn Theologie?«

fragte der Professor die umherstehenden Kommilitonen. Ihr Wortführer Kant daraufhin schlagfertig: »Aus Wißbegierde.«[42]

Die geistigen Konstellationen der Philosophie insgesamt wurden allerdings in dieser Zeit häufig als eher revisionsbedürftig – und abschreckend – wahrgenommen. Das wurde damals einmal trefflich auf den Reim gebracht:

Nein, selbst dein Feind wird dir gestehen müssen,
Man weis, Abstrakt, vollkommen, was du willst,
Und daß du nur, was alle Kinder wissen,
In dunkle Pracht barbarscher Wörter hüllst.[43]

Seine Abschlußarbeit *Gedanken von der wahren Schätzung der lebendigen Kräfte* wurde dem Dekan der Philosophischen Fakultät Johann Adam Gregorovius sen. im Herbst 1746 zur Zensur vorgelegt. Kant war noch Student. Dieser Text – dem Königsberger Medizinprofessor Johann Christoph Bohlius gewidmet – erschien erst 1749 im Druck. Er wurde in der wissenschaftlichen Öffentlichkeit zwiespältig aufgenommen, sehr zustimmend in den *Göttingischen Gelehrten Anzeigen*[44], ablehnend in den Leipziger *Nova Acta eruditorum*[45]. Die erste Anzeige der Erstlingsschrift Kants aber erschien bereits am 14. November 1749, in der *Franckfurtischen Gelehrten Zeitung*. Der anonym gebliebene Rezensent scheint ein Königsberger Kommilitone Kants gewesen zu sein, der Medizinstudent Ferdinand Wilhelm Mühlmann. Darauf deutet hin, daß sich in der Rezension wörtliche Übernahmen aus einem Bittbrief Kants vom 23. August 1749 finden. Kant hat an diesem Tag zwei solcher Bitten um Rezensionen abgeschickt. Eine an Leonhard Euler (1707–1783)[46] und die andere an wahrscheinlich jenen Frankfurter Studenten. Der lieferte eine eher fachfremde Freundschaftsleistung ab. »Auffallend ist vor allem das geringe Interesse des Rezensenten an einer genauen Begrifflichkeit.«[47]

Dieses philosophische Debüt zeigt aber in statu nascendi schon etwas von Kants kritischer selbstreflexiver Denkungsart, wenn er u. a. die verschiedenen intellektuellen Vermögen im Menschen zu unterscheiden sucht: »Wir befinden uns jetzt im Lande der Erfahrungen; ehe wir aber darin Besitz nehmen können, müssen wir erst gewiß sein, daß diejenigen Ansprüche vertilgt worden, welche ein gegründeteres Recht hierauf zu haben vorschützen und uns aus diesem Gebiete verdringen wollen.«[48] Schon im Seneca-Motto, unter das Kant seine Ausführungen gestellt hat, klingt sein lebenslanger philosophischer Impetus an, nämlich daß *derjenige, der die Wahrheit der Dinge erkennen wolle, die gewohnten und allzu gefälligen Wege zu verlassen habe.*

Zwischen 1748 und 1754 verließ der Student Kant seine Heimatstadt Königsberg. Er wurde zunächst als Hauslehrer beim Prediger Anders im preußisch-litauischen Judtschen (jetzt russ. *Veselovke*) bei Gumbinnen angestellt, und danach war er beim Rittergutsbesitzer von Hülsen in Groß Arnsdorf (jetzt poln. *Jarnoltowo*) an der ermländisch-polnischen Grenze beschäftigt; ob er in jenen Jahren auch beim Grafen von Keyserling in Rautenburg in Diensten war, ist zweifelhaft.

Kant unterschied aus pädagogisch-systematischen Gründen immer den Hofmeister von anderen Lehrenden. Die öffentlichen Schullehrer hätten, wie Kant sagt, bloß einen *negativen* Bildungsauftrag, nämlich bei ihren Zöglingen vorzüglich auf *Disziplin* zu achten. Dagegen ist der Hofmeister – nach Kant – derjenige, der zur Unterweisung und Übung produktiv anleitet, und »insoferne [gehört er] zur Kultur.«[49] Und daher eben entsteht der »Unterschied zwischen *Informator*, der bloß ein Lehrer, und *Hofmeister*, der ein Führer ist. Jener erzieht bloß für die Schule, dieser für das Leben.«[50] In Kants späterer Unterscheidung von Philosophie, sie entweder nach ihrem ›Weltbegriff‹ oder ihrem ›Schulbegriff‹ zu nehmen, wird diese frühere Distinktion wieder aufgenommen. Die Aufgabe des philoso-

phischen Lehrers hätte Kant – wenn er nicht ein so ganz un-
pathetischer Mensch gewesen wäre – durchaus mit einer Sentenz Dantes beschreiben können: *m'insegnavate come l'uom
s'eterna*, also beibringen, wie der Mensch sich zur Ewigkeit
wendet.

Im Frühsommer 1755 wird Kant zum Magister promoviert, mit
einer lateinisch verfaßten Schrift *Vom Feuer*: »Honores Magistri Philosophiae specimine physico de Igne exhibito, sibi ex-
petid Candidatus Emanuel Kant, quos etiam post examen ri-
gerosum die XIII. May: habitum, die XII. Juni obtinuit, natali
Decani Brabeutae Septuagesimina.«[51]
Seine lateinische Promotionsrede handelte *Vom leichtern und
vom gründlichern Vortrag der Philosophie*. Bei dieser Rede, so
erinnert sich sein Biograph Ludwig Ernst Borowski (1740 bis
1832), »legte das ganze Auditorium durch ausgezeichnete Stille
und Aufmerksamkeit die Achtung an den Tag, mit der es den
angehenden Magister aufnahm.«[52] – Der akademische Erfolg
wurde gefeiert und besungen, beispielsweise so:

> *Nun, daß wir vom Caffee zum Essen*
> *Die Stunden nicht verdrüßlich messen*
> *Was thun wir? das vergnügungsvoll*
> *Uns ihren Lauf verbergen soll.*
> *Zwar pflegt die Zeit uns ohn Empfinden*
> *Zu bald nur öfters zu verschwinden,*
> *Wenn Witz und Wahrheit uns erfreun;*
> *Doch jetzt soll Witz und Wahrheit schweigen,*
> *Wenn wir uns oft als Weise zeigen,*
> *So laßt uns einmal Menschen seyn.*[53]

Die akademische Kasse registriert als Einnahme: »150 fl. Von
Herrn Magister Kant wegen der Magister Promotion.«[54]

Im Herbst des gleichen Jahres habilitiert sich Kant mit dem
Traktat *Principiorum primorum cognitionis metaphysicae nova*

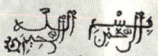

Immanuel Kants Magisterdissertation 1755

dilucidatio; und im Wintersemester 1755/56 beginnt er – als ›Magister legens‹ – seine akademische Lehrtätigkeit, die er vierzig Jahre lang ausüben wird.

*

Kant beginnt sein akademisches Wirken inmitten von Umbruchs- und Reformbestrebungen an der Königsberger Universität.

Jeder, der in Königsberg öffentliche Vorlesungen halten will, muß, so bestimmte es eine Verordnung von 1749, erstens an öffentlichen Verteidigungen aktiv mitwirken, d. h. bei »Promotionen in Doctorem vel Magistrum Disputationen halten, oder als Praeses disputirt haben«, zweitens muß jeder Extraordinarius, »als er noch Doctor vel Magister war, wenigstens *drei* Disputationen als Praeses gehalten haben«, und schließlich drittens muß auch jeder künftige Ordinarius »als Extraordinarius dreimal bei Disputationen praesidirt haben.«[55]

Kant war als Hochschullehrer immer um eine vernünftige Reform des Universitätsbetriebs bemüht. In Preußen war generell in der ersten Hälfte des Jahrhunderts der Aufklärung so eine Neubesinnung offensichtlich. So wäre es nützlich, so hatte seinerzeit eine reformerische Stimme – der Dekan der Philosophischen Fakultät der *Viadrina*, der Mathematikprofessor Leonhard Christoph Sturm – zu bedenken gegeben, wenn »die Professores Philosophiae, so oft sie ein neues Collegium publicum auffthun eine publique oration [öffentliche Vorlesung] halten« würden, und es wäre »gut, wenn man anstatt des sonst gewöhnlichen Disputirens auff Universitäten eine neue methode solcher exercitiorum publicorum ausdächte, welche vor die studiosos weniger kostbar wäre und auff die ausübung der Eloquentia extemporanea anlehne, welches ein so nöthiges Stück eines jeden gelehrten Mannes ist, sonderlich der in einem Collegio mit nutzen dienen will.«[56]

Ein genereller Reformbedarf war gerade bei der (mangelhaften) Intensität des Studiums sichtbar geworden. Auch der Königsberger Rektor des Sommersemesters 1733, Balthasar Tilesius (aus Goldbach/Pr.) klagt seinem König, daß etliche »von den hiesigen Profesoribus im verwichenen Semestri hyberno ihre Lectiones mitunter gäntzlich negligiret, oder selbe den-

noch nachläßig getrieben«, oder, wie »übrigens Prof. [für Elo-
quent. & Hist. Johann Samuel] Strimesius [1684–1744] wegen
seiner Krankheit damit ausgeblieben.«[57]

Im obersten Verwaltungsgremium der Universität – im Akademischen Senat – waren jeweils die vier dienst*ältesten* Professoren der Philosophischen Fakultät tätig, neben je den beiden *ersten* Kollegen aus den drei oberen Fakultäten. Für den Fall, daß
einmal einer der jüngeren Professoren der Philosophischen
Fakultät Decanus wird, erhält der während seines Decanats zusätzlich (das Gremium ist dann auf 11 temporär erweitert) und
im Rang *vor* den übrigen Mitgliedern seiner Fakultät Sitz und
Stimme im Senat – als Konsiliarius des Rektors.

Ein engerer Kreis aus dem Senat bildet das *Justiz-Departement*
für die Universitätsgerichtsbarkeit. Dem gehören an: der jeweilige Rektor, der Kanzler oder auch Direktor genannt, der *zweite*
Juraprofessor im Senat und ein Syndikus. Die übrigen Mitglieder des Senats haben keine Stimme in Justizangelegenheiten.
Diesem Universitätsgericht unterstanden alle Angehörigen der
Gelehrtenrepublik, die *cives academici*, also die Lehrkräfte,
ihre Frauen und Kinder, alle anderen Beschäftigten der Universität, wie Tanz- und Fechtlehrer, Übersetzer, die beiden Pe-
delle, aber auch Buchhändler, Buchbinder und Buchdrucker
und natürlich die Studenten.

Der Akademische Senat nun wählt semesterweise – immer am
Sonntag *Quasi modogenitii*, also nach Ostern und am Sonntag
nach Michaelis – aus seinen Mitgliedern den *Rector magnificus*.
Es erhält ein Senator aus der Philosophischen Fakultät – eben
auf Grund der Mitgliederstruktur – alle acht Jahre jenes hohe
Amt, während die Senatoren der drei anderen Fakultäten alle
vier Jahre mit ihm rechnen konnten. – Jeder Senator hat das
Recht auf einen *Amanuensis* (studentische Hilfskraft).

Der Sitzungsturnus des Akademischen Senats war wöchentlich, dieses Gremium »kommt mittwochs um 9 Uhr in der
Senats-Stube auf dem Collegio Albertino zusammen.«[58]

Der Decanus der Philosophischen Fakultät hatte die für den Zugang zur Universität entscheidende Funktion, er hatte die Immatrikulationsprüfungen für alle Studierenden der Universität vorzunehmen; dafür erhielt er 2 rth. pro Immatrikulierten, bei Adligen und Juden das Doppelte. – Von Immanuel Kant ist selber eine solche Aufnahmeprüfung, aus dem Jahre 1779, überliefert. Kant sollte über den Zugang eines Novizen aus dem Friedrichskolleg zur Universität entscheiden. Das war notwendig geworden, weil der Kandidat Carl Heinrich Schreiner (geb. 1761), aus Jäskendorf (bei Liebmühl/O. Pr.), von seinem Schulinspektor Christoph Samuel Domsien (gest. 1789) kein Abgangszeugnis zur Universität erhalten hatte. Der hatte sogar beim Akademischen Senat der Universität, wie in einem Aktenvermerk festgehalten wurde, »angezeiget wie einige Schüler aus der Schule gegangen, und protestirte wi[e]der die Immatriculation derselben. Wobey Herr Prof. Kant zugleich anzeiget daß sich einer namens Schreiner gemeldet, den er tentiert [geprüft] und ziemlich gut gefunden, wie er denn auch deßen Specimen vorträgt; worauf Senatus schlüßet, daß Domsien um ein Testimonium für Ihn ersuchet worden, im Fall er aber solches verweigert, er jedennoch immatriculirt werden soll.«[59] Für das Jahr 1779 wird – ein Ausnahmefall in der Geschichte dieser Lateinschule – dann seitens des Fridericianums überhaupt kein Absolvent als für die Universität befähigt ausgewiesen.

Bei der Aufnahmeprüfung wird Schreiner von Kant im Mündlichen nach Cicero und Ovid befragt, zudem muß er schriftlich eine Übersetzung aus dem Deutschen ins Lateinische anfertigen. Kant bestimmt dafür ein Stück aus David Humes Abhandlung *Über nationale Charaktere* (1748). Kant bewertet Schreiners Leistungen insgesamt als für ein Universitätsstudium hinreichend. In seiner Entscheidung für Schreiner aber will Kant aber auch die Interessen des Fridericianums nicht unberücksichtigt lassen, und so lautet sein salomonisches Urteil, daß »unter allen diesen Umständen gedachtem *Schreiner* der Zutritt zur *Vniversitaet* verstattet werden könne. Damit aber hiedurch nicht der schuldige Respekt der Schuljugend gegen ihre Vorgesetzten geschmälert und der Wahn veranlasset werde, als sey es so leicht, sich ihren Anordnungen zu entziehen und die Academie ohne förmliche *Dimission* zu gewinnen, so ist gedachtem Schreiner aufgegeben worden: sich vorher bey Herrn *Inspector Domsien* zu melden, selbigen wegen der Übereilung, womit er die Schule ohne seine Einwilligung verlassen, um Vergebung zu bitten, auch, wenn er der Herr *Inspector* so verlangt ... in gehöriger Form *dimittirt* zu werden.«[60] Schreiner studiert dann Jura, er wird General-Rendant, und er wird schließlich dann noch als Senior beim Jubelfest aus Anlaß der 300-Jahr-Feier der Königsberger Universität 1844 als wohl ältester (und letzter) noch von Kant selber geprüfter ehemaliger Student der Albertina anwesend sein.[61]

Natürlich hat der Decanus der Philosophischen Fakultät auch Abschlußprüfungen durchzuführen bzw. das öffentliche Magisterexamen vor dem Kollegium der Fakultät zu organisieren; auf eine diesbezüglich innerhalb der deutschen Universitätsgeschichte singuläre Eigenheit der Philosophischen Fakultät der Albertina macht von Baczko aufmerksam: »Diese Fakultät besitzt auch ein Privilegium vom polnischen König Sigismund, welches denjenigen [der polnischen Landsleute], die in derselben promovieren, den polnischen Adel ertheilt.«[62]

In der gesellschaftlichen Rangordnung schließlich, bei Huldigungen oder höfischen Aufzügen z. B., gab es immer zwischen den Königsberger Fakultäten deutliche Unterschiede. Gelegentlich kam es auch zu »Competenz und Rangstreitigkeiten zwischen Profesoribus Ordinariis Philosophiae und Profesoribus Extraordinariis Superiorum Facultatum und den übrigen ihnen assoziirten Doctoribus et Licentiatis«[63], so daß schließlich noch einmal in Erinnerung gerufen wird, daß »den Profesoribus ordinariis Philosophiae, welche stets in Senatu Academico seynd, die Praerogative und der Rang vor denen

Profesoribus extraordinariis der anderen Facultaeten zuerkannt, ihnen auch, dagegen zu handeln sub communicatione harter Bestrafung untersaget worden.«[64]

Verstöße gegen diese Fest-Hierarchie wurden immer gleich auch ›ganz oben‹ moniert. So bei der Jubiläumsfeier in Königsberg aus Anlaß des dreihundertsten Jahrestages der Erfindung des Buchdrucks. »Haben Wir mißfällig erfahren, daß der bißherigte Pro-Rector Academiae Dr. u. Prof. Philosophiae Hahn, bey dem Solemnen Actu, des, wegen der erfundenen Buchdrucker Kunst, celebrirte Jubilaei, eine unzuläßige Neuerung einführen und den Supplicanten, welchem der Locus inter Profesores Theol. ordinarios, in seiner Ordnung competiret, beÿ der damals gehaltenen Procession, nach denen Senatoribus rangiren wolle. Wenn wir aber dergleichen Neuerung Dieses Wegs gestatten wollen; So befehlen Wir auch hiedurch allergnädigst, es beÿ der alten bißherigten sowohl hier, als auf auswärtigen Universitaeten recipirten Usance, auch welches die gesambten Profesores Ordinarii, sie mögen Senatores seÿn oder nicht, nach der Ordnung ihrer Facultaeten auf einander folgen, beÿ allen vorfallen, es seÿ beÿ Processionen oder beÿ dem Sang der Carminum gleich bewenden zu laßen.«[65]

Die Rangfolge bei feierlichen Aufzügen war so, daß der Rektor der Universität gleich nach dem Herzog kam, danach der Bischof von Samland, dann, falls welche anwesend waren, diverse fremde Herrschaften, gefolgt vom Dekan der Theologischen Fakultät, Oberburggraf, Kanzler der Universität, dann die Professoren der drei oberen Fakultäten, die drei regierenden Bürgermeister und danach erst die Professoren der Philosophischen Fakultät.

Der elegante Magister

Es liegt, wie einmal die Welt ist, im Humor die beste Uebung,
nicht nur die Welt kennen zu lernen, sondern auch, sich an sie
anzuschließen, und die Kunst, dieselbe weder von sich zu stoßen,
noch auch sich ihr hinzugeben.*

Kant kam von der Universität als ein junger *Beau* – wenn man
das nicht allzu wörtlich nehmen wollte. Er konnte sich nun
Magister artes liberales, Magister der freien Künste nennen.
Er war natürlich nur vorsichtig verwegen, gar kein Epikuräer.
Auch kein Geck, der durch billige Profilneurosen auf sich auf-
merksam machen wollte. Auffällig und abgehoben von an-
deren war Kant durch seine wie selbstverständliche wissenschaftliche Neugier. Die war natürlich nicht auf die Philosophie
beschränkt.
Das Wort vom *kleinen Magister* machte ab Sommer 1759 in
Königsberg die Runde. Johann Georg Hamann hat es wohl in
die Welt gesetzt, gleichermaßen spöttisch und respektvoll.
Privat schrieb er an Kant – »Höchstzuehrender Herr Magister,
Sind Sie Socrates und will Ihr Freund Alcibiades seyn.«[1]
Andere sahen den Dualismus, den viele Zeitgenossen als pro-
minentes Merkmal seiner kritischen Theorie ausgemacht zu
haben glaubten, in manchem auch an der Person Kant auffällig: Einerseits, so beschreibt ihn ein Bekannter, ist er von kleiner Statur mit einem bemerkenswerten Kopf, einer »hohen,
heitren Stirn, feine Nase und helle klare Augen zeichneten sein
Gesicht vortheilhaft aus«, aber andererseits schien sein Körper
»der vollkommenste Ausdruck grober Sinnlichkeit, die sich an
ihm besonders beim Essen und Trinken übermäßig zeigte.«[2]

Als junger Privatdozent wohnte Kant seit 1755 im *Kneiphof*, im
Haus der Professorenfamilie Kypke. Johann David Kypke
(1692–1758) lehrte Philosophie und Theologie, sein Neffe

Georg David Kypke (1723–1779) war seit 1746 bereits außerordentlicher, ab 1755 ordentlicher Professor für Orientalistik. Über Kypke wurde anläßlich des 200. Universitätsjubiläums 1744 das folgende Porträt in Knüppelversen veröffentlicht:

Gelehrter Kypke, treu im Wesen
Wozu Dich Gott bestimmet hat,
Die Vorsicht, so Dich auserlesen
Ertheilt durch Deiner Lehren Rath
Den's die Dich hören, solche Stärke
Was jeder einst zum Augenmerke
In Kirch und Schule nöthig findet
Damit er alles das bestellet
Was sich zu Lehr und Amt gesellet
Wenn beydes die Vernunft verbindet.[3]

Die Wohnung lag nicht, wie neuerdings herausgefunden wurde, in der sogenanten ›Neustadt‹ im Kneiphof, wie noch sein zeitgenössischer Biograph Borowski schreibt, »sondern [habe] in dem parallel verlaufenden, später ›Köttelstrasse‹ genannten Straßenzug gelegen [...].«[4] Kant konnte hier den Hörsaal des Hausherrn mit benutzen. Kant habe, wie er selber mitteilt, in seiner Universitätslaufbahn »ununterbrochen ein zahlreiches Auditorium gehabt und nie Privatinformation gegeben [...] (man müsste denn das *collegium privatissimum* in seinem eigenen Auditorio, welches gemeiniglich sehr gut bezahlt werden muß, darunter verstehen), so habe ich immer mein reichliches Auskommem gehabt.«[5]

Der junge Kypke hatte seinen Magister als erst Einundzwanzigjähriger 1744 in Halle gemacht. Er hatte in dem Jahr, in dem Kant sein Mitbewohner wurde, eine verdienstvolle Übersetzung von John Lockes *Anleitung des menschlichen Verstandes zur Erkäntniß der Wahrheit* vorgelegt. Er habe damit, wie er in der Vorrede zur Übersetzung ausführte, zu beweisen gesucht, »daß er ›mehr als hebräisch gelernet habe, und lehren könne‹.«[6]

Der englische Philosoph wurde auch für Kant wichtig mit der Frage: »Wie komme ich dazu, Vorstellungen von den Dingen zu haben, da ich doch nicht die Dinge selbst bin? ... Da nun das Andere außer mir ist, ich aber mit der Außenwelt nur durch meine Sinnlichkeit zusammenhänge, so muß ich annehmen, daß durch die Einwirkung der Dinge ... Bilder von ihnen in mir erzeugt werden.«[7] Wie dieser *Erzeugung-* bzw. *Konstruktions*-vorgang zu denken wäre, da unterscheidet sich Kant von Locke natürlich.

Kypke jun. hatte neben seiner Lehrarbeit noch eine eigentlich bizarre Aufgabe: Ein veritabler Universitätsprofessor war – Woche für Woche – abgestellt, in der Synagoge scharf hinzu-hören, ob bei einem bestimmten Gebet, dem *Alenu Leschab-beach*, einige schwer inkriminierte und dann offiziell ver-botene, angeblich christuslästerliche Verse auch tatsächlich unterlassen werden. Kypke jun. war nämlich verpflichtet, die Funktion eines sogenannten ›Juden-Inspektorats‹ auszuüben. Diese Zensurinstanz gab es als akademisches Amt in Preußen ausschließlich an der Königsberger Universität, es bestand seit 1705 bis in die endsiebziger Jahre. Kypke starb im Mai 1779, und: »Die sogenannte Inspektion der Judenschaft hörte mit ihm auf.«[8] Dieser ›Judeninspektor‹ griff, wenn er sein Amt ge-nau nahm, schon ziemlich massiv in die geistliche Freiheit der Jüdischen Gemeinde Königsberg ein.

Kants bürgerliches Leben schien sich sehr überschaubar zu entwickeln. Auf eine schnelle akademische Karriere war je-doch nicht zu hoffen. Äußerlich lief sein Leben in festgefügten Bahnen. An eine Heirat, die ihm vielleicht den Weg in ›höhere‹ gesellschaftliche Kreise mit ganz anderen Kontakten gebracht hätte, dachte er auch nicht. Gleichwohl hielt er natürlich die In-stitution *Ehe* für zwar nicht unproblematisch, aber doch ver-nünftig, und für ein Gemeinwesen geradezu notwendig. Nur ihm selber war das Heiraten durchaus zuwider. Vielleicht war das eine Bilanz, die sich nach kritischer physischer Introspektion seiner selbst – ein zierlicher, zerbrechlicher Körper, »kaum fünf Fuß hoch, der Kopf, im Verhältniss zu den übrigen Theilen, sehr gross, die Brust ganz flach und der rechte Schulterknochen etwas hervorragend«[9] und last not least Abscheu vorm Schwitzen – nahezu von allein aufdrängte? Jedenfalls ging er »mit Unwillen aus einer Gesellschaft, in welcher ihm auch nur im Schertz dazu Vorschläge geschahen.«[10] – Aber einmal wäre ihm das Malheur doch beinahe passiert. Jedenfalls hat, lange nach Kants Tod, in Königsberg eine Luise Rebekka Fritz (1744–1826) erzählt, daß Kant sie einst geliebt habe ... Ist hier der Grundstein zu anthropologischen Einsichten gelegt worden, wie: »Begierde (appetitio) ist die Selbstbestimmung einer Kraft eines Subjekts durch die Vorstellung von etwas Künftigem als einer Wirkung desselben« oder »Man sieht leicht ein, daß Leidenschaften ... der Freiheit den größten Abbruch thun, und wenn der Affekt ein *Rausch* ist, die Leidenschaft eine *Krankheit* sei, welche alle Arzeneimittel verabscheut und daher weit schlimmer ist.«[11]?

Seit 1761 war Kant finanziell in der Lage, sich einen Bediensteten zu leisten. Das war der lange bei ihm wirkende Martin Lampe (1734–1806), ein aus Würzburg stammender Soldat in preußischen Diensten, der »nach erhaltenem Abschiede vom Regiment in den Dienst bei Kant getreten, dem er gegen 40 Jahre vorstand.«[12] Diener Lampe war von 1762 bis 1802 in Kants Diensten.

Seit dieser Zeit vollzieht sich ein auffälliger Wandel im Umgang Kants mit der gesellschaftlichen Welt Königsbergs. Der eher unauffällige, arme Magister scheint sich zu ›mausern‹. Seit den sechziger Jahren wird er so etwas – wenn es das geben könnte – wie ein ›preußischer Flaneur‹. Die französische Aufklärung, die in jenen Jahren bevorzugtes Vorbild und wohl schon eine altpreußische Passion gewesen ist (jedenfalls seit Friedrich II. den Thron innehatte), übermittelte einiges von ihrem *Savoir-vivre* von der Seine an den Pregel.

Kant verbringt seine knappe freie Zeit jetzt öfter in verschiedenen Runden mit Bekannten und Gästen der Stadt. Er ist bekannt als einer, »der die Wahrheit eben so sehr liebt, als den Ton der guten Gesellschaft.«[13] Er ist neugierig auf neue Erfahrungen. Damen schreiben ihm galante Einladungsbillets – »Meine Freundin und Ich überschicken Ihnen einnen Kuß *per. Simpatie* die Lufft wird doch woll im Kneiphoff dieselbe seyn, damit unser Kuß nicht die *Simpatetische* Krafft verliret.«[14] Gelegentlich machen seine Konversationen die Runde. Kant schätzt frappierende und sich nicht festlegende, gar paradoxe Formulierungen: Weil er »an nichts hänge und mit einer tiefen Gleichgültigkeit gegen meine oder andrer Meinungen das gantze Gebäude öfters umkehre und aus allerley Gesichtspunkten betrachte«, sei sein ganzes Treiben mehr darauf gerichtet, »die Schranken der Menschlichen Fähigkeiten und Neigungen zu erkennen.«[15]

Der Gast einer solchen Soirée, ein österreichischer Offizier, Franz von Dillon (1733–1798), erinnerte sich der angenehmen Stunden in Kants Gesellschaft jener Jahre – in unseren *Clubs*, wie er das nennt –, wo »tausend geistreiche schertzen hervor gekommen, ohne gelehrte unterhaltungen zu berühren, [was] für einen jungen menschen (wie ich damals war) höchst dienlich gewesen.«[16] – Kant und die Freunde trafen sich wohl gelegentlich in Schultz's Kaffeegarten.

Bei den Zeitgenossen beginnt sich im Blick auf Kant das Bild des *eleganten Magisters* herauszubilden. »Wirklich war damals Herr Magister Kant der *galanteste* Mann, … trug bordierte Kleider, [war] ein postillon d'amour und besuchte alle Koterien [so etwas wie Zusammenkünfte der *jeunesse dorée*].«[17] – Noch im Alter war an seiner Kleidung auffällig, daß er »lieber etwas übertriebene Galanterie als Nachlässigkeit im Anzuge vorzieht.«[18]

Kant erscheint insgesamt deutlich als ein Melancholiker mit einem Hang zum Sarkasmus und gelegentlich zu ansteckender Ironie. In Gesellschaft von Frauen ›bewies‹ er gern, daß diese wohl nicht in den Himmel kommen würden. Denn es hieße doch in der Offenbarung des Johannes (8,1), es sei im Himmel eine große Stille gewesen, etwa eine halbe Stunde lang ...

Kant schrieb zunächst über philosophische Zeitthemen, aber auch über das, was just die Leute gerade bewegte. Und er schrieb dort, wo sie es auch leicht lesen konnten – in zumal Königsberger Tageszeitungen und Verlagen. Seine Themen waren – wie heute – Naturkatastrophen oder katastrophale – modern gesprochen – mediale Verirrungen, wie z. B. kollektive Ressentiments und Wahnvorstellungen. Kant machte auf das Phänomen der *Krankheiten des Kopfes* aufmerksam, und zwar auf diejenigen, denen keine natürlichen, biologischen Ursachen zugrunde liegen, sondern die in Mängelformen der – selbst eingegangenen – Selbstverhältnisses der Menschen selber begründet sind.

Kants Schreibweise in jenen Jugendjahren, die man – auch mit einem Blick nach Paris – durchaus einen singulären philosophischen ›Feuilletonismus‹ in Deutschland nennen darf, ist gleichermaßen anspruchsvoll, anregend und dazu leicht verständlich. *Verständlichbleiben* im Explizieren eines Sachverhalts oder Problems, das war im übrigen immer eine anzustrebende Tugend des Schriftstellers und Vernunftkritikers Kant.

Er hat natürlich auch über *die* Urkatastrophe der Aufklärungsepoche geschrieben: das Erdbeben von Lissabon im Herbst 1755. Zwei seiner Beiträge erschienen als Artikelfolgen im Januar und April 1756 in einer Königsberger Zeitung, und die umfangreichere *Geschichte und Naturbeschreibung der merkwürdigsten Vorfälle des Erdbebens* wurde im Februar 1756 bei Hartung in Königsberg als separate Broschüre publiziert.

Diese Katastrophe wurde europaweit sogleich moralisiert, d. h., die immer allzubereiten Besserwisser, welcher Provenienz auch immer, die sich mitunter als Sprachrohre des (jeweiligen) Allmächtigen ausgeben, und die deshalb immer – quer durch die Zeiten – die Interpretationshoheit beanspruchen, bezogen das Ereignis sofort in einen ›Erziehungsprozeß‹ ein. Wer bloß von *Zufall* sprach, galt schnell als frivol. Und so nutzten auch viele Aufklärer ihre Stunde; einer von ihnen, der von Königsberg nach Leipzig gezogene Johann Christoph Gottsched, meinte:

Nicht Lissabon allein hegt Sünder:
Wen dieser Fall nicht lehrt,
dem droht sein Grimm nicht minder.[19]

Kant dagegen will natürlich diejenigen Dinge, die man um solch ein unerklärliches Ereignis herum dennoch wissen kann, ins Gespräch bringen. Er interessiert sich folgerichtig also für Phänomene der Erdkruste, der Wasserbewegungen (die mit der Mondbewegung zu tun haben), der Gravitation und für – natürliche – Vorboten des Unglücks. Über die gab es von überall her die ungewöhnlichsten Berichte – blutrote Quellen allerorten, vom Böhmerwald bis ins Roussillon, der Vesuv grummelt, Getier in Panik etc. Daß es sich bei dem Erdbebengebiet gerade um eine Küstenstadt gehandelt hat, läßt den Bewohner einer Hafenstadt wie Königsberg besonders aufmerken.
Aber es gab auch so etwas wie einen Nutzen aus jener Katastrophe zu entlehnen. Wir wissen jetzt etwas mehr über die Erde, wir bauen mit mehr Überlegung, und wir mußten lernen, »daß die Güter der Erde unserm Triebe zur Glückseligkeit keine Genugthuung verschaffen können!«[20]
Und wir sollten schließlich immer bedenken, welche prometheischen Idole man uns auch immer einreden will – »von dem Prometheus der neuern Zeiten, Hrn. Franklin, der den Donner entwaffnen wollte, bis zu demjenigen, welcher das Feuer in der Werkstatt des Vulkans auslöschen will« –, daß der Mensch doch »niemals etwas mehr als ein Mensch sei.«[21]

Diese drei frühen Essays mit ihrer unverwechselbaren, hintergründig anthropologischen Schreibart behielten über die Jahre ihren ganz eigenen Reiz. – Demjenigen, dem die Bewältigung und der Aufbau der niedergebrochenen Stadt Lissabon übertragen wurde, Sebastião Marquês de Pombal (1699–1782), dürfte vor allem anderen die besondere Aufmerksamkeit Kants sicher gewesen sein. Pombal wie Kant sind im Jahrhundert der Aufklärung *die* beiden großen Konstrukteure der Zukunft. Beide haben das Gestürzte nicht einfach wiederhergestellt, sondern etwas wieder Lebbares aufgebaut. Beide Male sind bemerkenswerte – urbane wie kognitive – Meisterleistungen entstanden, die bis heute zivilisatorische europäische Standards für Krisenbewältigungen im Leben wie im Denken darstellen.

In den neunziger Jahren fielen einem Leser zufällig diese »philosophischphisikalischen Betrachtungen über das Lissaboner Erdbeben« in die Hände, und: »Neugierig geworden, zu wissen, wie der spekulative Kant in seinen jüngeren Jahren diesen empirischen Gegenstand behandelt haben mochte … fand ich in ihm selbst meine beste Erwartung noch weit übertroffen; und ward so zu dem Gedanken veranlast, alle Schriften Kants zu lesen, die nicht Theile seines kritischphilosophischen Sistems sind.«[22]

Als Privatdozent war man damals noch gehalten, auf die eigenen akademischen Vorlesungen selber aufmerksam zu machen. Ins gedruckte Vorlesungsverzeichnis kam man erst, wenn man zumindest *extraordinairer* Professor war. So haben die jungen Lehrkräfte ihre Vorlesungen handschriftlich am ›Schwarzen Brett‹ angekündigt. Oder man hat das eleganter gemacht – wie Kant –, der seine Vorlesungsankündigungen drucken ließ, um sie so einem breiteren Interessentenkreis zugänglich zu machen. Immanuel Kant versuchte mit Einladungsschriften zu seinen Vorlesungen immer wieder Interesse bei den Königsbergern für Themen zu erringen, die in einer

Seefahrerstadt immer Aufmerksamkeit sollten beanspruchen dürfen. Beispielsweise beschäftigte sich seine erste Einladungsschrift, mit der er am 25. April 1756 auf seine Vorlesungen im Sommersemester aufmerksam machte, mit *Neuen Anmerkungen zur Erläuterung der Theorie der Winde*. Oder im Jahr darauf läßt er die *Ankündigung eines Collegii der physischen Geographie* drucken; auch hier im Anhang will er die Königsberger neugierig machen mit der Frage: *Ob die Westwinde in unsern Gegenden darum feucht seien, weil sie über ein großes Meer streichen?* Und für den Sommer 1758 will er mit einer Programmschrift *Neuer Lehrbegriff der Bewegung und Ruhe* auf seine Veranstaltungen neugierig machen.

Diese Themenvielfalt bei Kant sollte nicht überraschen. »Viel und zugleich vieles zu umfassen«, das sei nun einmal, so hat diese Themenvariabilität Freund Marcus Herz auf den Begriff gebracht, »eine Eigenschaft der Lessinge und Kante.«[23]

Aber auch als er im Hörsaal schon einen Namen hat, gibt er sich noch Mühe mit solchen Einladungstexten. Seine *Nachricht von der Einrichtung seiner Vorlesungen in dem Winterhalbenjahre 1765/66* stellt keine interessante Quisquilie mehr vor, sondern ist schon ein durchreflektierter propädeutischer Text über den Zusammenhang der philosophischen Gegenstände, über Studienweisen und über den Unterschied, der den *Gelehrten* vom *vernünftigen* Mann und diesen noch einmal vom *verständigen* Manne trennt.

Diese Gründlichkeit, mit der Kant seinen akademischen Auftrag wahrnahm, und wie es ihm ernst war mit dem Studienerfolg der bei ihm Hörenden, läßt ihn zu einem wirklichen Studentenprofessor werden.

Kant engagierte sich auch in den Studienreformjahren Anfang der siebziger Jahre. Hier ist er wahrscheinlich die begründende Stimme bei der Neugestaltung der Vorlesungsverzeichnisse, die ab Sommersemester 1771 jeweils mit einer allgemein orientierenden *Praefatio* publiziert werden. Eine studienorientierende Praxis, die übrigens mit seiner Emeritierung in Königsberg wieder aufhört.

Kants publizistische Tätigkeit bleibt aber nicht auf sein liebes Königsberg beschränkt. Einmal beteiligte er sich sogar an einem literarischen Preisausschreiben der Berliner Akademie der Wissenschaften. Er reichte dazu 1764 die Schrift ein – *Untersuchungen über die Deutlichkeit der natürlichen Theologie und Moral*. In dieser »kurzen und eilfertig abgefassten Schrift«[24] macht Kant auf ein methodologisches Mißverständnis in der bisherigen Metaphysik aufmerksam. Die nämlich verfahre immer noch weitgehend *analytisch* anstatt *synthetisch*, gemäß der Methode in der Mathematik. Kant kommt hier also schon en passent auf eine wichtige terminologische Unterscheidung im Verfahren des Denkens zu sprechen, die nahezu ein Kriterium des kritizistischen Unternehmens überhaupt werden wird.

Noch drang er mit seiner grummelnd kritischen Botschaft in der wissenschaftlichen Öffentlichkeit, zumal am Hofe in Berlin nicht wirklich durch, obwohl seine Arbeit das sogenannte *Accessit* erhielt, d. h. lobend erwähnt und sogar von der Akademie publiziert wurde. – Der Zuschlag aber für die prämierte Preisschrift – zusammen mit fünfzig Dukaten – wurde Moses Mendelssohn am Donnerstag, den 2. Juni 1763 zugesprochen, für seinen Text *Ueber die Evidenz in metaphysischen Wissenschaften*.

Ein Bestseller allerdings gelang Kant im selben Jahr mit seiner Schrift *Beobachtungen über das Gefühl des Schönen und des Erhabenen*. Hier offenbarte sich der sonst so paragraphentreue Hochschullehrer als assoziationsreicher Essayist. Diese leicht hingeworfenen Ideen hat Kant außerhalb der Mauern Königsbergs niedergeschrieben, in der Sommerfrische – im Forsthaus zu Moditten –, als er zu Gast bei seinem Freund, dem Forstmeister Michael Wobser (1724–1795), weilte. – Hier hatte übrigens der junge Gottsched seine Kindheit verbracht. Er

wurde dann, in Leipzig, wie Kant in der Philosophie, ein großer Reformer in der Literatur.

Diese Schrift Kants war seinerzeit Herders Lieblingsbuch, und
auch sein Mentor Johann Georg Hamann räumt diesem Text
von Magister Kant ohne weiteres einen Platz neben Denis
Diderots Enzyklopädie-Artikel *Beau (Metaphysique)* ein. Am
30. April 1794 schrieb Hamann in der *Königsbergischen Zeitung*, der Herr Magister Kant unterscheide sich von seinesgleichen »durch eine besondere Fruchtbarkeit lebhafter Einfälle
eines theils exempelreichen, theils scholastischen Witzes, worunter viele glückliche Züge hervorleuchten, die nicht nur Nach-
denken und Beyfall verdienen, sondern auch Unterschei-
dungskraft erfordern.«[25] Und so nahm Kants Essay seinen Weg
in die einschlägigen Gesellschaften. Und dieses Büchlein lag
wohl auch bald auf den Toilettentischen der Königsberger und
preußischen Damenwelt, als etwas, »daß man von Anfang bis
zum Ende mit Vergnügen liest.«[26]
Die strenge Universitätsöffentlichkeit allerdings wird sich in
ihrem Urteil wohl eher dem ernsten, dozierenden Friedrich
Schiller angeschlossen haben. Ihm waren Kants Ausführungen
»bloß anthropologisch, [...] über die letzten Gründe des Schönen lernt man darin nichts. [...] Für die ernsthafte Materie
schien mir der Stil etwas zu spielend und blumenreich; [und –
notabene!] ein sonderbarer Fehler an einem Kant, der aber
wieder sehr begreiflich ist.«[27]
Bis 1771 erlebte sein Text allerdings schon drei Auflagen. Mit
dieser Schrift wurde Kant »als La Bruyere der Deutschen ge-
priesen. Ich gewinne diese Schrift meines Lehrers, den ich immer mehr schätze, zusehens lieber.«[28]

Aber es passierte Kant doch auch schon einmal, daß ihm ein
Text gründlich mißlingt.
Seinen ihm wohl immer peinlichsten Text veröffentlichte er am
7. Oktober 1759; er war wieder als Einladungsschrift zu seinen
Vorlesungen im kommenden Wintersemester gedacht. Er trug

den Titel *Versuch einiger Betrachtungen über den Optimismus*.
Kant reagierte damit auf ein Thema, das von der Berliner Akademie der Wissenschaften für das Jahr 1755 als Preisaufgabe gestellt war – *On demande l'examen du système de Pope, contenu dans la proposition: Tout est bien.* [Es wird eine Prüfung des Systems von Pope verlangt, welches in dem Satz gipfelt: Alles ist gut]. Kant verteidigte hier den Optimismus vor allem gegen Argumente von Christian August Crusius (1717–1775), der, gegen den Mainstream des Aufklärungsrationalismus, die Endlichkeit und Unvollkommenheit aller uns je erfahrbaren Wirklichkeit betonte. Das brachte Kant zugleich in eine unerwartet polemische Situation innnerhalb der Fakultät. Denn hier hatte sich am Vortag ein anderer junger Kollege, Daniel Weymann (1732–1795), mit einer Arbeit *De mundo non optimo*, also gerade gegen den Optimismus, habilitiert – »ein *Meteorum* auf dem *academischen* Horizont«[29], wie Kant ein wenig von oben herab urteilte. Der neue Kollege, er war bislang Lehrer am Löbenichter Gymnasium, suchte sich, wie Kant höhnisch schrieb, »durch seine ziemlich unordentlich und unverständlich geschriebene *dissertation* wider den Optimismus seinen ersten Auftritt auf diesem Theater, welches eben so wohl als das Helferdingsche [Königsberger Theatertruppe] *Harlequins* hat *solenn* [prächtig] zu machen.«[30] Hier erwächst für Kant ein beständiger akademischer Gegner.

Weymann seinerseits polemisiert einige Jahre später gegen eine Schrift Kants, mit *Bedenklichkeiten über den einzig möglichen Beweisgrund des Hr. M. Kants zu einer Demonstration des Daseyns Gottes, zweiter Theil des philosophischen Labyrinths* (Königsberg 1763[31]), – mit der Absicht, zu zeigen, wie namentlich Kant die »logische Schmelzküche, worin Begriffe geläutert werden«, nicht beherrscht und er bloß »der wahren Weltweisheit die Maske der Galanterie«[32] überstülpt. Ein Einwand, der – gegen seine Absicht – unversehens einen Blick frei gibt auf die Perspektiven in der Schreibart des jungen Königsberger Magisters Kant.

Damals aber, in seiner Schrift gegen den Optimismus, argumentierte Kant selber noch ganz traditionell, etwa, »*daß das Ganze das Beste sei, und alles um des Ganzen willen gut sei.*«[33] Kant hat seinerseits dadurch aber gerade auch aus Königsberg eine scharfsinnige Kritik erfahren, die genau jene Schwäche der herkömmlichen Metaphysik aufzeigte, die zwanzig Jahre später Kant selber zum Mittelpunkt seiner Metaphysik-Kritik machen wird. Der Königsberger Johann Georg Hamann (1730–1788) nämlich monierte an Kants Einladungsschrift: »Seine *Gründe* verstehe ich nicht; seine *Einfälle* aber sind blinde Jungen, die eine eilfertige Hündin geworfen. […] Er beruft sich auf das *Ganze*, um von der Welt zu urtheilen. Dazu aber ein Wissen, das kein *Stückwerk* mehr ist. Vom Ganzen also auf die Fragmente zuschließen, ist eben so, als von dem Unbekannten auf das Bekannte. Ein Philosoph also, der mir befiehlt, auf das *Ganze* zu sehen, thut eine eben so schwere Forderung an mich, als ein anderer, der mir befiehlt, auf das Herz zu sehen, mit dem er schreibt. Das Ganze ist mir ebenso verborgen, wie mir dein Herz ist.«[34]

Hamann zeigt hier, wie beim jungen Magister Kant durchaus noch eine zentrale Schwäche aller Metaphysik virulent ist: axiomförmige, erfahrungsunabhängige oberste Postulate, aus denen sozusagen ›intern-vernünftig‹, d. h. mit reiner Vernunft aus Begriffen deduziert wird. Hier wäre, wenn man wüßte, ob Kant Hamanns Einwände gekannt hatte, durchaus eine Initialzündung künftiger kritischer Infragestellung metaphysischer Methoden zu identifizieren.

Kant jedenfalls hat später diesen Ankündigungstext vom Wintersemester 1759/1760 vergessen wollen und ihn, wo man seiner noch habhaft werden sollte, sofort aus dem Verkehr ziehen lassen. Erst ein paar Jahre nach Kants Tod wurde er wieder in eine Sammlung seiner Schriften aufgenommen.

Kant und Hamann waren von frühauf, seit ihren Universitätsjahren, Gesprächspartner, die sich gegenseitig durchaus kritisch wahrnahmen. Allerdings mit zunehmender Distanz, vor allem nach Hamanns Bekehrungserlebnissen in England (1756–1758) und vor allem nach Hamanns Kritik an Kants Vernunftkritik; gleichwohl Hamann sich bei dem Verleger Johann Friedrich Hartknoch (1740–1789) – der seit Wintersemester 1755/56 in Königsberg studierte – für die Herausgabe dieses von ihm dann so vehement angegriffenen Buches einsetzte.

Beide waren gebürtige Königsberger. Der sechs Jahre jüngere Hamann war der Sohn eines Baaders in der Altstadt. Seine Studien an der Albertina (immatrikuliert 1746) schloß er ohne akademischen Grad ab, danach war er als Hofmeister tätig und unternahm (bis 1759) längere Reisen. 1764 war er Redakteur an der Kanterschen *Königsbergschen Politischen und Gelehrten Zeitung*, für die auch Kant gelegentlich schrieb. Durch Kants Fürsprache war Hamann – nach dem Tod seines Vaters – seit 1767 in der Zollbehörde der Stadt (als ›Pachthofverwalter‹) tätig.

Geistig waren beide wohl in maßgeblichen Interessenlagen schon sehr gegensätzlich, aber sie waren sich doch auch nahe, was Ironie, Poesie und Lebensart betrifft. Ihre spannungsreiche Nähe und spöttische Distanz wird sehr deutlich, wenn Kant an Hamann schreibt: »Wenn Sie werther Freund meinen Begriff [...] zu verbessern finden so bitte mir Ihre Meinung in einigen Zeilen aus; aber wo möglich in der Sprache der Menschen. Denn ich armer Erdensohn bin zu der Göttersprache der *Anschauenden Vernunft* garnicht organisirt. Was man mir aus den gemeinen Begriffen nach logischer Regel vorbuchstabiren kann das erreiche ich noch wohl.«[35] Einig hingegen waren sie sich in dem Ungenügen daran, daß sich überall, an allen literarischen Orten »der *Götze* gesunder Vernunft«[36] präsentiert.

Und Hamann, der sich gut mit englischer Literatur und Philosophie auskannte, konnte Kant – der selber nicht englisch las – manchen Hinweis auf Autoren geben, die womöglich in ähnlicher Weise ein Ungenügen an den überkommenen Gedankensystemen empfanden und an einer Grundlagenkritik philosophischen Denkens arbeiteten.

Johann Georg
Hamann

Hier war es besonders David Hume – auf den Kant auch durch Hamanns Anregung aufmerksam geworden sein könnte – den er als einen der »Geographen der menschlichen Vernunft«[37] wahrnimmt. Hamann hatte in der Kanterschen Zeitung im Juli 1771 einmal einen Auszug eines Buches von David Hume, *Treatise of Human Nature* (1739/40), in deutscher Übersetzung publiziert, unter dem Titel *Nachtgedanken eines Zweiflers*; allerdings wurde hier weder der ursprüngliche Autor noch Titel genannt.

In einer eindrücklichen Seefahrer-Metapher aus diesem Auszug könnte sich Kant in seinem eigenen Selbstverständnis wiedergefunden haben. Nämlich, wenn es bei Hume, in der Sprache Hamanns, heißt: »Ich komme mir gleich einem Menschen vor, der [...] dem Schiffbruch entgangen, dennoch die Verwegenheit hat, auf seinen leck gewordenen und vom Wetter zerschlagenen Gefäß in See zu setzen und [...] unter diesen nachtheiligen Umständen eine Reise um die Erdkugel unter-

Johann Gottfried
Herder

nehmen zu wollen. [...] Ich habe mich dem Haß der Metaphysiker, der Vernunftlehrer, der Meßkünstler und selbst der Gottesgelehrten ausgesetzt; darf ich mich über die Beschimpfungen wundern, die ich von ihnen leiden muß?«[38]

Öffentliche Orte außerhalb der Universität, aber doch unter ihrer Jurisdiktion stehend, wo sich Kant in seiner knapp bemessenen Zeit gern aufhielt, waren Buchhandlungen. Die bemerkenswerteste in Kants Magisterjahren war die von Johann Jacob Kanter (1738–1786).
Buchhandlungen waren nicht nur Geschäftsorte, sondern auch Treffpunkt und Lese- und Sprechzimmer für das gebildete Publikum. Hier konnte man sogar seine Post erledigen, die neuen Zeitungen lesen und sich natürlich über literarische Neuigkeiten informieren. Immer wenn die Post kam, wurden die ankommenden Bücher auf den Tischen ausgebreitet. Einer der

80

bemerkenswerten Ladendiener bei Kanter war in den siebziger
Jahren ein Student der Albertina, der spätere Stadthistoriker
Ludwig von Baczko (1756–1823). Auch der junge Herder kam
aus Mohrungen direkt hierher in Kanters Laden. Herder nannte
seinen Besitzer den »Geistreichen Herrn Verleger, und jetziger
Zeit Geschmackvoller Aufseher.«[39]
Hier bei Kanter lernte auch ein anderer, später bekannter philosophischer Verleger sein Handwerk. Der aus Goldap stammende Theologiestudent Johann Friedrich Hartknoch (1740
bis 1789) wurde Gehilfe in Kanters Buchhandlung, er leitete sie
1761 interimistisch (als Kanter in Leipzig war), und er übernahm 1763 die Rigaer Filiale des Kanterschen Geschäfts. Danach gründete er in Riga seinen eigenen Verlag. Der brachte
1781 Kants *Kritik der reinen Vernunft* heraus. – Seit dieser Zeit
ging es mit Kanter wirtschaftlich bergab, bis es kurz nach seinem Tod zum Konkurs der Firma kam.
Der Buchhändler Kanter erlaubte es, daß an zwei Tagen in der
Woche auch die Studenten seinen Laden bestürmen konnten.
Im Lektionskatalog der Universität bot Kanter bei den Veranstaltungen der Philosophischen Fakultät beispielsweise für das
Wintersemester 1770/71 an: »Ionnaes Iacobus Kanter, biblio-
pola, pro viribus suis, literis ipsis, literarumque studiosis inse-
ruire cupiens, duobus per septimanam diebus … et literas
publicas, que Göttingae, Lipsiae, Halae, Erfordi et Regiomonti,
de rebus eruditionem concernentibus prodeunt, et varia acta
litteraria … gratis exhibere promittit.«[40]

So wurden diese Räume Orte einer neuen kulturellen Öffentlichkeit, mit einer etwas anderen Diskurskonstellation als der
der fest regulierten Universität.

Gereichet nicht die Druckerey,
Mutter neuerfundner Künste!
Der blöden Unvernunft zum Scheu,
Da ein geschwärzter Druckerball

Das ausgebildete Metall
Zu klugen Schriften angefeuchtet.
Der unterdrückten Wißenschaft
Ertheiltest du die wahre Kraft,
Sich hoch genug emporzuschwingen;
Ja selbst des Irrthums düstre Nacht
Half deine fortgesetzte Macht
Mit strahlenreichen Witz durchdringen.[41]

Kant war nicht nur ständiger Besucher der Buchhandlung von Johann Jacob Kanter, mit der dieser sich Ende August 1768 in einem Teil des ehemaligen Löbenichtschen Rathauses eingemietet hatte. Kant wohnte auch Mitte der siebziger Jahre eine Zeitlang bei ihm. Er gibt 1774 dem Akademischen Senat einmal seine Anschrift an, die sich in den Akten so niederschlägt: »Emanuel Kanth Logice et Metaph. Prof: ordin. wohnt im Löbenicht beim Buchhändler J. Kanter«, bzw.: »Ohnweit der Krummen Grube so beim Kanter die Anschrift.«[42]

Anstelle des alten Ratsgebäudes war nach dem Brand 1764 ein Kämmereigebäude und Versammlungsort von Kaufmanns- und Handwerkerzünften errichtet worden. »Kanter wird diese Woche seinen Laden beziehen. Er hat es sich was kosten lassen, um dem Publikum zu gefallen. Die Einrichtung verdient meines Erachtens Beyfall. Er hat über ein Dutzend alte Büsten hier schnitzeln lassen [...]. In der Schreibstube des Ladens werden gemalte Köpfe seyn, [...] auch Kant sitzt bereits, und Sie werden doch auch wohl Lust haben, nächstes Jahr Ihre *lares* [Hausgötter] und *penates* [Schutzgötter] zu sehen.«[43]
Seit 1760 hatte Johann Jacob Kanter das entsprechende kommerzielle Privileg, verbunden mit der Genehmigung der Herausgabe der *Königsbergschen Politischen und Gelehrten Zeitung* (1764–1796).
Es gab übrigens eine genaue Verfügung an die Professoren, namentlich an die vier Dekane, als Zensoren in die Buchhand-

lungen zu gehen, um das Auspacken der Bücherpakete zu protokollieren. Das betraf natürlich besonders theologisches Schrifttum: »Selbst das von uns angezogene Privilegium Academicum von anno 1557 führet ausdrücklich im Munde, daß kein Buchführer ein Buch, so sie es anderswo gedruckt verkaufen solle, es sei dem Rectori und Senatus Scholastico angezeiget worden, und die Statuta Academica machen es besonders dem Decano der theologischen Facultaet zur Pflicht, mit dem größten Fleiß dafür zu sorgen, daß von den Buchführern kein Theologisches Buch ohne Vorweises der Decani und ehe er davon Kenntniß genommen, verkauft werden solle.«[44] Allerdings gab es dabei ganz praktische Probleme: »Wenn indessen von eines theils die Menge der in den Buchläden fast wöchentlich ankommenden neuen Sachen, theils das Lesen der Professorum auch was ihnen sonst als academici, oder wegen ihrer anderseitigen Function oblieget, als eine der größten Schwierigkeiten Unsere Verordnung nachzuleben, angeführet werden will: so wollen wir uns, um alle diese Bedenklichkeiten aus dem Weg zu räumen, Allergnädigst dafür erklären, wie wir es endlich wol gestatten können, daß die Decani, wenn ihnen diese Arbeit etwa zu weitläufig fallen möchte, allenfalls in Subsidium, doch unter ihrer Direction, und bei ihrer Verantwortung, andern der Sachen Verständige, als etwa Doctores, Magistros und Candidaten emploiren können. Wir sehen nicht ab, daß auf eine solche Art und bey immer dergleichen Hülfe Unsere Allerhöchste Absicht nicht gantz täglich erwähnt werden könne. Demnach wir auch davon nicht abgehen werden befehlen auch vielmehr hierdurch in Gnaden, solches denen Facultäten sonder Anstand gehörig bekannt zu machen und auch selbst danach gantz genau und pflichtgemäß zu achten.«[45]

Hier bei Kanter wohnte und lehrte Immanuel Kant seit Mitte der sechziger Jahre bis 1777. Kanter war auch der Verleger von Kants Schriften, die der vor seinem Ordinariat, von 1763 bis 1770, geschrieben hatte.

In seiner Buchhandlung hatte Kanter eine kleine Porträtgalerie eingerichtet, in der er Büsten klassischer Autoren der Antike und Bilder zeitgenössischer Prominenter ausstellte, die er von befreundeten Künstlern anfertigen ließ. Da hingen – natürlich – Friedrich der Große, aber eben auch Moses Mendelssohn oder der Dichter Karl Wilhelm Ramler. Von den Königsberger Honoratioren wurden Bürgermeister Hippel, der Gräzist Bock, Kriegsrath Scheffner, aber auch junge, vielversprechende Magister wie Johann Lindner und eben auch der nur erst Eingeweihten vertraute Immanuel Kant ausgestellt. Sein Porträt hatte 1768 der Maler Johannes Gottlieb Becker angefertigt. Es blieb lange im Besitz der Kanterschen Buchhandlung bzw. deren Nachfolgerin, der heute noch bestehenden Buchhandlung *Graefe & Unzer*.

Als Kanter starb, würdigte ihn Hamann als einen »der außerordentlichsten Menschen und desparatesten Unternehmer, der ebenso leichtsinnig andere als sich selbst aufzuopfern im Stande war.«[46]

Ein Irrweg menschlicher Neugier, vor dem auch alle Aufklärung nicht schützen konnte, ist es, *Hellsehen* für *Selbstdenken* zu halten. Gerade gegen dieses Idol hat Kant von frühauf alle seine Ironie eingesetzt. – Am 10. Februar 1764 machte eine Meldung in der Kanterschen Zeitung von der Ankunft eines *Ziegenpropheten* in Königsberg die Runde. Dieser neue ›Diogenes‹, wie ihn Hamann apostrophierte, hat »das Lächerliche, Unanständige, Ausschweifende seiner Lebensart mit einigen Feigenblättern aus der Heiligen Schrift zu bemänteln gesucht.«[47] Zusammen mit einem Knaben unterhielt und verblüffte er die Königsberger mit seinen speziellen Wahrnehmungen zur ›Heiligen Familie‹, namentlich der Nazarener suchte unterwegs offenbar immer wieder seine besondere Nähe. Eine deutsche und eine polnische Bibel schienen ihm dabei die ›Baedeker‹ solcher Seelenreisen zu sein. Das nahm Kant zum Anlaß für seinen Aufsatz *Versuch über die Krank-*

heiten des Kopfes, der einige Tage danach ebenfalls in der Königsberger Zeitung erschien. Es sind solche »Dummköpfigkeit und Thorheit«, meinte Kant, die es uns leicht macht, »[uns] von der menschlichen Natur einen so verhaßten Begriff zu machen.«[48] Denn der wunderliche Mann zelebriert nur etwas auffällig, was bei den ›Normalen‹ der alltägliche Wahnsinn heißen kann, nämlich anderer Leute »Hirngespenst selbst im Wachen bei guter, gesunder Vernunft dennoch für eine wirkliche Erfahrung«[49] zu halten.

Dieses *Blendwerk täuschender Einbildung*, wie Kant viele der selbstverschuldeten kollektiven Vorstellungen der Leute nennt, ihre inneren und äußeren Phantastereien machen wohl eben das aus, was man die alltägliche Verkehrskultur unter uns Menschen nennen muß. Kant bemerkte in seinem gesellschaftlichen Umfeld auch schon einen *alpha*-Typ der felsenfesten Überzeugung, der bis heute die Welt traktiert – den Fanatiker: »Dieser ist eigentlich ein Verrückter von einer vermeinten unmittelbaren Eingebung und einer großen Vertraulichkeit mit den Mächten des Himmels. Die menschliche Natur kennt kein gefährlicheres Blendwerk.«[50]

Hamann, der über Kants geistige Pläne immer gut informiert zu sein schien, schrieb in diesen Tagen an einen gemeinsamen Bekannten nach Riga: »Durch einen Strudel gesellschaftlicher Zerstreuungen fortgerissen, hat er eine Menge Arbeiten im Kopf: *Sittlichkeit* – Versuch einer neuen Metaphysik – einen Auszug seiner Geographie, und eine Menge kleiner Ideen, von denen ich auch [als Redakteur der Königsberger Zeitung] zu gewinnen hoffe.«[51]

So ist diese kleine Arbeit Kants gewissermaßen ein Prolegomenon zu seiner Schrift *Träume eines Geistersehers* (1764). Hier polemisierte Kant gegen ein europaweit einflußreiches Kultbuch, Emanuel Swedenborgs (1689–1772) vielbändige Summe seiner mystischen Erfahrungen: *Arcana coelstia* (1749/56). Diese dickleibigen Scharteken waren so etwas wie ein Klassiker der *anderen* Vernunft, des Umgangs mit paranormalen Erscheinungen. Swedenborg war Naturwissenschaftler, der lange erfolgreich mit montanwissenschaftlichen und geologischen Sachverhalten zu tun hatte. Im Alter von fünfundfünfzig Jahren aber hatte er die ersten Visionen; ihm erschienen himmlische Wesen, Engel, auch Christus. So schien er exklusiv teilzuhaben an Offenbarungen aus den Sphären des Transzendenten. Er meinte auch wie selbstverständlich mit den Seelen Verstorbener zu kommunizieren. Aber es wurden auch prophetische Begabungen an ihm beobachtet. Überall in Gesellschaften wußte man neue, schier unglaubliche Einzelheiten seiner zukunftsseherischen Fähigkeiten zu erzählen. Besonders seine Vision vom Brand Stockholms am 19. Juli 1759 machte die Leute sprachlos. Diese Geschichte hat auch Kant später ausführlich einer Dame der Königsberger Gesellschaft erzählt. Kant war natürlich neugierig auf solch eine rezeptive Sonderbegabung. »Ich warte mit Sehnsucht auf das Buch, das Swedenborg in London herausgeben will.«[52]

Kant sah sehr deutlich, daß Swedenborg, von dem medialen Rummel um ihn abgesehen, in dem, was sein Denken befeuerte, nicht so sehr von der traditionellen Metaphysik unterschieden ist. Noch in seiner Psychologie-Vorlesung nennt er Swedenborgs Trennung der ›Geisterwelt‹ als eines »*mundus intelligibilis*, der von diesem mundo sensibili muß unterschieden werden«[53], sogar *erhaben.* – Das Problem ist einfach das der *Verbindung* beider Reiche. Da verfährt Swedenborg wie die zeitgenössische Metaphysik unbedenklich. Daß Geister denk*möglich* sind, ist nach Kant bloß eine Tatsache nach unserer Vernunft, es bedeutet damit aber noch lange nicht ihr *Wirklich*sein. Kant will lediglich weiterfragen nach den Bedingungen der Möglichkeit, beides zu unterscheiden. Erst danach kann man von dem einen und dem anderen überhaupt kriteriengestützt als von *Verschiedenem* reden. Solange man etwas für wirklich hält, bloß weil man es denken kann, so lange befinden wir uns im »Paradies der Phantasten«[54]. Und so hat

Kant für seine Studenten eine denkhygienische Regel formuliert für ihren zukünftig hoffentlich reflektierten Umgang mit der Welt: »Alle solche Erfahrungen und Erscheinungen nicht zu erlauben, sondern zu verwerfen, die so beschaffen sind, daß, wenn ich sie annehme, sie den Gebrauch meiner Vernunft unmöglich machen, und die Bedingungen, unter denen ich meine Vernunft allein gebrauchen kann, aufheben.«[55]

In seiner Swedenborg-Kritik von 1766 ist schon ein entwickelter kritischer Duktus Kants offenkundig, in dem sich satirische Schreibart und sensualistische Skepsis – beides englische Tugenden – verbinden.

Das jenseitige Schattenreich, aus dem Swedenborg so verwunderlich praktische Hinweise für unseren Alltag zu erreichen scheinen, hat, so Kant, sehr diesseitige Kartographen – unsere Metaphysiker, und es wird von einer Masse Seelenwirtschaftlern verwaltet – unseren Priestern.

Kants Diskurs mit dem Geisterseher hat sich auf dreierlei Ebenen vollziehen müssen, weil seine Kritik »das Vornehmste nicht verstehen, das andere nicht glauben, das übrige aber belachen wird.«[56]

Kant streitet nicht mit Swedenborg über Sein oder Nichtsein der Geisterwelt, er streitet eigentlich überhaupt nicht mit dem Erzmystiker selber, sondern Kant versucht die Ohren derer zu erreichen, die mit offenen Mündern vor dem Meister stehen. Kant versucht, deren Gebrauch *erschlichener Begriffe*, mit denen sie sich das ›Verstehen‹ des realiter nicht Verstehbaren suggerieren, klarzumachen. Und vor allem will er die ›Gläubigen‹ auf die Herkunft jener Phantasmen in ihren Köpfen selber aufmerksam machen. Hierbei ist es eben vor allem der Gebrauch von Begriffen »ohne Bewußtsein der Erfahrung«[57], der zu einem solchen von Kant als *erschlichene Begriffe* bezeichneten Sprachinventar führt. – Kant hat hier eine frühe Einsicht in einen selbstwidersprüchlichen Umstand der menschlichen

Vernunft artikuliert, den er dann den *Paralogismus der reinen Vernunft* nennen wird.

Auch sieht es Kant durchaus als ein uns Menschen innewohnendes Spezifikum an – später wird er das unser aller *Naturanlage zur Metaphysik* nennen –, daß einige der elementarsten Kräfte, »die das menschliche Herz bewegen«[58], gerade außerhalb unserer selbst zu liegen scheinen. Und daß wir naturwüchsig immer unruhig gerade danach uns drehen, über uns hinaus streben, von *dort* angezogen scheinen. Wir kennen in der sogenannten ›äußeren‹ Natur das von Newton erforschte Phänomen der *Gravitation*, warum sollte es eine solche *Anziehung* nicht auch für unseren ›inneren‹ Vernunftkosmos geben? Auch diese Analogieüberlegung wird sich für Kants kommende Kritische Philosophie als fruchtbar erweisen. Denn er entdeckt ja später eine solche ›Gravitation‹ zwischen den empirischen einzelnen Subjektivitäten, freilich nicht als transzendente – geisterhaft anthropomorphe – Konstellation, sondern eben als abstrakte *transzendentale* Subjektivität.

Kant weiß natürlich, daß es nicht einfach und tröstlich ist, den schönen Schein, gar die ›Kenntnis‹ einer unendlichen Welt ›drüben‹ zu verlieren an das Singuläre der zwar lieben, aber eben endlichen Erde. Und vielleicht, gibt Kant am Ende zu bedenken: vielleicht ist es gerade auch gut so, daß uns die *künftige* Welt kognitiv verschlossen bleibt, denn nur so können wir unsere experimentellen Möglichkeiten für das Machen des *Künftigen* entfalten.

Nun war Swedenborg nicht der erste, durch den Kant veranlaßt wurde, sich mit solchen intellektuellen Schräglagen zu befassen.

Noch in Kants Schülertagen am Collegium Fridericianum war gerüchteweise immer wieder von einer Manie des ersten Direktors ihrer Anstalt die Rede, derzufolge dieser Herr Lysius über die Gabe des *Ferngesichts* verfüge. So sei ihm zu Zeiten existentieller Not auf diese Weise die Nachricht zugegangen, er würde bald als Theologe einer bedeutenden Pflanzschule des menschlichen Geistes vorstehen. Nicht nur, daß sich diese Voraussage erfüllte, es schien sich diese seltsame Veranlagung bei Lysius auf beunruhigende Weise zu einer dauerhaft zutreffenden Informationsquelle zu verfestigen. Dabei war Lysius, der sich als Aufklärer begriff, ein ganz reflexionsbewußter und skeptischer Herr. Aber er war gar nicht verunsichert im Umgang mit jenen Erscheinungen, für die gerade prominent seine Sinne offensichtlich eine exklusive Affektion bereithielten. »Denn es wird nicht selten beobachtet, daß gerade solche Menschen, welche eine ganz besondere Anlage zu dergleichen psychischen Zuständen haben, mit allen Kräften ihres wachen und verständigen Zustandes dagegen kämpfen, wie die Pythia öfters dazu gezwungen werden mußte, daß sie dem innern Zug zum Weissagen sich hingäbe.«[59] – Man hat das später, in der romantischen Psychologie, das *Ahndungsvermögen* genannt.

Kant hat *solche* Träume stets sogenannten ›höheren‹ Köpfen überlassen, die er manchmal auch als ›finster‹ bezeichnete: »Ein finsterer Kopf ist der, der klar in dunkelen idolen und dunkel in solchen ist, die am klärsten könen erkannt werden.«[60] Selber blieb er im Innersten dem logischen Zergliedern und Erwägen verbunden, »immer bereit, der sinnlosen Begeisterung rascher frommgläubiger Richter seine Nüchternheit und Strenge entgegenzusetzen.«[61] Dazu gehört aber, gewissermaßen als exoterische Seite seines Wesens, die Ironie. Das ist durchaus ein Novum in der deutschen philosophischen Traktatliteratur. Denn in jenen Jahren ist einmal diagnostiziert worden, und das könnte auch ein Resümee über Kants *Geisterseher*-Essay sein, es sei »die zarte Pflanze der Ironie unsern Deutschen noch so unbekannt! Wenn der geschickteste Gärtner die mit noch so leichter Hand in den locker Boden pflanzt, haben mehrentheils nur seine Freunde Freude daran, unser Geschmack- und Geruchloses Publicum bleibt in Zweifel ob es eine exotische Blume oder ein Unkraut sehe.«[62]

Auch Hamann, der selber immer einen Hang zum *Coelum philo-sophorum* hatte, nahm sich später – in den achtziger Jahren – noch einmal die Zeit, sich mit dem Swedenborgschen Œuvre zu befassen. Wie ehedem Kant hatte auch er sich jetzt wieder zu überwinden,»das ganze Geschwader dicker Quartanten durch-zulaufen, in denen eine so eckle Tautologie der Begriffe und Sa-chen enthalten ist.«[63] Aber zu dieser Zeit, als schon Kants Trans-zendentalkritik öffentlich (aber noch kaum verstanden) war, machte sich Hamann augenzwinkernd daran, sie als neue ›Ver-stehenshilfe‹ zu versuchen:»Ich erkläre mir also das ganze Wunder durch eine Art von *transzendentaler Epilepsie*, die sich in einen kritischen Schaum auflöst.«[64] Daß er dabei die trans-zendentale Kritik unversehens in die Nähe des Kritisierten rückte, war vom Magus des Nordens gewiß nicht unbeabsich-tigt ... – Eine solche Koinzidenz von Magie und (Kantscher) Kri-tik wurde – schon zu Kants Lebzeiten – auch von beispielsweise Novalis vermutet, der den transzendentalen Fragetypus als identisch mit der Frage »Ist *Magie* möglich?«[65] deklarierte, und vor allem prominent im späten 19. Jahrhundert von Carl du Prel, der in seiner Einleitung zur Edition von Kants Psycholo-gie-Vorlesungen postulierte:»Das transzendentale Subjekt ist nun aber der Grundpfeiler, die logische Voraussetzung aller Mystik.«[66] Ein gravierendes Mißverständnis, das Goethe, der etwas davon verstand, bei den christlichen Mystikern nur allzu verständlich fand, denn die gehen »immer gleich in's Abstruse, in den Abgrund des Subjects.«[67]

Die unaufgesetzte, leichte Ironie in Kants jugendlicher Schreib-art generell hat ein Rezensent früh schon bemerkt:»Der scher-zende Tiefsinn, mit welchem dieses Werkchen geschrieben ist, läßt den Leser zuweilen im Zweifel, ob Herr Kant die Metaphy-sik hat lächerlich, oder die Geisterseherey glaubhaft machen wollen.«[68]

Mit den *Träumen eines Geistersehers* hatte indes der Verle-ger Johann Jacob Kanter noch einigen Ärger. Er hatte nämlich versäumt, das Druckmanuskript der Universität zur Zensur einzureichen. So wurde er am 26. Februar 1766 vom Universitätsgericht zu einer Geldstrafe von 10 rth. verurteilt. In seinem Einspruch gegen diese Entscheidung macht Kanter die Gründe namhaft, warum er am 31. Januar 1766 nicht erst das Manuskript, sondern schon das bereits ausgedruckte Exemplar zur Zensur eingereicht hatte. Es sei nämlich »das Mspt. des Magister Kant höchst unleserlich geschrieben, und wegen seiner dermahlig vorgestandenen Reise nach Goldap blätterweise zum Druck eingesandt, so dass Er bey der Correctur so viel neuerungen vornehmen müssen dass dieser Tractat, nur allererst nachdem er rein abgezogen worden in seiner izzigen Beschaffenheit erschienen, weshalb es dieser Umstände wegen theils den Professoribus unmöglich gewesen diesen Tractat zu Censiren.«[69]

Kant war also zur Zeit der Drucklegung seines neuen Büchleins – Ende 1765 – nicht in Königsberg, sondern auf einer wahrscheinlich doch sehr aufwendigen Winterreise an die Ostgrenze Preußens, in die Garnison Goldap. Kant besuchte hier den Generalmajor Daniel Friedrich von Lossow (1722–1783), »der ihn auf sein Gut eingeladen hatte; [aber:] er sehnte sich bald wieder zurück.«[70] Noch fünf Jahre später wird Kant von Lossow wieder angesprochen, ob es nicht möglich sei, ihn »diesen Winter hie bey mir zu sehen«, wenngleich er doch wisse, »daß es nicht so leicht thunlich ist, und daß Sie durch zu viele Verhinderungen davon abgehalten werden.«[71]
Kant war durch und durch ein Stadtbürger, dem das wirkliche Reisen (obgleich *geistig* überallhin unterwegs) ein eher nachgeordnetes Vergnügen blieb, der aber dennoch nicht – wie das eingeschliffene Vorurteil es will – *niemals* sein Königsberg verlassen habe. Allerdings ist 1770 noch eine Reise Kants bezeugt, die er zusammen mit einem engen Freund, Robert Motherby d. Ä. (1736–1801), unternahm – nach Braunberg, ca. 60 Kilometer in südwestlicher Richtung, nahe am Frischen Haff.

Kant begreift Reisen schon als Mittel der Erweiterung anthropologischer Kenntnisse, unter der Voraussetzung: »Man muß aber doch vorher zu Hause durch Umgang mit seien Stadt- oder Landesgenossen sich Menschenkenntniß erworben haben, wenn man wissen will, wornach man auswärts suchen solle. [...] Die *Generalkenntniß* geht hierin immer vor der *Localkenntniß* voraus.«[72]

Seit Mitte der sechziger Jahre gab es noch eine andere bedeutende Verlags- und Buchhandelsfirma in Königsberg. Die wurde zu Kants Zeit geführt von Gottlieb Leberecht Hartung (1747–1797). Hartung sen. erwarb 1746 die Buchhandlung von dem aus dem sächsischen Grimma stammenden Christoph Gottfried Eckart, der 1722 die überhaupt erste moderne Buchhandlung in Königsberg an der Kneiphofschen Seite der Schmiedebrücke, in unmittelbarer Nähe der alten Universität eröffnet hatte.

Er gab ebenfalls eine Zeitung heraus, die *Königliche privilegierte Preußische Staats-, Kriegs- und Friedenszeitung*, die sogenannte ›Hartungsche Zeitung‹. Hartung residierte zwischen 1777 und 1788 im Patrizierhaus *Goldene Axt*, das an der Ecke Altstädtische Langgasse/Holzgasse stand. Er übernahm nach dem Tode Kanters dessen Geschäft und erwarb auch das anstelle des ehemaligen Löbenichtschen Rathauses errichtete Gebäude: »Der Magistrat verkaufte dasselbe im Jahre 1788 an den Buchführer Gottlieb Leberecht Hartung.«[73] Bei Hartung wurden in den fünfziger und siebziger Jahren die Vorlesungsverzeichnisse für das jeweilige Semester gedruckt.

Hartung wäre auch fast der Verleger von Kants *Kritik der reinen Vernunft* geworden, wenn er nicht mit zu spitzem Bleistift den kommerziellen Erfolg bilanziert hätte. Er konnte sich nicht vorstellen, daß dieses dicke Ding ein Verkaufserfolg sollte werden können. Fast hätte er auch recht behalten.

Die Blütezeit des Königsberger Buchhandels ist mit den enormen Produktionszahlen gerade des Hartungschen Verlages verbunden. Er brachte jährlich bis zu zwanzig Neuerscheinungen heraus. Er hatte intensive Geschäftsbeziehungen nach Berlin und Leipzig; hier hatte er *Am alten Markt No. 3* eine Dependence.

Im Jahre 1790 wird in Königsberg von Friedrich Nicolovius (1768–1838), mit dem der alte Kant noch in Verbindung treten wird, eine neue Buchhandlung & Verlag gegründet.

Kant hatte seit seinen frühen Jahren als Privatdozent für Philosophie eine Neigung zur sogenannten ›kleinen Form‹ des Schreibens. Er nahm tagesaktuelle Fragen auf, um daran eigene Überlegungen zu knüpfen.

Kant war beim Schreiben solcher Texte immer um sowohl Leichtigkeit als auch Präzision und Vollständigkeit bemüht. Etwas, das sich augenfällig nicht von selber versteht und ergab. Hier besprach er sich auch gern mit anderen. »Der Wink eines einsehenden und aufrichtigen Freundes kann hiebey nützlich werden.«[74] Er durchdenke natürlich die Sachverhalte umfassend, über die zu schreiben ist, habe in der Ausführung jedoch »immer mit einem gewissen Hang zur Weitläufigkeit zu kämpfen, oder ich bin, sozusagen durch die Menge der Dinge, die sich zur vollständigen Entwicklung darbieten, so belästigt, daß über dem Weglassen […] die Vollendung der Idee, die ich doch in meiner Gewalt habe, zu fehlen scheint.«[75]

Er beschäftigt sich auch akademisch mit Stilfragen. Dabei hebt er gelegentlich die besondere Eignung gerade der deutschen Sprache für stilistische Fingerübungen hervor: »Die deutsche Sprache ist umständlich: nicht weitschweifig, sondern zergliedernd, hat Vielheit der Ausdrücke in Verstandesbegriffen, […] ist methodisch. […] Wir müssen die Sprache einigen, erweitern […] aber nicht verändern. Sie ist die Sprache der Verdollmetschung durch Europa.«[76]

Eines seiner ersten Testate für einen erfolgreichen Studenten schreibt Kant im August 1758 für den Christoph Schoenaich, einen Theologiestudenten aus Königsberg, der im dritten

Semester war. Er hatte im Sommersemester 1758 an Kants *Privatkollegium über Römischen Stil* teilgenommen. Kant wollte dabei, und so hat er auch den Erfolg attestiert, daß die Studenten »an der Lieblichkeit der lateinischen Sprache Geschmack finden.«[77] Kant kannte wohl den Vater des Studenten, den Königsberger Diakon an der Domkirche Christoph Schoenaich (1696–1762) auch persönlich. Denn Kant schreibt noch in das Zeugnis hinein, daß er die Hoffnung hege, der junge Mann möge sich »in Zukunft weder von den Wünschen des verdienstvollsten Vaters, noch von den Interessen des Vaterlands, noch schließlich von der Zierde der Wissenschaft abwenden.«[78] Der so von Kant konfirmierte Student hat die in ihn gesetzten Hoffnungen auch nicht enttäuscht.[79]

Daß Kant gerade eine solche Lehrveranstaltung durchführen konnte, obgleich es statuarisch dem ordentlichen »Professoribus Eloquentiae obliget [...] ein Collegium Stili Latini dergestalt [zu] lesen, daß er in zwey Stunden wöchentlich einen Auctorem probatum [...] mit den nöthigen Anmerckungen so zum Stilo, und den Römischen und anderen Alterthümern gehören, erkläre«[80], ist auch ein Beleg dafür, daß die Lehrkräfte hier frei waren in der Wahl ihrer Lehrgegenstände.

Kant hat in dieser Lehrveranstaltung einen Text des römischen Schriftstellers Cornelius Nepos (ca. 100–25 v. Chr.) zugrunde gelegt, wie aus dem Testat hervorgeht. – Dieser Autor taucht – dreißig Jahre später – wieder in einem amtlichen Papier der Königsberger Universität auf. Nämlich an markanter Stelle in der *Praefatio* des Vorlesungsverzeichnisses für das Wintersemester 1787/88, als Kant Dekan der Philosophischen Fakultät war. Das wäre möglicherweise ein geistiges Indiz für die Hypothese, daß der Dekan der Philosophischen Fakultät jeweils diese geistige Orientierung für die studentische Jugend geschrieben haben könnte. In jener Praefatio heißt es: »Was Nepos von Atticus sagt, (in seiner Biographie Kapitel 17 »*Dieser hatte sich die Vorschriften der maßgeblichen Philosophen so zu eigen gemacht, daß er sie für seine Lebensführung, aber nicht*

Immanuel Kants Zeugnis für den Studenten Christoph Schoenaich
1758

zur Prahlerei nutzte.«) das, davon seid überzeugt, müßt ihr
nachahmen, Kommilitonen!, wenn ihr euch die angebotene,
für jedes Fachgebiet bewunderungswürdige Vielfalt der Lehrangebote an der Akademie anschaut.«[81]
Jedenfalls ist Kant seine persönliche Vorliebe für klassische
Autoren auch einer ganz eigenen Marotte entgegengekommen,
nämlich bisweilen als Verfasser von *Denkversen* und *Stamm-
bucheintragungen* aufzutreten.

Kant war insgesamt nicht sonderlich hinter dem Geld her, aber er achtete als Hochschullehrer immer auch darauf, daß seine Zuhörer die ›allfälligen‹ Kollegiengelder bei den Privatissimi rechtzeitig zahlen. Es konnte schon einmal passieren, daß die Familien säumiger Studenten entsprechende Mahnbriefe aus Königsberg erhielten. So bittet Kant im Herbst 1772 um die Überweisung von »2 Dukaten, auf welche ich freiwillig das Honorarium von 8 rthr. Dero Hrn. Sohne bei seiner Abreise heruntergesetzt habe«[82]. Hier schien ihm – trotz der eigentlich geringen Streitsumme – Nachsicht nicht angebracht, denn: »Der zum ordentlichen Zahlen angehaltene Zuhörer wird dadurch gewissermaßen immer auch zum Fleiß genötigt; wer dagegen durch lässige Nachsicht die Privatvorlesungen vernichtet, der bringt die Universität selbst in einen elenden Stand; umsonst opfert niemand in der Welt seine Kräfte auf.«[83]

*

Der Zustand der Philosophie an Preußens Hochschulen war am Beginn des 18. Jahrhunderts sehr beklagenswert. Ein zeitgenössischer Situationsbericht beklagt, daß »auf unsern Universitäten in Teutschland die Verachtung der Philosophie nicht wenig einreißet«, und dies vor allem deshalb, weil sie vor dem – zunächst akademischen – Publikum nicht deutlich genug ihren Wissenschaftscharakter präsentieren könne, d. h., daß es ihr derzeit augenscheinlich unmöglich sei, »fein handgreifflich den unterschied der pedantischen und unpedantischen, der grillenfängerey und der nützlichen philosophie vor[zu]stellen, und den unentbehrlichen nutzen mit guten exempeln aus den höhren Facultäten [zu]erweisen.«[84]
Seit Mitte der fünfziger Jahre gab es ein paar Maßnahmen, um vor allem die Rahmenbedingungen der Hochschulen zu verbessern. Aus Königsberg informieren der Rektor und sein Akademischer Senat im Herbst 1764 den König vom Fortgang dieser namentlich ökonomischen Rationalisierungen. Nach Berlin wird berichtet, vom »jetzigen wahren Zustand der Academie,

wie sich solcher seit 1757 verbeßert [...] auch worinnen die
Veränderungen bestehen, wie der Academie [...] geholfen, das
Ansehen deselben befördert, ihre Einnahme auf eine solide Art
vornehmet, die Ausgaben zumindern, und der Ertrag der zur
Academie gehörigen Immobilien erhöht worden, und [was]
sonsten noch zum Aufnehmen der Lehrenden und Lernenden,
zur Höchstderselben Königlichen Gnade der Universitaet zu-
fließen können, oder, was wir überhaupt von dienlichen Vorschlägen wissen, um den Fehlern abzuhelfen, und sowohl die
innern als äußern Umstände der Academie zu verbeßern, [...]
und mehrer Studiosos anhero zu ziehen.«[85]

Die Einnahmen der Königsberger Universität setzten sich zusammen aus ganz unterschiedlichen Positionen, das meiste
kam aus der *königlichen Rentei*, also vom Staat, dann aus
Legaten (Schenkungen, Erbschaften) und *Stipendien*, aus
diversen landwirtschaftlichen Betrieben der Universität und
nicht zuletzt aus den – erheblichen – Gebühren für Promotionen und Zeugnisse.

Jetzt wird ein Paragraphenwerk aufgesetzt, das die gewissermaßen obligatorischen Dienstpflichten der Ordinarien und
ihre Struktur verbindlich festhält. Zu bestimmten Ordinarien
werden jetzt zusätzliche Extraordinarien eingerichtet: so wird
»die eintzige Professio Eloquentia et Historicum [...] noch von
einem Extraordinario beschickt.«[86] Das war seit Wintersemester 1754/55 Magister Johannes Bernhard Hahn jun.
(1725–1794). Sein Ordinarius mußte immer zum Krönungstag
(am 10. Januar) eine lateinische Rede vorbereiten, die durch
den Ordinarius für Dichtkunst noch mit einem trefflichen Gedicht und einem lateinischen *Carmen* (Festlied)zu bereichern
war.

Und schließlich wird eine schon seit langem bestehende
Inspektionspraxis bekräftigt: »Der Professor linguarum Orientalium ist zugleich Inspector der Jüdischen Synagoge und
muß, wenn daselbst Gottlos Predigt gehalten wird, zugegen
seyn.«[87]

Kant hoffte bereits nach ein paar Monaten als Privatdozent, im Frühjahr 1756, eine Professorenstelle erhalten zu können. Sein philosophischer Lehrer, die philosophische und naturwissenschaftliche Zierde der Alma mater, Martin Knutzen (1713 bis 1751), war jung gestorben, und Kant hoffte, dessen Stelle – bloß ein Extraordinariat (!) – bekommen zu können. Kant schrieb an den König, es sei seine »größte Bestrebung jederzeit dahin gegangen, mich zu dem Dienste Ew: Königl. Majestät auf HöchstDero *Academien* nach Möglichkeit geschickt zu machen, und in dieser Absicht die philosophische Wissenschaften zu dem vornehmsten Felde meiner Bestrebungen gewählet [...] also auch die Logic und Metaphysic mit aller Aufmerksamkeit zu *excoliren* [verbessern] niemals einige Zeit oder Gelegenheit verabsäumet.«[88] Kant erhielt die Stelle nicht, sie wurde storniert.

Zwischen Januar 1758 und August 1762 war Königsberg zum ersten Mal – als Folge des siebenjährigen Krieges – von den Russen besetzt. Allerdings war 1697 und 1711/12 der russische Zar Peter schon einmal für einige Wochen in Königsberg – beim ersten Mal allerdings *inkognito*. Die letzte Fremdherrschaft über die Stadt lag lange zurück – 1678, als die Schweden die ostpreußische Provinz verwüsteten. – Zu Lebzeiten Kants blieb Königsberg fortan von fremder Truppeneinquartierung verschont.

Die nächste landfremde Majestät, die sich im Schloß am Pregel niederließ, traf am 10. Juli 1807, in aller Herrgottsfrühe, morgens kurz vor fünf Uhr ein – Napoleon Bonaparte, nach seinem Sieg bei Friedland (am zehnten Jahrestag von Marengo!), als er, die Marschälle Ney (1769–1815) und Lannes (1769–1809) die übermächtigen Russen unter Graf Benningsen (1745–1826) und Bagration (1765–1812) über den Njemen zurücktrieben. Er kam aus Tilsit, wo er zwei Tage zuvor Frieden mit Zar Alexander schloß. »Ich werde einige Tage in Königsberg verbringen und mich von da nach Dresden begeben.«[89]

Die Besetzung Königsbergs jetzt war eine Folge der verlorenen Schlacht bei Gr. Jägerndorf, als 20000 brave Preußen von einer fünffachen Übermacht überrannt wurden.

Der neue Gouverneur der Stadt war ein baltendeutscher General im Dienste des Doppeladlers, Nikolai von Korff (1710 bis 1766), der dreißig Monate hier das Regiment führte. – Einen zweiten Versuch, Königsberg wieder in russische Hand zu bekommen, unternahm im August 1914 wieder ein baltendeutscher General des Zaren, von Rennenkampf; das aber mißlang dank des Sieges bei Tannenberg. Die dritte russische Attacke auf diese Stadt am Pregel bedeutete dann ihr Ende – sie war *nicht wieder aufzufinden*, wie Carthago nach dem dritten punischen Krieg.

Die Stadt, die Kaufleute und die Universität kamen mit dieser ersten Besatzung gut zurecht. Der russische Generalgouverneur war ein leutseliger Mann, der eine gewisse Zuneigung genoß. Die Bürgerschaft huldigte der Zarin, feierte russische Festtage und ging mit russischem Geld um. Insgesamt eine – von Berlin aus gesehen – Kollaboration, die Friedrich der Große seiner Krönungsstadt allerdings nie verziehen hat. Er hat Königsberg nie wieder betreten. – Vom Adjutanten des russischen Gouverneurs, Andreij T. Bolotov (1738–1833), sind einige Skizzen aus dem Leben des besetzten Königsberg überliefert. »Mit Bewunderung schaute ich auf diese große und majestätisch auf einem Hügel gelegene Stadt. [...] Die Bürger waren so neugierig, unseren Einzug zu sehen, daß sie nicht nur in den Fenstern, sondern auch in Menge auf den Dächern standen.«[90] Bolotov wohnte in der Nähe von Kants Geburtshaus, im Speicherviertel. Da er philosophisch ein Anhänger von Crusius war und in Königsberg eher die Nähe von Magister Daniel Weymann suchte, hat sich der junge Offizier in Distanz zu Kant gehalten. Über den Stellenwert der Philosophie von Crusius war in Preußen jedoch kulturpolitisch längst ausgemacht: »So sehen Wir ungern, daß auf dortiger Universität die Crusianische

Philosophie, über deren Unwerth die erlauchtetesten Gelehrten längst einig sind, noch gelehret wird.«[91]
Aber Kant hat in dieser Zeit durchaus russische Offiziere in Privatissima unterrichtet, vor allem in Mathematik.

Gleich anfangs der Besatzung starb am 12. Dezember 1758 Johann David Kypke (1692–1758), und Kant[92] bewirbt sich beim Rektor, bei der Fakultät und natürlich auch bei der neuen Regentin im fernen St. Petersburg um das jetzt vakante Ordinariat für Logik & Metaphysik.
»Da meine vorzügliche Neigung jederzeit auf die *Cultur* dieser Wissenschaft gezielet ich auch sowohl durch meine bisherige *praelectiones*, darinn ich binnen jedem *semestri* dieselbe vorgetragen, als auch durch einige, Theils in diese, Theils in andere philosophische Wissenschaften einschlagende Abhandlungen [...] einige Proben meiner Bemühungen habe abzulegen gesucht«[93], so hoffe er auf den Zuschlag seitens seiner akademischen Kollegen. Zwei Tage später versucht es Kant höheren Orts – die *Allerdurchlauchtigste Großmächtigste Kayserin* Elisabeth »wollen allergnädigst geruhen diese erledigte *professionem ordinariam* mir huldreichst zu *conferiren*.«[94]
Aber es half alles nichts. Die Stelle bekam Friedrich Johann Buck (1722–1786), lange Zeit außerordentlicher Professor für Mathematik an der Albertina.

Eine dritte Möglichkeit der Berufung ergab sich einige Zeit später, nachdem am 7. Juli 1762 der Professor für Dichtkunst, Johann Georg Bock (1698–1762), gestorben war. In diesem Zusammenhang wurde von Berlin aus nach Königsberg avisiert: »Uns ist ein gewißer dortiger Magister Nahmens Immanuel Kant, durch einige seiner Schrifften bekanndt worden, aus welchen eine sehr gründliche Gelehrsamkeit hervorleuchtet.«[95] Es wurde daraufhin am 19. Oktober 1764 eine Antwort der Königsberger Regierung angefertigt, in der es heißt, tatsächlich

sei Kant »zwar ein gantz geschickter und solider Gelehrter, …
ihme jedennoch es an den zu einem Professor Poeseos nöthigen Qualitäten ermangle, in Betracht , daß er sich auf die Dichtkunst biß dato wenig oder gar nicht appliciret, vielmehr die
Philosophie und übrige, die Humaniora betreffende Wissenschaften sein Hauptzweck seyn laßen.«[96] Aber, so wurde auch
später versichert, Magister Kant werde bei passender Gelegenheit in das philosophische Ordinariat befördert.
Die Professur für Dichtkunst erhielt aber ein Freund und Kommilitone Kants, Johannes Lindner (1729–1776), der seit 1755
Rektor der Domschule zu Riga war.

Im Sommer 1765 wurde in Berlin der Plan gefaßt, Kant als
Nachfolger des verstorbenen Mathematik- und Philosophie-
professors Joachim Lange auf dessen Lehrstuhl nach Halle/
Saale zu berufen. Noch bevor aus Königsberg aber endgültiger
Bescheid eintraf, wurde im November 1765 die Stelle schon mit
J. J. Meijer aus Koblenz besetzt.
Kant aber lehnte sowieso ab, ebenso wie vier Jahre später eine
finanziell recht günstige Berufung nach Erlangen. Kant hoffte
immer wieder auf eine »vielleicht nahe *vacance* hiesigen Orts«,
und überhaupt: »die Anhänglichkeit an eine Vaterstadt und ein
ziemlich ausgebreiteter Kreis von Bekanten und Freunden, am
meisten aber meine schwächliche Leibesbeschaffenheit, stellen sich in meinem Gemüthe diesem Vorhaben auf einmal so
mächtig entgegen.«[97]

Zehn Jahre war Immanuel Kant nun schon ein – zu Höherem
berufener? – Privatdozent. Er bat schließlich, als alle Bewer-
bungen erfolglos blieben, am 29. Oktober 1765 seinen König
um eine bescheidene Anstellung als ›Unter-Bibliothekar‹ an der
Königsberger Schloßbibliothek, um »mir durch *conferirung*
dieser Stelle sowohl eine erwünschte Gelegenheit zum Dienste
des Gemeinen Wesens [der Allgemeinheit] als auch eine gnädige Beyhülfe zur Erleichterung meiner sehr mißlichen *Sub-*

sistentz auf der hiesigen Academie angedeyen zu lassen.«[98] Kant erinnert die Majestät wie nebenbei an eine gouvernementale Willensbekundung vom Vorjahr, nämlich »ihn, bey einer, vielleicht sehr bald sich eräugnenden vacance, zur Professione Logices et Metaphysices Ordinaria, auf welches scibile [erkennbar] er sich ex professo geleget hat, und darinnen beynahe eine vollkommmene Stärke besitzet, zum wahren Besten der Academischen Jugend, in allerunterthänigsten Vorschlag zu bringen.«[99] Diese Option hatte natürlich allerhöchsten Rückhalt. Denn, so schrieb Friedrich II. im Herbst 1764 nach Königsberg, »sind Wir nicht weniger gnädigst entschlossen, den Magister Immanuel Kant, zum Nutzen und Aufnehmen der dortigen Academie, bey einer anderweitigen Gelegenheit, zu placiren; und befehlen Euch demnach hiemit in Gnaden auf was Art solches am füglichsten geschehen könne befohlenermaßen Uns annoch allergehorsamst anzuzeigen.«[100] – Ungefähr zeitgleich hatte sich auch Kants Kollege, der Physiker Magister Carl Daniel Reusch (1735–1806), für diese Stelle beworben, u. a. aus dem Grund, die Bestände der öffentlichen Bibliothek für sich nutzen zu können und nicht alle Bücher selber kaufen zu müssen. Reusch hatte zum Thema *De luce et coloribus* magistriert, sein akademischer Opponent dabei war Christian Jacob Kraus.

Es wird schließlich der Antrag Kants auf diese ›Nebenbeschäftigung‹ in der Schloßbibliothek positiv entschieden, mit dem 14. Februar 1766 wird er mit dieser Arbeit betraut. Die Übergabe der Bestände und des Katalogs seitens des Hofrats Gorraiski an Kant verzögert sich immer wieder. Im Herbst 1766 wird Gorraiski deshalb fiskalisch abgestraft.

So wird diese subalterne Stelle mit einem jährlichen Salär von 62 rth. »dem geschickten und durch seine gelehrten Schriften sich berühmt gemachten Magister Kant anvertraut«[101], wie es in der bezüglich jener minderen Stelle ganz asymmetrischen Begründung heißt. – Zwischendurch wurde Kant höhern Orts auch nicht ganz vergessen. Am 25. Mai 1767 weist Friedrich II.

die ostpreußische Regierung an, zweien ihrer jüngeren Lehrkräfte eine allerhöchste Belobigung auszusprechen. Denn man habe den *Fleiß* bemerkt, »welchen die Magistri Philosophiae, in Lesung nützlicher Collegiorum, bewiesen, und die gute Wahl, welche insbesondere die Magistri Kant und Reusch in den Lesebüchern getroffen, hat nicht weniger unseren höchsten Beyfall gefunden. – Ihr werdet solches demnach dem einen und dem anderen zu fernerer Aufmunterung bekannt machen.«[102] Kant bleibt in diesem schmalen Amt bis 1772, dann verläßt er das »Große Beinhaus: Bibliotheck.«[103] Er verabschiedet sich davon, nachdem er doch noch Professor geworden ist, und da es »ungewöhnlichlich ist, daß die Stelle eines *Subbibliothecarii* von einem *Professore Ordinario* bekleidet werde, [...] so ergehet meine allerunterthänigste Bitte an Ewr. Königl. Majestaet mir die Erlassung und *Dimission* [...] allergnädigst zu ertheilen, damit ich den Pflichten der mir bey der *Vniversitaet* anvertrauten *Profession*, geziemend und nach aller Schuldigkeit ein Gnüge leisten könne.«[104] Sein Nachfolger in der Bibliothek wurde, nach einem sehr kurzen Interregnum des Jurastudenten Friedrich Ernst Jester (1743–1822), ab Mai 1773 der Rektor der lateinischen Domschule Georg Christoph Pisanski (1725–1790).

Von Kants auffälliger Wirkung im Hörsaal gibt einer seiner Studenten aus den sechziger Jahren eine eindrucksvolle Schilderung: »Ich habe das Glück genossen, einen Philosophen zu kennen, der mein Lehrer war. [...] Seine offne, zum Denken gebaute Stirn war ein Sitz unzerstörbarer Heiterkeit und Freude; die gedankenreichste Rede floß von seinen Lippen; Scherz und Witz und Laune standen ihm zu Gebot, und sein lehrender Vortrag war der unterhaltenste Umgang. [...] Nichts Wissenswürdiges war ihm gleichgültig; keine Kabale, keine Sekte, kein Vortheil, kein Namen-Ehrgeiz hatte je für ihn den mindesten Reiz gegen die Erweiterung und Aufhellung der Wahrheit.«[105] Kant, so erinnerte sich Herder weiter, »munterte auf, und zwang angenehm zum *Selbstdenken*; Despotismus war seinem Gemüthe fremde.«[106]

Kant hatte einen aufreibenden Lehralltag. Er veranstaltete bisweilen mehr als 20 Wochenstunden, auch für damalige Verhältnisse überdurchschnittlich viel. Er begann – so war es vorgeschrieben – morgens um 7.00 Uhr mit seinen Vorlesungen. Er las, als er im Wintersemester 1755/56 begann, *Logik*, nach Georg Friedrich Meiers ›*Vernunftlehre*‹ (1752), *Mathematik*, nach Christian Wolffs ›*Anfangsgründe aller mathematischen Wissenschaften*‹ (1750), *Physik* und schließlich *Metaphysik*, nach Alexander Baumgartens ›*Metaphysica*‹ (1739)

Aber er las auch noch nach anderen Autoritäten. Etwa *Naturwissenschaften* nach einem Handbuch von Johann Peter Eberhard (1727–1779) oder *Jus naturae* nach Achenwall, auch *Enzyklopädie* nach Johann Georg Heinrich Feders ›*Grundriß der philosophischen Wissenschaften*‹.

Kant verfuhr mit seinen Vorlesungsvorlagen ziemlich frei. Er ließ manchmal ganze Teile der Vorlagen weg, beispielsweise solche Dinge aus der Meier-Logik, wie »Von dem practischen Gebrauch unsres Verstandes und der Vernunft, im Gegensatz des speculativen Gebrauchs«, denn: »das gehört gar nicht in die Logik«[107], seiner Meinung nach jedenfalls nicht. Also will Kant nicht paragraphentreu dem Lehrbuch folgen, sondern »critisch alles vortragen, denn eigene Sätze.«[108] Damit unterscheidet er sich vom universitätsüblichen Vorlesungsbetrieb in der unteren Fakultät, von der es in einer zeitgenössischen Satire heißt:

Mein theurer Freund, ich rath euch drum
Zuerst Collegium Logicum.
Da wird der Geist euch wohl dressirt,
In spanische Stiefel eingeschnürt,
Daß er bedächtiger fortan
Hinschleiche die Gedankenbahn.[109]

Auch in seinen *Metaphysik*-Vorlesungen hat Kant immer auch einen metakritischen ›Subtext‹ zum Lesebuch mitgeliefert, der dann, viel später ausformuliert, in seinen vernunftkritischen Schriften an eine breitere Öffentlichkeit kam. Denn, sagt Kant einmal, »ich bin nicht der Meinung eines vortrefflichen Mannes, der da empfiehlt, wenn man einmal sich wovon überzeugt hat, daran nachher nicht mehr zu zweifeln. In der reinen Philosophie geht das nicht.«[110]

Es ist an dieser Vorlesungspraxis Kants anerkennend bemerkt worden, daß er (und sein Freund, der Physiker Reusch) die vergleichsweise zeitgemäßeren Lesebücher in ihren Vorlesungen zugrunde legten, während es offensichtlich war – noch 1775! –, daß die anderen »Professoren mit der neuen Literatur ganz unbekannt oder für das Alte so eingenommen sind, daß sie an den Aufklärungen, Reinigungen und Erweiterungen, welche jede Wissenschaft durch den Fleiß der Neueren erhalten, keinen Geschmack finden [...] und über Lehrbücher lesen, welche zu ihrer Zeit gut waren, jetzt aber [...] durch bessere Werke längst verdrängt sind.«[111]
Damit war auch Kant als eine der wenigen neueren Lehrkräfte wahrgenommen, mit denen die Hoffnung für eine künftige leistungsbereitere Universität verbunden wird.
Es war eben zu dieser Zeit überwiegend noch so, daß Privatdozenten, aber auch Professoren alltäglich immer wieder über Mangel an Zuhörern klagen. Wenn das der Fall ist, so weist die ostpreußische Regierung den Akademischen Senat einmal an, künftig dafür zu sorgen, »daß sie entweder mit nutzbaren und gelehrten Werken und Schriften dem Publicum dienen, oder desto öfters und fleißiger öffentliche Disputationen halten und wenigstens solcherart ihrer studirenden Jugend nützlich werden.«[112] Vielfach werden auch die in den Vorlesungsverzeichnissen angekündigten Veranstaltungen »höchst misfällig wahrgenommen«[113], es gibt Klagen »wegen unfleißiger Professorum«[114], oder es werden, wie im Wintersemester 1765/66

von den Professoren Bohlius von der Medizin oder Kypke von der Philosophischen Fakultät, gar keine Privatkollegien angeboten.

Diese nachlässige Lehrpraxis hatte natürlich auch Folgen für den Wissens- und Disputationszustand der Studenten. So gab es in dieser Zeit entsprechenden Anlaß zur Klage über eine 1769 eingereichte Dissertation von Martin Christoph Joswich (aus Kutten bei Angerburg), *De immortilitate,* die zur Zensur anstand. Das sei ein Beispiel für jene Art zu avancieren, bei der das Studium ganz fremd bleibt und wo sich die Kandidaten »nicht die geringste Mühe machen, etwas hülflich [...] und solide argumenta mit dem ernstlichen Ausdruck und Nachdruck vorzuführen«, daß deren Beweisführungen »mit vielen Einbildungen von sich selbstens angefüllet wird, welche desto größer ist, je weniger ihm von seinen sich selbst erbethenen schlauesten Gegnern [den Opponenten bei der Verteidigung] etwas gründliches gezeiget werde.«[115] Damit dies aufhöre und »dieser Unfug einer übertriebenen Selbstliebe nicht weiter um sich reißen, und die Academie selbst dadurch, daß einige Mitglieder derselben sich auf wunderbare und Paradoxe Meinungen zu haben, die sie wenn die Sache ernstlich wird, nicht belangen können, bey Auswärtigen nicht ein übler Ausdruck gebracht werde«[116], soll künftig die Verteidigungspraxis verbessert werden. So soll vor allem bei den philosophischen Verteidigungen *pro gradu Magistri* auf strikte Öffentlichkeit geachtet werden, und es sollen »in der Disputier Kunst wohl erfahrene Magistri et Professores extra ordinem, und ohne daß dieses Disputantes solches vorher Kund werde, zur Opposition gezogen werden [...].«[117]

Was aber vermittelte Kant zu dieser Zeit seinen Studenten als eine seiner hintergründigsten Botschaften von der Philosophie? Das, was da Kant als bezahlter Kathederweiser zum besten gab – und wofür nur seinesgleichen Ohren hatte –, war etwas, was man heute einen *performativen Selbstwiderspruch* einer philosophischen Katherderweisheit nennen könnte: Die nämlich, daß man gefälligst einzusehen habe, »daß es der Philosophie sehr unnatürlich sei, eine Brodkunst zu sein, [weil] es ihrer wesentlichen Beschaffenheit widerstreitet, sich dem Wahne der Nachfrage und dem Gesetz der Mode zu bequemen, und daß nur die Notdurft, deren Gewalt noch über die Philosophie ist, sie nöthigen kann, sich in die Form des gemeinen Beifalls zu schmiegen.«[118]

Ansonsten verlaufen seine Privatdozentenjahre akademisch sehr eintönig: »Ich meines theils sitze täglich vor dem Ambos meines Lehrpults und führe den schweeren Hammer sich selbst ähnlicher Vorlesungen in einerley tacte fort. Bisweilen reitzt mich irgendwo eine Neigung edlerer Art mich über diese enge Sphäre etwas auszudehnen allein der Mangel mit ungesthümer Stimme […] treibt mich ohne Verzug zur schweren Arbeit zurück […] und träume mein Leben durch.«[119]

Was Erkennen ist und was nur Denken

man muß einige Bücher von genie oft lesen
*Kant**

Im Frühjahr 1770 wurden zwei Privatdozenten für eine künftige Professur an der Philosophischen Fakultät nominiert: Immanuel Kant für Logik & Metaphysik und Carl Daniel Reusch
für Physik. Der Dekan Johann Bernhard Hahn entscheidet,
»daß M. Kant ... die erste Stelle haben sollte.«[1] Sie stünde ihm
zu, »wegen ungewöhnlichen Fleißes und Geschicklichkeit,
auch besonders in den Philosophischen Wissenschaften erlangten gründlichen Eruditionen.«[2]
So erfolgt die Denomination Kants am 16. April 1770. – Magister Reusch wird zwei Jahre später als Nachfolger von Johann
Gottfried Teske (1704–1772), der sich vornehmlich mit dem
Problem der Elektrizität befaßt hatte, dessen Physik-Lehrstuhl
bekommen. Er wird diese Problemlagen, u. a. die Natur der Ge-
witter, weiterführen.
Im Verlauf des Jahres 1770 ergab sich durch den Tod des
Professor Matheseos Langhansen eine Vakanz an der Philosophischen Fakultät. Kant erhielt wie verabredet dessen Professur[3]. Aber er tauschte sie sofort mit seinem Kollegen Friedrich
Johann Buck, dem Ordinarius für Logik und Metaphysik. Im
Brief des Ministers von Fürst an den König heißt es dazu: »Statt
des p. Buck aber kann ich zum Lehrer der philosophischen
Wissenschaft keinen Vorschlag, welcher der Universität mehr
Nutzen bringen könne, als der durch seine Schriften schon in
und außer Deutschland berühmten M. Kant.« Randbemerkung
des Königs: »bené Frederic.«[4]

Mit seiner Disputation, die er anläßlich der Übernahme eines
Ordinariats am 21. August 1770 zu halten hatte, *De mundi sensibilis atque intelligibilis forma et principiis*, legte Kant die

Grundlagen zu seiner umfassenden Kritik der Metaphysik überhaupt.

Es war üblich, daß sich der Vortragende einen Verteidiger – einen *Respondenten* – zu bestimmen hatte, der seine Thesen weiter erläutern sollte. Kant wählte dazu den jüdischen Medizin- & Philosophiestudenten Marcus Herz (1747–1803) aus Berlin. – Als Gegenredner, als *Opponenten*, fungierten je ein Student der drei ›höheren‹ Fakultäten.

Bei der Feier seiner Professur wurde Kant ein Gedicht von siebzehn kur- und livländischen Studenten offeriert, das einer von ihnen, der Dichter Jacob Michael Reinhold Lenz (1751–1792), verfaßt hatte. Es hieß da:

Mit ächterm Ruhme wird der Mann belohnet,
In welchem Tugend bey der Weißheit wohnet,
Der Menschheit Lehrer, der, was er sie lehret,
 Selbst übt und ehret:
Stets wollen wir durch Weißheit Ihn erheben,
Ihn unsern Lehrer, wie er lehrte, leben
Und andre lehren:[5]

Bei jener Feier gab es dennoch einen Mißklang. Daß nämlich Kant ausgerechnet einen jüdischen Studenten als Verteidiger an seine Seite gestellt hatte, blieb nicht ohne Widerspruch. Einer der orthodoxen christlichen Herren nämlich »kühlte seinen Zorn durch die Bemerkung: daß der Jude wenigstens an dem Professorenschmaus keinen Theil nehmen könne!«[6]

Seit seinen Erfahrungen im Hörsaal bei Martin Knutzen hatte Kant ein nachhaltiges Ungenügen gegenüber jeder traditionellen philosophischen Denkrichtung. Knutzen selber war sozusagen ein lebendiger philosophischer Widerspruch gewesen. Er war ein freier, unorthodoxer Wolff-Leibnizianer, aber zugleich auch fasziniert von den Erfahrungswissenschaften und von der englischen Erfahrungsphilosophie. Dieser »bei Knutzen unausgeglichene Zwiespalt zwischen Empirismus und Rationalismus [wurde] zu dem Ferment, das die Gährung erzeugt.«[7]

Kant allerdings sah seine Profession auch schon seit längerem in einer existentiellen Krise. »Sie klagen mein Herr mit Recht«, so schreibt er zur Jahreswende 1765/66 an Johann Heinrich Lambert, »über das ewige Getändel der Wizlinge und die ermüdende Schwatzhaftigkeit der itzigen Scribenten vom herrschenden Tone.«[8] Das erschiene ihm fast noch schlimmer, so Kant, als wenn die »falschen Grübeleyen mit dem Pomp von strenger Methode zu Grabe getragen«[9] werden.

Kant sah sich an einer Zeiten- und Gedankenwende in der Philosophie. Und auf Lambert hoffte er sehr, mit ihm zusammen hier denkend eingreifen und aufräumen zu können. In jenem Schlüsselbrief von Silvester 1765 heißt es: »Ehe wahre Weltweißheit aufleben soll, ist es nöthig, daß die alte sich selbst zerstöre, und, wie die Fäulnis ... iederzeit vorausgeht, wenn eine neue Erzeugung anfangen soll, so macht mir die *Crisis* der Gelehrsamkeit zu einer solchen Zeit, da es an guten Köpfen gleichwohl nicht fehlt, die beste Hoffnung, daß die so längst gewünschte große *revolution* der Wissenschaften nicht mehr weit entfernt sey.«[10] Bemerkenswert ist die terminologische Nähe, die hier Kant zu seinem Landsmann Copernicus findet, indem er dessen Buch-Titelbegriff – *De revolutionibus* – , mit dem damals nichts weniger als ein Weltbild umgestoßen wurde, gerade auch für die eigene gegenwärtige Aufgabe als passend empfindet. Und in dieser Nähe denkt Kant weiter, bis hin zu seiner *Kritik der reinen Vernunft*, als seinem Versuch, »das bisherige Verfahren der Metaphysik umzuändern [...], daß wir nach dem Beyspiele der Geometer und Naturforscher eine gänzliche Revolution mit derselben vornehmen.«[11]

Zu einer Zäsur in seinen theoretischen Überlegungen, nach Jahren der Erfahrungen mit unterschiedlichsten Konzepten und Irrwegen im Denken, kam es Ende der sechziger Jahre: »Das Jahr 69 gab mir großes Licht.«[12]

Hier war es, neben anderen kritischen Einflüssen und Selbsterfahrungen, namentlich eben David Hume, von dessen Einfluß auf sein Denken Kant später, Mitte der achtziger Jahre sagen wird: »Ich gestehe frei: die Erinnerung des *David Hume* war eben dasjenige, was mir vor vielen Jahren zuerst den dogmatischen Schlummer unterbrach und meinen Untersuchungen in dem Felde der speculativen Philosophie eine ganz andre Richtung gab.«[13]

Hume gab Kant ein paar entscheidende Stichwörter zum offenbaren zerstörerischen Selbstwiderspruch der Philosophie als Vernunftwissenschaft, nämlich daß sie selber »die unvermeidliche Quelle von Ungewißheit und Irrtum ist. [...] daß sie nicht eigentlich eine Wissenschaft ist, sondern entweder das Ergebnis [...] der menschlichen Eitelkeit [...] oder aber das listige Werk des Volksaberglaubens.«[14]

In beiden Fällen könnten der Philosophie nicht nur ein paar Reparaturdiskurse bezüglich präziserer Fassung ihrer Logik, einiger ihrer Begriffe oder auch ihrer Gegenstände (*Gott*, *Welt*, *Seele*) aus der Misere helfen, sondern es muß zunächst ein radikales, bis in die Wurzeln philosophischen Denkens reichendes Infragestellen von herkömmlichem Denken erfolgen. Und der »geistreichste unter allen Skeptikern«[15] – eben Hume – war Kant dafür gerade das beste Medium.

Kant weist nun ebenfalls für die Erkenntnistheorie die Ansprüche der überkommenen Metaphysik wegen deren kognitiver Inkompetenz zurück, er will den »Scandal des scheinbaren Widerspruchs der Vernunft mit ihr selbst zu heben«[16] versuchen. Jedenfalls so, wie sie war, war die Metaphysik mit ihren Disziplinen (Gotteslehre, Kosmologie und Seelenlehre) entbehrlich für die Orientierungssuche des Menschen nach Selbsterhaltung und Weltverstehen.

Kant erhoffte sich eigentlich Unterstützung bei diesem kritischen Geschäft durch maßgebliche philosophische Zeitgenossen, wie u. a. Moses Mendelssohn, Johann Heinrich Lambert oder Johann Nicolaus Tetens. Auch Johann Bernoulli wollte Kant gewinnen. In Königsberg selber konnte er nur auf einen einzigen Fakultätskollegen hoffen, auf Johann Schultz, Mathematiker und Hofprediger, der 1784 auch einen verständnisvollen Kommentar zu seiner Vernunftkritik schreiben wird. Von Lambert kam die Anregung, »einige Gelehrte von ähnlicher Gedenkungsart dazu einzuladen, und dadurch gleichsam eine Privatgesellschaft zu errichten«[17], – deren Ziel mindestens in einer Verschwörung gegen das philosophische Publikum hätte liegen müssen.

Kants Differenz zu ihnen allen wird aber bald deutlich. Etwa zu Tetens: der »untersucht die Begriffe der reinen Vernunft bloß subjectiv (menschliche Natur); *ich* objektiv. Jene Analysis ist empirisch, diese transcendental.«[18] Mit Kants weitem Horizont bei der Grundlagenkritik der Philosophie kamen jene kritischen Geister, die alle auch bleibende Verdienste bei der Modernisierung der Philosophie hatten, letztlich doch nicht zurecht. »Ich beschäftige mich nicht mit der Evolution der Begriffe wie Tetens […] nicht mit der Analysis wie Lambert, sondern bloß mit der objectiven Giltigkeit derselben. Ich stehe in keiner Mitbewerbung mit diesen Männern.«[19] Deren Problem war insgesamt, daß sie ihre Anstrengungen gewissermaßen immer nur halbieren; bei Lambert hat es Kant besonders bemerkt: »Lambert analysiert die Vernunft, aber die Kritik fehlt noch.«[20]

Und so blieb Kant mit seinem Projekt einer Rekultivierung der Vernunftlandschaft allein, denn, wie er am Ende konstatieren mußte, »diese vortrefflichen Männer scheuen die Bearbeitung einer Sandwüste«[21].

Wer sich im Panorama philosophischer Werke umschaute, »sah mit dem Auge seines Geistes gar wunderschöne Welten eines Chinesischen Schattenspieles, oder eines optischen

Kastens«[22] – damit war eine neue poetische Metapher für das philosophisch Dürftige auf den Weg gebracht: das Bild von der *Guckkasten-Metaphysik* .

Ganz anders »die himmelweit davon verschiedene Kantische Architektonik.«[23] Dasjenige, was Kant von frühauf zu seinen kritischen Infragestellungen der Metaphysik und zugleich zu ihrer *instauratio magna* beflügelte, war dem Impetus zu verdanken, den Kant schon in der Vorrede seiner *Allgemeinen Naturgeschichte und Theorie des Himmels* mit einem Wort Voltaires so demonstrierte: »Mich dünkt, man könne hier in gewissem Verstand ohne Vermessenheit sagen: *Gebet mir Materie, ich will eine Welt daraus bauen!*«[24]
Bedeutsam ist hieran der Aspekt des Konstruierens, des Herstellens. Der wird das ganze künftige Programm der Reform der Metaphysik sozusagen grundieren. Man kann nämlich, so eine beständige Einsicht Kants, »nur das verstehen und Anderen mitteilen, was wir selbst *machen* können.«[25] – Kants Selbstverständnis dabei ist als »Forschbegierde eines Experimental-Philosophen«[26] recht trefflich beschrieben. Oder, wie sich ein Zuhörer in Kants Hörsaal erinnert: »Nicht Philosophie, sondern Philosophiren sollen meine Vorlesungen lehren.«[27]

Und *philosophierend* wollte Kant seinen Studenten und Lesern ein paar neue Einsichten in den Gang des menschlichen Denkens beim Erkennen vermitteln. Sie sollten lernen, daß das nicht zuerst eine Angelegenheit der Logik klarer Begriffe oder Kategorien ist. Weil nämlich mit Begriffen für sich, mit Kategorien, da sie zunächst nur das *Formelle* des Begreifens darstellen, nicht deshalb schon etwas *begriffen* ist, wenn die Spontanität unseres Verstandes sie in Gang setzt. »Categorien dienen nicht dazu, für sich Dinge zu erkennen, sondern nur [...] Erscheinungen zu ordnen.«[28]
Es bleibt die Frage: *wie denn* mit diesen reinen Formen etwas als *begreifbar* begriffen wird? Kurz: »Sich einen Gegenstand

denken und einen Gegenstand *erkennen*, das ist also nicht einerlei.«[29]

Scharfsinnig ist schon zu Kants Lebzeiten seine vernunftkritische Begriffsdifferenzierung von *Erkennen* und *Denken* hervorgehoben worden: »Vergeblich ists, nach allem dem zu forschen, was uns die Metaphysik bisher vorgelegt hat: sie hat das für *Gegenstände* gehalten, was nur *Begriff* von Begriffen ist, das für *erkennbar* und *erkannt* angesehen, was nur *denkbar* und *gedacht* heißen kann.«[30]

Diese Denk-Formen des Verstandes müssen nämlich mit etwas anderem in Verbindung gebracht werden. Es muß etwas ins Spiel kommen, ein Verfahren, das Kant jetzt *Synthesis* nennt. Er unterscheidet daraufhin bezogen *analytische* Urteile und *synthetische* Urteile. Nur mit diesen letzteren aber ist nach Kant *Erkennen* verbunden. Der Königsberger Bekannte Hamann hat diese Leistung Kants schon nicht verstanden, als er ungläubig fragte, wo denn das Geheimnis »der *differentia specifica* analytischer und synthetischer Urtheile verborgen [sei], das keinen von den Alten eingefallen sein sollte?«[31]

Kant wollte nun eben begreiflich machen, daß *Erkennen* ein Vorgang des *Synthetisierens* ist, »wodurch man im Stande ist, den Zusammenhang der Dinge mit ihren Gründen deutlich einzusehen.«[32]

Mit analytischen Urteilen – sie »beruhen alle auf Identität«[33] – kann man sicher gegebene Erkenntnisse explizieren, in Beziehung setzen, plausibilisieren etc. Kant wollte diese gewissermaßen phänomenologische Ebene im Umgang mit Erkenntnissen verlassen, um sich sozusagen *genealogisch* mit der inneren Form von Erkenntnissen, ihrem *Wie-sie-entstehen* im Subjekt vertraut zu machen. Sein Einfall, den er sich immer wieder notiert: »Wir begreifen nur, was wir selbst machen können.«[34]

Kant hat genau dafür ein Vorbild. Die unbestreitbaren Gewißheiten der Mathematik als Wissenschaft schienen in ihrer ›synthetischen‹ Verfaßtheit begründet zu sein. Und deshalb: »Transcendental-Philosophie ist diejenige Wissenschaft die nicht anders als in Verbindung mit Mathematik möglich ist.«[35] Es war ja ein wissenschaftstheoretisches Essential Kants, zu vermuten, daß eine Wissenschaft genau so viel *Wissenschaft* in sich habe, so viel Mathematik in ihr sei. »Das Wesentliche und Unterscheidende der reinen *mathematischen* Erkenntniß von aller andern Erkenntniß a priori ist, daß sie durchaus *nicht aus Begriffen*, sondern jederzeit nur durch die Construktion der Begriffe vor sich gehen muß.«[36] Die *Erkenntnis*-Kompetenz der Mathematik bemerkt Kant also darin, *wie* sie ihre Erkenntnisse begründet, d. h. *konstruiert.* Erkenntnisse über Eigenschaften geometrischer Figuren gewinne ich eben dadurch, daß ich sie mir als meine epistemischen Gegenstände selber schaffe, d. i. durch deren Konstruktion. Dadurch sind sie nicht nur mir einleuchtend, sondern auch anderen – wortwörtlich – (auf dem Blatt) nachvollziehbar, zumindest denjenigen, die sich in diese demonstrative Methode der Wahrheitsfindung einfinden können.

Damit aber hätte man, vermutet Kant, auch ein Verfahren für die Philosophie, um in ihr den Bann bislang immer unerweislicher Sätze zu durchbrechen. – Ein alter Traum übrigens für philosophische Streitigkeiten: *Komm zur Tafel, laßt uns rechnen!*

Diese Vorbildfunktion hatte allerdings einen Preis, den eine Vernunftautorität wie Christian Wolff nicht bereit war, zu zahlen. Denn, so Wolff, »alle mathematische Einsicht gehet damnach nicht über die Grenzen dessen, was durch die Sinne empfunden werden kann.«[37] Gerade durch diese *Einschränkung* aber eröffnet sich für Kant ein Weg zu *neuen Horizonten* einer um den Menschen und seine Welt zentrierten Philosophie.

Dieses Konstruieren, das das denkende Subjekt unternehmen muß, um zu Erkenntnissen zu kommen, ist nun keine ›Binnenaktivität‹ im empirischen Subjekt(Kopf), sondern ist eine sozusagen intersubjektive, eben transzendentale, Aktion. »Der Unterschied des Transzendentalen und Empirischen ge-

hört [...] nur zur Kritik der Erkenntnisse, und betrifft nicht die Beziehung derselben auf ihren Gegenstand.«[38]
Privatgebrauch der Begriffe (wie bei Swedenborg) ist möglich, aber auch das, wovon geredet wird, bleibt ›privat‹. Wunder kann man uns *begrifflich* vorführen, aber sie werden deshalb nicht auch schon *begreiflich*. Seit seiner Kritik Swedenborgs hatte Kant das Erkennen und »die Denklichkeit (deren Schein daher kommt daß sich auch keine Unmöglichkeit davon darthun läßt [!])«[39] unterscheiden wollen und die letztere als »bloßes Blendwerk« bezeichnet, mit Hilfe dessen er sogar selbst »die Träumereyen des Schwedenbergs, wenn iemand ihre Möglichkeit angriffe, mir ihre Möglichkeit zu vertheidigen getraute«. Was eben nichts anders beweise, als »wie weit man und zwar ungehindert in philosophischen Erdichtungen fortgehen kann wo die *data* fehlen.«[40]   .

Erkenntnisse, die den Namen verdienen, sind also immer Resultate von Synthesen. Zu Begriffen muß etwas hinzukommen. Wie kann man nun aber solche *data* in etwas integrieren, das dann *Erkenntnis* heißt? Zunächst gibt Kant zu bedenken: »Zur Erkenntnis werden zweierlei Vorstellungsarten erfordert: 1) Anschauung, wodurch ein Objekt gegeben, und 2) Begriff, wodurch es gedacht wird.«[41] Aber diese beiden Vorgänge, die beide durch die Aktivität des Subjekts verursacht sind, müssen noch miteinander koordiniert werden. Denn »Gedanken ohne Inhalt sind leer, Anschauungen ohne Begriffe sind blind.«[42] Mit Kant stehen wir vor dem Problem, daß erstens aus Erscheinungen für sich (obwohl sie *vom Subjekt* konstituiert sind) nichts ausgewählt oder abstrahiert werden kann, was schon Anspruch auf den Titel *Erkenntnis* haben könnte, und zweitens, daß auch Kategorien (als Verstandesfunktionen zu Begriffen) für sich gar nichts vorstellen und so auch nicht etwa als ›logische‹ Erkenntnis fungieren könnten. Somit ist es für Kant klar, »daß es ein Drittes geben müsse, was einerseits mit der Categorie, andererseits mit der Erscheinung in Gleichartigkeit stehen muß, und die Anwendung der ersteren auf die letzte möglich zu machen. Diese vermittelnde Vorstellung muß [...] einerseits intellectuell, andererseits sinnlich seyn. Eine solche ist das transcendentale Schema.«[43] Als *Erkenntnis* kann also niemals *alles Reden* über die Dinge oder ihr sinnlicher Eindruck gelten. Sondern *Erkenntnis*, die auch als *objektive* will gelten können, muß die Formen des Verstand (Verstandesbegriffe) und den ›Stoff‹ der Anschauung (Erscheinung) miteinander verklammern – d. h., der »Verstand wird realisiert, indem sie [die Anschauung] ihn zugleich restringiert.«[44] *Erkenntnis* im Verstande Kants gibt uns also immer ›bloß‹ Auskunft über ein in Reichweite von Sinn und Verstand befindliches *Endliche*. Alles Denken muß also, um Erkenntnis werden zu können, nach Kant unter dem »Schemata der Sinnlichkeit stehen.«[45]

Es war wohl unter Kants Freunden und Kollegen einzig Jacob Sigismund Beck, der etwas von diesen kritischen Glocken läuten hörte, als er schrieb, es sei wohl so, daß die Kantsche Kritik meine »mit diesem Schematismus ihrem deduzierenden Geschäfte gleichsam die Krone aufgesetzt zu haben.«[46] Kant selber hat an der schlechthin zentralen Funktion gerade dieses Theoriestücks für sein neues kritisches Konzept für *Erkenntnis* keinen Zweifel gelassen: »Überhaupt ist der Schematismus einer der schwierigsten Punkte – selbst Herr Beck kann sich nicht darein finden. – Ich halte dieses Kapitel für eins der wichtigsten.«[47] – Die Wahrnehmung dieses Theoriestücks der *Kritik der reinen Vernunft* erweist sich dann in der Rezeptionsgeschichte des Kantianismus nahezu als ein *schismatisches* Zeichen, an dem sich Verständnis für »eine der schönsten Seiten der Kantischen Philosophie, wodurch reine Sinnlichkeit und der reine Verstand [...] vereinigt werden«[48], oder Fremdheit (von Herder über Schopenhauer bis Richard Kroner) gegenüber Kants Leistung erkennen ließen.

Um diese Pointe seiner transzendentalphilosophischen Neubesinnung auf das, was künftig sollte *Erkenntnis* heißen dürfen, und die sich in jenem lakonischen Diktum aus seinem handschriftlichen Nachlaß zusammenfaßt, in dem es heißt: »Der Welt erkennen will, muss sie zuvor zimmern, und zwar in ihm selbst«[49], richtig würdigen zu können, muß man diese epistemische Operation im Zusammenhang sehen mit dem von Kant dafür exklusiv *neu* eröffneten logischen Raum.

Der logische Raum all dieser Subjekt-Konstellationen und Operationen ist der der *transzendentalen* Subjektivität, die nicht mit der empirisch-einzelnen oder psychologischen Egoität identifiziert werden darf. Genau das aber haben all jene Kritiker der Kantschen Kritik (exemplarisch Johann August Eberhard und ratlose Rezensenten, wie Christian Garve) nicht auseinandergehalten, die der Kritik dann – aus ihrer kurzen Perspektive zu Recht – vorgehalten haben, daß dieses *Neue Philosophieren* »des critischen Idealism und der Berkleysche gänzlich einerley seyn.«[50] Eine Vermutung, die Kant explizit zurückgewiesen hat: »Hrn. Eberhards und Garvens Meynung von der Identität des Berkleyschen Idealism mit dem critischen [...] verdient nicht die mindeste Aufmerksamkeit.«[51] Gegen Eberhard hat Kant seine Streitschrift *Von einem neuerdings erhobenen vornehmen Ton in der Philosophie* (1796) geschrieben.

Das methodologisch *Neue* im Kritizismus ist mit diesem Begriff *transzendental* sowohl begriffsgeschichtlich wie systematisch angesprochen: mit ihm ist eine Neuerfassung des Umfangs und der Grenzen der *konstruktiven* Vermögen menschlicher Subjektivität möglich. Denn: »Die (transcendentalen) notionen stellen nicht Dinge, sondern die *Actus* des Verstandes vor, sich synthetische Begriffe von Dingen zu machen.«[52] – Der früheste Königsberger Gebrauch des *Transzendental*-Begriffs ist mit der Disputation *Veritate transcendentali, homine politico, usu philosophiae in republica* von Christoph Eilardus (1585–1639) verbunden.

Der von Kant vollzogene Bruch mit allen überkommenen Bestimmungen von *transzendental* und seine Neubestimmung ist für das Begreifen der Kantschen Revolution der Denkungsart schlechthin unentbehrlich. »Die einseitige Rückbeziehung der kritischen Transzendentalphilosophie auf die ›alte Transzendentienspekulation‹ [also: *res* (Ding), *ens* (Seiendes), *verum* (Wahres), *bonum* (Gutes), *aliquid* (Teil) und *unum* (Eine)] ... hat die Kantforschung nahezu hundert Jahre in die Irre geführt.«[53]

Dieser Begriff wird einer der neuen Zentral- & Titelkategorien des Kantischen Kritizismus; und – nebenbei – generell einer der inflationär gebrauchten ›Rätsel‹-Begriffe in der Philosophie seither. Nicht nur einflußreiche philosophische Bewegungen wie die Phänomenologie (Edmund Husserls) wußten sich des ›Transzendentalen‹ als Erkennungszeichen zu bedienen, auch in der Gegenwart macht dieser Begriff Karierre – u. a. als ›Transzendentalpragmatik‹. Kritischere Beobachter der philosophischen Situation unserer Zeit wollen gar die philosophische Entwicklung (zumindest in Deutschland) der letzten zwei Jahrhunderte geradezu als *Depotenzierung der Transzendentalphilosophie* (Odo Marquard) definieren.

Die begriffliche Neubestimmung von *transzendental* war bei Kant verbunden mit seiner grundsätzlichen Kritik an der zeitgenössischen Philosophie, deren Gegenstandsbereich, namentlich in der philosophischen Gotteslehre und in der Ontologie, überwiegend auf *transzendente* Sachverhalte abzielte.

Kant orientierte die epistemologische Aufmerksamkeit darauf, »daß die Erkenntnis [intersubjektive] Bedingungen hatte, daß sie sich innerhalb der Beziehungen bildete, die sich zwischen den Menschen herstellen, [...] kurz, daß es eine *Geschichte* der menschlichen Erkenntnis gab, die gleichzeitig dem empirischen Wissen gegeben werden und ihm seine Form vorschreiben konnte.«[54] Das ›Transzendentale‹ im Subjekt, so wie es Kant ursprünglich verstehen wollte, präsupponiert das

›Empirische‹ seines ›Ich‹-Bewußtseins. Es bezeichnet interindividuelle, intersubjektive Zusammenhänge im Menschen. Im Blick gerade darauf, als, wie Kant sie bestimmt, ›Bedingungen der Möglichkeit‹, wird die *höchste Aufgabe der Transzendentalphilosophie* formulierbar, nämlich: »Wie ist Erfahrung möglich?«[55] Mit dem *Transzendental*-Begriff will Kant das erfassen, was der (individuellen) Erfahrung selber sozusagen ›vorausliegt‹. Diese *transzendentale* ›Vor‹-Bestimmtheit ist *apriorisch* und nicht *psychologisch*. Damit wird darauf hingewiesen, daß alles Wißbare zwar mit Erfahrung (als dem Raum aller Subjektivität) anhebt, aber nicht aus ihr (als individueller!) entspringt.

Das Transzendentale tingiert alles, was in sein ›Kraftfeld‹ gerät, d. h. als transzendental ausgezeichnete Leistungen im Individuellen sind dadurch per se interindividuell. So ist z. B. *Erfahrung* eben nicht mehr bloß als empirische Wahrnehmung eines einzelnen zu begreifen, oder: *Einbildungskraft* ist nicht mehr bedeutungsgleich etwa mit Phantasie oder Imagination einer Person. »Mein Platz«, schreibt Kant, »ist das fruchtbare *Bathos* der Erfahrung, und das Wort ›transzendental‹, dessen so vielfältig von mir angezeigte Bedeutung vom Recensenten [seiner Vernunftkritik, Feder & Garve] nicht einmal gefasst worden [...] bedeutet nicht etwas, das über alle Erfahrung hinausgeht, sondern was vor ihr (a priori) zwar vorhergeht, aber doch zu nichts mehrerem bestimmt ist, als lediglich Erfahrungserkenntnis möglich zu machen.«[56]

Also: die Erschließung der Sphäre des Transzendentalen führt uns auf ein »eigentümliches *Niemandsland* der Erkenntnis zwischen Psychologie und Logik.«[57] Das Transzendentale ist weder etwas Formallogisches noch etwas ›Inhaltliches‹. Ganz ›königsbergisch‹ hat man für die Kennzeichnung dieses methodischen Einfalls Kants einen handelskonstitutiven Vergleich zur Hand: »Die Sphäre des Transzendentalen ist [...] *nicht* ein Land von irgendwie festen Beständen, sondern ein gigantisches Kreditsystem, bei dem dann die letzte Forderung nicht eingeklagt werden kann.«[58]

Indem durch *transzendentale* Fragen nach den im menschlichen, konstruktiven Vermögen liegenden Quellen der Objektivität des Erkennens (und Handelns) gesucht wird, macht Kant damit auf eine entscheidende ›Doppel‹-Struktur menschlicher Subjektivität aufmerksam, nämlich »das transzendentale und empirische Bewußtsein wohl [zu] unterscheiden; jenes ist das Bewußtsein: Ich denke, und geht aller Erfahrung vorher, indem es sie erst möglich macht [...] und so setzt also das empirische Bewußtsein das transzendentale voraus.«[59] Dies macht das aus, was man das *tätige Selbstverhältnis* des Menschen nennt. Damit ist eine neue Weise – und Grenze – des Verstehens menschlicher Subjektivität initiiert. Sie verliert mit Kant ihre noch von den Aufklärern vermutete ›gottgleiche‹ Allmacht: »Denn nur das, was wir selbst machen können, verstehen wir aus dem Grunde.«[60] Und das ist eben nicht alles.

Kant erinnerte die philosophische Zunft daran, daß für den Menschen ›das Ganze‹ der Wirklichkeit *als Ganzes* niemals erfahrbar, und so auch *nicht erkenntnisfähig* sei. Kant hatte damit »den Weg eröffnet, die Empirie auf Principien, und die Spekulation zur Erfahrung zurück zu führen.«[61] Gerade damit aber wurde von Kant das Philosophieren *als Kritik* wieder *gegenwarts- und endlichkeitsfähig* gemacht. Und er hat damit die Philosophie wieder anschlußfähig gemacht an das, was wir von heute her *den Diskurs der Moderne* nennen.

Kant hat also das kritische Beschränken unserer Spontanität des Denkens für eine methodisch nachvollziehbare Strategie bei der Reformierung der Metaphysik gehalten, um sie als Wissenschaft neu formulieren zu können. Dieser neue Gewinn an Endlichkeit und Diesseitigkeit für künftiges vernünftiges Reden in der Philosophie war natürlich mit ›Kosten‹ verbunden, die Kant gar nicht unterschätzt. Er ist nämlich gar kein Zelot in eigner Sache, der nun seine – tatsächliche – Erkenntnisleistung

als Neues Evangelium einer für Neuigkeiten immer allzu bereiten Menge zu offerieren geneigt wäre – eifernd, besserwis-
serisch und humorlos wie immer in solchen Fällen.

Kant dagegen, und Goethe hat das als erster wohl gespürt, entwickelt seinen eigenen Entdeckungen gegenüber eine sympa-
thische, unpathetische Form von Distanz und Gegenstrategie.
Es »wollte mir manchmal dünken«, so hat das Goethe beschrieben, »der köstliche Mann verfahre schalkhaft ironisch,
indem er bald das Erkenntnisvermögen aufs engste einzuschränken bemüht schien, bald über die Grenzen, die er selbst
gezogen hatte, mit einem Seitenwink hinausdeutete.«[62]

»Haben Sie schon Kants Kritik der reinen Vernunft gelesen?«,
fragte Königsbergs Erster Bürgermeister einen gemeinsamen
Freund des Philosophen, es sei »eine Dunkelheit darin, die ihres gleichen sucht! Mir ist's zu hoch und so etwas auszuklau-
ben, was kann es helfen?«[63]

Die Kantsche Theorie war also beileibe kein Allgemeingut bei
ihren Zeitgenossen. Es sei gut, so schreibt einmal Goethes ›Urfreund‹ Knebel an einen gemeinsamen Bekannten, »daß das
Kantische Unwesen auf alle Weise gestört werde, *und die Vernunft nicht durch Übervernunft zur Unvernunft werde.*«[64] Das
sind Nachklänge von Hamanns/Herders *Metakritik*, die die Wei-
marer Notabeln – ganz anders als die akademische Jugend im
benachbarten Jena – so überwiegend kant-kritisch sich äußern
lassen. »Kant erscheint freilich da in seinem ärmsten Lichte, oft
ist es mir fast unausstehlich nur seine Worte zu lesen, so platt
sind sie.«[65] – so schreibt immerhin der ›Urfreund‹ Goethes. In
ihrem aufklärerischen Furor des gesunden Menschenverstan-
des bemerken sie nur eins befremdlich: »Wie die Critik der reinen Vernunft von einem logischen Spinngewebe abhängt«[66]

Der gute Hamann hat, im Jahr seines Todes, ein – eigentlich
sehr richtiges – Stichwort über Kants philosophische Leistung
in Umlauf gesetzt, das dann allerdings kant-kritisch okkupiert
als *Agnostizismus* eine gedankenlose Karriere gemacht hat.

Hamann vermutete nämlich, daß Kants Kritik entworfen sei, »um sich von den Abgründen der menschlichen Unwissenheit einen Begriff zu machen.«[67]

*

Kant mußte sich seine Tätigkeiten für die Universität und für sein Kritik-Projekt in der Philosophie immer wohl abgewogen halten. Einen sehr großen Teil seiner Arbeit nahmen die Universitätsaufgaben in Anspruch. Nicht nur seine täglichen Lehrverpflichtungen erforderten erheblichen Aufwand, sondern auch die Selbstverwaltung der Universität mußte erledigt werden.

Als Kant zum ersten Mal Dekan der Philosophischen Fakultät wird – für die Zeit vom 7. April 1776 bis 29. September 1776 –, da betrifft eine seiner ersten Aufgaben nicht einen wissenschaftlichen, sondern einen finanziellen Sachverhalt. Er hat am 23. Mai 1776 einen Kaufvertrag abzuwickeln zwischen der Universität, in »Nomine Facultatis Philosophiae als Verkäufer Immanuel Kant ietzt Decanus« und »Johann Peter Schütz als Käufer.«[68] Es ging dabei um die Übertragung des Hauses *Roßgarten 68* an Johann Peter Schütz, der mit zwei Zeugen vor Kant erschienen war, Anna Dorothea Schütz und Christian Heinrich Olshausen. »Es verkauft nemlich h[och].löbliche Philosophische Facultät ihr eigenthümliches auf dem Roßgarten N [gestr.: 89] 68 gelegenes Haus mit allen dazu gehörigen […] an den Kunst- und Luft Gärtner Johann Peter Schütz und dessen Erben […] für ein […] Kaufpretium von 2000 fl [Gulden].«[69] Schütz entrichtet einen Vorschuß von 400 fl und verpflichtet sich, bis zur »baaren Bezahlung der 1600 fl nicht zu Bauen sondern am Hause selbst in statu quo zu lassen, wiewohl er sich vorbehält im Garten einige Veränderungen nach seinen Guthefinden zu treffen.«[70] Mit diesem Geschäft war Kant bis zum Ende seines Dekanats befaßt. Denn: »Schütz erfüllet nicht, wozu er sich durch die Punctation [Vertragsentwurf] verbindlich gemacht hatte. Er weist alle onera [Pflich-

Königsberg: Straße im Steindamm

ten] des Hauses von sich ab und ließ schon Ampl:Fac fragen und, da mittlerweile seine Frau starb, erklärte er, daß ihm die 1600 fl zu schaffen unmöglich sey und das selbst das vadium [Pfandgeld] von 400 fl ihm von seinem conducteur Werdemann [aus Bottau bei Sensburg] geliehen worden. Da sich nun dieser Werdemann meldete und bat, obige Punctation auf ihn zu übertragen und solches bis auf Optum [gewünscht] zu halten, willigte Ampl:Fac, um Schütz nicht gänzlich zu ruinieren, darein; laut capsul [in einer *Capsel* werden amtliche Papiere verteilt]: vom 23. Sept. (welche zur Nachricht Spectab: success zugestellt worden) und ihm wurde auf sein Ersuchen von Decanus der Hypotheken-Schein gegeben.«[71]

Kant wurde auch später noch, einmal am 17. März 1789, als Senior des Akademischen Senats unter dem Dekanat von Christian Jakob Kraus zusammen mit dem Professor für Geschichte Carl Ehregott Mangelsdorff (1748–1802) gehalten, eine solche Hypothekenangelegenheit zu beurkunden.[72]

124

Auch als Rektor im Sommer 1788 bestätigte Kant eine solche Entscheidung vom Dekan Reusch, der ebenfalls, wie seinerzeit Kant als Dekan, eine Anleihe für die Universität abzuwickeln hatte. Im Senat sei zugestimmt worden, so Kant, »daß dem Häcker Minuth statt 1350 rth wollte 1400 rth zum Anlehen gegeben werden können, da die Obligation auf ein so hohes Quantum ein mal ausgestellet ist.«[73]

Es gehörte zur Arbeit für die Gelehrtenrepublik aber auch, daß die staatlich bezahlten Hochschullehrer (Professoren) das Zensorenamt für alle von hier in den Kommunikationskreislauf eingebrachten Textsorten ausübten.

Einer der besten Kenner der kulturellen Situation Königsbergs zur Kant-Zeit, der aus Lyck (heute poln. *ELK*) stammende Historiker Ludwig von Baczko (1756–1823), hat einmal gesagt, es gelte hier in der Pregel-Stadt für Gedrucktes im Grunde genommen eine dreifache Zensur. Der Dekan war ja zur Zensur derjenigen Schriften verpflichtet, die von Mitgliedern der Philosophischen Fakultät an die Öffentlichkeit gebracht werden wollten, Magisterdissertationen, Gedenkverse, wissenschaftliche und publizistische Veröffentlichungen. Da solche Manuskripte vorher schon an einen Professor des betreffenden Fachgebiets gehen konnten und danach noch der Rector magnificus das Imprimatur erteilte, war es im Grunde so, wie von Baczko schreibt, »daß auf diese Weise jede Schrift, welche hier in Königsberg gedruckt wird, eine dreifache Censur passieren muß.«[74]

Was da prima vista als ein ziemlich rigides Regime für die publizistische Öffentlichkeit erscheint, ist bei einem übergreifenden Blick auf die altpreußischen Literaturverhältnisse allerdings zunächst nicht in besonderer Weise als repressiv zu bezeichnen, jedenfalls nicht zu Zeiten vor der Revolutionsepoche (seit 1789).

Seit Friedrich dem Großen, d.h. seit seinem »Allgemeinen Censuredikt«[75] vom 11. Mai 1749 ist eine sogenannte *Präventiv-* bzw. *Vorzensur* im Königreich Preußen geltendes Recht. Danach mußte für Druckerzeugnisse generell das Imprimatur, d. i. die Druckgenehmigung, eingeholt werden. Zu diesem Zweck waren die entsprechenden Druckbögen (Fahnenabzüge) einzureichen. Für die Zensur selbständiger Druckschriften (schöne Literatur, Sachbücher etc.) war eine zentrale Kommission, nämlich das Berliner Oberkonsistorium zuständig, in das vier Gelehrte aus theologischen Fakultäten berufen wurden. Ausgenommen von dieser Regelung waren Druckschriften spezieller Provenienz. Das betraf erstens die von der Königlichen Akademie der Wissenschaften und Schönen Künste herausgegebenen gelehrten Schriften, die der Akademiepräsident zu verantworten hatte; und zweitens die aus den Universitäten kommenden Werke, die von eigenen, dafür zuständigen universitäts-statuarisch festgelegten Gremien bzw. Personen beurteilt und freigegeben wurden.

Schriften mit politischen Sachverhalten unterlagen darüber hinaus einer selbständigen Zensur im Ministerium des Auswärtigen.

Insonderheit waren also Verleger, Drucker und Buchhändler in ihrem Geschäftsalltag auch hier in Königsberg gleichzeitig mit ganz unterschiedlichen Zensurobrigkeiten, gewissermaßen mit unterschiedlicher rechtlicher Reichweite konfrontiert. Sie konnten aber auch, zumal wenn sie – wie in Universitätsstädten – zur akademischen Bürgerschaft gehörten und damit akademischer, nicht staatlicher, Jurisdiktion unterlagen, bestimmte ›Grauzonen‹, Eigenheiten und Kompetenzüberschneidungen, kurz: temporäre Freiräume erkennen und nutzen, um zunächst in aller Regel Druckzeiten zu verkürzen, also effektiver zu produzieren oder eben auch vielleicht Problematisches zu veröffentlichen.

In dieser Konstellation zwischen Verfasser, Verleger, staatlichem und universitärem Zensor, gegebenenfalls auch dem Geistlichen Departement am Berliner Hof, sind die alltäglichen Verlaufs- und Verkehrsformen im Herausbilden einer öffentlichen Meinung zu bemerken. Es sind dies gleichzeitig sowohl die konkreten Bedingungen der Möglichkeit als auch die Grenzen für die Publizität, also auch für kritische, aufklärerische Diskurse. Die sind eben gerade nicht in einer abstrakten Dichotomie – hier Zensor, hier Aufklärer – zu verstehen, wobei einer den anderen aus dem Weg räumen wollte bzw. sich ihre kulturelle Kompetenz bloß in wechselseitiger moralischer Disqualifizierung erschöpfte. Beide Kulturen, die der Herrschaft und die der Denkfreiheit, sind auch hier im friderizianischen Preußen vielmehr spannungsreich miteinander verbunden, mit gelegentlicher Metamorphose und Mimikry ins jeweilige Gegenteil.

Auch für Periodica – obwohl einem königlichen Wort gemäß *Gazetten nicht geniret werden sollen* – war die preußische Zensur diversifiziert. Bei Journalen (Zeitungen) mit ausschließlich allgemeiner kommunaler bzw. Nachrichten-Ausrichtung, den sogenannten *politischen* Zeitungen, mußten die Druckfahnen immer zuvor einem *Advocatus fisci* zur Druckgenehmigung vorgelegt werden; in Königsberg zur Kant-Zeit war das ein Hofrat Georg Heinrich Johannsen.

Bei Zeitungen mit ›gemischtem‹ Inhalt, d.h. mit auch regelmäßig erscheinenden gelehrten Abhandlungen bzw. anderen Universitätsnachrichten galten hinsichtlich der Zensur wiederum nur die Rechtslagen der Gelehrtenrepublik; im Denunziationsfall waren die Zuständigkeiten dann allerdings gar nicht so eindeutig. In Königsberg betraf das speziell die von Johann Jacob Kanter herausgegebene *Königsbergsche Politische und Gelehrte Zeitung* (gegr. 1764).

Die Zensur oder die Aufsicht darüber, der zeitgenössische amtliche Terminus dafür war *vigilieren* (beobachten), lag in den Händen der Philosophischen Fakultät. Der jeweilige Dekan dieser Fakultät mußte also auch dieses Amt des Zensors verrichten. Auch Immanuel Kant hat in seinen mehr als halbdutzend Dekanaten zwischen Sommersemester 1776 und Wintersemester 1794/95 natürlich diese Aufsicht statutengemäß ausgeführt, so ist beispielsweise aus dem Revolutionsjahr 1789 seine *Vigilierung* der Kanterschen Zeitung und aus dem Jahre 1791 ein Zensurvorgang von ihm zu den hiesigen *Critischen Blättern* (die zwischen 1790 und 1794 erschienen) belegt; und Kants jährliche amtliche Einkommensbilanz wies natürlich für diese Zensurtätigkeiten ein entsprechendes variables, allerdings sehr geringes, Salär aus.[76]

Die Zensuraufgaben des Dekans der Philosophischen Fakultät umfaßten neben den gelehrten Zeitungen der Stadt (inklusive der Rezensions- und Intelligenzblätter) aber auch etwa Werbetexte der Buchhandlungen und gedruckte administrative Papiere der Universität, wie Huldigungen, tagesaktuelle Jubiläums- & Gedenklyrik, Ankündigungen oder Anschläge fürs Schwarze Brett.

Doch: »Insgesamt vermitteln die Akten aber den Eindruck, daß die Zensoren [in Königsberg] den Pflichten ihres Amtes ohne besonderen Eifer nachgekommen sind und keine Eigeninitiative entwickelt haben, die über den engeren Wortsinn des Zensur-Edikts hinausgegangen wäre. An zensurmäßiger Aufmerksamkeit ließen es vor allem die Professoren immer wieder mangeln.«[77]

Diese alltägliche akademische Zensurtätigkeit berührt damit augenscheinlich auch bei weitem noch nicht das sensible Gebiet der Gedankenfreiheit; vielmehr ist damit eher eine, von heute her gesprochen, gutachterliche Tätigkeit beschrieben; hierbei waren die akademischen Zensoren zutreffender als Lektoren tätig, die einen Text sachlich präzisieren, als daß sie ihn vormundschaftlich präjudizieren.

Die Königsberger Philosophische Fakultät verhielt sich hinsichtlich der Zensur im letzten Drittel des 18. Jahrhunderts überwiegend so, wie es Kant einmal als Pflicht des Gelehrten beschrieben hatte: daß dem nämlich »als Glied einer öffentlichen Anstalt (unter dem Namen einer Universität) alle Wissenschaften zur Kultur und zur Verwahrung gegen Beeinträchtigungen anvertraut sind« und daß er demzufolge darauf zu achten habe, »daß seine Zensur keine Zerstörung im Felde der Wissenschaften anrichte«[78]. Und im übrigen: »Ich finde nichts anzumerken, als daß mir pro Censura 3 rth angesetzt worden, da ich gewiß nicht 2 rth dafür einnehme. I. Kant.«[79]

Hinsichtlich der *Zensur*, die Kant einmal definierte als eine »Kritik, die Gewalt hat«[80], müssen wohl bei den vier Fakultäten deutlich verschiedene Affinitäten unterschieden werden. Es scheint so gewesen zu sein, daß die Stringenz der Zensur bei den Fakultäten in einem proportionalen Verhältnis steht zu den von ihnen mitzutragenden wirklichen oder eingebildeten Verantwortlichkeiten fürs Gemeinwesen. Hier sind es augenscheinlich die, wie Kant sagt, »drei sogenannten obern Facultäten«[81], denen neben ihrer Sorgfaltspflicht bezüglich des Heils ihrer Wissenschaften auch noch andere stabilisierende Aufgaben staatlich aufgetragen sind; namentlich haben sie Sorge zu tragen für dreierlei: für das Seelenheil (Theologie), die heilen Körper (Medizin) und daß sie dann auch heil bleiben (Jurisprudenz). Dadurch aber entstehen Konfliktpotentiale und Kommunikationsstörungen zwischen den Fakultäten, die sich freilich im Regelfalle lösen oder gegebenenfalls zugespitzt werden dadurch, daß die Reichweite der Kritik konterkariert wird durch ›Kritik, die Gewalt hat‹, also Zensur.

Das Beharren des Akademischen Senats auf einem statuarisch verbrieften Recht, die Zensur gewisser Textsorten ausüben zu dürfen, war andererseits aber auch ein wissenschaftspolitischer Akt der Selbsterhaltung, um die Freiheiten und Rechte der Universität zu schützen. So kam es einmal wegen der Zensur von Theaterankündigungen, den sogenannten Comoedien-Zetteln, die in Druckereien der *scientific community* besorgt wurden und die auch der Universitätszensur oblagen, zu einer sich über das ganze Jahr 1787 hinziehenden Kontroverse[82] mit den kommunalen Behörden, die diese Zensur kurzerhand in ihre eigenen Hände nehmen wollten.

Dagegen wandte sich der Dekan Kant. Er erinnerte zunächst daran, daß es dem Senat wohl »noch erinnerlich sey, wie durch ein allerhöchstes konigl. Rescript vom 23. April 1787 dahin entschieden wurde, daß der Universitaet kein Censur-Recht der Commedien Intimationen [Anzeigen] zu komme, weil bloße Commoedien-Zettel kein Gegenstand der Bücher-Censur seyn könnte. Als der Professor der Dichtkunst anzeigte, daß die Policey diese Censur verlange und ausübe, glaubte die Facultaet, ihr Censur-Recht wäre in dem ungestörten Besietz-Stande desselben, und in dem allgemeinen Censur-Reglement gegründet, welches ausdrücklich sagt, daß da wo Universitaeten sind, der Magistrat kein Censur-Recht haben solle. Nach vielem Nachsuchen hat sie eine Allerhöchste Verordnung aufgefunden, welche die Commoedien-Intimationen der Censur unterweißt [?] und diese Censur dem Profesori Poesos oder Eloquentiae anbefiehlt. Diese allerhöchste Verordnung legen wir in Copia vidimata [beglaubigt] bey, und bitten Rectorium et Senatum gehorsamst, sich allerhöchsten Rats zu verwenden, daß dieses der Universitaet und der philosophischen Facultaet besonders zu kommende Censur-Recht der Commoedien Intimation ihr möge unbenommen bleiben.«[83]

Kants Arbeit im Kanterschen Haus wurde seit Mitte der siebziger Jahre ganz unerwartet von außen gestört: Ein Nachbar besaß einen Hahn, dessen Krähen den Meister im Gange seiner Meditationen zu oft unterbrach. Für jeden Preis wollte er dieses laute Tier ihm abkaufen und sich dadurch Ruhe verschaffen, aber es gelang ihm bei dem Eigensinn des Nachbarn nicht, dem es gar nicht begreiflich war, wie ein Hahn einen Weisen stören könnte.

Kant wich also aus. Er bezog eine neue Wohnung – die akademischen Adreßverzeichnisse weisen das aus: Kant »wohnt auf dem Ochsenmarkt.«[84] Kant bleibt zwischen 1775 und 1783 hier *auf dem Ochsenmarkt*. Der Nachmieter Kants bei Kanter wird sein Kollege Christian Jacob Kraus werden.

Kant hatte sich mit der Annahme der Königsberger Professur endgültig für seine Heimatstadt entschieden. Spätere Angebote, wie etwa 1775 ans akademische Gymnasium ins kurländische Mitau zu gehen oder 1777 sogar die Nachfolge von G. F. Meier in Halle anzutreten, wies Kant zurück, obwohl die letztere finanziell erheblich besser ausgestattet war – 600 rth gegen 236 rth. Erst recht nicht kam ein Wechsel nach Helmstedt, wie er Mitte der neunziger Jahre diskutiert wurde, in Frage.

Zehn Jahre war Kant nun schon Ordinarius, als er 1780 in den Senat der Universität gewählt wurde: »Wir wollen dem jede Verbesserung so sehr verdienenden Prof. Log. & Met. Kant die vacant gewordene Stelle im academisch. Senat mit den dabey aufkommenden Emolumenten a. 27 Thr. 75 gr. 10 Pf. hiemit conferiren und darin bestätigen.«[85]

Die ansteckende Kraft der Kritik

> Die critische Methode suspendirt das Urtheil
> in Hoffnung, dazu zu gelangen.
>
> *Kant* *

Als Immanuel Kant 1781 seine *Kritik der reinen Vernunft* veröffentlichte, waren viele seiner Zeit- und Zunftgenossen mit der Aufklärung beschäftigt. Sie wollten die herkömmlichen, korruptiblen Formen der geistigen und geistlichen Kultur nach Maßen überwinden. Für das philosophische Denken sollte es endlich dazu kommen, daß man »das Gängelband des Systems abwerfen und mit [wieder] freier Vernunft forschen«[1] können müßte.

Kants neue Philosophiekritik jetzt wies dagegen mit seiner subtilen Begriffs- und Methodenkultur augenscheinlich tief in gerade überwunden geglaubte Regionen der Geistesgeschichte zurück.

Die philosophische öffentliche Meinung reagierte mit Mißtrauen, betroffen und befremdet – auch mit Kopfschütteln – auf diese Grundlagenkritik der Philosophie. Nicht nur die deutsche Popularphilosophie (u. a. Feder, Meiners, Platner), auch der alte Rationalismus und Empirismus waren irritiert wegen der streng methodischen Kritik an den Methoden des überkommenen Denkens.

Beispielsweise Goethe sah sich durch die Kritik des ostpreußischen ›Alleszermalmers‹ (Moses Mendelssohn) in der Abneigung gegenüber der Philosophie seiner Zeit zunächst bestätigt: »Goethe sey die popular Filosofie stets widerlich gewesen, daher habe er sich leichter zur Kantischen hingeneigt, die jene vernichtet habe«[2], wie sich Kanzler Friedrich von Müller eines Gespräches mit Goethe erinnerte.

Kant war noch als ein eleganter philosophischer Autor in Erinnerung; lange Zeit hatte er allerdings nichts mehr publiziert.

Doch jener neue, voluminöse Band war augenfällig eine Zumutung und dem philosophischen Zeitgeist offensichtlich ganz fremd. »Viele angesehene Philosophen kaufen es selbst nur zur Parade, und können sich nicht überwinden, näher zu dem Buche hinzutreten.«[3]

Nun hatte Kant selber natürlich nicht erwartet, daß seine *Kritik der reinen Vernunft* als ein allgemeines Lesebuch würde angenommen werden. Aber die Ignoranz in philosophischen Kreisen einer solchen Lebensleistung gegenüber war doch atemberaubend. In Berlin, so mußte Kant betroffen registrieren, hatte sogar eine ›Ikone‹ der Aufklärung wie Moses Mendelssohn: »mein Buch zur Seite gelegt.«[4]

Und so ergab sich für Kant und einen kleinen Kreis von Schülern, Freunden und Kollegen in Königsberg, Halle, Jena und vor allem auch in Berlin zunächst diese Aufgabe: »Wenn aber denkende Köpfe und berühmte Männer, deren Urteil auf den gemeinen Haufen wirkt, dies Buch selbst in einen nachteiligen Ruf bringen, wenn sie mit einem selbstgefälligen Lächeln laut sagen, daß sie nichts Neues darin finden können [...] so ist es Pflicht gegen diese Verschreiung zu arbeiten.«[5]

In *Berlin* hat sich zuerst Marcus Herz für eine transzendental-philosophische ›Alphabetisierung‹ der haupt- und residenz-städtischen Intelligentsia eingesetzt.

Für diesen Ideentransfer von Königsberg nach Berlin war Marcus Herz wie kaum ein anderer geeignet. Er hatte zwischen 1766 und 1770 in Königsberg Medizin und Philosophie studiert. Dabei hatte sich eine fruchtbare geistige Nähe zu Kant entwickelt. Der stud. med. Marcus Herz war sogar gewissermaßen als ›Geburtshelfer‹ dabei, als Kant seine transzendentalphilosophische Metaphysikkritik in die Welt setzte. Kant hatte im Zusammenhang seiner Bestallung als ordentlicher Professor für Logik & Metaphysik am 21. August 1770 eine akademische Abhandlung – *De mundi sensibilis atque intelligibilis farma et principiis* – öffentlich zu verteidigen. Als Respondent bei dieser Veranstaltung bewährte sich dabei, wie Hamann sich auszudrücken pflegte: »D. Herz, Kants beschnittener Zuhörer.«[6] Diese Kantparaphrasen von Herz bei der Disputation wurden 1771 in Königsberg gedruckt unter dem Titel: *Betrachtungen aus der spekulativen Weltweisheit.*

Herz unterstützt die kritische Programmatik Kants dadurch, daß er auf sogenannte »Erschleichungsfehler«[7] bei den Geltungsgründen von Begriffen aufmerksam macht, derer sich gerade auch die zeitgenössische Metaphysik schuldig mache.

Kant hat mit seinem Schüler Herz über den Fortgang des kritischen Geschäfts so genau gesprochen wie mit keinem anderen aus seinem Freundeskreis. »Ich hatte mich in der disertation damit begnügt die Natur der Intellektual-Vorstellungen blos negativ auszudrücken: daß sie nemlich nicht modificationen der Seele durch den Gegenstand wären«, so erinnert Kant im Frühjahr 1772 seinen Respondenten noch einmal an die geistige Situation von damals, und: »Wie aber sonst eine Vorstellung die sich auf einen Gegenstand bezieht ohne von ihm auf einige Weise afficirt zu seyn möglich überging ich mit Stillschweigen.«[8]

Die Frage nun, wie es denn sollte möglich sein, daß sich Begriffe (Kategorien), also etwas aus unserer inneren Tätigkeit, auf (äußere) Gegenstände beziehen könnte, »ohne daß diese Übereinstimmung von der Erfahrung hat dürfen Hülfe entlehnen«[9], führte Kant zu einer *transzendental* genannten Grundlagenkritik an der Philosophie.

Kants methodischer Einfall, nicht erneut – bloß ›genauer‹ als andere – Weltverhältnisse erkennen zu wollen, sondern allererst einmal die Bedingungen ihrer Möglichkeit in uns selber, brachte eine ganz neue Bestimmung von Ursprung und Gültigkeit unserer Erkenntnisfähigkeit mit sich. Auf diesem Weg des Denkens wechselt die Metaphysik gewissermaßen ihren Gegenstand, d. h. sie »beschäftigt sich nicht mit Gegenständen, sondern nur mit Sätzen, wodurch Gegenstände (Erscheinungen) möglich werden.«[10] Daß diese Arbeit lange dauern würde, davon hat Kant einmal ahnungsvoll an Herz geschrieben: »Ich werde froh seyn wenn ich meine Transcendentalphilosophie werde zu Ende gebracht haben welche eigentlich eine Critik der reinen Vernunft ist.«[11]

Marcus Herz promovierte in Halle, 1774 im Fach Medizin, und er war seit 1782 praktischer Arzt beim jüdischen Krankenhaus in Berlin. Einer seiner einflußreichen Förderer in Berlin wurde der Staatsminister für geistliche Angelegenheiten Freiherr von Zedlitz, eine Zierde altpreußischer Verwaltung. Herz wurde 1787 zum Professor für Philosophie ernannt, allerdings nicht an einer der Universitäten des Landes. Marcus Herz blieb über viele Jahrzehnte – bis 1853[12] – der einzige jüdische Bürger Preußens, der einen Professorentitel verliehen bekam.

Jedenfalls gehörte Marcus Herz »zu den geistreichsten und interessantesten Männern des *gelehrten Berlins*«.[13] Der Ort seiner Vorträge, Vorlesungen und Gespräche war zwischen 1780 und 1803 (Herz starb in diesem Jahr) der Salon seiner Frau Henriette Herz, geb. de Lemos, die »der Mittelpunkt des philosophierenden und ästhetisierenden Zirkels«[14] war. Ein Neffe von Henriette, Daniel de Lemos (geb. 1771 in Berlin), immatrikuliert am 17. Mai 1791, hat Mitte der neunziger Jahre an der Medizinischen Fakultät in Königsberg promoviert.[15]

In seinen philosophischen Veranstaltungen hat Marcus Herz – wie sein Meister Kant – erkenntnis- und naturphilosophische Problemlagen als zusammengehörig behandelt. »Die allgemeine Natur umfaßt die ganze Sinnenwelt, die wir durch die Erfahrung kennen«, so heißt es einmal in Thesen für seine Vorlesungen, »und mit der wir in *wechselseitigem* Einfluß stehen. Gott gehört nicht zur Natur«[16]; und es sei dies »eine subjektivische Maxime der Vernunft, in den Ursachen der Welt Einheit anzunehmen.«[17]

Daß besonders unter den jüdischen Bürgern Preußens, die – nebenbei – ja erst seit 1812 überhaupt als ›Inländer‹ galten!, so viele Verehrer der Kantischen Kritischen Philosophie waren, ist in Berlin den intensiven Bemühungen von Leuten wie Marcus Herz, aber auch anderen Berliner Kant-Freunden, wie Isaak Euchel (er war seit 1789 hier), zu verdanken.

Als besonders bemerkenswert wurde die sich schon zu Kants Lebzeiten abzeichnende Zuneigung der preußischen Juden zur neuen kritischen Theorie aus Königsberg wahrgenommen. Diese Sympathien kommen zuallererst wohl aus den Begegnungen jüdischer Studenten in Kants Hörsaal. »Die Verbindung der königsberger und berliner Judenschaft ist eine wichtige geographische Ursache dieser Erscheinung.«[18]

Der Berliner Prediger Daniel Jenisch (1762–1804), der Goethe als degoutanter literarischer ›Sansculotte‹ auffiel, hatte sich satirisch der »Liebhaberei dieser Nation zur kantischen Philosophie«[19] angenommen. Daniel Jenisch – »der närrische Mensch [...] in Berlin, der sich in alles mischen muß«[20] – sah sich mit seinen Königsberger Erfahrungen besonders prädestiniert, in diesem spannungsreichen geistigen Labyrinth von kritischer Philosophie, Aufklärung und Ironie in Berlin als unentbehrlicher Cicerone zu dienen. Jenisch war von 1780 bis 1785 Theologiestudent an der Albertina – und Amanuensis bei Kant; er bekam hier in Königsberg das *Stipendium Wittanum*[21]. In Königsberg ist er immer wieder zu Gast bei verschiedenen Gesellschaften und dabei auch mit Kants *advocatos diaboli* Hamann in Kontakt gekommen – der »junge Candidat, Jenisch, der mich seit einiger Zeit besucht, und viel Fähigkeiten, auch Lust zu lernen hat, aber gar zu brausend ist.«[22]

Jenisch hat Kant immer als »größten Philosoph der Deutschen mit eben so viel Wahrheit, als Wiz«[23] verehrt. Allerdings war er den Kant-Freunden gegenüber sehr reserviert: »Kant, unstreitig der tiefsinnigste Philosoph des Jahrhunderts – welchem, Wort für Wort nachbeten – bey einem Theil des philosophischen Teutschland – *Selbstdenken* heißt.«[24]

Für Wilhelm von Humboldt allerdings war Jenisch mit seiner eher angestrengten, weitschweifigen ›Witzigkeit‹ symptomatisch gerade für die geistige Verfassung von Preußens Residenzstadt in den Neunzigern des 18. Jahrhunderts: »Was Sie über Jenisch schreiben ist vortrefflich. Der Mensch wird doch nun Berlin immer mehr und mehr würdig. [...] Je mehr ich von Jenisch und Consorten höre, desto inniger freue ich mich [...] als damit Berlin nun in jedem Verstande eine Mörder Juden und Jenisch Grube werde.«[25]

Jenisch war seit 1789 Prediger an der Berliner Nicolai-Kirche. Er eröffnet 1795 mit seinem Text *Berlin. Eine Satyre* ein neues Berliner Journal und gibt hier unter dem beziehungsreichen Pseudonym *Gottschalk Nekker* seine Visitenkarte als Satiriker ab. Dieser Text Jenischs ist eine – auch wohl selbst durchlittene – Enttäuschungsgeschichte (die ihn schließlich in den Suizid führte):

> *so lockst du, mein Berlin, durch deinen Glanz*
> *die* Thoren *und* Glücksritter *jeder Art.*
> *Glücksbude wähnen alle, alle dich,*
> *wo jeder Wurf – Gewinn ist. Doch – zu bald*
> *schraubt die Erfahrung ihnen ab die Nase,*
> *die sie sich selbst gedreht.*[26]

Jenisch kommt dann auf die Nähe der Berliner Judenschaft zur Philosophie Immanuel Kants zu sprechen:

> *Schaut auf! Zwey Juden-Dämchen! Hört ihr? Hört,*
> *wie sie von Kantscher Philosophie*
> *einander in die kleinen Ohren gackern?*
> *Frau Schwester! ach! es ist doch allerliebst,*
> *ein Philosoph zu seyn. Der Philosoph*
> *sieht alles doch mit andern Augen an.*
> *Schau sieh doch 'mal, wie da das Christenvolk*
> *zur Kirche läuft! Sie wissens freilich nicht,*
> *daß Gott* ›Idee‹ *nur ist: sie wissen's nicht,*
> *daß Kirch' und Prediger, und sie dazu –*

Erscheinung *sind. Da ist doch unser Eins*
viel weiser durch die Critik der Vernunft.[27]

Und er gibt ihnen schließlich einen Rat, den er vielleicht bei einer Soiree im Hause seines Königsberger Meisters in den falschen Hals gekriegt hat:

Unsel'ge Nation, zu sehr gehaßt
vom Christen! warum muß dein schlechtrer Theil,
jedweder neuen Mode-Thorheit Ball,
dich nur verhaßter noch dem Christen machen?
Viel besser wär's, du spekulirtest
kaufmännisch, *wie du stets bisher gethan,*
als so neumodig-philosophisch!*[28]*

Bei diesem Spott des, wie ihn Karl August Böttiger (1760–1835) einmal nennt, »scharfsinnigsten Judenspäher[s]«[29] geht natürlich verloren, was der emanzipatorische Sinn dieser Nähe von Judentum und Kantianismus gewesen war. In ihrer Aneignung der kulturell von der preußischen Gesellschaft im Ganzen als positiv sanktionierten Kantschen Philosophie, namentlich der Denkfreiheit, der Autonomie der Person und ihrer Vernunftreligion, konnten die Juden gerade in diesen geistigen Gefilden mehr oder weniger unauffällig einen klandestinen Impuls zur Bewahrung ihrer geistigen Identität *als Juden* gewinnen.
Besonders waren die *jüdischen Frauen* vom *Habe-Mut-Dich-Deines-eigenen-Verstandes-zu-bedienen* doppelt motiviert. Manche von den befremdlichen *kantischen Philosophianen*, wie der protestantische Prediger Jenisch sie nennt, scheinen aber an alten Lebensgewohnheiten zu rühren:

Daher, nur daher ist es, daß man glaubt,
'kein Ehemann Berlins sey ohne Horn
kein Mädchen – Jungfer
Zucht und Tugend herrsche nirgends, im Palast

und in der Hütte: die Gerechtigkeit
hab' ihre Waage an die Wand gehängt,
und würge mit der eigenen Binde – nur
die Unschuld, die von keinem Golde blinkt.'
Das heißt verläumden, *baar – verläumden. Doch –*
in jedem Urteil, sagt der große Kant
ist *etwas wahr. Darum, du gute Stadt,*
blos, weil es Kant gesagt, – *verzeihe,*
daß mir auch alle deine Tugenden
vor deinen Mängeln nicht das Aug' verschließen.[30]

Am komischsten ist Jenisch immer noch in seiner unfreiwilligen Komik als Hans-Dampf-in-allen-Gassen. Das Lachen der Zeitgenossen über ihn rührt nicht zum geringsten Teil daher. In einer Parodie *Die Kantische Todesfeier* (noch zu Kants Lebzeiten!) heißt es: »In Berlin setzen sich in flüchtigen Staatskarossen die Gebrüder Schlegel, Bendavid, Hülsen, Maimon, Jenisch auf. [...] Jenisch wird aber einige Augenblicke den Zug auf sich warten lassen, weil er noch in sieben Augenblicken sieben unbekannte Sprachen zu lernen, mit einander zu vergleichen und die reiflich angestellte Vergleichung nebst einer Geschichte der Kultur der Menschheit als Preisbeantwortung der berühmten Akademie der Wissenschaften zu überreichen hat. Er wird als Diogenes mit der Laterne den Herren Schlegel nachfahren und Menschen suchen. Auch werden ihm unterwegs manche Ideen zu neuen schriftstellerischen Arbeiten einfallen.«[31]

Daniel Jenisch hat aber doch auch, bei Gelegenheit einer Preisschrift der Berliner Akademie der Wissenschaften aus der Mitte der neunziger Jahre des 18. Jahrhunderts, den neben Carl Leonhard Reinholds *Briefe über die kantische Philosophie* (1786/87 bzw. in Buchform 1790/92) bemerkenswertesten Kant-Kommentar der ersten Periode in der Geschichte des Kantianismus veröffentlicht. Sein Titel: *Über Grund und Wert der*

Entdeckungen des Hrn. Prof. Kant in der Metaphysik, Moral und Ästhetik. Ein Acceßit der Königl. Preuß. Akad. d. Wiss. nebst einem Sendschreiben des Verfassers an Hrn. Prof. Kant über die bisherigen günstigen und ungünstigen Einflüsse der kritischen Philosophie (Berlin 1796). Diese gelehrte Arbeit wurde – eben durch jenes *Acceßit* – immerhin von der nicht eben kantfreund-lichen Akademie als sehr beachtenswert eingestuft. Kant hatte seinerzeit, dreißig Jahre zuvor, auch nicht mehr Anerkennung von der gleichen Akademie erreichen können.

»Ich selbst, mein Herr Professor«, so schrieb Jenisch einmal an Kant, »bin durch so viele Erinnerungen an Sie und ihre Philo-sophie, da ich, wie Sie sehen, von allen Seiten her mit ihrer Philosophie gleichsam umringt bin, aus meinen lethargischen Schlummer, in welchen ich in Königsberg die letzten anderт-halb Jahre über Ihr System [...] bei aller Vorliebe und Überzeu-gung von Ihrem System, geraten war, aufgewacht: denn was konnte ich anders?«[32]

Jenisch hat sich unbestreitbare Verdienste bei der öffentlichen Klärung der Bedeutung von Kants Philosophie überhaupt – noch zu Lebzeiten Kants – gerade in Berlin erworben.

Das Motiv für Jenisch, sich jener Akademiepreisfrage nach den Fortschritten der Metaphysik seit Leibniz und Wolff in Deutschland überhaupt zu stellen, war, auf die in jüngstver-gangenen heftigen philosophischen Streitigkeiten immer mehr verblassende *authentische* Leistung Immanuel Kants aufmerk-sam zu machen. Kant war zwar seit Ende November 1786 – immerhin ist der berühmteste Philosoph Preußens schon über die Sechzig – vom König als »auswärtiges Mitglied«[33] der Ber-liner Akademie berufen, doch hielt sich sein Einfluß auf das philosophische Profil dieser ehrwürdigen Anstalt in engen Grenzen.

Jenisch wollte – nicht ohne Sendungsbewußtsein – mit seiner Schrift hermeneutische Schieflagen »bey der verdrießlichen und ganz Deutschland anstößigen Uneinigkeit Ihrer [Kants] anderen Schüler und Partheynehmer«[34] zurechtrücken.

Dabei betont er die strikte subjekttheoretische Lesart des Kritizismus, nämlich daß man schwerlich »die Kantsche Denktheorie als sehr richtig … anerkennen kann, ohne die absolute Irrealität unserer Erkenntnis in Rücksicht der Dinge an sich, als einer unerläßlichen Folge aus seiner Theorie abzuleiten.«[35] Jenisch unterscheidet die originäre Kantsche Theorie von den Varietäten seiner Schüler, die er nur als »kleinliche Nachäffung eines großen Mannes« wahrzunehmen weiß, mit einem systematischen Kriterium des Kritizismus. Er sieht das gewissermaßen ›schismatische‹ Signum zwischen dem ›unbedingten‹ Transzendental-Idealismus der ›Kantianer‹ und dem ›bedingten‹ Transzendental-Idealismus Kants in dessen vielfach verkannter, gleichwohl zentralen Rolle der Schematismus-Theorie, die die Korrespondenz zwischen den Verstandesbegriffen und dem Erscheinungsmaterial methodisch zu klären hätte.[36] Kurz: die Pointe des Kantschen Kritizismus ist nach Jenisch: »Das kritische System ist durchgängig auf erweislichen Begriffen erbaut.«[37]

Als »der eigentliche *Modephilosoph* des Kantianismus«[38] in Berlin galt in jener Zeit Johann Gottfried Christian Kiesewetter. Auch er hat, wie zuvor Herz oder Jenisch, einen Teil seiner philosophischen Bildungsgeschichte an der Universität Königsberg absolviert, er gehörte in der Zeit 1788/89 zum engeren Kreis der Studenten um Kant, mit wöchentlichen Privatissima in der *Prinzessin-Straße*. Auch Kiesewetter war einst als Student in Königsberg Amanuensis des Meisters.
Nachdem der vielversprechende Kant-Schüler 1790 in Halle bei Ludwig Heinrich Jakob promoviert wurde, ist er drei Jahre später zum Philosophieprofessor an die Berliner Pepinière (medizinische Hochschule, die 1798 der Militärakademie bzw. seit 1807 der Kriegsschule unterstellt war) berufen worden.
Kiesewetter war Kants wichtigster Bote für Nachrichten vom Hof, er unterrichtete die königlichen Kinder Auguste, Heinrich & Wilhelm, und er kannte die Berliner Salonnièren, so die der

Henriette Herz, der Sara (Sophie) von Grotthuß, der Sara Levy, der Rahel Levin oder der Fürstin Radziwill sowie den Salon der Elisabeth von Staegemann.

Kiesewetter hat in seiner Berliner Zeit (seit 1789) versucht, die Neue Philosophie Kants in einer gewissermaßen ›enzyklopädischen‹ Form einer interessierten Öffentlichkeit zu präsentieren. Kiesewetter war in Berlin neben Marcus Herz der wohl treueste Anhänger der Kantschen Philosophie. Kiesewetters ehemaliger Hallenser akademischer Lehrer Ludwig Heinrich Jakob bemerkte in einem Brief nach Königsberg in dem er dessen große wissenschaftliche Talente rühmte: »Die tiefe Verehrung und große kindliche Liebe, mit welcher er in seinen Briefen an mich von Ihnen [Kant] redet, weidet mein Herz, und doch möchte ich ihn beneiden, daß ich die meinige Ihnen nicht so anschaulich kann zu erkennen geben, als er.«[39]

Seit Wintersemester 1789/90 liest Kiesewetter in Berlin über *Logik* und Kants große Kritiken; er beginnt mit der *Kritik der praktischen Vernunft*. – »Logik«, so berichtet er nach Königsberg, »lese ich über eigene Dictata«[40] und weiter: »Man warnt mich, mich in meinen Vorlesungen in acht zu nehmen, weil man mir auflauern lassen würde, ob ich etwas gegen die Religion vorbrächte, und riet mir, beiläufig zu erinnern, die kantische Philosophie sei dem Christentum nicht zuwider. Diesen Wink nutzte ich in der ersten Vorlesung [...] Wirklich war ein junger Mensch gegenwärtig, der wörtlich meinen ganzen Vortrag nachschrieb, und durch seine emsige Ängstlichkeit die Aufmerksamkeit aller auf sich zog.«[41]

Kiesewetters Einfall, das Neue Denken aus Königsberg nach genau den Fragen darzustellen, unter denen Kant selber sein philosophisches System abgehandelt wissen wollte, fand allgemeine Anerkennung. Kiesewetter nahm den Leitfaden der Transzendentalphilosophie aus Immanuel Kants *Logik*-Vorlesungen. Dort, in der Einleitung III schreibt Kant, daß seine Philosophie nach einem *Weltbegriffe* genommen (*in sensu cosmico*) eine »Wissenschaft von der höchsten Maxime des

Gebrauchs unserer Vernunft« zu nennen sei, also eine »Wissenschaft der Beziehung alles Erkenntnisgebrauches auf den Endzweck der menschlichen Vernunft, dem, als dem obersten, alle anderen Zwecke subordiniert sind und sich in ihm zur Einheit vereinigen müssen.«[42] Und, so Kant weiter: Das Feld der Philosophie in dieser dann weltbürgerlich zu nennenden Bedeutung läßt sich auf folgende Fragen bringen:

Was kann ich wissen? (Metaphysik) 2. Was soll ich tun? (Ethik) 3. Was darf ich hoffen? (Religion) 4. Was ist der Mensch? (Anthropologie)[43]

Kiesewetter nimmt diese einprägsamen Fragen auf und gliedert damit sein Buch *Versuch einer faßlichen Darstellung der wichtigsten Wahrheiten der neuern Philosophie für Uneingeweihte* (Berlin 1795, vier erweiterte Ausgaben bis 1824). – »Nicht wahr«, so wurde später einmal darüber gespottet, »das klingt viel humaner als das barsche: Wie sind synthetische Urteile *a priori* möglich?«[44] Kiesewetter verstand sich eben immer nur als ein Popularisator der Kantischen Lehren. Das ist ihm natürlich nicht nur gedankt worden. Der dritte Nachfolger auf Kants Lehrstuhl beispielsweise, Karl Rosenkranz, selber ein vielseitiger Erklärer mit pädagogischer Ader, mokierte sich noch 1840 in seiner *Geschichte der kantischen Philosophie* über Kiesewetters sogenannten »Dozententick«, nämlich *faßlich* sein zu wollen, die nur *wichtigsten Wahrheiten* der Transzendentalphilosophie zum besten zu geben, in einem *gedrängten Auszug* natürlich.

Kiesewetter verfährt bei seiner Darstellung nicht in der Art anderer Kommentatoren des Kritizismus, die, wie ganz prominent etwa der zu Kants Tischgesellschaft gehörende Johann Schultze, in ihren Erläuterungen der Darstellung bzw. der Problemabfolge in der *Kritik der reinen Vernunft* folgen.

Kiesewetter dagegen orientiert sich methodisch an Kants Schrift *Prolegomena zu einer jeden künftigen Metaphysik, die als Wissenschaft wird auftreten können*, mit der er die Idee der Kritik der reinen Vernunft verdeutlichen wollte.

Kiesewetter stellt also bei seiner Beantwortung der Frage: *Was kann ich wissen?* nicht etwa die *Kritik der reinen Vernunft* en miniature vor, sondern er folgt wieder einem methodischen Wink Kants. Der betonte in seiner *Logik* als einen Unterschied von analytischer und synthetischer Methode u. a. dies: »Für den Zweck der Popularität ist die analytische, für den Zweck der wissenschaftlichen und systematischen Bearbeitung des Erkenntnisses aber ist die synthetische Methode angemessener. – Die analytische Methode heißt auch sonst die Methode des *Erfindens*.«[45]

Als zentrale Konstellation für den neuen Erkenntnisbegriff des Kritizismus stellt Kiesewetter in seiner Rekonstruktion das *Selbstbewußtsein* vor. »Alle Erscheinungen des innern Sinns (alle unsere Zustände) beziehen sich am Ende auf unser Selbstbewußtsein, auf die Vorstellung Ich, die als das beständige Subjekt aller innern Prädikate von mir gedacht werden muß, und selbst nicht wieder als Prädikat gebraucht werden kann; ich sage, *ich* bin im Zustand des Nachdenkens, des Schmerzes, der Angst usw, aber ich kann kein Subjekt auffinden, dem ich das Ich als Merkmal beilegen könnte.«[46] So setzt »also jede Erkenntnis, der Möglichkeit nach, Selbstbewußtsein voraus, obgleich der Zeit nach, das Selbstbewußtsein mit dem Bewußtsein der Vorstellung gegeben wird.«[47] Kurz, so resümiert Kiesewetter: »Dies reine Selbstbewußtsein, [...] die Vorstellung Ich ist die einzige Grundlage ihres ganzen Systems.«[48]

Und diese neue Philosophie, die transzendentale Logik »ist die Wissenschaft von den Vorstellungen (Begriffen und Urtheilen) die im Verstande selbst ihren Grund haben und auf Gegenstände der Erfahrung angewandt werden können.«[49]

Bemerkenswerterweise hat Kiesewetter auch einen klaren Begriff von der Funktion des ›transzendentalen Schematismus‹ – keine Selbstverständlichkeit, wenn man an andere Kant-Freunde seiner Zeit denkt, die kaum etwas gegen den Marktführer der Kant-Kritik Herder und seine schrille Ablehnung dieses erkenntniskritischen Lehrstückes vorzubringen hatten. Kiesewetter schreibt: »Die reinen Verstandesbegriffe haben vermittels der Form aller unserer Anschauungen, der Zeit, Anwendung auf unsere empirischen Anschauungen; eine solche Anwendung der Kategorie auf die Form der Zeit, nennt Kant ein *Schema* derselben.«[50]

Kiesewetter betont in aufklärerischer Manier das Primat der Praktischen Philosophie. Man wird hier unschwer – als rhetorischen ›Überschuß‹ – jenes Pathos des Praktischen bei ihm verspüren, das nicht zu Unrecht als ein geistiger Widerschein jener Großen Revolution der Franzosen zu bemerken wäre. »Der wahre Anhänger der Philosophie hat allen Vorurtheilen den Krieg auf Leben und Tod angekündigt; er reißt den Gleisner, der durch falsche Religionssätze die Tugend und das Recht untergräbt [...] die Maske vom Angesicht, er gewöhnt das blöde Auge nach und nach an die Strahlen der Sonne der Wahrheit und macht die glimmende dunstende Lampe des Herkommens verlöschen.«[51]

Auf diese Weise nimmt Kiesewetter den Topos vom Kritizismus als *Revolution der Denkungsart* ganz ernst. Man klagt die ›Unverständlichkeit‹ der Neuen Philosophie an? Aber, so Kiesewetter, der Philosoph soll ja neue Worte schaffen: »Ich bin sogar der Meinung, wenn man einen neuen Begriff zu bezeichnen hat, lieber ein neues Wort zu wählen, als ein schon vorhandenes, was in einer ähnlichen Bedeutung gebraucht wird.«[52]

Und natürlich richtet sich die Neue Philosophie gegen »mit Vorsatz erzeugte Dunkelheit«, denn die »Philosophie haßt alle Mystik«[53] und natürlich auch jene, die »über die Geister herrschen wollen, so wie sie den Körpern gebieten«[54]. Derjenige, der sich um die Neue Philosophie aus Königsberg bemüht, muß wissen: »Wenn der Philosoph gegen Despotismus aller Art eifert, wenn er den Sklavensinn auszurotten strebt, wenn er die Beherrscher an ihre Pflichten erinnert, so schreit Ihr, er predige Anarchie, erteilt ihm einen verhaßten Sektennamen und weist auf jenes unglückliche Land, das nach Freiheit rang und dessen Anblick die Seele jedes fühlenden Menschen tief verwundet.«[55]

In Kiesewetters Darstellungen des Kritizismus kommt neben den akademisch nützlichen philologischen Wort- und Werkerklärungen ganz prononciert jener kritische Impetus der Vernunft als *Selbst-Denken* und als *Selbst-Verhältnis* zum Vorschein.

Kant schätzte Kiesewetters Bemühungen um eine angemessene Verbreitung seines Kritizismus; er ließ ihn wissen: »Ihrerseits sind Sie bisher, was Ihnen nicht gereuen wird, der kritischen Philosophie standhaft treu geblieben: indessen daß andere, die sich gleichfalls derselben gewidmet hatten, durch zum Teil lächerliche Neuerungssucht zur Originalität, nämlich wie Hudibras, aus Sand einen Strick drehen zu wollen um sich her Staub erregen, der sich doch in kurzem legen muß.«[56]

Daneben hat Kiesewetter aber auch noch das im engeren Sinne ›Theoretische‹, die Logik nach Kantischen Grundsätzen weitergeführt, die man die *Berliner Logik* der Transzendentalphilosophie nennen könnte. Das ist der im Sommer 1791 veröffentlichte *Grundriß einer allgemeinen Logik nach kantischen Grundsätzen* (völlig umgearb., dritte Ausg. Berlin 1802). Dabei kam es zunächst zu einer leichten Verstimmung in der Beziehung zu Kant. Der nämlich war über dieses Projekt verärgert, da es ganz ohne eine Absprache mit ihm erfolgt sei. Kiesewetter erklärt – in leichter Panik – die Umstände dieses Buches nach Königsberg.

Er habe Kants Einverständnis zu diesem Unternehmen, »nach Ihrer Angabe eine reine allgemeine Logik zu schreiben«[57], glauben voraussetzen zu können, da sie beide seinerzeit in Königsberg schon ein paar Bögen daraus diskutiert hätten. Kiesewetter erinnerte, Kant habe ihm Mut gemacht zu einem solchen neuen Buch, da er (Kant), »wie ich wüßte, Logik nach Meyer läse«, und »daß Sie [Kant] aber mit diesem Lehrbuch nicht zufrieden wären.«[58] Er, Kiesewetter, habe außerdem noch in Königsberg einen Großteil dieser neuen logischen Vorlesung ausgearbeitet und »mehremal Stücke derselben zur Beurteilung« vorgelegt; des weiteren sei Kant – er möge sich erinnern – auch bereit gewesen, »sich mit mir darüber zu unterhalten und meine Vorstellungen zu berichtigen, dies war z. B. der Fall bei der Eintheilung der Begriffe nach den Tafeln der Kategorien, bei der Eintheilung der Schlüsse in Verstandesschlüsse, in Schlüsse der Urtheilskraft und der Vernunft [...] ja Sie waren so gütig mir Materialien zu einer Einleitung in die Logik zu dictiren.«[59] In Berlin wollten seine Zuhörer diese Ausführungen zur Kantischen Logik auch gedruckt haben, und so hat Kiesewetter schließlich mit dem Berliner Verleger François Théodor de la Garde den Druck vereinbart.

Kant lenkt auch gleich bezüglich der Verdienste und der Entschuldigung seines Schülers Kiesewetter ein – wissend, »wiewohl der Unwille sich leicht weiter verbreitet, als er befugt ist.«[60]

Diese *Allgemeine Logik* Kiesewetters ist also, noch vor Jäsches Ausgabe von 1800, im Grunde genommen eine erste Druckfassung von Kants Logik. Man kann sie aber nicht umstandslos die *Berliner Logik* der Transzendentalphilosophie nennen. Jedenfalls nicht den *ersten Theil*, der die reine allgemeine Logik enthält. Das wäre, so Kiesewetter, »die reine formale Philosophie [zu] nennen.«[61]

Im *zweiten Theil* hingegen, der die angewandte allgemeine Logik enthält, referiert Kiesewetter diejenigen Modifikationen der Gesetze des Vernunftgebrauches, die »unter den Bedingungen, unter welchen der Mensch erkennt«, zu erfassen sind, nicht: »die Gesetze des Vernunftgebrauchs überhaupt«[62].

Das also könnte man dann schon subjekttheoretische Modifikationen der Logik nennen, also *transzendentalphilosophische* Logik. Da sie es mit den »subjektiven Bedingungen des menschlichen Verstandesgebrauchs« zu tun hat, »bedarf sie als Hülfswissenschaft Erfahrungsseelenkunde, Anthropologie, Kritik der reinen Vernunft.«[63]

Diese angewandte allgemeine Logik »ist eine bloße Kritik, sie beurteilt nämlich das menschliche Denken, sie ist ein Cathareticon des gemeinen Verstande«, kurz: »sie deckt also den etwa vorhandenen Schein auf, und kann daher auch Dialektik genannt werden.«[64]

Kiesewetter betont dies als spezifische Erweiterung der philosophischen Logik Kants: Er identifiziert »einen transzendentalen Schein«, der dadurch entsteht, »daß man Ideen, die eigentlich subjektive Vorschriften der Vernunft zur Erweiterung unsers Verstandesgebrauchs sind, zu objektiven Grundsätzen der Erkenntnis macht.«[65] Damit aber markiert Kiesewetter eine Leistung der Transzendentalphilosophie, nämlich die Vernunft abzuhalten, »im Felde des Übersinnlichen Luftschlösser zu bauen.«[66]

Kiesewetter bezeichnet es als eine besondere Leistung der transzendentalen Logik, daß sie die *Endlichkeit* des Erkennens begrifflich erfaßt; ein Phänomen, das häufig als ›Agnostizismus‹ verkannt wurde. Kiesewetter findet für den Umstand, daß der Kreis des Erkennens begrenzt und zugleich vollkommen sein kann, das Bild vom *Horizont* jeder bestimmten Erkenntnis, einmal gefaßt als »der allgemeine Horizont der menschlichen Erkenntnis, oder für jeden bestimmten Menschen insbesondere ... der Privathorizont der Erkenntnisse eines Menschen.«[67]

Diese Konstellation der Eingeschränktheit der menschlichen Erkenntnis entfaltet Kiesewetter sowohl der *Qualität* nach, um z. B. den Unterschied von analytischen und synthetischen Urteilen zu entwickeln, als auch der *Relation* nach, um z. B. Irrtum und Schein unterscheiden zu können

Der einflußreichste preußische Aufklärer, der Verleger Friedrich Nicolai aus Berlin, mochte die kritische Philosophie nicht. In seiner *Allgemeinen Deutschen Bibliothek* war Anfang der achtziger Jahre des 18. Jahrhunderts eine von Christian Garve verfaßte Rezension zu Immanuel Kants *Kritik der reinen Vernunft* erschienen, in der u. a. die Begriffe ›Erscheinung‹ und ›Schein‹ bei Kant als bedeutungsgleich vorgestellt wurden, woraus natürlich »ein Geständniß unserer Unwissenheit«[68] als vermeintliche Botschaft jenes – dann eigentlich überflüssigen – Werkes abgeleitet wurde. Daß aber gerade *Erscheinungen* nicht mit *Schein* zu verwechseln seien, war dagegen – vielfach unerkannt geblieben – eine der erkenntnissichernden Differenzierungen der Kantschen Kritik. *Erscheinungen* sind zwar wie der Augen-(*Schein*) zunächst Produkte unserer Rezeptivität. Beide haben aber hinsichtlich dessen, *was* sie rezipieren, einen unterschiedlichen Referenzstatus. Und so habe man sich »zu hüten, *Erscheinungen mit bloßen Schein zu verwechseln.*«[69]

Nach fast zwanzig Jahren Kantischer Erfolgsgeschichte dachte in Berlin der Verleger Nicolai unbeeindruckt weiterhin in denselben Vorurteilen über den Kritizismus wie ehedem. Die allfälligen Argumente gegen Kant waren dessen ›Spitzfindigkeit‹ gegen den gesunden Menschenverstand, ›Neuerungssucht‹ in der Sprache und seine ›Überheblichkeit‹ gegenüber den Kritikern. »Die überweise Unweisheit und ein Wirrwarr dunkler und verkehrter Terminologien soll«, so Nicolais Kritik, »nach diesen eingebildeten Philosophen, auch in dieser Sinnenwelt und in der menschlichen Gesellschaft überhaupt, alles, die gesunde Vernunft aber nichts gelten.«[70]

Nicolai hat in seinen Attacken gegen die moderne Philosophie der Kantschen Schule (dazu gehörten für ihn Fichte, Schelling und die Jenaer Romantik) einen weitwirkenden Einwand in die Welt gesetzt, demzufolge diese Philosopheme allesamt ›unpraktisch‹, für die ›Anwendung‹ im Leben nicht hinreichend, kurz: zu abstrakt seien. »Seine Definition von dieser Philosophie ist ungefähr folgende: Es ist eine Sammlung von unerhörten Worten und abentheuerlichen Sätzen [...] die dem gesunden Menschenverstand und *aller Erfahrung* widersprechen, und ohne Zweifel zur Freigeisterei, Gotteslästerung und Revolution führen. [...] Gewiß, bald wird in kleinen Städten die Beschuldigung des Kantianismus an die Stelle des Jacobinism getreten seyn.«[71]

Die Gruppe der Kant-Freunde im Berlin der neunziger Jahre wird ferner maßgeblich bestimmt durch das Wirken von Salomon Maimon[72] (1753–1800) und Lazarus Bendavid[73] (1762 bis 1832); beide waren exemplarische Außenseiter des akademischen Betriebs und der Fakultätsphilosophie. Maimon kam in den achtziger Jahren u. a. nach Berlin und lernte hier Moses Mendelssohn und Marcus Herz kennen. Sein philosophisches Schlüsselerlebnis war die Lektüre von Kants *Kritik der reinen Vernunft*. Das aus der Beschäftigung mit dieser Kritik aller bisherigen philosophischen Theorien über die Ermöglichung von wahrer Erkenntnis entstehende Werk Maimons, der *Versuch über die Transzendentalphilosophie* (1790), war ein zwar Kants Prinzipien verpflichtetes, jedoch ganz eigenständiges Werk, die Metaphysikkritik fortzusetzen und die philosophische Wahrheitsfrage neu zu reformulieren. Das Manuskript dieser Schrift wurde durch Vermittlung von Marcus Herz zur Prüfung an Kant übersandt.

Maimons Schrift, so urteilte Kant zusammenfassend, »enthält übrigens so viel scharfsinnige Bemerkungen, daß er sie nicht ohne einen für ihn vortheilhaften Eindruk, immer hätte ins Publikum schicken können [...] obgleich er einen ganz anderen Weg nimmt als ich; denn er ist doch darinn mit mir einig, daß mit der Festsetzung der Principien der Metaphysik eine Reform vorgenommen werden müsse, von deren Notwendigkeit sich nur wenige wollen überzeugen lassen.«[74]

Dem Verstehen von Kants Hauptwerk, der *Kritik der reinen Vernunft*, widmet auch Bendavid einen großen Teil seiner philosophischen Tätigkeit. Noch 1788 wurde z. B. in Berlin folgendermaßen befremdlich über diese epochale Schrift Kants geurteilt: »die *Kritik der reinen Vernunft* stellt ein neues metaphysisches System auf, das [...] für ein fein gesponnenes Gewebe von Sophisterei gehalten werden muß, das dahin abzielt, uns alle Erkenntnis von wirklichen Dingen zu entreißen und allen Zusammenhang zwischen Wahrheit und Erkenntnis zu vernichten«[75]. In dieser geistigen Atmosphäre der Mißverständnisse und Diffamierungen von Kants philosophischem Paradigmenwechsel wurden gerade Bendavids scharfsinnige Verteidigungen des Kritizismus, die aus seinen Wiener philosophischen Vorträgen resultierten, besonders wertvoll.

Bendavid war ab 1797 wieder in Berlin, nachdem er zwischen 1791 und 1797 in Wien als philosophischer Lehrer arbeitete. In Berlin nahm er zunächst eine kaufmännische Tätigkeit auf, und ab 1802 war er Redakteur der *Spenerschen Zeitung*; auch war er Mitglied der ortsansässigen (jüdischen) Gesellschaft der Humanität.

Seine Erläuterungsschriften zu Kants Vernunftkritik (1795 und 1802) sowie seine 1801 von der Akademie der Wissenschaften preisgekrönte Schrift *Philotheus. Über den Ursprung unserer Erkenntnisse* trugen wesentlich zur Festigung des Kantianismus in Berlin bei. Bendavid akzentuierte in seinen Darstellungen besonders die Bedeutung der zweiten Auflage der *Kritik der reinen Vernunft* (1787) mit ihren deutlich idealismuskritischen Ergänzungen; hinsichtlich der methodologischen Leistungen dieses Buches werden u. a. Kants Differenzierungen im Begriff des Urteils verdeutlicht: Bendavid betont das Neue, das mit der Idee des ›synthetischen Urteils‹ insofern verbunden ist, als es einen Dingbezug bei Erkenntnissen ermöglicht.

Immanuel Kant selber hatte zu jener Zeit als philosophischer Schriftsteller mit den Verhältnissen in der preußischen Hauptstadt immer wieder Probleme. Das war zumal während der Revolutionsjahre (ab 1789) naheliegend, war doch der große Erfolg, den die Kantsche Philosophie in bestimmten intellektuellen, besonders auch jüdischen Kreisen hatte und »der später nur von der Hegelschen Philosophie erreicht, wenn nicht übertroffen wurde, drei Momenten zuzuschreiben: ihrer

Gleichgültigkeit, wenn nicht geradezu Feindschaft gegen das Christentum, ihrem stark ausgeprägten politischen Freiheitssinn, der sich z. B. in Kants Stellung zur Französischen Revolution bekundete, und ihren so entschieden formulierten moralischen Forderungen.«[76]
Seit Mitte der achtziger Jahre ändert sich die vorurteilsgeschützte Gleichgültigkeit in der deutschen Schulphilosophie ihrem Kritiker Kant gegenüber.

In *Jena*, an der Universität, bildet sich seit 1787, als Christoph Martin Wielands Schwiegersohn Carl Leonhard Reinhold (1757–1821) eine außerordentliche Professur bekommt, ein Kreis von lebhaften Kant-Lesern, wie Carl Christian Erhard Schmid, Christian Gottfried Schütz, Christoph Wilhelm Hufeland, Friedrich Immanuel Niethammer, Wilhelm Gottlieb Tennemann und Friedrich Karl Forberg.

In Jena wird 1785 ein erstes *kantianisches* Periodikum begründet, die *Allgemeine Literatur-Zeitung*, im Gründungsjahrgang beteiligt sich auch Kant als Rezensent an dieser neuen Zeitschrift. Hier wird also gewissermaßen der ›Kantianismus‹ begründet, der sich dann in vergleichbarer Intensität auch nach Tübingen, Halle/Saale und Berlin ausbreitet. »Der sel. Hartknoch, Verleger der *Kritik der reinen Vernunft*, hat mir gesagt, daß, wenn die [Jenaische] ALZ in den Jahren 1786 und 1787 nicht die Kantische Philosophie durch ihre Recensionen in Umlauf gebracht hätte, jenes nachher so berühmte, und in sich so vortreffliche Werk höchst wahrscheinlich Maculatur geworden wäre.«[77]
Jetzt nahm die Jenaer Akademie einen unerwarteten geistigen Aufschwung. Das begann mit Reinholds weitverbreiteten *Briefen über die Kantische Philosophie* (die 1786/87 in Wielands »Teutschem Merkur« als Artikelserie erschienen waren). »Der Prof. Reinhold ist hier, wo überhaupt die Kantische Philosophie sehr viele und eifrige Verehrer gefunden [...] Er ist ein Mann von vielen Scharfsinn und Geschmack. So zeigt er sich

auch in seinen Vorlesungen. Sein Vortrag ist [...] noch mit einiger Schüchternheit.«[78]

Als Carl Leonhard Reinhold am 28. 3. 1794 seine Abschiedsvorlesung in Jena hielt, da faßte er noch einmal seinen konzeptionellen Impetus als Transzendentaltheoretiker der vergangenen Jahre so zusammen: »Alles bisherige Philosophieren, da man über die Grundsätze nicht einig war, konnte nur in Auffindung allgemein vereinigender und verpflichtender Grundsätze bestehen«, denn »die denkende Vernunft kann ohnmöglich mit dem uneinig sein, was ihr die praktische Vernunft vorhält«, d. h. aber: erst mit »dieser Einhelligkeit beginnt die Philosophie als Wissenschaft.«[79]

Es ging also Reinhold, einem der ersten großen Kantianer außerhalb Preußens – dem Begründer des Jenenser Kantianismus –, um eine Theorie der Vernunft, in deren Rahmen erst alle Tatsachen und Handlungen des Selbstbewußtseins ihren Grund würden finden können.

Begonnen hatte Reinhold in Jena mit der Rekonstruktion der Kantischen Transzendentalphilosophie unter der Maßgabe, ein Therapeuticum angesichts der Krise der Aufklärung, angesichts einer verbreiteten Skepsis gegenüber Vernunft und Wissenschaft vorzustellen.

Diese Krisendiagnose Reinholds moniert u. a. einen Methodenpluralismus, der die Metaphysik erschüttere. Dies zeige sich vor allem in der Unsicherheit des Gebrauchs der Vernunft in Religionsangelegenheiten, was sich beispielsweise als offensichtlich methodisch unentscheidbarer Streit zwischen Heterodoxie und Orthodoxie, zwischen Theismus und Atheismus, zwischen Supranaturalismus und Deismus wahrnehmen lasse. Aus diesen Antinomien: ›Durch Vernunft allein ist Erkenntnis Gottes möglich!‹ versus ›Durch Vernunft ist sie unmöglich!‹ helfe, so sagt es Reinhold gut kantianisch, nur ein Rekurs auf die Frage: »Was vermag die Vernunft?«[80]

Die Antwort der von vielen Zeitgenossen verkannten und gerade von Reinhold aufgerufenen Kantischen Vernunfttheorie bzw. -kritik rekurrierte auf einen Doppelcharakter von Vernunft. Auf den habe Kant aufmerksam gemacht, nämlich, daß aus der Natur der theoretischen Vernunft die Unmöglichkeit folge, das Dasein Gottes zu *erkennen*; zugleich aber folge aus der Natur der praktischen Vernunft die Notwendigkeit, dasselbe zu *glauben*.

Hier nun, an diesem Denkeinsatz der »Kantischen Philosophie aus einem einzigen Prinzip«[81] will Reinhold die Transzendentaltheorie mit eigenen Beiträgen weiter befestigen, denn jenes Prinzip von Einheit scheint bei Kant eher nur programmatisch denn methodisch begründet zu sein. Dabei substituiert Reinhold jetzt den Topos ›Kritik der Vernunft‹ durch den einer ›Theorie des Erkenntnisvermögens‹. Dies macht dann den Plan der Reinholdschen Elementarphilosophie aus (der niedergelegt ist im *Versuch einer neuen Theorie des menschlichen Vorstellungsvermögens* [1789] und in den *Beiträgen zur Berichtigung bisheriger Mißverständnisse der Philosophen* [1790]).

Der Einheits-Grundsatz, aus dem heraus erst Philosophie wieder als Wissenschaft soll gelten dürfen, wird von Reinhold als *Satz des Bewußtseins* postuliert, demzufolge nur im Bewußtsein »die Vorstellung durch das Subjekt vom Subjekt und Objekt unterschieden und auf beide bezogen«[82] wird. D. h., »Vorstellung«, »Objekt« und »Subjekt« können nur durch Sätze ausgedrückt werden, »die durch den Satz des Bewußtseins ihren Sinn erhalten, ganz in ihm enthalten sind, und unmittelbar aus ihm abgeleitet werden.«[83]

Die Identitätskompetenz dieses Reinholdschen Konstrukts kommt u. a. daher, daß Reinhold bei der Rekonstruktion der Analytik des Erkenntnisvermögens eine *dynamistische* Lesart protegiert; und es ist erstaunlich, wie Reinhold, bei aller Vollendungspathetik, ganz nahe an Kantischen Prinzipien der *Kritik der reinen Vernunft* bleibt!

Nach Reinhold sind nämlich die bestimmten Formen der Zusammenfassung in die objektive Einheit, also die Kategorien, explizit als »dynamische Kategorien«[84] ausgewiesen. Zur ausschlaggebenden Handlungsweise des Verstandes aber, um den Vorstellungen »das Prädikat des Erkanntseyns«[85] beizulegen, gehört – gut kantianisch – der transzendentale Schematismus, ist er doch die verknüpfende Form des Denkens und der Anschauung, also »daher die eigentliche Form des Erkennen[s].«[86] Demnach: »Kein Gegenstand also, dem die Schemate widersprechen, ist erkennbar, und jeder ist nur insoferne erkennbar, als ihm die Schemate als Prädikate beigelegt werden können.«[87] Alle Formen des Verbindens des in der Zeit Anschaulichen »entstehen aus den dynamischen Kategorien und können mit Recht die dynamischen Schemate heißen.«[88] Damit aber mündet Reinholds Theorie des Erkenntnisvermögens in eine »Erörterung der intellektuellen Anschauung«[89], die der originären Theorie der produktiven Einbildungskraft nachempfunden ist.

Der für die Jenaer Universität zuständige Minister machte einmal in einem Brief deutlich, worin für viele die Bedeutung Kants begründet war: »Ich danke der kritischen und idealistischen Philosophie, daß sie mich *auf mich selbst aufmerksam* gemacht hat; das ist ein ungeheurer Gewinn«[90]. Und: In dem Maße, wie Goethe, denn er war jener Minister, dann die *Kritik der Urteilskraft* rezipierte, entfernte er sich von einigen Positionen seines eigenen philosophischen Standortes, eines ursprünglichen Spinozismus. Goethe ist interessiert an der neuen Art der Identitätsstiftung durch Zentralkategorien der Transzendentalphilosophie, wie namentlich ›Einbildungskraft‹. Hier sieht Goethe eine Möglichkeit, »reine Sinnlichkeit und Intellektualität zu verbinden, wodurch ganz allein das wahre Kunstwerk hervorgebracht wird«[91].

Die in den neunziger Jahren von Kant veröffentlichten Schriften nimmt Goethe nun aufmerksamer zur Kenntnis als dessen Texte vor 1770. Sehr positiv etwa Kants *Von einem neuerdings erhobenen vornehmen Ton in der Philosophie* (1796), eher kritisch schon *Über das radical Böse in der menschlichen Natur* (1792), aber ganz begeistert ist er von *Der Streit der Fakultäten*

(1798) – »Was werden den die blinden Anbeter sagen, die ihn als guten Christen so hoch schätzen«, so schrieb Knebel an seinen ›Urfreund‹ Goethe, und die – notabene! – »nie seinen Spaß verstanden?«[92]

Auf besonderes Interesse bei Goethe stößt Kants letzte, zu seinen Lebzeiten veröffentlichte Schrift, die *Anthropologie in pragmatischer Hinsicht* (1798); es ist ihm, wie er an Schiller schreibt, »ein sehr werthes Buch«[93]. Auch nach dem Tode des Königsberger Weltweisen setzte sich Goethe kontinuierlich mit dessen Werk produktiv auseinander; in seinen Kant-Studien von 1816/17 will er beispielsweise den transzendentalen Idealismus, wie er (am 31. Dezember 1816) an die Großfürstin Maria Paulowna schreibt, hinsichtlich der Hauptkräfte unseres Vorstellungsvermögens – Sinnlichkeit, Verstand, Vernunft – erweitert wissen um die ›Phantasie‹.

Auf die säkulare Bedeutung der Kantischen Philosophie für die deutsche Kultur überhaupt ist von Weimar aus einmal mit großer Autorität aufmerksam gemacht worden. Auf die Frage Eckermanns, welchen der neueren Philosophen er denn für den vorzüglichsten hielte, antwortete Goethe: »Kant ist der vorzüglichste, ohne allen Zweifel. Er ist auch derjenige, dessen Lehre sich fortwirkend erwiesen hat, und die in unsere deutsche Kultur am tiefsten eingedrungen ist. Er hat auch auf Sie [Eckermann] gewirkt, ohne daß sie ihn gelesen haben« – und bei allem bleibt aber bei Goethe persönlich ein sehr schmerzliches Bedauern zurück, denn: »Kant hat nie von mir Notiz genommen, wiewohl ich aus eigener Natur einen ähnlichen Weg ging als er.«[94]

*

Also: es war gewissermaßen ein Königsberger Standard für die Philosophie, demzufolge erstens »die wahre Philosophie [...] eine Fertigkeit [ist], selbst ohne Vorurtheile und ohne Anhänglichkeit an eine Secte zu denken, und die Naturen der Dinge zu untersuchen«, und zweitens, daß man »sich nun nicht sclavisch an des System seines Lehrers binde; so muß er [der Student] die besten Philosophen aus allen Nationen lesen.«[95]

Ende des Jahres 1786 wird in Berlin erwogen, ob nicht – endlich – auch Kant als Mitglied in die Akademie der Wissenschaften berufen werden könnte. Am 20. November 1786 avisiert Herzberg diesen Vorschlag nach Sanssouci.
Es gab schon einige Königsberger Gelehrte, die Berliner Akademiemitglieder waren, u. a. der Mediziner und Experimentalphysiker Heinrich von Sanden (1672–1728), Mathias Ernst Boretius (1649–1738), der die Blatternimpfung für Preußen durchgesetzt hatte, der Mathematiker Christoph Langhansen (1691–1770) und der Professor für Dichtkunst Johann Georg Bock (1698–1762), von dem ein *Idioticon Prussicum* stammte.
So wurde Kant am 9. Dezember 1786 vom Sekretär der philologisch-historischen Klasse der Akademie über seine »*aggrégation à l'Académie Royale des Science & Belles-Lettres*«[96] informiert. Und Kant wird also auswärtiges Mitglied, neben Georg Forster aus Wilna, Charles Bonnet aus Genf, Alessandro Volta aus Pavia und Christoph Martin Wieland aus Weimar. Georg Forsters Vater Reinhold führt am 12. Oktober Klage über seine Nichtberücksichtigung und bittet um Aufnahme in die Akademie. – Ein halbes Jahr später werden zwei dezidierte Kant-Kritiker als Akademiemitglieder zugewählt: Johann August Eberhard (Halle) und Johann Gottfried Herder, »un des plus profonds philosophes du temps, qui à deja remporté quartre prix a notre Académie.«[97]

Im Jahr der zweiten Auflage der *Kritik der reinen Vernunft* hat der witzige Lichtenberg das Problem, das Kant mit seinen philosophischen Zeitgenossen hatte, auf den Punkt gebracht, als er schrieb, das ganze Räsonnement gegen Kant laufe auf eines hinaus: »Wenn Kant recht hätte, so hätten wir ja unrecht. Da nun aber dieses wohl nicht sein kann, indem unserer so viele gelehrte, tätige und rechtschaffene Männer sind, so ist sonnenklar, daß Kant unrecht hat. Q. E. D.«[98]

Die Tischgesellschaft

> Das Urtheil der Menge ist ein criterium der Wahrheit.
> Das Knechtische.
>
> *Kant**

Drei Jahre nach seiner Professur wurde Kant das erste Mal auch über Königsberg hinaus in der literarischen Öffentlichkeit Deutschlands als Person – *in effigie* – in einer Abbildung publik gemacht. Im ersten Stück des zwanzigsten Bandes des einfluß-reichen Rezensionsorgans *Allgemeine deutsche Bibliothek*[1] er-schien vor dem Titelblatt ein Kupferstich mit dem Porträt Kants. Er blieb lange Zeit der einzige Königsberger Gelehrte, dem so ein Zuspruch zuteil wurde.

Kant war ein gesuchter Gast in der Königsberger Gesellschaft und selber ein liebenswürdiger Gesellschafter, »der durch ausgebreitete Belesenheit und einem unerschöpflichen Vor-rath von unterhaltenden und lustigen Anectoden, die er ganz trocken, ohne je selbst dabei zu lachen, erzählte und durch eig-nen ächten Humor in trefflichen Repliken und Anmerkungen zu würzen wußte.«[2] Er spielte gelegentlich Karten, besonders bei einer abendlichen *L'Hombre*-Partie konnte er sich geistig entspannen. Zwei Lokale besuchte er gern: das Hotel ›Zornich‹ in der Junkergasse und das ›Englische Haus‹ der Witwe Gerlach an der *Neuen Sorge*.

Als sein Freund Green 1787 starb, besuchte Kant fast keine Abendgesellschaften mehr. Er versammelte sich mit Freunden nur noch im eigenen Haus.

Seit 1783 bemühte sich Kant um ein eigenes Haus; er bekam von Theodor Gottlieb Hippel den Tip, sich ein Anwesen am Prinzessinplatz anzuschauen. Im 17. Jahrhundert führte das Grundstück in der Nähe des Schlosses den Namen *Alte Land-hofmeisterei*. Es war seit 1698 im Besitz des Feldmarschalls

Immanuel Kants Wohnhaus (Querschnitt)

Graf Barfuß; damals: Prinzessinplatz 87/88. Danach wurde es
an eingewanderte Refugiés (Hugenotten) verkauft. – Kant war
mit dem letzten Besitzer des Hauses, dem Porträtmaler Johann
Gottlieb Becker, bekannt gewesen. Der war im Vorjahr verstor-
ben, und nun kaufte Kant am 30. Dezember 1783 das Haus von
Beckers Witwe für eine Summe von 5500 Gulden. Auf dem
Haus lastete eine Hypothek. Kant verpflichtete sich, das »über
sechs Monate, namlich den 3ten Juli a. c. nebst Zinsen unfehlbar auszuzahlen.«[3]
Das Haus lag in einer ruhigen Gegend in Schloßnähe, hinter
dem Haus war ein verwilderter Garten, der nicht zum Grund-

stück gehörte. Es hatte acht Zimmer. Im Erdgeschoß links ge-
langte man zum Hörsaal (für ca. 70 Personen), darüber im ersten Stock war Kants Salon, wo er immer um 13.00 Uhr einige
Freunde zum Mittagessen versammelte; eine Köchin wohnte
seit 1787 im Erdgeschoß rechts. Neben dem Salon befanden
sich im ersten Stock noch Kants Bibliotheks- und Schlafzim-
mer, ein Besucherzimmer zur Straße, sowie mit Blick nach
Osten auf Garten und Schloß seine Studierstube, von der er die
Löbenichtsche Kirche sehen konnte. In seiner Studierstube
hing ein Bild Rousseaus. Kant war stets seit fünf Uhr morgens
auf den Beinen, er trank Tee und rauchte eine Tabakspfeife. –
Im Dachgeschoß befand sich ein Zimmer für den Diener. Seit
1784 wohnte Diener Lampe mit in Kants Haus. »Seit er in meinem eigenen Haus wohnt [...] besorgte er meine Angelegenheit in Ansehung des Schlafs und Wachens und zum Verschicken; bei Einrichtung meiner eigenen Hauswirthschaft gab
ich ihm Kostgeld und die notwendigen Kleidungsstücke und
vermehrte, aber immer ganz beliebig seine Einkünfte, vornehmlich nachdem er sich schlechterdings wider meine Einwilligung eine Frau nahm.«[4]
Nachmittags ging Kant gern spazieren, um dann bei der Rück-
kehr die neuesten Zeitungen zu lesen – er »fiel mit Heis-Hun-
ger über sie her.«[5] Er lebte bescheiden möbliert, ein Sofa. ein
Glasschrank mit Porzellan, eine Konsole, Secretär, Stühle und
Schreibtisch. Auch seine Bibliothek war vergleichsweise bescheiden, ca. vierhundert Bände, die dann 1808 versteigert
wurden.[6]
Nach Kants Tod wurde das Haus u. a. als Gastwirtschaft und
seit dem 31. August 1836 als Praxis des Zahnarztes Doebbelin
genutzt. – Das Haus wurde 1893 abgerissen, um dem Kaufhaus
von Bernhard Liedke Platz zu machen.

In seinem Salon hat Kant immer ca. zehn Personen versammelt.
Das entspricht ganz der Maßgabe, die er selber in seinen
Anthropologie-Vorlesungen für eine sinnvolle Gesprächsrunde

aufgestellt hatte: die Teilnehmerzahl sollte »nicht unter der Zahl der *Grazien* und auch nicht über die der *Musen* sein«[7], also nicht mehr als neun und nicht weniger als drei Personen. – Auf einem Gemälde[8] einer solchen Tischrunde aus dem Jahre 1786 sehen wir Kant im Gespräch mit acht Personen. Von links nach rechts: Kaufmann Johann Conrad Jacobi, Kaufmann Robert Motherby sen., Professor Christian Jacob Kraus (Philosophie), dem Privatgelehrten Johann Georg Hamann (vorgebeugt), Oberbürgermeister Theodor von Hippel, dem Kriegsrat Johann Georg Scheffner, dem Theologen (und Kant-Biographen) Ludwig Ernst Borowski und schließlich Professor Carl Gottfried Hagen (Medizin) sowie – ganz links – der Diener Martin Lampe. Frauen bekamen für diese Runden bei Kant keine Einladungen. – »Allein zu essen (*solipsismus convictorii*) ist für einen *philosophierenden* Gelehrten ungesund [...]. Der *genießende* Mensch, der im Denken während der einsamen Mahlzeit an sich selbst zehrt, verliert allmählich die Munterkeit.«[9] Mittags gab es bei Kants immer drei Gänge; Vorsuppe, Fleisch (es mußte *mürbe* sein), Rotwein, Obst. Kant liebte Gewürze (englischen Senf, selbstgemacht!). »Das Mittelgericht mußte eins seiner Leib-Gerichte seyn«, berichtet ein ständiger Besucher der Runde, »fast jeden Tag in der Woche dasselbe und davon aß er, bis auf die letzte Zeit, so stark und viel, daß er [...] vom Braten oder 3ten Gericht nicht viel genoß.«[10] Und wenn alle so beim Essen waren, tönte bald die erwartungsvolle Stimme des Hausherrn: »Nun, meine Herren und Freunde! lassen Sie uns auch etwas sprechen! Was giebt's guts Neues?«[11]

Die Unterhaltung mußte immer drei Kreise durchlaufen: *Erzählen*, *Räsonieren*, *Scherzen*. Damit verboten sich Dispute über philosophische Fachfragen in diesem Kreis von selbst. Worüber aber eben gesprochen worden sein dürfte, waren Vorgänge an der Universität. Und bei einer solchen Gelegenheit konnte Kant durchaus einmal auch eine eigene Angelegenheit in die Runde getragen haben: die Umstände seines ersten Rektorats. Zumal die Freunde Kraus und Reusch, die mit in der

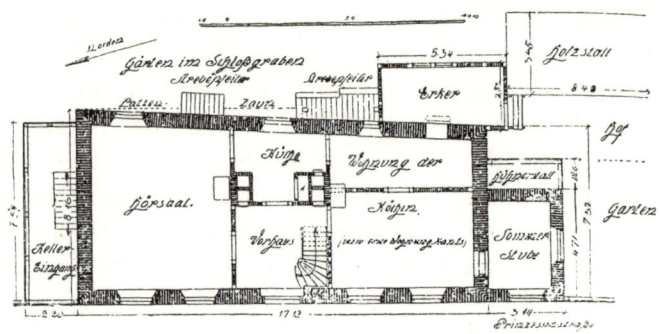

Abb. 1. Erdgeſchoßgrundriß.

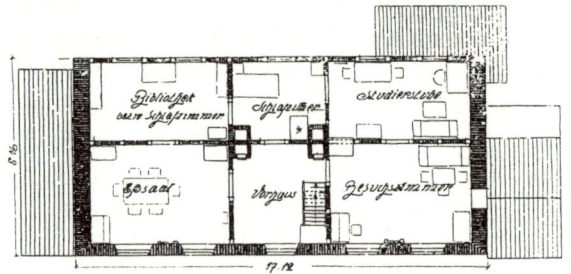

Abb. 2. Obergeſchoß.

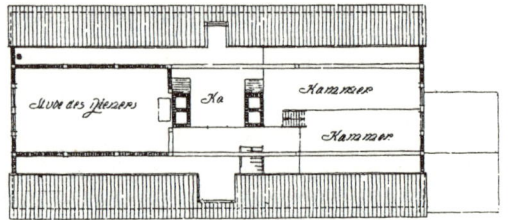

Abb. 3. Dachgeſchoß.

Immanuel Kants Wohnhaus (Grundriß der Etagen)

Runde saßen, ihren besonderen Anteil an dieser Wahl hatten.
– Normalerweise war die Abfolge der Rektorate, die von den
vier ständigen Mitgliedern der Philosophischen Fakultät im
Akademischen Senat – dem *Collegium quadrimembre* (be-
stehend aus dem Hebräisten, Gräzisten, Philosophen und dem

162

Eloquenz-Professor) – ausgeübt werden konnten, klar geregelt. Beginnend mit dem Senior folgten jeweils die anderen drei, in der Reihenfolge ihrer Dienstjahre, immer nach vier Semestern ins Rektorat. Das vierte Rektorat stand wieder dem Senior der Philosophischen Fakultät zu. Jeder der Senatoren käme also alle acht Jahre ins hohe Amt. – Die reguläre Abfolge der Rektoren aus der Philosophischen Fakultät seit 1780 (als Kant im August Senator wurde) sah so aus: im Sommer 1780: Carl Andreas Christiani (Senior), Sommer 1782: Friedrich Samuel Bock, Sommer 1784: Jakob Friedrich Werner, Sommer 1786: Friedrich Johann Buck und Sommer 1788 wieder Christiani. Aber Todesfälle brachten dieses Regelwerk immer wieder durcheinander. Es verkürzt sich nämlich in so einem Fall der Abstand der lebenden Senatoren gegenüber ihrem letzten Rektorat um zwei Jahre. Das war auch der Grund, warum Kant nach sechs Jahren als Senator jetzt ins Rektorenamt rücken konnte. Jetzt war aber eine Personalkonstellation eingetreten, wie seit 1740 noch nicht, »weil das Absterben der Senatoren so ungewöhnlich schleunig auf einander gefolget.«[12] Das ›Rektorenkarussell‹ drehte sich realiter jetzt so: Kant war also für den im Juni 1780 als Rektor verstorbenen Fakultätskollegen Christiani in den Senat nachgerückt. 1782 starb wieder ein Rektor im Amt, für den aus der unteren Fakultät Buck vorzeitig nachrückte, der nun 1784 statt 1786 Rektor wurde. So fiel zwei Jahre später, 1786, eben das Amt vorzeitig an Christianis regulären Nachfolger – Immanuel Kant. Die Legitimität dieses Verfahrens wurde im Senat von zwei Tischgenossen Kants – Kraus und Reusch – mit Gutachten dargestellt und untermauert. »Da nun nach dem im Jahre 1780 vom damaligen Senior [...] geführten Rectorat noch nicht drey, sondern erst zwey Rectorate an philosophische Senatoren gelangt sind [...], so muß das jetzt bevorstehende letzte in der Reihe demjenigen zu Theil werden, welcher auf den vorigen Senator Rector Buck unmittelbar, dem Sitze nach, folgt, und das ist Herr Professor Kant.«[13] So wurde Kant am Tag nach seinem 62. Geburtstag zum ersten Mal Rektor der Albertina. – Also Stoff genug für das Raisonnieren am Mittagstisch.

Bereits zwei Jahre später mußte Kant im Sommer 1788 schon wieder die Rektorenkette tragen. Denn nach dem Tod zweier weiterer Kollegen aus dem *Collegium quadrimembre* († 1785 Bock und † 1786 Buck) war die Vierer-Gruppe faktisch aufgelöst und Kant seit Wintersemester 1786/1787 selber schon der Senior der Philosophischen Fakultät.

Die Mediziner in Kants Gesellschaft hatten zu Beginn des Frühlings 1782 *ein* Thema gefunden: die Influenza-Epidemie, die auch Königsberg in jenen Wochen heimgesucht hatte. Gastgeber Kant hatte in der *Königsbergischen Politischen und Gelehrten Zeitung* den Verlauf der Epidemie, wodurch nicht nur europäische Landstriche betroffen waren, in seinen *globalen* Formen verdeutlichen wollen. »Die merkwürdige und wundersame Epidemie«, wie er sie wohl genannt und die inzwischen nachgelassen hatte, sei »in Ansehung ihrer Symptome und darwider dienlichen Heilmittel, zwar eigentlich nur ein Gegenstand für Aerzte; aber ihre Ausbreitung und Wanderschaft durch große Länder erregt doch auch [...] Nachforschung desjenigen, der diese sonderbare Erscheinung blos aus dem Gesichtspunkte eines physischen Geographen ansieht.«[14] Es sei eben der Zusammenhang Europas »mit allen Welttheilen durch Schiffe sowohl als Carawanen«, namentlich der »Rußische Handel nach China«, der diese Krankheitsverbreitung ermöglicht habe. Der Kollege Metzger von der Medizinischen Fakultät dankte Kant für entsprechende Nachrichten aus Gegenden, aus denen er selber keine Informationen bezog.
Kant unterstützte den Kollegen Metzger in diesen Tagen auch in dessen Bemühen, die medizinische Ausbildung der stetig zunehmenden Anzahl von Medizinstudenten zu verbessern, namentlich betraf das den Anatomieunterricht.

Kants Tischgesellschaft (Gemälde von Dörstling)

Über das Verhältnis von Philosophie und Medizin hat man sich öfter im Kreis der Freunde um Kant unterhalten. Die schon älteren Herrschaften hatten sicher häufig Anlaß, sich ihre Gebrechen bzw. auch ihr aktuelles Wohlbefinden gegenseitig zu erklären. Eine weitere Gelegenheit dafür könnte sich beispielsweise im Zusammenhang mit Kants Rede *De Medicina Corporis, quae Philosophorum est* (Über die Heilung des Körpers, soweit sie Sache der Philosophen ist) geboten haben, die er – sehr wahrscheinlich – am Ende seines ersten Rektorats, am 1. Oktober 1786 gehalten hatte. Diese Rede[15] ist ein Exempel der *Selbstverantwortung* des Menschen für seinen Körper. Der Körper soll nicht in Unmündigkeit gegenüber dem Geist und der nicht in Vormundschaft gegenüber dem Körper gehalten werden. Wir Philosophen seien gehalten, unsere »Körper zu disziplinieren, und zwar nicht aus der Kenntnis des körperlichen Mechanismus, sondern aus der Erfahrung eben des Erkennens.«[16] Moses Mendelssohn beispielsweise habe exorbitant gegen diese Erfahrung verstoßen und so seinen frühen Tod mitverschuldet. Diese ›Erziehung‹ des Körpers dürfe aber nicht mit gewaltsamer Kasteiung, wie Hungerkuren u. ä., verwechselt werden. Man solle überhaupt nicht in natürliche Kreisläufe gewaltsam eingreifen, sondern vernünftig: Das Essen vornehmlich sei als heitere, gesellige Veranstaltung zu organisieren. – »Dem dient am meisten [...] die freundschaftliche Auseinandersetzung, besonders auch das Gelächter, das in ein lautes Lachen ausbrechen kann.«[17] Eben ganz so wie der Meister selber seine Salons gestaltet. Das Lachen ist in dieser medizinischen Philosophie Kants das Medium des sich regenerierenden Geistes.

In den Anfangsjahren gab es gelegentlich einmal ein paar gastfreundliche Anlaufschwierigkeiten im Hause Kant, als wohl die Arbeit (oder die Zahl) der Bediensteten noch mangelhaft war. »Kants Bedienter begegnete mich«, so berichtet Hamann, »und erfuhr, daß beide Philosophen [Kant und Kraus] zusammen speisen seit dem Osterdienstag [1787]. Wir fanden also die beyden Junggesellen in einer kalten Stube, gantz erfroren, und Kant ließ gleich eine Bouiteille guten Wein von seinem verschriebenen Frantz[branntwein] bringen, den er bisweilen mit einem rothen Tischwein abwechselte.«[18]

Besonders wichtig waren für Kants Geselligkeit die Familie Motherby: vor allem der Kaufmann Robert Motherby d. Ä. und seine vier Söhne, namentlich der Arzt Dr. William Motherby (1776–1847) und auch der Sprachlehrer Robert Motherby d. J. (1781–1832). Der jüngste der Söhne, John, fiel 1813 in der sogenannten ›Völkerschlacht‹ bei Leipzig; sein Grabmal steht noch heute an der Ostseite des alten Johannisfriedhofs (am Täubchenweg) in Leipzig.

Durch die Firma Motherby bekam Kant häufig das Auserlesenste für den Gaumen seiner Gäste geliefert. Einmal hatte er französische Früchte geordert, die übers Meer in Königsberg ankommen sollten. Das Schiff aber geriet in schwere See, man gab es schon verloren, doch es kam schließlich an, ziemlich mitgenommen. Aber der unerwartet lange Aufenthalt auf See war doch mit Verlusten verbunden. Die köstlichen Viktualien für den Professor Kant wurden für das Überleben der Mannschaft verbraucht. Als Kant hörte, wohin seine französischen Früchte verschwunden waren, wurde der zornig: ›Das Volk [die Seeleute] hätten eher verhungern sollen, als sich an die Früchte zu machen‹, soll der enttäuschte Menschenkenner gerufen haben. – ›Das könne wohl doch nicht sein Ernst sein‹, soll der Kaufmann konsterniert erwidert haben. Darauf Kant: »Doch! Mein voller Ernst!«[19] – sprach's und stelzte davon.

Ein ganz besonderer Besucher kam im Sommer 1777 aus Berlin nach Königsberg: Moses Mendelssohn. »Einen solchen Mann von so sanfter Gemütsart, guter Laune und hellem Kopf in Königsberg zum beständigen und inniglichen Umgange zu haben«, so wünschte es sich Kant, »würde diejenige Nahrung der Seele sein, deren ich hier so gänzlich entbehren muß und die ich mit der Zunahme der Jahre vornehmlich vermisse.«[20] Mendelssohn war auf einer Geschäftsreise nach Memel, zu seinem Schwager Joseph Gugenheim. In Königsberg unterbrach er am 24. Juli die lange Reise. Es war eine Gelegenheit, den Mann auch persönlich kennenzulernen, mit dem er seit 1766 im Briefwechsel stand. Er nahm dabei Gelegenheit, zwei Vorlesungen Kants zu besuchen. Diese Veranstaltungen waren wohl etwas tumultuarisch. Der Sommerbetrieb der Universität war durch eine extreme Hitzeperiode, sogenannte ›Hundstage‹, unterbrochen und mußte wiederholt bzw. nachgeholt werden. So konnte Kant seinem Gast nicht die volle Aufmerksamkeit zuteil werden lassen, und er entschuldigte sich nach Berlin, daß dadurch »Deutlichkeit und Ordnung des ersten Vortrags großenteils vermißt«[21] wurde. Das Erscheinen Mendelssohns am 18. August im Hörsaal Kants führte dort auch zunächst zu despektierlichem Verhalten der studentischen *Jeunesse dorée*. In einer Vormärz-Novelle des in Königsberg geborenen Autors August Lewald, dessen Onkel Isaac Euchel war, wird dieser

Auftritt literarisch zugerüstet so dargestellt: »Ein kleiner verwachsener Jude mit Spitzbart und starkem Höcker trat [...] mit ängstlich leisen Schritten in den Hörsaal und blieb unfern der Eingangsthür stehen. Wie gewöhnlich begann Hohn und Spott. [...] Man näherte sich ihm, man fragte, er antwortete kurz und artig; er wolle dableiben, um Kants Bekanntschaft zu machen«, und nach dem Kolleg ging der Fremde auf Kant zu, und der studentische Lärm verstummte plötzlich und »wich einer stummen Bewunderung, da Kant, nachdem er einige Augenblicke den Fremden bedeutend betrachtet [...] ihm mit Herzlichkeit die Hand drückte und dann in seine Arme schloß. Wie ein Lauffeuer ging es durch die Menge: ›Moses Mendelssohn! es ist der jüdische Philosoph aus Berlin!‹ und ehrerbietig bildeten die Schüler eine Gasse, als die beiden Weltweisen Hand in Hand den Hörsaal verließen.«[22]

Aber Mendelssohn hatte hier auch noch einen ministeriellen Auftrag zu erledigen. Der Minister für geistliche Angelegenheiten, Freiherr von Zedlitz (1731–1783), hatte ihn nämlich gebeten, bei Kant vorzufühlen, ob er aus seinem Königsberger Umfeld einen Kandidaten für den vakant gewordenen Lehrstuhl des Professors Georg Friedrich Meier (1718–1777) in Halle an der Saale wüßte – mit dem Hintergedanken, ob nicht vielleicht Kant selber einen Wechsel nach Halle interessant finden könnte. Kant hat daraufhin Kraus gefragt, ob ihn nicht dieses Angebot interessieren könnte. Der aber lehnte ab. Kraus hatte Mendelssohn schon zuvor im Hause Hamanns getroffen und dabei des Berliner Besuchers *schneidenden talmudischen Witz* bewundert.

Die Königsberg'sche Zeitung meldet am 21. August 1777 die Abreise Menselssohns: »Wir hatten ihn lange vorher als einen tiefdenkenden Philosophen und geschmackvollen Kenner der Werke des Witzes verehrt; und bewundern nun in ihm, mehr als alle Gelehrsamkeit ... ein gut und edel denkendes, der Freundschaft fähiges und für alle ihre sanften Empfindungen offenstehendes Herz. Er hat sich keiner Gesellschaft, die ihn zu kennen begierig war, aus zurückhaltendem Stolze entzogen, sich aber auch keiner einzigen zugedrängt.«

Kant versammelte aber auch gelegentlich die Offiziere der Königsberger Garnison um sich. Er hielt für sie Vorträge, etwa zum Jahreswechsel 1763/64 »ein Collegium über Mathematik und physische Geographie für den General [Karl Friedrich von] Meyer[23] und seine Officiere, das ihm viel Ehre und Nutzen bringt; er speist fast täglich dort [im Haus des Generals] und wird mit einer Kutsche zu seinen Vorlesungen abgeholt.«[24]

Bei solch einer Zusammenkunft mit von Meyer und seinen Offizieren ist Kant einmal bei Tische ein Malheur passiert – er hatte bei einer Geste unversehens sein schönes Glas mit Rotwein umgekippt. Und um nun einer vielleicht aufkommenden Verlegenheit bei seinem Gast entgegenzuwirken, stieß der General sofort auch sein Rotweinglas auf den Tisch, … um Kant bei dieser Gelegenheit eine Seekriegsszene bei den Dardanellen zu explizieren; der Rotwein auf dem Tisch gab einen unerwartet bezeichnenden farblichen Untergrund für das Schlachtbild ab. Der souveräne Gastgeber tat das aber auch, »um den Offizieren zu zeigen, um wie vieles höher dem General der Philosoph als einer von ihnen galt.«[25]

Hier im Haus des Generals lernte Kant auch den jungen Leutnant Friedrich Leopold von Schrötter kennen – der dann als ostpreußischer Provinzialminister eine Rede an seinem Grabe halten wird. Seit dem Ende des siebenjährigen Krieges – 1763 – gab es in Königsberg auch eine *École Militaire*, mit einem zunächst nur sehr geringen Personalbestand.

*

Wie aber war es um das Selbstverständnis des begehrten Entrepreneurs Kant bestellt? – Er hörte sich zwar immer wieder Meinungen anderer an und wußte das auch selber zu bedienen, doch war er sich zugleich immer über ein konstitutives

Mangelsyndrom *aller* Öffentlichkeit im klaren: »die Frivolität der Meinungen. *Der Mensch ist ein thier, das meynet.*«[26]
Seine *reservatio mentalis* kommt in einer Notiz zum Ausdruck, die wir aus seinem Nachlaß kennen: »Ich bin selbst aus Neigung ein Forscher. Ich fühle den gantzen Durst nach Erkentnis u. die begierige Unruhe darin weiter zu kommen, oder auch die Zufriedenheit bey jedem Erwerb. Es war eine Zeit, da ich glaubte, dieses allein könnte die Ehre der Menschheit machen u. ich verachtete den Pöbel, der von nichts weis. *Rousseau* hat mich zurecht gebracht. Dieser verblendete Vorzug verschwindet, ich lerne die Menschen ehren, [...] die rechte der Menschheit herzustellen.«[27]

Ein späterer Besucher Königsbergs berichtet von den nachhaltigen Eindrücken, die Kants Salongesellschaft in der Erinnerung der Stadt hinterlassen haben muß. »Ich logierte während meines Aufenthalts in Königsberg bei dem Professor Reidenitz, der mir viel erzählte von den geselligen Tugenden des großen Kant. Das Liebenswürdige und Erheiternde seines Umgangs, seine Beredsamkeit, die auch gefälligen Witz und Scherz nicht verschmähte, überhaupt die anziehende Würde seines Auftretens hätten, versicherte Reidenitz, einen wunderbaren Einfluß auf die Umgestaltung der geselligen Verhältnisse in Königsberg geübt, wo früher ein abstoßender Kastengeist geherrscht hätte, und der von ihm angeregte bessere Geist der Geselligkeit habe sich durch seine Freunde und Schüler auch weiterhin verbreitet.«[28]

Kant und die Königsberger Juden

> ... daß wir unser geistiges Judesein abhängig glaubten mußten
> von der Frage, ob wir Kantianer zu sein vermochten oder nicht.
>
> *Franz Rosenzweig*[*]

Nirgends in Kants Theorie über den Menschen, nirgends in seiner Schrift *Von den verschiedenen Racen der Menschen* (1775) ist Platz für den Begriff ›jüdische Rasse‹. Der Begriff ›Rasse‹ wird von ihm generell in der *Naturgeschichte* gebraucht, um »den Klassenunterschied der Thiere eines und desselben Stammes, so ferne er unausbleiblich erblich ist«[1], zu bezeichnen.

Unter den Menschen gibt es augenfällig natürlich auch bemerkenswerte Unterschiede, die Kant aber nicht mit dem Begriff ›Rasse‹ qualifizieren will, sondern er wird das vielmehr mit »*Abartung* (*progenies classifica*) übersetzen, um eine Race von der *Ausartung* (degeneratio) zu unterscheiden, die man nicht einräumen kann, weil sie dem Gesetz der Natur [...] zuwider läuft.«[2] Wenn man also die Menschengattung intern differenzieren wollte, dann, nach Kant, allerdings nicht so, aus dem je »verschiedenen Menschenschlag«[3] etwa eine »besondere *Species* daraus zu machen, weil diese auch eine absonderliche Abstammung bedeuten könnte, welche wir unter dem Namen einer Race nicht verstanden wissen wollen.«[4] Denn, so Kant, »*genera* und *species* (bedeuten) die *physische* Absonderung, die die *Natur* selbst unter ihren Geschöpfen in Ansehung ihrer *Erzeugung* macht.«[5]

Gleichwohl gehörte es zu Kants gesellschaftlichen Umgangsformen und Gesprächsthemen, auch in seiner Publizistik, sogenannte nationale und regionale Charaktere in ihren Eigenarten und Auffälligkeiten aufzugreifen, sie miteinander zu vergleichen und gelegentlich auch – von heute her gesehen bisweilen *political incorrect* – darüber mehr oder weniger derbe generalisierende Scherze zu machen. Beispielsweise, daß der Deutsche hoffärtig und aufgeblasen sei, seine Umgangssprache bombastisch und steif, so daß »die schöne Einfalt, welche andere Völker ihrer Schreibart geben können«[6], hier ganz fehle. Oder daß die Einwohner von Amerika, »zu schwach für schwere Arbeit, zu gleichgültig für emsige und unfähig zu aller Cultur«, »noch tief unter dem Neger selbst stehen, welcher doch die niedrigste unter allen übrigen Stufen einnimmt, die wir als Racenverschiedenheiten genannt haben.«[7] Schließlich die Italiener, sie leben in Salons, wohnen aber in ›Ratzenlöchern‹. Aber auch, daß wir im »Araber den edelsten Menschen im Orient« bemerken könnten, oder daß »die Perser die Franzosen von Asien«[8] seien.

Die Quellen und Anlässe für solche – eben mitunter auch degoutante – Redereien waren häufig das in Hafen- und Handelsstädten allgegenwärtige Hörensagen von fremden und befremdlichen Lebensumständen, der Kenntnisnahme von Reiseberichten aus aller Welt oder eben auch die distanzierte eigene In-Augenschein-nahme von Fremden.

So sollten wir auch des Aufklärers Kants mitunter wenig verständnisvolle empirische Wahrnehmungen des ›Jüdischen‹ immer unter die Kautele stellen, daß hier nicht ›rassentheoretisch‹ geurteilt wird. Sondern daß er – im eigenen Selbstverständnis – über *Varietäten* der Einen Menschengattung schulmeistert. Und vor allem, daß hier von Kant ordnungs- und religionsphilosophisch unterschiedliche Sachverhalte thematisiert und verglichen werden.

Eine Hauptaufgabe der Aufklärung war es, auch den jüdischen Emanzipationsprozeß zu flankieren. Es ging dabei darum, vom Ghetto in die bürgerliche Gesellschaft zu kommen, aber, wie es übereinstimmend die ansonsten philosophisch kontroversen Aufklärer Moses Mendelssohn und Immanuel Kant forderten, »ohne die Träumerei einer allgemeinen Judenbekehrung.«[9] Ob und wie das gelingen würde, war ablesbar an den rechtlichen Möglichkeiten für die jüdische Jugend, geregelten Zugang zu höherer säkularer Bildung zu erhalten. Und wieviel man dafür von seiner jüdischen Identität preiszugeben hätte.

Daß aber ein Jude als akademischer Bürger in Preußen, zumal im ostpreußischen Königsberg, ohne sein Jüdischsein zu verleugnen, eine beamtete Karriere machen könnte, war noch im 19. Jahrhundert ziemlich ausgeschlossen. – Bis 1812 wurden (an der seit 1544 bestehenden Universität) insgesamt 112 jüdische Studenten (meist an der Medizinischen Fakultät) gezählt, aber mehr als die Hälfte von ihnen war allein im letzten Viertel des 18. Jahrhunderts immatrikuliert. Die Albertina[10] hatte damit allerdings die höchste Frequenz studierender Juden aller vergleichbaren deutschen Universitäten in jener Zeit. »Die Zahl der an der Umweltkultur interessierten Juden wuchs so, daß sich die Immatrikulationen jüdischer Studenten zwischen 1740 und 1790 versechsfachten. Juden strebten von der Medizin jetzt auch zur Philosophie und gehörten zu den ergebensten Studenten Kants.«[11]

Das Emanzipationsedikt (vom 11. März 1812) beseitigte zwar schon viele alte Vorschriften, die einem bürgerlichen Leben im Wege standen – erst jetzt wurden Juden für *Inländer* und preußische Staatsbürger erklärt –, doch es brachte noch keine vollständige rechtliche Gleichstellung der Juden in Preußen. Aber dies war, jedenfalls in den wenigen Jahren bis hin zur Metternich-Ära, die wohl fortschrittlichste Judengesetzgebung in Deutschland. Dieses Edikt von 1812 wurde in der Reaktionszeit nach 1818 immer wieder restriktiv novelliert, z. B. durch eine Verordnung (*Publicandum*) des Staatsministeriums von 1822, die die Zulassung von Juden in akademische Lehr- und Schulämter wieder zurücknahm.

Die Rechtsvorschriften der *Alma mater Albertina*, zumal die *Statuta Facultatis Artium et Philosophiae posteriora*[12] bestimmten exklusiv das *lutherische* Augsburgische Glaubens-Bekenntnis als für Hochschullehrer unerläßliche geistige und geistliche Bedingung ihrer Arbeit auch hier in Königsberg.

Diese strikten Bestimmungen zur religiösen Verfassung an den Universitäten hatten ursprünglich zu tun mit der Herausbildung neuer reformatorischer Staatlichkeit, d.h. die Hohen Schulen in den neuen protestantischen Territorien waren »instrumenta dominationis«[13] bei der Identitätsfindung und -behauptung jener Staaten mit der neuen Konfession. »Die Fürsten bemächtigten sich sofort des Rechts, die Professoren [...] nach Gutdünken zu ernennen und zu vertreiben, und die Leichtigkeit, mittels der Ab- und Einsetzung von drei oder vier Professoren den Religionsstand eines ganzen Landes zu ändern, gebar das Territorialsystem mit seinen Grundsätzen, daß der Fürst über die Religion des Landes entscheide.«[14] Diese Religionsverfassungen der Universitäten im protestantischen Deutschland blieben über die Zeiten bis fast zur Reichsgründung 1870 hin in Geltung.

So mußte man in Preußen also über lange Zeit gut lutherisch sein, wenn man zu höheren Weihen der Kultur, allem voran der Bildung gelangen wollte; es wurden also keine reformierten, keine katholischen und natürlich auch keine jüdischen Universitätslehrer geduldet. »Yet the Prussian university was less Christian than Protestant, for Catholics were almost as disadvantaged as Jews.«[15]

Da schaffte auch z. B. die Aufklärung keine Abhilfe, obwohl sie doch immerhin eine Königsberger Erfindung war. Ihr Appell jedenfalls an *Selber-Denken* und *Mut zu haben*, sich seines *Verstandes* ohne Leitung anderer zu bedienen, so die beiden bekannten Essentials jenes programmatischen Aufsatzes von Immanuel Kant *Beantwortung der Frage: Was ist Aufklärung?*, führte keineswegs auch schon institutionell oder administrativ zu einer breiteren Toleranzkultur in Preußen. Das königliche Versprechen, daß jeder seiner Façon gemäß *selig* werden solle, bedeutete noch lange nicht, daß jeder auch – unbehelligt – seiner Façon gemäß *leben* oder auch nur *lehren* dürfte. – Übrigens: Erst im Vormärz gelang es – 1828 – dem jüdischstämmigen Juristen Eduard Gans eine angestrebte Karriere als Hochschullehrer in Preußens Hauptstadt zu beginnen, allerdings auch erst, als er sich entschloß, zum Christentum zu konvertieren. Die Umstände dieses Universitätszugangs waren noch unerfreulich genug; erinnert sei an die *Lex Gans*, bzw. an den Streit mit dem Fakultätskollegen von Savigny (der sich nach der Berufung Gans' von den Fakultätsgeschäften meint zurückziehen zu müssen)[16].

*

Im Frühjahr 1779 gelangten die ersten zehn Druckbögen von Lessings *Nathan* nach Königsberg. Dieses neue Stück aus dem Geist der Aufklärung wurde hier aber durchaus kontrovers aufgenommen; während etwa Johann Georg Hamann davon sehr begeistert war, blieb das Urteil Immanuel Kants seltsam unterkühlt, ja abweisend. Kant halte es, wie Hamann an Herder schrieb, bloß für die Fortsetzung einer Jugendarbeit des Dichters, jener Fingerübung *Die Juden* von 1749. Den Grund für dieses Fehlurteil Kants schien Hamann aus persönlichem Umgang mit dem Philosophen nur allzugut zu kennen, nämlich daß er »keinen Helden aus diesem Volk [der Juden] leiden kann«[17]. Und Hamanns Schlußfolgerung aus dieser Fehlleistung berührt dann insgesamt auch einen augenfälligen Defekt bei unserem philosophischen Vordenker der Aufklärung hinsichtlich der Wahrnehmung des Jüdischen überhaupt, seinen Stoßseufzer nämlich: »So göttlich streng ist unsere Philosophie in ihren Vorurtheilen, bey aller ihrer Toleranz und Unpartheylichkeit!«[18]
Es sind ja nun, freundlich gesagt, schrille Auslassungen Kants zur jüdischen Existenz durchaus nicht nur befremdliche Einzelfälle. Etwa wenn er sich in den achtziger Jahren mit seinem Freund und Kollegen Christian Jacob Kraus in die Haare kommt mit Urteilen über die Juden, wie: diese »hätten noch kein eigentliches Genie, keinen wahrhaft großen Mann aufzu-

weisen; alle ihre Talente und Kenntnisse drehten sich um Ränke, Kniffe und Pfiffe, mit einem Wort, sie hätten alle nur einen Judenverstand etc.«[19] Der Streit zwischen Kraus und Kant darüber war so heftig, daß es fast zum Bruch der Freundschaft gekommen wäre. – Auch in einer anderen Hinsicht hatte der politische Kopf Kraus für Königsberger Minderheiten ein schärferes praktisch-philosophisches Problemempfinden als der Anthropologe Kant – bei seinem Interesse für Zigeuner nämlich. Bei denen interessierte sich Kraus für das, was sie von der bürgerlichen Normalität unterscheidet: ihre Sprache, ihr orientalischer Körper und ihre ›Binnensozialität‹, die häufig genug mit ihrer Umwelt kollidierte. Dieses ausgefallene Forschungsinteresse machte Kraus zu so etwas wie einem ›weißen Juden‹ in der Gelehrtenrepublik: »wer sich zu den Zigeunern begeben hat, an jenen verwunschenen Ort, wer mit ihnen geredet hat, ist vom philosophischen Text ausgeschlossen.«[20] Hier hatte der Ordinarius für theoretische Philosophie dann doch erheblich mehr Berührungsängste als sein Kollege vom benachbarten Lehrstuhl für praktische Philosophie.

Das wurde noch einmal ganz deutlich, als sich Kant Mitte der neunziger Jahre eine ›Nachbesserung‹ seiner kritischen Philosophie durch Salomon Maimons verbittet und bei dieser Gelegenheit behauptet, daß »dergleichen die Juden gerne versuchen, um sich auf fremde Kosten ein Ansehen von Wichtigkeit zu geben«[21].

Auch fand sich – der uneitle – Kant einmal recht ungünstig porträtiert. Das Ungeschick passierte ausgerechnet einem Juden, Johann Michael Siegfried Loewe (1756–1831). Er hatte den Meister 1784 gemalt. Das – im übrigen ohne Kants Einwilligung gefertigte – Bild »soll, wie meine Freunde sagen, zwar einen Grad Ähnlichkeit mit mir haben, aber ein guter Kenner von Mahlereyen sagte beym ersten Anblicke: ein Jude mahlt immer wiederum einen Juden; wovon er den Zug an der Nase setzt.«[22] Dieses Gemälde war 1789 die Vorlage für den Stich von Charles Toweley.

Immanuel Kant (Stich nach Loewe)

Und schließlich gibt Kant im Sommer 1798 bei einer Mittags-
gesellschaft zum besten: »Es wird nichts daraus kommen, so
lange die Juden Juden sind, sich beschneiden lassen, werden
sie nie in der bürgerlichen Gesellschaft mehr nützlich als
schädlich werden. Jetzo sind sie die Vampyre der Gesellschaft.«[23] Und gelegentlich soll man den großen Aufklärer in
Gesellschaft sogar *jiddeln* gehört haben.
Solche Konvulsionen des ›Privatgebrauchs‹ der Vernunft unseres Philosophen sollten – um die Terminologie seines Aufklä-
rungs-Aufsatzes aufzugreifen – nicht als non plus ultra seines

Nachdenkens über jüdische Problem- und Bewußtseinslagen verstanden werden, sondern man sollte ihn diesbezüglich auch lieber beim öffentlichen Gebrauch der Vernunft in Augenschein nehmen.

Die erste offiziöse Begegnung Kants mit der jüdischen Kultur ist einigermaßen genau zu terminieren – am Tag, als er mit *De igne* zum Magister promoviert wurde, am 12. Juni 1755. Ein zeitgenössischer Beobachter der akademischen Szene berichtet, daß die hiesige philosophische Fakultät »eine öffentliche Magisterpromotion bey einem ansehnlichen Auditorio gehalten und dem geschickten Candidato Philosophiae Herrn Emanuel Kant, einem Königsberger, die höchste Würde in der Weltweißheit conferiret, wobey der jetzige Decanus Facultatis, Hr. Dr. und Prof. Ord. Joh. Bernh. Hahn als Brabeuta [Vorsitzender], eine ausführliche Rede aus der jüdischen Antiquität, von den Ehren-Titeln der alten Juden bey ihren academischen Promotionen, Rabh, Rabbi und Rabban, gehalten.«[24] Johann Bernhard Hahn war zu dieser Zeit bereits zehn Jahre, seit dem 30. April 1745, sogenannter Inspektor der Synagoge in Königsberg. Er hatte dieses Amt nach dem Tode von Johann Heinrich Lysius übertragen bekommen.

Obwohl die kantische Philosophie künftighin nahezu zur Modephilosophie urbaner preußischer Juden wurde (besonders in den Jahren zwischen 1780 und 1810), bleibt Kant selber mit seiner religionsphilosophischen und vor allem seiner religionspolitischen Sicht des Judentums den klassisch-aufklärerischen Assimilationsvorstellungen verhaftet. Dennoch manifestierte sich, soweit wir bis heute wissen, sein ›aufgeklärter Antijudaismus‹ keineswegs als Feindschaft oder Intoleranz in seinem alltäglichen bürgerlichen Umgang mit jüdischen Mitbürgern in Königsberg, und auch die Königsberger Juden ihrerseits sind ihm allgemein freundlich gesinnt gewesen.

In Königsberg wurden in den ersten beiden Jahrzehnten des 18. Jahrhunderts Strukturen eines jüdischen Gemeindelebens entwickelt; das war anfangs nur der Verband einiger Familien, die ihre religiösen, sozialen und politischen Angelegenheiten gemeinsam zu regeln und nach außen durchzusetzen und zu vertreten hatten. Das waren im Herbst 1716 insgesamt 38 Familien, wovon ursprünglich nur vier ›Schutz-Briefe‹ hatten. Diese ›Schutzjuden‹ waren seit 1718 Moses Levin († 1736), seit dem 10. August 1720 Seligmann Abraham (1689–1747), er wurde hier der Gemeindeälteste, Hirsch Levin Joel und die Witwe von Benedix Jeremias, die zusammen mit ihrem Schwiegersohn, dem Buchhändler Joachim Moses Friedlaender (1712–1776), in der Magistergasse – in der Nähe von Magister Kant – wohnte.

Als Begründer der jüdischen Gemeinde hier gilt der Hofjude Benedix Jeremias († 1719), der 1714 eine erste Gemeindesatzung entwarf.[25] Zwei Jahre zuvor, am 7. Mai 1712, hatte dieser bereits ein Königliches Patent zur Regelung des sogenannten *Juden-Geleits* erhalten, d. h. er besaß die Befugnis, für die durchreisenden handeltreibenden Juden in Königsberg – es gab für fremde Juden (außer Ostjuden) eine Aufenthaltsdauer von höchstens vier Wochen! – den jeweiligen Aufenthaltsmodus zu beaufsichtigen und natürlich die Aufenthaltsgebühren zu erheben, die dann der Königlichen Rent-Kammer zuflossen. Ein Königliches Reskript vom 11. März 1743 verbot es aber ausdrücklich, daß sich russische Juden überhaupt in Königsberg aufhalten durften.

Zu den konstitutiven Institutionen einer jüdischen Gemeinde gehören die Synagoge – in Königsberg ursprünglich nur ein Bethaus (seit 1680) –, die Armenkasse, ein Krankenhaus und – in Königsberg seit 1703 – ein eigener jüdischer Begräbnisplatz. Beigeordnet war dieser bescheidenen kommunalen jüdischen Selbstverwaltung (seit dem 23. Nov. 1708) eine staatliche Judenkommission, die neben einer allgemeinen Aufsichtspflicht

u. a. befugt war, Pässe auszustellen, und vor der die Juden als Identitätsnachweis einen Eid[26] abzulegen hatten. Die Aufgaben der Judenkommission wurden immer wieder modifiziert und schließlich per Königlichen Erlaß vom 12. August 1717 aufgehoben.[27]

Die jüdischen Gemeinden waren durch die Gegenläufigkeit von rabbinisch-mosaischem Zivil- bzw. Zeremonialgesetz, ihrer Gemeindeverfassung und den Ausgrenzungen durch die Gesetzeslagen des preußischen Staates auf eine streng introvertierte Gemeinschaftlichkeit zurückgeworfen, die allerdings eine umfassende gegenseitige Verantwortlichkeit, Schuldpflichtigkeit und Solidarität einschloß. Das aber erschwerte andererseits gelegentlich den Weg nach ›draußen‹. Dadurch stellte sich auch das Judentum für viele ›Gojim‹ dar als eine quasi staatlich-politische Sondergemeinschaft, die den Rahmen des bloß Religiösen – das aber gleichwohl alles Leben berührte – offensichtlich deutlich hinter sich ließ. Dies ist einer der zentralen Blick- und Beurteilungswinkel von Immanuel Kants religionspolitischer Sicht auf das Judentum.

Die Judenproblematik im Königreich Preußen unter Friedrich Wilhelm I. (seit 1713) war geistig geprägt von dessen protestantischem ›Fundamentalismus‹. Der König hatte eine lutherisch-strenge Abneigung gegen Sekten aller Art – seien es Arianer, Socinianer, Mennoniten, natürlich Atheisten, oder römische Papisten und eben auch Juden. Kurz: »er lebte *weltanschaulich* in einem ganz anderen Jahrhundert«[28] als in dem der Aufklärung.

Aber es haben doch trotz dieser strengen Zügel die aufklärerischen Tendenzen der Zeit, die allmählich z. B. auch in die preußische Jurisdiktion einflossen, manche Gesetze und Edikte und vor allem manche singuläre gouvernale Entscheidung über Judenangelegenheiten geprägt. Denn der neue Absolutismus, der von Friedrich Wilhelm I. augenfällig repräsentiert wurde, konnte doch in der alltäglichen politischen und juridischen Praxis gebrochen werden durch das Wirken einer bestimmten hochgestellten Beamtenschaft, die für die konkrete Verwaltungsarbeit verantwortlich war: »Man muß dieses Beamtentum Friedrich Wilhelms I. kennen, um die Judenpolitik des Königs zu verstehen.«[29] Zu dieser altpreußischen Beamtenschaft, die eine aufklärerische Staatsräson gegen die lutherische Orthodoxie zu bewahren suchte, zählten u. a. der erste Minister des Generaldirektoriums (d. i. die Regierung), von Grumbkow, und die Justizminister Bartholdi und zum Broich, die jeweils auch die Judenkommissionen zu beaufsichtigen hatten. Durch solche couragierte Beamte, die u. a. in ihrer juridischen Praxis aufklärerische (naturrechtliche) Ideen ihrer meist halleschen Universitätslehrer Thomasius, Wolff oder Cocceji umzusetzen bemüht waren, wurden bisweilen z. B. rigide antijüdische königliche Anordnungen immer wieder einmal novelliert und in der Regel im Sinne eines Modus vivendi abgeglättet.[30]

Eine erste generelle Regelung des jüdischen Lebens im Königreich Preußen erging mit dem *General-Privilegium und Reglement, Wie es wegen der Juden in Sr. Königl. Majestät Landen zu halten,* vom 29. September 1730. Hier wurde das Gegenspiel von selbstherrlicher Majestät versus konsensuale Verwaltungspraktiken u. a. dadurch sichtbar, daß jetzt Schutzbriefe für Juden nur noch vom König selber, nicht mehr von den Regierungen angewiesen werden durften. Des weiteren wurden die Zahl der Schutzjuden und der Aufenthaltsort, z. B. in Königsberg ausschließlich auf hafenferne Außenbezirke, beschränkt und die Strafgesetze gegen Juden verschärft.
An den generellen Eckwerten der Judenpolitik änderte sich auch unter Friedrich II. nichts; aber dessen *General-Privilegium* (vom 17. April 1750) brachte doch manche praktische Verbesserung. So wurde der geschäftliche Verkehrsrahmen der Juden erweitert (vgl. § 18 des neuen Reglements von 1750

mit §3 der 1730er Verordnung), ebenso auch der Kreis der ge-
werblich und künstlerisch Beschäftigten (vgl. §11 von 1750
mit §9 von 1730). Auch die konkreten Auslegungen dieser Verordnung bzw. die Entscheidungen in Streitfällen zeigen liberale Potentiale dieses Reglements.[31] Dieses Grundgesetz aller
Judenpolitik unter Friedrich II. blieb bis zum Emanzipations-
Edikt vom 12. März 1812 in Kraft.

Gerade in der Judenschaft Königsbergs werden manche aufklärerische Tendenzen der Zeit auch selber deutlich, so namentlich bei David Friedlaender (geb. 1750 in Königsberg), der
zu den energischsten und begabtesten Reformern der jüdischen Gemeinde im Sinne ihrer ›bürgerlichen Verbesserung‹
(Dohm) wirkte. »Gesetzt also auch«, so argumentierte Friedlaender in einer Denkschrift zur Vorbereitung einer weiteren
Liberalisierung der Judengesetze Anfang der neunziger Jahre,
»der *Judenschaft* könnten nicht alle Bürgerrechte eingeräumt
werden [...] so sollten sie doch dem *einzelnen Juden* entstehen
[...]. Dieser Unterschied zwischen *Judenschaft* und *Juden*
kann aber nicht stattfinden, solange man uns als einziges, so-
lidarisch verbundenes Corps betrachtet.«[32] In dieser jüdischen
Selbstkritik wird ein Weg zur Emanzipation sichtbar, dessen
geistige Gründe deutlich auf entsprechende religionsphilosophische Überlegungen Kants und nicht zuletzt gesellschafts-
theoretisch auf eine Antizipation der Differenz von Gesellschaft und Gemeinschaft verweisen.
Die Nähe Kants als eines namhaften Universitätslehrers und
couragierten Aufklärers hatte in Königsberg nachhaltigste Wirkung gerade auch auf jüdische Kommilitonen. Wie lebhaft jene
Beziehungen Kants zu jüdischen Kreisen generell gewesen
sein müssen, davon zeugen einige Ehrungen, die er seitens jüdischer Mitbürger erhielt: zum einen, als ihm eine überwiegend jüdische Hörerschaft eine Medaille aus Gold zum Zeichen ihrer Verehrung überreichte, wobei das Gerücht aufkam,
die Königsberger Judenschaft habe Kant in dieser Gabe den

Dank dafür abstatten wollen, daß er ihr bei der Erklärung schwieriger Talmudstellen behilflich gewesen sein soll;[33] und zum anderen, als er aus Anlaß seines ersten Rektorats 1786 von u. a. auch fünf jüdischen Studenten eine Huldigungsadresse überreicht bekam.[34]

Die Königsberger Judenschaft setzte auch nach dem Tod Friedrichs II. wohlbegründete Hoffnungen auf eine weiter den Prinzipien von Aufklärung, Humanität und Toleranz verpflichtete Judenpolitik, hatte doch der neue König bereits als Kronprinz am 13. Juni 1772 eine Abordnung der Königsberger Jüdischen Gemeinde in Berlin empfangen, wobei »die Judenschaft [...] eine besondere Illumination und große kirchliche Feierlichkeiten veranstaltet hatte.«[35] Eine markante Geste war es auch, daß der neue König Friedrich Wilhelm II. 1787 den jüdischen Kant-Intimus Marcus Herz mit einer Professur bedachte und ihm sogar den Unterricht der landesherrlichen Kinder anvertraute.

Allerdings scheiterten die beabsichtigten Judenreformen, die in den endachtziger Jahren von Friedrich Wilhelm II. für die preußischen Staaten betrieben wurden. Mit einer Ausnahme: In der erst nach dem Siebenjährigen Krieg Preußen zugeschlagenen Provinz Schlesien, »die immer noch eine Sonderstellung einnahm, vom Generaldirektorium losgelöst und unter einem dirigierenden Minister [dem Freund Mendelssohns, Graf Hoym] direkt dem Thron unterstellt war«[36], konnten sich liberalere Formen in der Judenpolitik durchsetzen.

Eine kontinuierliche Fortsetzung politischer Reformen gegenüber den Juden stagnierte allerdings auch im Zusammenhang mit dem Krieg Preußens gegen die Französische Republik. Die restaurativen Impulse (der europäischen Dynastien!) mußten jetzt dort hinsichtlich weitergreifender innenpolitischer Emanzipationsprozesse natürlich kontraproduktiv wirken.

Aber gerade jene gesellschaftliche Tektonik, die durch die Große Revolution der Franzosen in Bewegung kam, verstärkte in Deutschland, und namentlich in solchen Zentren aufklärerischen Gedankenguts wie eben Königsberg, Tendenzen der Kritik an herkömmlichen gesellschaftlichen Strukturen und Rangordnungen; und so änderten sich gerade auch die jüdischen Lebens- und Bewußtseinsformen nachhaltig.

Die neuen Bewegungsräume, die sich nun mit neuen bürgerlichen Lebensformen auch für Juden öffneten, waren natürlich auch Bildungsinstitutionen wie Theater, Salons, Gesellschaften, Redaktionen, desgleichen Druckereien und vor allem eben auch die Universitäten (wenn auch noch nicht alle Fakultäten). Gerade das akademische Bürgerrecht war eine Möglichkeit, z. B. die Niederlassungsbeschränkungen (die im *General-Privilegium* noch als verbindlich festgeschrieben waren) zu umgehen. So war es also möglich für einen der ›Papierform‹ nach eigentlich ungeeigneten Sproß oder einen für den Schutzbrief ›überzähligen‹ Sohn einer jüdischen Familie, übers akademische Bürgerrecht[37] sich in Preußen doch noch zu legalisieren.

Im Jahre 1753 erlaubte Friedrich II. den Bau einer neuen Synagoge in Königsberg. Sie wurde in der Vorderen Vorstadt (am Schnürlingsdamm) erbaut und am 23. Dezember 1756 von Rabbiner Levin Marcus eingeweiht (sie brannte 1811 ab).

Das gesamte geistliche Leben der Gemeinde mußte – so bestimmte es noch einmal ausdrücklich das *General-Privileg* von 1750 – in der Synagoge abgewickelt werden, d. h. es durfte sich niemand von der Gemeinde ausschließen, um etwa private Betversammlungen abzuhalten oder Privatschulen zu unterhalten.

Es gab immer auch Kontroversen innerhalb der Bürgerschaft, wo in Königsberg die Juden überhaupt wohnen dürfen sollten. Ursprünglich, seit um 1714 die ersten Schutzbriefe ausgestellt wurden, waren ihnen nur die ›Freiheiten‹ als Wohnorte am Stadtrand (wie die Burgfreiheit, der Tragheim, der Roßgarten) zugebilligt, die aber hinsichtlich der Gewerbe- und Handelstätigkeit sehr ungünstige Lagen waren.

Im Unterschied zu anderen preußischen Städten wurde in Königsberg schon sehr früh (seit 1703) der synagogale Gottesdienst einer nichtjüdischen institutionalisierten Aufsicht unterstellt. Zu dieser Aufsicht wurde ein Universitätsprofessor bestellt: »Der Professor linguarum Orientalium ist zugleich Inspector der Jüdischen Synagoge und muß, wenn dasselbst Gottlos Predigt gehalten wird, zugegen seyn.«[38] Diese Kontrolle hatte zu eines zu gewährleisten, nämlich daß das Gebet *Alenu* während des Gottesdienstes in der Synagoge nicht ›mißbraucht‹ würde. Dieses Inspektorenamt wurde natürlich zusätzlich honoriert. Diese Juden-Inspektoren waren seit 1705: Christian Walter (1655–1717), Heinrich Lysius (1670–1731), Johann Lysius (1704–1745), Johann Bernhard Hahn (zwischen 1745 und 1755) und seit 1755 bis zum Aufhebung des Inspektorats 1779 Georg David Kypke.

In Königsberg wurde diese Kontrolle des Synagogendienstes, anders als in anderen Orten der preußischen Monarchie, auch in den nachfolgenden Jahrzehnten sehr streng gehandhabt.

Exkurs: Das Gebet Alenu Leschabbeach.

Im Herbst 1702 wurden in Berlin zwei Denunziationen von jüdischen Konvertiten bekannt – von Christian Kahtz aus Berlin und Franz Wentzel aus Küstrin –, denen zufolge in den Synagogen christuslästerliche Praktiken gang und gäbe wären. In der Anzeige von Wentzel, vom 9. November 1702, hieß es u. a.: »Ihr Gebet, bey welchem sie die Lästerung verrichten heißet Olenu, welches täglich in der Synagoge zweymal, des Sabbaths aber dreymal gebetet wird. [...] Die Lästerung aber lautet also: ›Wir knien und bücken uns, aber nicht vor dem gehenkten Jesu‹, wobey sie bey Nennung des Namen Jesu als einen Gräuel ausspucken und von dem Ort etwas hinwegspringen. Es steht zwar diese Lästerung in keinem Gebetbuche der Juden ausdruckt, allein es ist Raum gelassen [...] wie auch solches mir die Juden, als eines gewesenen Juden, nimmermehr läugnen können.«[39]

Durch ein königliches Edikt[40] vom 28. August 1703 wurde der preußischen Judenschaft untersagt, in der Synagoge die inkriminierten Passagen jenes Gebets *Alenu* zu deklamieren. Dieses Gebet *Alenu* [»*Es obliegt uns zu preisen*«] muß jeweils am Abschluß der drei Gebetszeiten des täglichen Gottesdienstes gesprochen werden. Es gehört – seit ungefähr 1300 – zum festen Bestand der jüdischen Alltagsfrömmigkeit. Ursprünglich war das Alenu-Gebet ein Bestandteil der sehr alten Neujahrsliturgie [seit Josuas Zeiten]. Wegen des Verses: »Denn sie werfen sich nieder vor Eitlem und Nichtigem und beten zu einem Gott, der nicht errettet«, der über die Zeiten – von Nicht-Juden – immer wieder auf Jesus Christus bezogen wurde, waren die jüdischen Gemeinden immer schon von Verfolgung und Verboten betroffen.

Der Konfident, der nun in Königsberg die Einhaltung des Verbots der anstößigen Gebetsteile zu überwachen hatte, war ein Professor der morgenländischen Sprache, »dem dafür ein Gehalt von 100 Thl. ausgesetzt wurde«[41]. Der erste Zensor, der während der ersten zwei Jahre (bis 1705) sein Wächteramt in Königsberg exekutierte, war ein getaufter Jude (Friedrich Wilhelm Bock); er erhielt zudem auch noch ein akademisches Stipendium, obwohl er kein eingeschriebener Student der Albertina war. Bock sei aber, so wurde die formale Schwierigkeit übergangen, *als Konvertit* in Rücksicht des Christentums immer noch als *Lernender* zu betrachten.

Um dieses Verbot jener inkriminierten Verse auch effektiv durchzusetzen, wurde angewiesen, daß in Königsberg eben nur *eine* Synagoge geduldet werden könne und daß Hausgottesdienste nur noch ausnahmsweise bei besonderen, vertrauenswürdigen Schutzjuden zu erlauben seien. »Da es nun nicht möglich, dass der Inspector Synagogae an verschiedenen Orten zu gleicher Zeit sein kann, so folget von selbst, dass durch Anlegung mehrerer Schulen die Judenschaft [...] Gelegenheit erlangen, ohne unnützige Furcht das zu tun, wozu sie der erbliche Hass gegen die christliche Religion natürlich treibet.«[42] Hier solle man das Vorbild Berlins beachten, wo auch nur ein Versammlungsort geduldet wäre.

Mit dem letzten Judeninspektor Georg David Kypke hatte die jüdische Gemeinde im Jahre 1777 eine erhebliche und in der Geschichte des Königsberger Juden-Inspektorats insgesamt bemerkenswerte politisch-theologische Kontroverse.

Georg David Kypke beschwerte sich am 5. April 1777, daß die Königsberger Juden das *Alenu-Edikt* nur sehr nachlässig beachteten, daß er selber in seiner Amtsführung behindert, ja mißachtet und seine geistlichen Ermahnungen kaum oder überhaupt nicht befolgt würden. – Denn es wußte sich die Gemeinde natürlich gegen die spitzen Ohren des Gojim zu wehren – sie sprach das Gebet undeutlich oder leise, so daß der ungebetene Gast ratlos blieb, ob jene verbotenen Zeilen gesprochen würden oder nicht.

War der Judeninspektor ein diensteifriger Lauscher, wie der letzte seines Amtes, Georg David Kypke, so gab es eben, wie beispielsweise im Frühjahr 1777, entsprechende Klagen und Gegenklagen bei der Obrigkeit. Die Klagen Kypkes wurden vom oberburggräflichen Amt (einer juristischen Institution) zu Königsberg untersucht, und dabei wurde auch die Meinung der drei Judenältesten eingeholt.

Die jüdische Gemeinde ihrerseits versicherte sich der kompetenten Unterstützung von Moses Mendelssohn, der ein entsprechendes Gutachten vorlegte.[43] Er betonte den außerordentlichen Rang des *Alenu*-Gebets als eines der ältesten, erhabensten und feierlichsten Hauptgebete des Judentums zur Huldigung Gottes, das im übrigen schon wegen seines (vorchristlichen) Alters gar nicht als antichristlich verstanden werden könne. – Im Sommer jenes Streitjahres 1777 besuchte

Moses Mendelssohn bei seiner Memelreise auch die Königsberger Judengemeinde, und bei dieser Gelegenheit kam es dann zu der spektakulären Begegnung mit Immanuel Kant in der Universität.

Kypkes Replik auf Mendelssohn bedient sich sogar dezidiert judenfeindlicher Textstücke, z. B. aus Eisermengers antisemitischem Reservoir, um den antichristlichen Verdacht gegenüber jenem Gebet aufrechtzuerhalten.

Der Streit Kypkes mit der jüdischen Gemeinde wurde durch ein königliches Reskript an die ostpreußische Regierung (vom Juli 1778) beendet; danach wurde der Judeninspektor angewiesen, fortan nicht mehr in der Synagoge zu erscheinen und den jüdischen Kantor nur jeweils beim Amtsantritt eidlich zu verpflichten, das Gebet *Alenu* gemäß der Vorschrift von 1703 vorzutragen. – »Den 28. May verstarb alhier Herr Georg David Kypke ordentlicher Professor der orientalischen Sprachen und Inspektor der Synagoge im 55. Jahr seines Alters ganz unerwartet.«[44] Die Einkünfte für die Universität aus diesem Amt bleiben unberührt. Denn, so wird dann aus Berlin zugesichert, es soll »das für die Aufsicht über die Gebete der Juden in ihrer dortigen Synagoge aus der dasigen Domainen Casse fundierte jährliche Gehalt von 100 rth der Königsbergischen Academie in den gewöhnlichen Terminen jährlich von Concis 1779 incl. an, auszahlen zu lassen. Ihr habt hievon nur gedachter Academie zur Achtung Nachricht zu geben.«[45]

Die Albertina und die Juden

Bildung war einer der Wege für die Juden, aus dem Ghetto in die bürgerliche Gesellschaft zu gelangen. Aber gerade die höheren Schulen und Universitäten waren den Juden zunächst weitgehend verschlossen. Allerdings: zur akademischen Freiheit einer Universität gehörte u. a. auch das Recht, andere als nur Studierende als akademische Bürger aufzunehmen. So wurden u. a. Buchhändler, Buchdrucker, Tanz-, Fecht- und

Sprachlehrer als akademische Bürger aufgenommen. Damit stand man unter dem Schutz besonderer Privilegien. Man war vom Militärdienst befreit, desgleichen von bestimmten Steuern (Akzise); man unterstand der akademischen Gerichtsbarkeit (bzw. hatte Anspruch auf ein Judicium mixtum). Aber vor allem anderen genoß man Aufenthaltsrecht am Hochschulort. Den Durchbruch für studierende Juden in Königsberg erreichte hier die renommierte Familie Friedlaender. Ein Sohn der Familie, Abraham Moses Levin, wurde am 31. Oktober 1731 immatrikuliert. Erst Ende der sechziger Jahre war die grundsätzliche Zulassung von Juden zur Universität erreicht: »Vor etwa 10 oder 12 Jahren [um 1770] fing die Judenschaft in Königsberg an sich einigermaßen zu bilden und sie wurde inne, daß man in modernen Sprachen ebenso viel Weisheit finden könne, als in der hebräischen. Der Veranlasser zu dieser Bildung war wohl der jetzige Doctor Herz in Berlin [...]. Ich war zu dieser Zeit in Königsberg und sah diesen Übergang von der Finsternis in das Licht. Die Lesemode fing an, wie jede andere Mode um sich zu greifen. Man fand [verkehrte Welt!] in den Händen der Jünglinge Romane und auf den Toiletten der jüdischen Schönen Baumgartens Metaphysik.«[46] Bis 1812 wurden insgesamt 112 jüdische Studenten an der Albertina eingeschrieben.[47] – Die beiden ersten jüdischen Mediziner in Königsberg waren Isaak May (1538) und Michel Abraham (1541).[48]

Bei der Aufnahme als akademische Bürger mußten die jüdischen Studenten keinen Eid ablegen, sondern nur ein Gelöbnis. Ihre Aufnahmegebühr betrug, wie bei Adligen, das Doppelte des normalen Inskriptionsobolus. Beim Abschluß des Studiums – zumindest bei Promotionen (das war bei Medizinstudenten die Regel) – mußte bis zum Jahre 1784 jeweils eine Erlaubnis durch das Oberkuratorium eingeholt werden (das sogenannte *Konzessionsreskript*).
Erst nach dem Regierungswechsel 1786 in Preußen begannen sich Juden auch für andere als nur die Medizinische Fakultät

zu interessieren. Zwischen 1788 und 1790 gab es an der Albertina vier jüdische Jura-Studenten; ein jüdischer Stud. phil. trug sich erstmals 1791 ein[49] – die berufliche Perspektive jüdischer Philosophiestudenten war in jener Zeit das Rabbinat. »Im 18. Jahrhundert setzte sich siegreich alles bei den Nationen durch, was den Juden mehr oder weniger aus ihrem Schicksal im Exil vertraut erschien: Welthandel, Weltbürgertum, Weltliteratur, Toleranz [...]. Der Siegeszug der Wissenschaft war wie ein Symbol: es entsprach dem Wege der Naturwissenschaft, die das Gesetz, das Allgemeine im Besonderen suchte.«[50]

Die meisten jüdischen Studenten in Königsberg ließen sich an der Medizinischen Fakultät einschreiben, weil sie anders nicht in Heilberufen wirksam werden konnten. Denn die medizinische Versorgung war bis 1800 durch nichtakademische Baader in Zünften organisiert, d. h. daß in diesen nolens volens christlichen Korporationen Juden als Mitglieder ausgeschlossen waren. Allerdings war jüdischen Ärzten die Ausübung der Chirurgie verboten, und es war eine Forderung im Emanzipationsprozeß, z. B. von David Friedlaender (1793), daß, »da jüdische Ärzte im ganzen Land mit viel Beifall praktizieren und verschiedene derselben großen und allgemeinen Ruf erlangt haben [...] kein Grund vorhanden [ist], warum ihnen die Ausübung der Chirurgie verweigert werden soll.«[51]

Im Zeitraum von 50 Jahren (bis 1790) versechsfachte sich die Anzahl der jüdischen Medizinstudenten.

Die Medizin war das herausgehobene akademische Fach, wo es möglich war, den Hiatus zwischen traditioneller jüdischer Bildungswelt und moderner Lebenswelt und Wissenschaft zu überwinden. Nur im Aneignen und Ausüben praktischer Wissenschaft – eben der Medizin – konnte man hoffen (und nur dies war ja erlaubt), das Gefühl der Fremdheit, in welchem die Juden hinsichtlich der jeweils aktuellen ›Außenwelt‹ lebten, zu überwinden.

Über den Einstieg in die Medizin (als einer am Standard der Naturwissenschaft orientierten Wissenschaft) war es also Juden möglich, zwischen Beamtenlaufbahn (die ihnen damals noch lange verschlossen blieb) und den überkommenen Handelsberufen (die ihre gesellschaftliche Inferiorität immer nur reproduzierten) einen gewissermaßen *dritten Weg* in die Welt der modernen Gesellschaft zu finden und zum Bewußtsein der Modernisierung zu gelangen. Jüdische Ärzte wurden als niedergelassene in den wirtschaftlichen Zusammenhang der modernen Gesellschaft einbezogen.

Welche Probleme die jungen jüdischen Studenten dabei immer wieder haben konnten, davon läßt der Blick in eine Senatssitzung der Königsberger Universität vom Frühjahr 1768 etwas ahnen: »Auf geschehenen Vortrag M.Rectoris wie der Jude Moses Marcus [*1743 in Slonim], ein imatriculirter Stud: Medicinae, eine Consesion zur Heyrath verlanget, da der Rabbi ohne producirung derßelben ihn gar nicht aufbieten will auch zugleich glaube, daß, da er ein immatriculirter Studioß ist, er solche concession von der Academie erhalten könnte, und nicht nöthig habe, sich, deßfals noch an hiesige Kr: u. Dom: Camer zu wenden«; der Beschluß des Senats war aber so, »daß, da das Gesuch des Juden Marcus eine Policey publique u. Cameral-Sache betrifft, er hierin an die Kr: u. Dom: Camer zu verweisen sey.«[52] – Moses Marcus wird dann ein namhafter Verteidiger der Aufklärung im polnischen Judentum.

Viele jüdische Medizinstudenten zu Königsberg sahen gerade in Kant einen diesbezüglich exemplarischen Mentor, dessen geistige Wirkung u. a. in den Viten dokumentiert ist, die sie ihren Dissertationen beizufügen hatten. Aus der geistigen Nähe zu Kant entwickelten sich aber auch persönliche Freundschaften. Von den drei jüdischen Medizinstudenten, die beispielsweise im Wintersemester 1774/75 an der Albertina studierten – Jacob Hiersch und Marcus Samuel aus Königsberg sowie Aaron Isaac Joel[53] (25. Mai 1747–1813) aus Halberstadt –, wurde der letztere am 20. Juli 1780 Arzt am Königsberger jüdischen Krankenhaus *Chewra Kaddischa* und Hausarzt bei Immanuel Kant.

Die jüdischen Studenten hatten seit 1782 (bis 1812) an der Albertina die Auflage, dem immatrikulierenden Dekan ein Attest der jüdischen Gemeinde bzw. ihrer Ältesten über ihre vor allem finanziellen Verhältnisse vorzulegen. Hieraus aber erwuchs ein Problem für die Universität, daß nämlich so eines ihrer Rechte sui generis – eben das der Immatrikulation, also das Recht zu bestimmen, wer akademischer Bürger werden soll und wer nicht – berührt und unterlaufen werden könnte. Das war z. B. der Fall, wenn die jüdische Gemeinde, aus welchen Gründen auch immer, eine solche Bescheinigung verweigerte, der Kandidat aber durchaus universitätsfähig und -willig war.

Ein solcher Fall war gegeben, als sich Salomon Seligo (1751 bis 1816) aus Deutsch-Krone/Pr. Anfang der achtziger Jahre entschloß, Medizin zu studieren. Er war schon seit dem 4. Januar 1774 in der Universität eingeschrieben, jedoch ging er in diesen Jahren keinem Studium nach, sondern betrieb Handelsgeschäfte, deren Ertrag ihm jetzt das Medizinstudium ermöglichen sollte. Dieser Fall Seligo machte Geschichte. Im Sommersemester 1782 sah sich der Akademische Senat unvermutet durch ein Schreiben (vom 9. Juli 1782), das ihm von der ostpreußischen Regierung avisiert war, mit einer Anzeige der Königsberger jüdischen Gemeindeältesten konfrontiert, derzufolge sich zunehmend »Mißbräuche bei Immatriculierung der jüdischen Studiosorum Medicinae einschleichen«, d. h. daß einige Studenten »nichts weniger als ihren Studiis obliegen«[54], sondern – zumal auch gegen die Verordnungen des General-Juden-Privilegs – einem Gewerbe nachgingen. Fremde Juden könnten so gegenüber einheimischen Schutz-Juden einen Vorteil erschleichen, eben z. B. via Immatrikulation ein Aufenthaltsrecht in Königsberg, das sie sonst nicht hätten erwirken können (sonst wären zeitlich eng begrenzte Besuchsfristen einzuhalten gewesen).

Über diese ›Schein-Studenten‹, namentlich über Seligo, hatte sich die Gemeinde ebenfalls am 28. Juli 1782 nachdrücklich beim König beschwert. Künftig sollten, so die Gemeinde-Ältesten, Juden in Königsberg nur noch mit einem formellen Attest der Gemeinde in die Universität aufgenommen werden. Was nun einerseits ein ganz legitimes (kommerzielles) Interesse der Juden-Gemeinde war, berührte aber eben ganz erheblich die Autonomie und Jurisdiktion der Universität.

Der Akademische Senat, zu dem auch Kant gehörte, hatte im Fall Seligo ein ausführliches Gutachten erarbeitet, in dem auf die übergreifenden Rechte und traditionellen Befugnisse der Universität verwiesen wird, die durch jene Intervention der Jüdischen Gemeinde natürlich berührt würden. Der Senat hatte nun in zwei Schreiben (vom 14. 08. und 03. 09. 1782 – jeweils mit der Unterschrift des Senators Kant) einen Kompromiß vorgeschlagen, demzufolge die jüdischen Novizen entweder den Geschäften oder dem akademischen Bürgerrecht entsagen sollten. Diese Entscheidung sollte den Betroffenen vorbehalten bleiben, und dies nun »könnte in jedem anderweitigen Fall angewandt werden«.[55] Im konkreten Fall des Studenten Seligo wurde auf dessen ökonomische Unabhängigkeit verwiesen (die durch den Kaufmann Seeligmann bestätigt wurde, dem er über ein Dutzend Jahre gedient hatte). Und so hat der Akademische Senat (am 3. September 1782) beschlossen, daß Seligo »in den Stand gesetzt [ist], sich den Studiis widmen zu können«, und »so lange er seinem Versprechen, sich mit Studenten nicht zuwider des Schulden-Edicts einzulassen, treu bleibet, sehen wir nicht ab, warum wir Ihm nicht ein Mittel des Erwerbs erstens lassen sollten, zuletzt ohne Unterschied, Christen und Juden, Handelsleute und die es nicht sind, vor sich haben.«[56]

Salomon Seligo war bereits, wie es in einem Bericht der Medizinischen Fakultät vom Sommersemester 1779 hieß, »fünfeinhalb Jahre auf der Academie, tractiret aber nur einhalb Jahr medica.«[57] Er war aber bei seinem Studium sehr erfolgreich, schon am 25. März 1783 hat er bei Johann Daniel Metzger promoviert, mit der Arbeit *Animadversiones nonnullas anatomico-physiologicas in doctrinam nervorum*[58].

Die preußische Regierung nun verschloß sich den Einsprüchen der Jüdischen Gemeinde nicht, unterstützte sie doch die vorgegebenen königlichen Verordnungen und Anweisungen. Und so wurde der Universität am 5. September 1782 durch eine königliche Anweisung[59] nochmals befohlen, daß in Zukunft kein Jude ohne Attest der hiesigen Juden-Gemeinde immatrikuliert werden sollte.

Auf diese Verfügung bezog sich eine erneute Beschwerde der Königsberger Juden-Ältesten (Hirsch Mendel, Meyer Friedländer und Seeligmann Joseph) vom 25. Oktober 1782. Hier mußte erneut eine Immatrikulation angemahnt werden, die ohne das erforderliche Attest erfolgt war: »Als wir uns nach dem Umstand dieses Verfahrens erkundigten, erhielten wir zur Antwort, daß solches deshalb geschehen sein soll, weil ein gewisser jüdischer Studiosus Seligo die Umstände des [Novizen] Nathan Salomon attestiert haben soll.«[60] Nathan Salomon wurde von Seligo als sein Bediensteter ausgegeben. Kurz: hier hat ganz geschickt ein jüdischer Student dem anderen durch Attest eine Immatrikulationsmöglichkeit verschafft! Aber, so der nur zu berechtigte Einwand der Juden-Ältesten: »Wäre es erlaubt, daß ein Student dem anderen Atteste ertheilen könnte, so würden uns die Umstände der Studierenden niemals bekannt werden.«[61] Inzwischen aber wurde dem Nathan Salomon vom Königsberger Schutz-Juden Marcus Salomon Levin ein förmliches (und korrektes) Attest ausgestellt (am 22. September 1782) und vom Academischen Secretarius Friedrich Wattmann (am 24. September) bestätigt,[62] womit die Immatrikulation lege artis wurde, die dann am 25. September 1782 auch erfolgte.

Das obrigkeitliche Resümee dieser gesamten Immatrikulations-Angelegenheit war auch ganz eindeutig. An den Akademischen Senat ergeht am 4. November 1782 nochmals eine königliche Ermahnung: »Da sich die Ältesten der hiesigen Juden-Gemeinde [...] darüber beschweren, daß der Jude Nathan Salomon bloß auf das Attest des Juden Seligo [...] bey der hiesigen Universität als ein Academischer Bürger immatriculirt worden, so habt Ihr Euch darüber zu verantworten, inzwischen bey unangemessener Verfügung, Euch nichts zu Schulden kommen zu lassen, was irgend Unseren höchsten Verordnungen entgegen seyn könnte.«[63]

In einem ähnlich gelagerten Fall aus dem Jahre 1793 wurde vom Berliner Oberschulkollegium der Medizinischen Fakultät zu Königsberg die Entfernung des Studenten nahegelegt, wenn ersichtlich das Studium nur ein Vorwand für ein anderes Gewerbe sei.

Kurzum: »So sind namentlich die akademisch gebildeten jüdischen Ärzte, die zuerst an Universitäten studiert hatten, ein wichtiges Bindeglied zwischen Juden und nichtjüdischer Umwelt geworden[...]. Ihnen gebührt ein bedeutender Anteil an dieser jüdischen und zugleich allgemeinen Kulturarbeit.«[64]

Der Fall Isaac Euchel

Anfang des Jahres 1786 bat der Professor für morgenländische Sprachen in Königsberg, Köhler, aus persönlichen Gründen um seine Demission. Bereits am 17. Dezember 1785 hatte er an dem Akademischen Senat einen möglichen Nachfolger avisiert: den ihm seit längerem aus der Königsberger Gesellschaft und von der Universität, an der er seit 1782 studierte, gut bekannten jüdischen Studenten und Publizisten Isaac Abraham Euchel (1756–1804).

Dieser sei, so führte Köhler in seinem Schreiben aus, »ein sehr fleißiger und wohlgelittener Mitbürger unserer Academie, [der] nicht nur mit den philosophischen und mathematischen Wissenschaften, und zuletzt auch mit der Arzeneykunde sich fleißig beschäftigt, sondern besonders auch in der Bibelerklärung und der orientalischen Litteratur nicht geringe und weit über die gewöhnlichen Einsichten der Zunft weisende Kenntnisse habe.«[65] Die Universität bekäme also mit diesem Dozenten einen sehr nützlichen und tätigen Mann.

Euchel bewarb sich auch selber schriftlich (am 3. Januar 1786) beim zuständigen Berliner Minister von Zedlitz um die Köhler-Nachfolge. Euchel verweist dabei u. a. auf den persönlichen Umgang mit Königsberger Gelehrten, wie Diederichs und Kreutzfeld, auf die Nähe zu dem Berliner Bibliothekar Professor Biester – »dem ich auch von dem Herrn Profeßor Kant empfohlen bin«[66] – und natürlich auch auf Immanuel Kant selbst.

Kant hat die Bewerbung von Euchel um diese Hebraistik-Vertretung nachdrücklich unterstützt. Und er hat auch mögliche Bedenken der Theologischen Fakultät gleich abwenden wollen, als er in einem Schreiben vom 20. Februar 1786 ausführte, es sei wohl »kein Zweifel, daß die theologische Facultaet diese Interimsverwaltung der orientalischen Professur, wenngleich durch einen Jüdischen Gelehrten, nicht [un]gern sehen sollte, zumal dieser sich von selbst bescheidet, keine Exegesis in seine Unterweisung mengen zu wollen, sondern sich blos auf eine gründliche Sprachkenntnis einzuschränken.«[67]

Auch in einem späteren Gutachten Kants an den Prorektor der Universität (vom 24. März 1786) unterstreicht er nochmals die besondere Befähigung Euchels für jene Stelle: »Die Philosophische Facultaet, insbesondere der jetzige Dechant derselben kann gedachtem Abraham Isaac Euchel ein rühmliches Zeugnis wegen seiner guten Sitten, seines Fleißes imgleichen allerley in Wissenschaften erworbenen Kenntniß, nicht verweigern, und ist überdem weit entfernt, aus intoleranten Grundsätzen ihm sein Gesuch abzuschlagen oder zu erschweren.«[68] Doch sieht Kant natürlich hierbei auch die universitätsrechtlichen, formellen Schwierigkeiten für solch eine Anstellung als Professor für einen Juden. Denn die von der Fakultät zu ernennenden akademischen Lehrer mußten sich, und dies gehörte in Königsberg bereits seit 1554 zu den konstitutiven Grundsätzen, zur Augsburgischen Konfession bekennen.

Es stünden also auch gegen eine befristete Anstellung Euchels, so begründete der Dekan Kant die Ablehnung, sowohl die Statuten der Universität als auch die Vorsicht gegenüber einem möglichen »Mißbrauch, der von einer solchen Freyheit gemacht werden könnte.«[69]

In einem anderen, ähnlich gelagerten Fall im selben Jahr 1786 wurde auch dem Katholiken von Baczko die Anstellung als Privatdozent verweigert. Daß dabei neben prinzipiellen statuarischen Fragen immer auch noch Entscheidungsspielräume gewesen sein müssen, zeigt ein Blick auf die Bewerbungs-Choreographie, zu der einige Mitglieder des Akademischen Senats den Kandidaten privatim geraten hatten. Während Kant im Sommersemester dem Kandidaten Baczko aus Klugheitserwägungen noch riet, seine Bewerbung zu verschieben, sie nicht einzureichen »unter dem jetzigen Dekanat, denn [Karl Daniel] Reusch ist ein guter, aber peinlicher Mann und voll Bedenklichkeit«, hat ihn kurz darauf der Winterdekan Christian Jacob Kraus geradezu ermuntert – auch im Blick auf seinen wieder strengeren Nachfolger –, er solle sich jetzt bewerben, und zwar »noch unter meinem Dekanat, den mein Nachfolger [Carl Ehregott] Mangelsdorff ist ein wenig wunderlich.«[70] Genützt hat am Ende weder die Zurückhaltung dort noch der Zugriff hier, die Stelle bekam Baczko nicht. Aber Kraus erklärt ihm wenigstens die Entscheidungslage. Es sei eben so, daß sich »bis auf die jetzige Zeit kein Beispiel findet, daß jemals ein Nichtprotestant allhier einen Grad zum Behufe des Lehrgeschäfts erhalten hätte.«[71] Es gäbe eine einzige Ausnahme, als ein (evangelisch)*reformierter* Glaubensgenosse, Johann Samuel Strimesius (1684–1744), hier Professor für Eloquenz wurde – das war 1710; der aber habe nicht in Königsberg, sondern in Frankfurt/Main promoviert und verdanke überdies seine Stelle persönlich dem damaligen König, der »nach seiner Machtvollkommenheit, ohne sich durch Statuten hintern zu lassen, verfahren konnte.«[72] – Baczko wird später aber zum Geschichtsprofessor an der Königsberger Militärschule berufen.

Da nun der Kandidat Euchel nicht bereit war, zu der nun eben gerade in Königsberg verbindlichen protestantischen Glaubensform zu konvertieren, kam es nicht zu seiner Anstellung als Hochschullehrer. Gewissermaßen als Ausgleich aber für jene ihm so verweigerte Stelle wurde Euchel im Herbst desselben Jahres vom Akademischen Senat, gegen die Mitbewerbung von Simon Zacharias, als Dolmetscher (Interpretis) für Hebräisch und Juden-Deutsch (Jiddisch) an der Universität in Vorschlag gebracht. In einem Schreiben des Akademischen Senats an den König – mit Immanuel Kants Unterschrift (vom 11. Oktober 1786) – heißt es: »Ein gewißer jüdischer Studiosus Euchel aber hat unseres Wissens die zu diesem Amte erforderliche Geschicklichkeit, und diesen bringen wir darauf in alleruntertänigsten Vorschlag, überlassen es aber jedoch endlich Ew. Königl. Majestät Allerhöchsten Verfügung.«[73] Der König stimmte zu. Euchel war danach bis 1789 in Königsberg als vereidigter Übersetzer tätig. Anschließend ging er nach Berlin. Hier wurde er Direktor an der jüdischen Freischule (gegr. 1778) und Sekretär der *Gesellschaft der Freunde* (gegr. 1792).

Die Königsberger Universität verlor mit Euchel einen der namhaftesten Vertreter der jüdischen Aufklärungsbewegung.

Trotz solcher amtlicher Entscheidungen, die Kant gewiß ohne schlechtes Gewissen mitgetragen hat, wirkte sich dieser – gewissermaßen ›administrative‹ – Antijudaismus keineswegs als Feindschaft oder Intoleranz in Kants alltäglichem Umgang mit jüdischen Mitbürgern oder Fachkollegen aus; erinnert sei an den respektvollen praktischen Umgang mit Moses Mendelssohn, an Marcus Herz u. a., mit denen er sich geistig verbunden wußte. Und auch vice versa: die kritische Philosophie Kants war in den intellektuellen Kreisen des deutschen Judentums weit verbreitet, so daß – einem Ausspruch Schleiermachers gemäß – unter drei gebildeten Hausvätern mindestens ein Kantianer zu finden wäre.

Kant sah in der jüdischen Religion seiner Zeitgenossen den exemplarischen Fall einer Gesetzesfrömmigkeit und einer praktisch-politischen Theokratie, also den Inbegriff bloß statuarischer Gesetze. So sei dies im eigentlichen Sinne gar keine Religion, höchstens eine Klugheitslehre eines Stammes, dessen Menschen »sich zu einem gemeinen Wesen unter bloß politischen Gesetzen, mithin nicht zu einer Kirche formten.«[74]

Eine solche Konstruktion streife aber in bedenklicher Weise die Dimension des religiösen Aberglaubens, denn ein Gott, der bloß auf die Befolgung äußerer Gebote und Statuten insistiert, wozu gar keine gebesserte moralische Gesinnung erforderlich sei, kann nicht dasjenige höchste moralische Wesen verkörpern, dessen Begriff wir zu einer Religion nötig hätten. Die Religion darf sich nicht lediglich in der Einhaltung des jeweiligen Festkalenders manifestieren. Kurzum, wie ein Zeitgenosse festhielt: »Kant und der Talmud scheinen mir wenigstens zu heterogen, als dass sich beides miteinander auf irgendeine Art vereinigen ließe.«[75]

Trotz seines Monotheismus sei so der mosaische Glauben eine wesenshaft irdische, keine spirituelle Angelegenheit, bei der z. B. der Gedanke der Unsterblichkeit entbehrlich scheint. Im Judentum treffen wir somit, streng kantianisch gedacht, »gar keinen Religionsglauben«[76] an. Entsprechend vermag Kant etwa auch dem religiösen Endziel des Judentums, der Idee des Messianismus, kaum einen anderen Sinn abzugewinnen als den einer politischen Zukunftshoffnung Israels. Für Kant dagegen wäre der allmähliche Übergang von den verschiedenen historischen Glaubensformen hin zum reinen Religionsglauben das vernünftige Ziel aller religiösen Entwicklung.

»Alle Religion aber«, sagt Kant kategorisch, »ist Glaubenslehre (aus Ideen). Diese kann nun eine historische Glaubenslehre seyn der entweder Tradition oder *Bibel* zum Grunde liegt oder eine *philosophische* wenn sie ein System enthält was in der Vernunft liegt und keiner Geschichte bedarf.«[77]

In den religionsphilosophischen Teilen seines Spätwerks *Der Streit der Fakultäten* rät er zu einer Reform im mosaischen Kultus derart, um einen Weg zur reinen Vernunftreligion zu öffnen, u. a. durch die Adaption der Moral des Evangeliums. Dieser Umbau des traditionellen Religionssystems der Juden sollte durch Refundierung auf »geläuterte Religionsbegriffe« gelingen. Kant gesteht dabei ohne weiteres zu, daß Moses Mendelssohn dieses Ansinnen auf eine Art abweist, »die seiner *Klugheit* Ehre macht«[78], indem er auf ein erhebliches Defizit an reiner Vernunftreligion in den verschiedenen ›ChristenIrrtümern‹ selber aufmerksam macht. Mendelssohns Pointe: »Christen, schafft ihr erst das Judentum aus *eurem* eigenen Glauben weg: so werden wir auch das unsrige verlassen.«[79] Mendelssohn unternahm ja seinerseits auch eine an den Erfordernissen der Aufklärung orientierte Neubestimmung des Wesens des Judentums, und zwar in seiner Schrift *Jerusalem* (1783). Hier plädiert er für Gewissensfreiheit und deutliche Unterscheidungen legitimer Ansprüche von Kirche und Staat, aber auch gegen die Implantierung von Heilswahrheiten und allgemeinen Vernunftsätzen. Der Kern des Judentums aber war und bleibt die Gesetzessammlung. Es war dieser systematische Ausschluß jeglicher Universalisierung, der Kants Kritik des Judentums provozierte. Freilich konnte auch Mendelssohns Reform mit seinen neuen »Begriffen vom Judentum« seinerseits, wie er selber einmal schrieb, »im Grunde weder Orthodoxe noch Heterodoxe befriedigen.«[80]

Der freie Vernunftgebrauch in Religionssachen tendierte in der Aufklärung zur Universalisierung der einen Moral, die von allen Religionssystemen und Glaubensmeinungen unabhängig ist, also zur einen Vernunft-Religion auf moralischer Grundlage. Dies aber impliziert ein generelles religionspolitisches Problem am Ende der Aufklärung: Kann Toleranz unter der Maßgabe eines Bekenntnisses zu der einen allgemeinen Vernunft- und Humanitätsreligion stehen, wie es etwa Lessings *Nathan* nahelegen würde? Diese aufklärerische Obsession nach der einen Religion – in Analogie zu der einen Vernunft – stieß aus systematischen Gründen auf Kants Ablehnung; deshalb wohl konnte er auch Lessings *Nathan* nichts abgewinnen! Es gibt eben nur eine Art, richtig zu *denken*, aber eben viele, richtig zu *glauben*. Aus theologischer Sicht war etwa auch Schleiermacher gegen ein solches religionsphilosophisches Unitäts-Präjudiz, weil dies die Forderung nach Toleranz im Grunde ja gegenstandslos werden ließe. »Indem Mendelssohn die Vernunftlehre aus der Offenbarung ausschließt und nur das besondere Ritualgesetz des jüdischen Volkes, das national begrenzt ist und nicht den Quellen der Vernunft entstammt, der Offenbarung vorbehält, kommt er zu einer negativen Abgrenzung im religionsphilosophischen Gebiet.«[81]

Worauf es Kant religionspolitisch letztlich ankam, das hat er in seinem letzten Brief an Moses Mendelssohn deutlich gemacht, als er ihm für das Geschenk des *Jerusalem* dankte: »Sie haben Ihre Religion mit einem solchen Grade von Gewissensfreiheit zu vereinigen gewußt, die man ihr gar nicht zugetrauet hätte und dergleichen sich keine andere rühmen kann. Sie haben zugleich die Notwendigkeit einer unbeschränkten Gewissensfreiheit zu jeder Religion so gründlich und so hell vorgetragen, daß auch endlich die Kirche unsererseits darauf wird denken müssen, wie sie alles, was das Gewissen belästigen und drücken kann, von der ihrigen absondere […] denn alle das Gewissen belästigende Religionssätze kommen uns von der Geschichte, wenn man den Glauben an deren Wahrheit zur Bedingung der Seligkeit macht.«[82]

Kants unmerkliches Lächeln über die Aufklärung

Die Deutschen haben keinen Witz
Kant*

Das Problem, das die Aufklärung mit ihrem Programmatiker Kant hatte, wurde von Lichtenberg in einem Aphorismus trefflich zusammengefaßt: »Er vernünftelte mich ganz aus meiner Vernunft heraus.«[1]

Kant ist habituell der geistigen Haupttendenz seines Zeitalters verpflichtet: es ist eine Zeit des Prüfens, des Infragestellens und der Kritik, der sich alles zu unterwerfen habe – Majestät, Gesetzgebung, Denken, Religion und Sittlichkeit. Kant hatte gegen Ende dieser geistigen Periode – die mit den Pariser Ereignissen im Sommer 1789 abgeschlossen wird – noch einmal die maßgeblichen Stichworte dafür gegeben: »*Aufklärung ist der Ausgang des Menschen aus seiner selbstverschuldeten Unmündigkeit. Unmündigkeit* ist das Unvermögen, sich seines Verstandes ohne Leitung eines anderen zu bedienen. *Selbstverschuldet* ist diese Unmündigkeit, wenn die Ursache derselben nicht am Mangel des Verstandes, sondern der Entschließung und des Muthes liegt, sich seiner auch ohne Leitung eines andern zu bedienen. *Sapere aude!* Habe Muth, dich deines *eigenen* Verstandes zu bedienen! ist also der Wahlspruch der Aufklärung.«[2]

Hier wird Aufklärung zunächst als ein Selbst-Bildungsproblem für das Subjekt begriffen, also: Aufklärung ist Beendigung der Selbstborniertheit. Das ist freilich nicht nur ein kognitives, sozusagen ›syllogistisches‹ Problem, das darin bestünde, sich etwas mit Logik aus Begriffen einsichtig zu machen. Vielmehr will Kant verdeutlichen, daß das Ende der geistigen und geistlichen Selbstbescheidung vor allem einen praktischen Impuls erfordere, eben nämlich *Mut* zu haben, von *seiner* Vernunft auch »*öffentlichen Gebrauch*«[3] zu machen. Die Freiheit, zu denken, was man für richtig hält, und zu sagen und zu drucken, was man denkt, wird einem nicht ›von oben‹ gewährt, sondern ist ein eingeborenes Recht des Menschen, das man sich zu nehmen hat. – Das sich aber auch in eine retrograde Bewegung verwandeln kann, nämlich dann, wenn sich eine ›Bewegung jener Selbstdenker‹ mit der Kokarde der Wahrheit am Hut entfaltet. Auch davor ist – lange vor jener Mode – von Königsberg aus schon gewarnt worden.

Und jene andere Stimme aus Königsberg, Kants treu-widersprechender Gesprächspartner Johann Georg Hamann, erkennt sofort eine Lebenslüge, die sich in jener kulturellen Bewegung – der Aufklärung –, die er »ein bloßes Nordlicht«[4] nennt, breit machen wird: nämlich daß sich die aufgeklärt ehemals Unmündigen nur als neue »Vormünder aufwerfen«[5] und daß demzufolge »*wahre Aufklärung* in einem Ausgange des unmündigen Menschen aus einer *allerhöchst selbst verschuldeten* Vormundschaft bestehe.«[6]

Die Vorstellung der Königsberger Aufklärung umfaßt also gleichermaßen das Ende von Unmündigkeit seiner selbst und die Vormundschaft von Menschen über Menschen bzw. Institutionen über Menschen. Hinsichtlich des menschlichen Zusammenlebens faßte Goethe einmal in einem Gespräch mit Kanzler Müller diese Bedeutung der Neuen Denkungsart dahingehend zusammen, daß sie »doch das unsterbliche Verdienst [habe] uns von jener Weichlichkeit, in die wir versunken waren, zurückgebracht zu haben.«[7]

Kant, der Menschenkenntnis nicht nur lange gelehrt hat, sondern sie auch selber besaß, und der die Vernunftreichweite auch zensurfreier Öffentlichkeit oder rechtlicher Institutionen nicht überschätzt, bleibt natürlich skeptisch. Er weiß um »den unvermeidlichen *Antagonism*«[8], in den sich der Mensch, da er »ohne Gesellschaft sich selbst nicht hinreichend«[9] ist, verwickeln muß. Daß die Aufklärung einen unvermeidlichen

Feind hat – den Aufklärer. Und so kann Kant auf die Frage: Leben wir jetzt in einem *aufgeklärten* Zeitalter? durchaus listig antworten: »Nein, aber wohl in einem Zeitalter der *Aufklärung*«, d. h. wir leben im »Jahrhundert *Friedrichs*.«[10]

In diesem Prozeß des Aufklärens werden aber trotzdem ganz unterschiedliche, widerständige Vermögen im Menschen entdeckt bzw. wiederhergestellt, beispielsweise der Charme klarer Urteilskraft, oder methodische Kritik, auch Phantasie. Dies alles trägt bei zur Formierung eines freiheitlichen Selbstbewußtseins. In diesem Prozeß wird auch, und gerade von Schriftstellern und Dichtern, eine existentielle Kraft des Menschen wiederentdeckt, die – quer durch die Zeiten – ein besonders wirkkräftiges emanzipatorisches Potential in sich birgt: das *Lachen* nämlich. Dasjenige am Lachen, das gerade Literaten und Stückeschreiber interessierte, brachte einmal auch Johann Georg Hamann auf den Begriff, als er schrieb, »selbst meine ergiebige Galle löst sich leichter in Lachen als [in] Wehmuth auf.«[11]
Kant habe, so wird bis in die Gegenwart immer wieder einmal vermutet, »nicht den geringsten Sinn für Komik.«[12] Das wäre allerdings bei Aufklärern, zumal bei deutschen Aufklärern jener Generation, die nicht selten Oberkonsistorialräte waren, ein ganz häufig anzutreffender Befund. Bei Kant allerdings läge man damit ganz daneben. »Betrachten wir den Menschen nur auf dieser Welt, so ist er ein object zum Lachen.«[13] Dort wo andere bloß Inkonsequenz bei Kant sahen, war häufig eben seine Ironie im Spiel, gemäß seiner anthropologischen Einsicht: »Ein Mensch ist ein thier, das lacht.«[14]

Die besten Geister aus jener Zeit leisten nun, je verschieden, geistige Arbeit zur Überwindung jenes Gemischs von *Vormundschaft* und *Unmündigkeit* über und im Menschen. Allerdings, gibt Kant zu bedenken, solle man wirklich erwarten, »daß aus so krummen Holze etwas völlig Gerades gezimmert werde?«[15]

Die Folgerung, die manche – sich selbst als konsequent verstehende – Aufklärer daraus ziehen, nämlich diesen Emanzipationsprozeß nicht spontan laufen zu lassen, sondern ihn zu organisieren, zu pädagogisieren und zu institutionalisieren, ist dann einer der Umstände, die das Lächeln Kants über die Aufklärung entstehen lassen.

Ein Publikum könnte, so seine Ahnung, wenn überhaupt, nur langsam zur Aufklärung gebracht werden. Diesen Prozeß – mit aller guten Absicht – beschleunigen zu wollen, läßt ihn in aller Regel paradoxerweise ganz zum Stillstand kommen. Der exemplarische Fall einer solchen Beschleunigung ist die *Revolution*. Durch die, so Kant, »wird vielleicht wohl ein Abfall von persönlichem Despotism und gewinnsüchtiger oder herrschsüchtiger Bedrückung, aber niemals wahre Reform der Denkungsart zu Stande kommen; sondern neue Vorurtheile werden eben sowohl als die alten zum Leitbande des gedankenlosen großen Haufens dienen.«[16]

Kant bemerkte schnell eine ihm augenfällige Asymmetrie zwischen der – wohlmeinenden – Vorstellung einer unbegrenzt perfektibilisierbaren Kultur des Menschen, was gleichwohl in der Sprache jener Zeit ein *Idol* zu nennen wäre, und der Mängelnatur des Menschen, der »ein *Thier* [ist], das, wenn es unter andern seiner Gattung lebt, *einen Herrn* nöthig hat.«[17] Die naturwüchsige Egoität ist im Menschen so dominierend, daß man immer klagen könnte, »meine lieben Freunde, es giebt keinen Freund!«[18], wie Kant gern Diogenes Laertius zitierte.

Kurzum: Aufgeklärte Philosophie im Sinne Kants »ist wirklich nichts anderes als eine praktische Menschen-Kenntnis.«[19]

Kant sieht natürlich sehr wohl die vielen Bemühungen der Aufklärung zur Erweiterung des Vernunftangebots, um menschliches Leben durch Wissenschaft, Technik, Erziehung und vernünftigen Glauben lebbarer und rationaler zu gestalten. Das unterstützte er auch selber nach Maßgabe des ihm Möglichen. Immer jedoch im Wissen um die Endlichkeit und Fragilität jener nützlichen Wahrheiten. »Alle hielten sich für Befreier und alle außer den beiden Deutschen Lessing und Kant wollten an Stelle eines zu harten, zu engen, zu dumpfen Gotteszwanges eine bequemere Ordnung herstellen oder wenigstens sich den Zweifel an allen Ordnungen vorbehalten. Nur diese beiden nahmen die Aufklärung nicht als die Einsicht in ein beständiges Gefüge, gleichviel ob endlicher, ob unendlicher Inhalte, sondern als einen Akt des Sehens, Deutens, Erkennens selber.«[20]

Was Kant eben von der populären Aufklärung trennt, ist sein Wissen um das Bruchstückhafte, Endliche und vor allem das Selbstgemachte allen Wissens; und: daß der Mensch eben »keine Carte des Feldes hat, was er durchstreifen will.«[21] Was Kant mithin – lächelnd – von jener Schar der Nur-Vernünftigen unterscheidet, ist sein experimenteller Umgang mit dem gerade vor Augen Liegenden, also Kants *phänomenaler* Blick auf »des Lebens labyrinthisch irren Lauf.«[22] Während jene ihre Blicke nur auf das Wahre, nur nach vorn, aufs Zukünftige zu richten für vernünftig und wesentlich halten. Ganz so wie sich einer von ihnen – »Zwar weiß ich viel, doch möchte ich alles wissen«[23] –, Heinrich *Fausts* Famulus *Wagner*, dieses aufklärerische Perfektibilitätssyndrom zusammengereimt hat. Gegen dessen unbeirrbares Fortschreiten im Bewußtsein der Freiheit, nämlich »zu schauen wie vor uns ein weiser Mann gedacht, Und wie wir's dann zuletzt so herrlich weit gebracht«[24], hat Kant das Entschleunigungsdifferential anhaltenden Lachens vorgeschaltet. Das *Lachen* ist just deshalb gerade dafür geeignet, weil, wie es in einer zeitgenössischen französischen Lachtheorie heißt, »das Lachen eine Ellipse der Vernunft sei.«[25]

Galt doch exemplarisch für Kant dasjenige, was Lessing einmal treffend so ausdrückte: »Nicht die Wahrheit, in deren Besitz irgend ein Mensch ist, oder zu seyn vermeynet, sondern die aufrichtige Mühe, die er angewandt hat, hinter die Wahrheit zu kommen, macht den Werth des Menschen. Denn nicht durch den Besitz, sondern durch die Nachforschung der Wahrheit erweitern sich seine Kräfte, worinn allein seine immer wachsende Vollkommenheit bestehet. Der Besitz macht ruhig, träge, stolz.«[26]

Diese Vorstellung des *Fertigseins* bzw. der Naherwartung des endgültig-Vernünftigen in der geistigen oder politischen Kultur war eben gerade Kant suspekt. »Sie fragen mich«, so schreibt er einmal an einen späteren Biographen, »wo der Hang zu der jezt so überhandnehmenden Schwärmerei herkommen möge, und wie diesem Uebel abgeholfen werden könne?«[27] Die Ursache dafür liegt für Kant in einer Informationskultur, die zum *Selber-Denken* kaum noch Platz läßt. Diese jetzt »allgemein ausgebreitete *Lesesucht*« sei nicht nur das »Leitzeug (Vehikel) diese Krankheit zu verbreiten«, sie sei auch der »Giftstoff (Miasma) sie zu erzeugen.«[28] Ein Satiriker aus dem Umkreis der Freunde des der Transzendentalpoesie verpflichteten Ferdinand-Dienemann-Verlages um 1800 hat diese Mißbildung bündig so charakterisiert: »Wenn der Irrtum einen Spaß haben will, beschläft er die Wahrheit und macht ein Buch.«[29]

Dieses medial gestützte Sich-in-allem-Auskennen und Mitreden-Wollen über – wie es sich anbietet – Geschichte, Religion, Politik oder Verfassung etc. werde besonders geschmacklos, wenn es sich in Deutschland zutrage, denn hier wird immer »gemeiniglich daraus ein schwerfälliges System«[30] gemacht.

Anderswo, etwa jenseits des Rheins, kennt man natürlich das analoge Phänomen. Doch das – die *französische Allwissenheit* (Melchior Grimm) – ist dort von einer liebenswürdigen Leichtigkeit, und – wie alles dort – verschwindet es als *Mode* immer wieder auch.

Kant versucht also seinen aufklärerischen Deutschen ein aufgeklärtes Gegenbild des ›Unterwegsseins‹ im Denken begreiflich zu machen, gegen das ernste Pathos des erreichten Wahren, Guten und Schönen, das sich dann in je endültigen systematischen Formen präsentieren will. Dagegen hätten die

Franzosen »längst ihren Witz die Freiheit gelassen ein auch längst bekanntes Wort, mit einem Nebenbegriffe zu brauchen den man [...] errathen soll, und vielleicht nicht ganz richtig erräth.«[31]

In der geistigen Funktion des *Witzes* konnte Kant genau jenen Vernunftabusus vermeiden, den die allzu ernste Verstandes-Aufklärung immer dann erleidet, wenn ihre ›Begriffspuzzles‹ sich wieder einmal nicht recht fügen wollen. Mit dem *Witz* nämlich hat Kant eine sozusagen Erkenntnisreserve zur Verfügung. Damit kann er seine Denkhorizonte überraschend erweitern und Faktoren aufeinander beziehen, wovon sich die Aufklärung und Schulweisheit keine – ganz wörtlich – Begriffe machen kann. Nämlich: »Der Witz *paart* (assimiliert) heterogene Vorstellungen, die oft nach dem Gesetz der Einbildungskraft (der Assoziation) weit auseinander liegen, und ist ein eigentümliches Verähnlichungsvermögen, welches dem Verstande (als dem Vermögen [...] Gegenstände unter Gattungen zu bringen) angehört.«[32]

Im *Witz* also bemerkt Kant eine ebensolche *synthetische* Kompetenz wie im *Erkennen*, so wie er es transzendentalphilosophisch rekonstruiert hatte. »Mit echt modernem Geist empfiehlt Kant da, wo wir anderer berechtigter Gründe wegen unser Urteil zurückhalten [...] den Witz, aber, setzt er selber sogleich sehr richtig hinzu: wer hat den Witz immer bei der Hand?«[33]

Aus einem gelungenen Witz aber entspringt das Lächeln, das lautlose Gelächter Kants. Das *Lachen* seinerseits, so hat er es selber definiert, »*ist ein Affect aus der plötzlichen Verwandlung einer gespannten Erwartung in nichts.*«[34]

Solches exemplarische Scheitern hochgespannter Erwartungen des Menschen macht Kant an zwei ganz augenscheinlichen Mangelbeständen deutlich: erstens am *Lügen*müssen und zweitens am *Frieden*halten. – In beiden Fällen wendet sich Kant kollektiven Vorstellungen zu, mit denen traditionellerweise (bis heute) Aufklärer unterschiedlichster Provenienz nicht ins reine kamen: wieso – gerade ›gute‹ – Normative vom *geselligen Menschen* nie so angenommen wurden, daß es zu einem »allgemeinen *weltbürgerlichen Zustand* [...] worin alle ursprünglichen Anlagen der Menschengattung entwickelt werden, dereinst einmal zu Stande kommen werde.«[35] Warum also, zum Exempel, sich niemals irgendwo die Normen des ehrwürdigen Dekalogs so zum Grundgesetz eines Gemeinwesens machen ließen, daß man dann auch noch frei und selbstbestimmt leben könnte.

Zum ersten: Kant wußte – wir Menschen irren in vielem, aber sollten doch mindestens um das Wahre bemüht sein, sollten versuchen, wahrhaftig zu sein. Der Königsberger Professor allerdings hielt die – massenhafte – Verletzung dieser von ihm *Pflicht* genannten Tugend des Wahr-Redens, der Wahrhaftigkeit, gar nicht für einen etwa bloß überschwenglichen Mutwillen oder eine läßliche Sünde, sondern er machte dies als einen fundamentalen Mangel am Menschen namhaft. Kant nennt unsere Neigung, der Wahrhaftigkeit nach Maßen auszuweichen, die Lüge also, den eigentlich »faulen Fleck in der menschlichen Natur«[36].

Die Lüge avanciert in der Neuzeit sehr schnell zur bevorzugten Verkehrsform des Politischen in jenen jetzt vom allein verbindlichen Glauben freigelassenen Gemeinwesen, dies zumal seit den Zeiten der Säkularisierung nach den europäischen Glaubenskriegen.

Seit der Aufklärung ist zu beobachten, wohin die Prozesse der Entpsychologisierung und Entmoralisierung der Lüge führen. Die Handhabbarkeit der Lüge wurde zunächst unter dem Aspekt des *Schadens* betrachtet, den Täuschungen anzurichten in der Lage sind, und wie diese beherrschbar, gar erwünscht sein könnten.

Voltaire hat die Lüge neu so zu bestimmen gesucht: »Le mensonge n'est un vice quand il fait du mal; c'est une très-grande vertu quand il fait du bien. Soyez donc plus vertueux que jemais.«[37] [Die Lüge ist ein Laster, wenn sie Böses tut, sie ist eine sehr große Tugend, wenn sie Gutes tut.] Die Lüge wird also nicht mehr als solche schon delegitimiert; sie bleibt in der Kritik auch der Aufklärung, wenn sie zu einer rechtswidrig beeinträchtigenden Schädigung führt. Die schadensminimierende, gefällige Täuschung – in der Praktischen Philosophie der deutschen Aufklärung, zumal bei Christian Wolff, heißt das ›erlaubte Unwahrheit‹ (*Falsiloquium vero*), – wird jetzt aus dem ›harten‹ Lügenbestand herausgenommen. »Ein falsiloquium nämlich ist eine Rede, welche vom Geiste abweicht. Eine solche Rede heißt erst dann Lüge (*mendacium*), wenn sie entweder auf unseren eigenen Schaden oder auf den anderer gerichtet ist.«[38]

Ein wichtiger Schritt zur Liberalisierung der Lüge wurde nun ausgerechnet im friderizianischen Preußen unternommen. Hier hatte die Philosophische Klasse der Akademie der Wissenschaften für das Jahr 1780 eine nahezu unerhörte Preisfrage ausgeschrieben: *Est-il utile de tromper le peuple?*[39] Also: ob eine Regierung berechtigt, gar verpflichtet sein könnte, das Volk zu seinem (des Volkes!) eigenen Besten zu täuschen. Eine ungewöhnliche Fragestellung, auch angesichts des Umstandes, daß sich Friedrich der Große einst – viele Jahre zuvor – in seinem *Anti-Machiavel* noch sicher war, daß »Lug und Trug sich niemals wird behaupten können«[40].

Schon seit Ende der sechziger Jahre des 18. Jahrhunderts wurden die Möglichkeit und der Sinn einer solchen akademischen Preisfrage zwischen dem preußischen Hof und den maßgeblichen europäischen Aufklärern in Paris, namentlich d'Alemberts, diskutiert. »Ich für mich denke«, so die skeptische Stimme aus Paris, »daß man die Menschen stets die Wahrheit lehren müsse, und daß nie ein wirklicher Vortheil dabei sei, sie zu betrügen.«[41] Der König war da mittlerweile insgesamt bei weitem pessimistischer – kannte er Psyche und Mentalität seiner Untertanen vielleicht besser? Man benötige wohl schon sinn- und lehrreiche Fabeln und Mythen fürs Volk, die man, als

Werte beispielsweise, orientierend für politisches Handeln einsetzen könne. Denn wie anders wollte man »Vorurtheile besiegen, die schon mit der Ammenmilch eingesogen sind? Wie soll und wie kann man gegen das Herkommen [d. i. das Geschichtliche!] kämpfen, welches die Vernunft der Dummköpfe ist? [...] Das alles bestärkt mich in der Meinung, daß nicht viel mit dieser saubern zweifüßigen ungefiederten Gattung anzufangen ist, und daß sie wahrscheinlich immer der Ball von Betrügern sein wird.«[42] Die Frage nach der Nützlichkeit der Lüge verstünde sich so von selber.

Friedrich wies aber doch noch im Herbst 1777 seine überraschte Akademie per Kabinettsordre[43] für die nächste Zukunft zu dieser Preisfrage an. Diese Preisfrage wurde indessen die populärste in der Geschichte der Berliner Akademiepreisfragen überhaupt. Die große Mehrheit der Zuschriften (es gab 42 Zusendungen) verneinte strikt die Zulässigkeit des manipulativen Umgangs mit den politischen Sachbeständen. Das war eine klare Option gegen den König, und so hatte die Akademie ein Problem hinsichtlich der Preisverteilung. Die nachgeordnete praktische Klugheitsfrage, ob es nützlich sein könne, die Landesherrlichkeit zu düpieren, wurde salomonisch gelöst: Der Preis wurde geteilt, und so erhielten Zuschriften sowohl aus der Minorität der bejahenden als auch solche der Mehrheit mit verneinenden Antworten die Zuschläge.

Eine nennenswerte Wirkung hatte diese Fragestellung für die politische Entscheidungsfindung noch einmal in Frankreich nach 1789. Im Fortgang der Französischen Revolution wurde natürlich dieser alte Konflikt aller Politik auf neuer Ebene wieder sichtbar: Wie ist das Leben des (neuen) Gemeinwesens zu organisieren unter den Bedingungen einer garantierten Offenheit und Publizität aller politischen Entscheidungen. Lassen sich die programmatischen neuen Prinzipien der Wahrhaftigkeit, mit denen man zum Sturz der alten Ordnung angetreten ist, im nachrevolutionären Alltag aufrechterhalten? Ist es nicht einfach praktikabler und effektiver, nach Maßgabe des guten Zweckes auch bestimmte, nicht ganz so gute Mittel einzusetzen? Auch eben die Lüge. Wenn man sich aber dazu entschließt, macht das natürlich ein bestimmtes Maß von Verschleierung erforderlich. Kurz: Hätte man nicht staatlicherseits (nicht privat natürlich!) geradezu ein *Recht, aus Menschenliebe zu lügen*? Die praktischen Umstände und realen Erfordernisse einer allerorts bedrängten Republik ließen dies scheinbar angeraten sein.

Dies ist die Konstellation, in der sich am Ende der Französischen Revolution eine weitwirkende rechtsphilosophische Kontroverse über die Valenzen der Lüge zwischen Benjamin Constant und Immanuel Kant entfaltete.

Der, ebenso wie Kant, aus einer protestantischen Familie stammende Benjamin Constant war, wie Kant, ein überzeugter Republikaner. Er wandte sich publizistisch sowohl gegen die politischen Umstände der *terreur* als auch gegen den Bonapartismus. In dieser Situation schrieb er 1797 einen Aufsatz *Des réactions politiques* (Über politische Reaktion), in dem er über die Funktion der Lüge in der liberalen Gesellschaft nachdachte. Sein Denkeinsatz ist common-sense-orientiert: er prüft mit sogenanntem gesundem Menschenverstand die abstrakten Prinzipien von Moral und Recht. Und ihm scheint, jener abstrakte Grundsatz von der unbedingten Pflicht, »die Wahrheit zu sagen, würde, absolut und für sich verstanden, jedes menschliche Zusammenleben unmöglich machen.«[44] – Nach seinen napoleonischen Erfahrungen und Enttäuschungen kehrt Constant wieder zu einem ganz kritischen Verhältnis zur Lüge zurück: »Denn die Lügen der Herrschgewalt sind nicht nur dann unheilvoll, wenn sie die Völker in die Irre führen und sie täuschen; nicht weniger sind sie es dann, wenn sie niemanden täuschen«[45]

Noch vor 1800 war Constant aber der Meinung, die Pflicht zur Wahrheit könne deshalb in der Gesellschaft nicht bedingungslos gelten, sondern nur denjenigen gegenüber, die ein begründetes Recht auf die Wahrheit hätten. Alles Beharren auf jenem unbedingten *fiat veritas quod pereat mundi*[46] sei ja erklärterweise lebens- und weltfeindlich. Denn die praktische Folge sei, so die naheliegende Befürchtung Constants, daß durch die so ungeschützte Offenheit einer Gesellschaft sehr bald unübersehbare Abhängigkeiten, Willkür und fremde politische Tyrannei sich breitmachen würden. – Constant denkt hier im Grunde in einer gegenreformatorischen Tradition, in der man Lügen, die etwas Gutes zu stiften vorgaben, zu einem *peccatum philosophicum* umdeklarierte; aus dieser kleinen Schuld, jenem *peccatillum*, ist dann die umgangssprachliche ›Bagatelle‹ geworden.

Constant weist in seinem Text befremdet auf einen namentlich nicht genannten deutschen Philosophen hin, der mit seinem Lügenverbot die absurde Konsequenz gezogen hatte, auch Gewalttätern gegenüber gelte jenes Prinzip des unbedingten Lügenverbots. Dieser ›deutsche Philosoph‹ war der Göttinger Theologe Johann David Michaelis, der 1773 seine Schrift *Von der Verpflichtung des Menschen die Wahrheit zu sagen* herausbrachte.

Aus Königsberg nahm nun Kant diesen Text zum Anlaß, um – wieder einmal – auf den Unterschied von Rechts- und Moralgründen aufmerksam zu machen. So verwechsle auch »›der französische Philosoph‹ die Handlung, wodurch Jemand einem Andern *schadet* (nocet) ... mit derjenigen, wodurch er diesem *Unrecht* thut (laedit)«[47].

Kant streitet nicht mit Constant über die Tragweite der Lüge als *ethisches* Problem, sondern er macht auf die Dimensionen der *Rechtspflicht* aufmerksam, die bei irgendeiner Zulassung der Lüge berührt werde. Die Frage ist nicht, ob ein Mensch nicht auch irgendwann einmal lüge – übrigens sei, so Kant, Constants pathetisches »Recht auf Wahrheit« in der Verkürzung hier bloß »ein Wort ohne Sinn«[48]. Vielmehr geht es allein um die Frage, ob jemand – privat oder öffentlich – »die *Befugnis* (das Recht) habe unwahrhaft zu sein«[49]. Gäbe es aber ein *Recht* auf Lüge, würde die Ungereimtheit entstehen, daß man auf eine Rechtsquelle Anspruch erhebt, »indem man sie als Rechtsquelle unbrauchbar macht.«[50] Die Lüge also »bedarf *nicht* des Zusatzes, daß sie einem anderen schaden müsse; wie die *Juristen* es zu ihrer Definition verlangen (mendacium est falsiloquium in praeiudicium alterius). Denn sie *schadet jederzeit … der Menschheit überhaupt.*«[51]

In der zeitgleich erschienenen *Metaphysik der Sitten* jedoch schränkt Kant immerhin die ›Lüge‹ rechtsphilosophisch wieder ein, denn es soll ›Lüge‹ nur noch dasjenige heißen, was eines anderen Recht verletzt[52], nicht jede Täuschung überhaupt.

Die *Rechts*garantie auf Lüge für einen Menschen wäre allerdings nicht nur keine Klugheitsregel, sondern vielmehr ein Unrecht, das der Menschheit überhaupt zugefügt würde. Es wäre ein Vergehen, das der Mensch gegen sich selber beginge. Aller Treu und Glauben im Umgang des Menschen mit seinesgleichen, etwa bei Verträgen, würde wegfallen. Die Maxime des Lügners steht also mit dem Recht der Menschheit, der »Menschheit in seiner Person«[53], in Widerspruch. Jenes vermeintliche *Recht* auf Lüge ist also klarerweise keine Handlungs-Richtlinie, »durch die du zugleich wollen kannst, daß sie ein allgemeines Gesetz werde«[54]. Damit widerspricht die Idee der *Lüge als Recht* dem Kategorischen Imperativ als der Bedingung der Möglichkeit lebenswerten Lebens.

Es ist also entgegen der zunächst augenfälligen Gewißheit Constants gerade so, daß jenes Recht auf Lüge die Gesellschaft eben nicht aufrecht- und zusammenhält, sondern sie geradezu zerstören würde. Damit hat Kant nicht einem abstrakten Rigorismus das Wort geredet, sondern einen eminenten Beitrag zur begrifflichen Unterscheidung des *Rechts* gegenüber allem bloß guten *Willen* (mag der religiös oder moralisch sich begründen) geleistet, und auf diese Weise aber zur Rechtssicherheit und Rechtsgewißheit beigetragen.

Eine Verletzung der *Rechts*pflicht ist unter keinen Umständen statthaft, vor allem eben auch nicht aus einem moralisch erfreulichen Motiv heraus, wie es prima vista die ›Menschenliebe‹ darstellt.

Diese Abweisung eines *Rechts* zur Lüge findet eine Analogie in Kants Abweisung eines *Rechts* etwa auf Revolution (der herkömmlich exemplarische Fall der ›Menschenliebe‹ überhaupt …). Hier wie da wäre die Rechtsförmigkeit als die Grundlage vernünftigen Umgangs der Menschen miteinander betroffen. Der Revolutionär will immer ›höhere‹ Gerechtigkeit, als jedes ›alte‹ Recht ermöglichen kann. Indem er jene Rechtsstruktur (unabhängig, ob es ›gutes‹ oder ›schlechtes‹ Recht war) zerstört, nimmt er aber in Kauf, daß, wie im Fall der Lüge, die Bedingungen der Möglichkeit von Gesellschaft überhaupt zerstört werden. Erst wenn der Revolutionär neues Recht setzt, verläßt er mit seinem Handeln das rechts- und diskursfreie Dunkel seiner internen Entscheidungen. Kurz: Es kann für Umsturz und Lüge beim einzelnen zwar *gute Gründe* geben, aber es kann dafür, so Kant, doch *kein* allgemein verbindliches *Recht* geben. – Anders hatte das noch sein »lauterer, fröhlicher und geistreicher Freund«[55], der Arzt Johann Benjamin Erhard (1766-1827) – er hatte Kant 1791 in Königsberg besucht – gesehen, der 1795 eine Schrift *Über das Recht des Volkes zu einer Revolution* veröffentlichte. Der hatte die Revolution, wie Constant die Lüge, genau dann als in einen *Rechtsmodus* eingebunden behauptet, wenn durch sie das *Rechte* als das Richtige getan wird. Denn: »Was *recht* ist, wird durch das Tun desselben ein *Recht*.«[56]

Auch Kants Königsberger Bekannter Johann Georg Hamann charakterisiert illusionslos die Täuschungsnatur aller Kultur, allerdings ohne die schon erreichte Differenzierung von Recht und Anthropologie seither hinreichend zu würdigen. »*Lügen* gehören zur *Weisheit*, die irdisch, menschlich und teuflisch ist. *Lügen* sind alle Satzungen eurer sogenannten allgemeinen, gesunden und geübten Vernunft – unbegreiflicher, widersprechender und unfruchtbarer als alle Geheimnisse, Wunder und Zeichen des allerheiligsten Glaubens.«[57] Und: »Eine Lüge verdient immer Abscheu, wenn sie auch noch so gesittet, demüthig und christlich einherschleicht.«[58]

Wie es nun allerdings im bürgerlichen Alltag auch möglich sein könnte, einerseits jenes unbedingte Lügen-Verbot einzuhalten, aber andererseits dennoch nicht ungeschützt leben zu müssen, dazu hat uns gerade wieder Immanuel Kant augenzwinkernd einen Wink gegeben, als er einmal notierte: »Und wenn Alles, was man sagt, wahr sein muß, so ist darum nicht auch Pflicht, alle Wahrheit öffentlich zu sagen.«[59]

Zum zweiten: Es war immer eine Domäne der Aufklärung, begreiflich machen zu wollen, wie elementar es sei, die Friedensfähigkeit von Gesellschaften zu begreifen und zu organisieren. Kant räumt natürlich ein, »daß die größten Übel, welche gesittete Völker drücken, uns vom *Kriege* und zwar nicht so sehr von dem, der wirklich oder gewesen ist, als von der nie nachlassenden und sogar [...] vermehrten *Zurüstung* zum künftigen zugezogen werden.«[60] Gleichwohl wird sich, so realistisch immerhin ist Kant, der Krieg bei aller Barbarei als eine alte ›Kulturtechnik‹ wohl halten. Dies bleibt eines der Paradoxe der Aufklärung, wo theoretische und praktische Vernunft miteinander im Streite liegen. Kant fand sich, wie andere namhafte kritische Intellektuelle der Zeit, durchaus bereit, mit kalter Vernunft den Krieg zu *denken*. »Selbst der Krieg«, so bekennt Kant schon lange vor seiner Friedensschrift, »wenn er mit Ordnung und Heiligachtung der bürgerlichen Rechte geführt wird, hat etwas Erhabenes an sich und macht zugleich die Denkungsart des Volkes, welches ihn auf diese Art führt, nur um desto erhabener.«[61]

Veranlaßt war Kants Friedens-Text durch ein Ereignis der politischen Zeitgeschichte, den sogenannten *Basler Frieden*. Mit diesem am 5. April 1795 zwischen dem republikanischen Frankreich und der preußischen Monarchie vereinbarten Friedensabschluß ging ein dreijähriger Krieg zwischen beiden Ländern zu Ende. Es war aber ein Separatfrieden. Der Krieg war begonnen worden als Präventivschlag von seiten der alten europäischen Monarchien gegen die Anfänge der *terreur* in der Französischen Republik, als ihr namhaftestes Opfer, der Bürger Capet – *Louis Seize* – den Kopf verlor. Doch das Kriegsglück war bald auf seiten der Republikaner, und Preußen machte seinen Frieden mit ihnen. Daß der *ewig* sein könnte, dachte natürlich auch Kant nicht; tatsächlich dauerte er zehn Jahre an, bis Napoleon das alte Preußen – wiederum für zehn Jahre – als souveränen Teilnehmer aus der Politik verbannte.

Kant hat seine Schrift in der Textform eines rechtsfähigen Vertrages präsentiert. Das ist konzeptionell nicht nebensächlich, denn »Kant gründet seinen Entwurf zum ewigen Frieden nicht auf philantropische Rücksichten, sondern auf Grundsätze von strengem Recht.«[62] Der Text faßt zweierlei zusammen: a.) gibt er in *Präliminarartikeln* – gewissermaßen ›kreisförmig‹ – die Bedingungen an, die zu vermeiden wären, wenn man Frieden schaffen wollte. Staaten sollten demnach: nach einem Krieg keinen Diktatfrieden verhängen, nicht dynastisch (*Tua, felix austria nube*) verschoben werden, keine Berufsheere haben, keine Staatsschulden für Kriegerisches machen, sich nicht wechselseitig bedrohen und sollen schließlich – wenn Krieg doch ist – nicht den anderen zu exterminieren versuchen.

Und b.) bestimmen die *Definitivartikel* drei Rechtsnormen des Staats-, Völker- und Weltbürgerrechts, die einen Friedenszustand – vielleicht – gewähren könnten. Demnach wäre es wünschenswert: Staaten erstens *republikanisch* zu verfassen, zweitens untereinander *föderalistisch* zu verbinden – also kein unilateraler Superstaat – und drittens *Hospitalität* (Gastfreiheit) als Weltbürgerrecht verbindlich zu machen.

Der dem allem zugrunde liegende Begriff des Rechts, Kant nennt das dessen *transzendentale Formel*, betont als wichtigstes: »Alle auf das Recht anderer Menschen bezogene Handlungen, deren Maxime sich nicht mit der Publicität verträgt, sind unrecht.«[63]

Damit wären nach Kants Intention natürlich trotz allem nur die Bedingungen der Möglichkeit eines friedlichen Miteinanders gesetzt; sie wären notwendig, wenn vielleicht auch noch nicht hinreichend. Ob es im Konkreten auch dazu kommt, bleibt – wie alles – im Dunkel verschlungener Motive der jeweils agierenden Menschen verborgen. Auch hier ist für Kant nicht die Frage: *Was soll ich tun?* die höchste der philosophischen Reflexion, sondern eben: *Was ist der Mensch?* Wie alles, was die Menschen betrifft, ist auch das vernünftige Zusammenleben, d. h. dasjenige, das jedem berechenbar qualifizierte Selbsterhaltung ermöglicht, für Kant eben kein Syllogismus in einem sozialtechnischen Kalkül oder in einem regelgestützten Diskurs rechtsverbindlich herbeizureden. Insofern hat Kant auch das Projekt *Aufklärung* niemals überschätzt. Das hat man ihm immer wieder gern zum Vorwurf gemacht: »Was dem Königsberger Philosophen in seiner sonst so richtigen Anschauung von dem Naturzweck des Krieges entgangen zu seyn scheint, ist, daß die Idee eines gemeinschaftlichen Gerichtshofes zur Entscheidung von National-Streitigkeiten, d. h. zur Abwendung der Kriege, immer ein philantropischer Traum bleiben wird.«[64] Solche Kant-Kritiker vergessen regelmäßig, daß Kant doch nicht Philosophie betrieben hat, um die Welt zu verändern, sondern ›nur‹ um allemal die Veränderungen zu interpretieren.

So war es für Kant eben nie die Frage, ob jemand seine Idee in der politischen Realität auch wirklich umsetzt, sondern er gibt einfach zu bedenken, was – mindestens – geschehen müßte, falls man sich zu friedlichem – und freiem! – Zusammenleben verabreden wollte. Ob das real gelingen kann, hängt am Ende auch noch nicht einmal davon ab, ob die Regeln, die Kant in seinem *Ewigen Frieden* aufgestellt hat, befolgt werden, hängt also *nicht vom Recht* ab, das einer zu stiften in der Lage ist, sondern immer *von den Menschen*, die es stiften. Insofern verweist uns Kants höchste Frage für die Philosophie: Was ist der Mensch? auch hier in der Friedensfrage auf einen höchst beunruhigenden Sachverhalt, da wir damit in einer existentiellen Frage der Kontingenz ausgesetzt sind.

Die Schrift Kants wurde natürlich, wie fast alles von ihm, zwiespältig aufgenommen. Freiere Geister, solche, die sich nicht selber in ein Gehäuse felsenfester ›guter‹ Überzeugungen zurückziehen, haben immer schon an dieser Schrift nicht nur »einen hohen philosophischen Schwung und ausgebreitete Gelehrsamkeit, sondern auch Witz und Laune«[65] ausmachen können.

Zugleich wird man die sehr abwägende Argumentation bei Kant im Zusammenhang sehen müssen mit einem Vorgängertext, der ebenfalls ein paar kritische Erwägungen gegen einen allzu ›gesinnungsethisch‹ forcierten, frenetischen Friedenstaumel zu bedenken gibt.

Als nämlich 1796 eine zweite, erweiterte Auflage von Kants Schrift *Zum ewigen Frieden* erschien, wurde im Jahr darauf eine – wohl kant-kritisch gemeinte – anonyme Polemik lanciert mit dem Titel: *Widerlegung des Ewigen-Friedens-Projects*. Nun ist diese Kritik allerdings überhaupt nicht im Zusammenhang mit Kants Friedens-Schrift entstanden. Ihr Autor war lange tot. Diese Streitschrift war bereits 1779 erschienen, damals unter einem anderen Titel, der in Neuauflage unerwähnt blieb: *Die Abgötterei unsers philosophischen Jahrhunderts. Erster Abgott. Ewiger Friede.* Sie ist in Mannheim veröffentlicht worden, ihr Autor, der damals gerade dreißigjährige Johann Valentin Embser (1749–1783), stammte aus Zweibrücken, er war Altphilologe und Teilhaber und Mitarbeiter des Zweibrückener Instituts der klassischen Autoren, einer Art Editionsmanufaktur für antike Texte.[66]

Dieses aufklärungskritische Pamphlet ist seinerzeit natürlich wahrgenommen worden; einer seiner Rezensenten – der Detmolder Mediziner Hofrat Scherff – betonte, daß er, obwohl mit dem Verfasser in der Hauptsache nicht einig, sich einigen Beifall doch nicht versagen könne. Insgesamt aber gibt er ihm doch den – flehentlichen – Rat, der zeitdiagnostisch hoch interessant ist, nämlich »nicht mehr auf die Philosophie, der er doch selbst zugethan ist, Jagd zu machen, und sie mit um das Bisgen öffentliches Ansehen bringen zu helfen, was andere so viel Mühe gekostet hat [...] aber als Keim einer künftigen größeren Entwicklung jetzt desto weniger Bedrückung ausgesetzt seyn sollte.«[67]

Christoph Martin Wieland seinerseits gesteht dem Text allerdings eine sozusagen ›antikataleptische‹ Wirkung zu, ohne die die öffentliche Meinung immer in Gefahr wäre, im lähmenden Konsens zu ersticken. Denn es sei wichtig, »daß, wenn die Menge in einem gewissen Zeitpunkt von dem Strom irgend einer Meynung, es sey nun mißverstandene Wahrheit oder zufälliger Irrtum, sich hinreissen läßt, immer jemand sich findet, der sie durch muthige Behauptung der entgegengesetzten Meynung vom Strande wegboogsiret, gegen den sie in Gefahr waren anzulauffen.«[68] Bei Friedensdiskussionen ist man immer in besonderer Weise dieser Gefahr ausgesetzt. Denn hier ist man leicht der von einem gesinnungsethischen Mob Gejagte. Auch Wieland ist nicht der Meinung des Verfassers – gerade jetzt nicht, »da Europa unter der Gefahr eines allgemeinen Krieges banget« –, gleichwohl empfiehlt er das Pamphlet, weil sich hier »paradoxe Wahrheiten mit Wiz«[69] verbinden.

Niemand könne oder wolle, so betont Embser zunächst, das Schreckliche des Krieges leugnen, er sei »der feindliche Dämon, der mit dem Genius der Gottheit in ewigem Streite lebt.«[70] Aber ist *Krieg* nur das schlechthin Böse? Ist er – und hier finden wir schon einmal auch Kants Argumentation – nicht auch »Triebfeder menschlicher Größe?«[71] Sollte man nicht auch die Kosten bedenken, die ein *pax aeternus* mit sich brächte, nämlich »am Ende desto sicherer die Fesseln eines Stärkern zu tragen.«[72] Auch das ein Einwand, der bei Kant wiederkehrt.

Ebenso wie der Hinweis Embsers auf die an sich konsensuale Kompetenz eines »europäischen Staatskörpers«; der aber eben unter den feudalen Ordnungsbedingungen des Staus quo in Gefahr stünde, ein ewiger, unzerbrechlichen Kerker für alle Europäer zu werden.«[73] – Dieser politische Sachverhalt des europäischen *ancien regime* machte es gleichwohl für lange undenkbar, irgendein Vertrauen in Institutionen zu haben, die Streitigkeiten zwischen Staaten beizulegen hätten.

Seine Skepsis gegen das *politische* Projekt des *ewigen* Friedens unterstützt Embser noch mit geschichtlich-anthropologischen Argumenten. Es sei im übrigen auch nicht darauf zu hoffen, etwa durch Freisetzung von Mitteln, die sonst militärisch ge-bunden seien, daß es zu einem Wissens- und Aufklärungs-schub kommen könnte. »In Ländern der Freiheit«[74], d. h. aber in kriegerischen Nationen (das antike Griechenland und Rom, England, Preußen) sei dieser Prozeß des Aufklärens ohnehin immer am stärksten. »Ein großer Theil der angewandten Mathematick war notwendige Folge des Krieges zu Wasser und zu Lande.«[75]

Mit »kalter Vernunft«, so sein nachhaltiger Begriff, hat dieser Vernunftkritiker auf die Menschen geblickt und gesehen, daß sie »weder als Engel noch als Teufel, sondern – als Menschen erscheinen.«[76] Und so hält er es eben für vernünftig, für ein ›Drittes‹ – zwischen ewigem Krieg und ewigem Frieden – zu votieren. Ein solches Gleichgewicht sei aber eine »wichtigere Unternehmung um die Weltverbesserung, als sich die leicht-köpfigen Projektanten einbilden.«[77] Das aber versteht Embser als eine Tugend des Bürgers, dessen *kriegerischer* Geist sich als positiver vom bloß negativen *Kriegsgeist* des Monarchen unter-scheidet.

Kurzum, dieser Kritiker der Vernunft hat genausowenig wie der spätere die Absicht, eine Apologie des Krieges zu unter-nehmen, sondern hier soll seine Aporetik offengelegt werden.

So wollte auch Kant seine »reveries ›*zum ewigen Frieden*‹«[78] im Grunde gar nicht verstanden wissen als bloß jenen süßen – zeitunabhängigen – Traum absoluter Pazifizierung, als ein Herbeiheulen des *Großen Friedens*. Denn vielmehr vermutete er, daß »mit dem Ende aller Kriegsgefahr zugleich das Ende aller Freiheit«[79] verbunden wäre. Kant verweist seine Zeitgenossen als ein relevantes geschichtliches Beispiel ans ›Reich der Mitte‹: man »sehe sich nur *Sina* an, welches [...] keinen mächtigen Feind zu fürchten hat, und in welchem daher alle Spur der Freiheit vertilgt ist. – Auf der Stufe der Cultur also, worauf das menschliche Geschlecht noch steht, ist der Krieg ein unentbehrliches Mittel, diese noch weiter zu bringen.«[80]

Des maßgeblichen preußischen Philosophen Überlegungen zum *Ewigen Frieden* indessen sind auch beizeiten von enttäuschten Aufklärern ironisiert worden:

Auch liegt eine Stadt in Preußenland –
Den Leuten d'rinnen wohl bekannt –
Ein Weiser lebt in dieser Stadt;
Derselbe viel geschrieben hat.
Ein Buch von diesem Autor ›Kant
Zum ewigen Frieden‹ ist genannt.
Und wenn's nach Kants Prinzipien ging,
Kein Potentat mehr Krieg anfing,
Beglückte nur sein Volk daheim;
Sind eitel philosophische Träum'.
Absonderlich der Medicin
Sein Plan gereichte zum Ruin,
Dieweil auf jedes Manifest
Folgt unausbleiblich Seuch' und Pest.[81]

Und natürlich war der Titel *Ewiger Frieden* am Ende auch keine Originalerfindung unseres Königsberger Philosophen. Als Russen und Schweden am 30. August 1721 in Nystadt in Finnland ihren Kriegszustand beendeten, nannten sie das – 24 Paragraphen umfassende – Dokument: *Tractat Des Ewigen Friedens, welcher zwischen Sr. Czaarischen Majest. und Sr. Königl. Majest. in Schweden abgeschlossen.*[82]

Kants Friedenskontrakt war aber zudem noch grundiert, gewissermaßen als sein Subtext, von einer Idee, die konträr lag zur damaligen absolutistischen Umwelt. Denn Kant war mit seinen Überlegungen zum *Ewigen Frieden* – übrigens war der Titel ein ironisches Zitat einer gleichnamigen holländischen Kneipe! – nicht so sehr interessiert an einen Zustand vom *Ende* der Gewalt sondern vielmehr an *Gewalten-Teilung.* Ein sehr aufmerksamer Leser hat sofort auch hier einen »manchmal wirklich zu grell durchblickenden Demokratismus«[83] bemerkt. Und eine Rezension des *Ewigen Friedens* aus der kantianischen Hochburg Jena trug sogar den Titel *Versuch über den Republikanismus.* Wie denn überhaupt, so fragt der Rezensent – Friedrich Schlegel – Republikanismus möglich sei, da der für ihn unabdingbar notwendige »allgemeine (und also auch absolut beharrliche) Wille aber im Gebiet der Erfahrung nicht vorkommen kann und nur in der Welt der reinen Gedanken existiert«[84]? Dieser Wille werde nun hier von Kant aber nicht länger als *wesenhaft* (eher ›mystisch‹) als ein *Sollen* unterstellt, sondern artikuliert sich immer erst im Wechselspiel republikanisch organisierter Willens*bildung.* Volkswille kristallisiert nicht länger in einer allein souveränen *Person,* sondern in der nach allgemein akzeptierten Regeln gebildeten politischen Repräsentation. Deren Bestandteile nun, und damit wird diese neue Idee als zentral *kantianische* ausgewiesen, »verhalten sich untereinander und zu ihrem Ganzen wie die verschiedenen Bestandteile des Erkenntnisvermögens untereinander und zu ihrem Ganzen. Die *konstitutive* Macht entspricht der Vernunft, die *legislative* dem Verstand, die *richterliche* der Urteilskraft und die *exekutive* der Sinnlichkeit, dem Vermögen der Anschauung.«[85]

Michael Lilienthal

M. Michael. Lilienthal VDM

Ein Leipziger Rezensent schließlich brachte die ziemlich unerhörte politische Pointe von Kants neuer Ordnungsphilosophie zum Ausdruck, als er schrieb, der »Geschichtsschreiber der Fortschritte der Menschheit wird nie zwei Namen getrennt nennen ... dicht neben *Sièyes'ens* Menschenrechte und Konstitutionsschriften *Kants* ewigen Frieden.«[86]

*

Zuletzt wird man in Kants Diskurs mit den gesellschaftsverbessernden Gesten der Aufklärung einen resignativen Gestus finden in Anbetracht dessen, was Geschichte ›machen‹, als auch was Geschichte ›schreiben‹ betrifft.

Schließlich scheint es also »ein befremdlicher und dem Anschein nach ungereimter Anschlag, nach einer Idee, wie

224

der Weltlauf gehen müsste, wenn er gewissen vernünftigen Zwecken angemessen sein sollte, eine *Geschichte* abfassen zu wollen; es scheint, in solcher Absicht könne nur ein *Roman* zu Stande kommen.«[87] Denn schließlich: »Die Wahrheit ist nicht die Hauptvollkommenheit des gesellschaftlichen Lebens.«[88]

Das vorgeblich *unpraktisch* Intellektualistische ist Kant immer wieder vorgeworfen wurden. Einmal von dem zeitgenössischen Königsberg-Historiker Ludwig von Baczko, der sich, ohne Kant beim Namen zu nennen, in einem Vortrag in Königsberg aus dem Jahre 1799 so äußerte: »Es gibt auch Menschen, die Philosophen heißen wollen, weil sie ein halb Dutzend Terminologien auswendig gelernt haben; diese spötteln über die Wohltätigkeit unserer Vor-Eltern, welche nicht in richtigen Begriffen von Pflicht, sondern in dunklen Ideen und frömmelnden Gefühlen ihren Grund hatte.«[89]

Einer der klassisch-antiken Lieblingssprüche Kants, die er auch gerne in studentische Stammbücher schrieb, und der pointiert seine Distanz zur landläufigen Aufklärung bezeichnet, war:

Ad poenitendum properat, cito qui iudicat.
I. Kant. d. 16 Ianuarii 1802.[90]

Dieser Spruch – *Wer zu flink straft, urteilt voreilig* – ist überliefert bei dem römischen Dichter Publius Syrus[91] und, wie Raoul Richter (1871–1912) gefunden hat[92], ursprünglich dem Bias, einem der Sieben Weisen zuzuordnen[93]. Kant hat diesen Spruch seit 1789 in, wie wir bis heute wissen, zwölf studentische Stammbücher eingetragen[94]. Der Besitzer des Stammbuches *C. H. B.* war vermutlich der älteste Sohn des zu Kants Tischrunde gehörenden Medizinprofessors Carl Gottfried Hagen (1749–1829), der am 30. 9. 1802 immatrikulierte iur. cult. Karl Heinrich Hagen (1785–1856). Die Initialen C. H. B.

könnten als *Carolus Hagen Borussus* gelesen werden. – Die *Stammbuch*-Tradition wurde in Königsberg von Michael Lilienthal mit seiner Magisterabhandlung *De philothecis varioque earundum usu, vulgo von Stammbüchern* (1711) akademisch begründet.

Was einmal aus dem Umkreis eines ganz anderen, späten-allzuspäten Kritizisten geschrieben worden ist, könnte man ein treffliches Psychoggramm Kants nennen, nämlich daß das »*Ringen* nach Heiterkeit und Selbstbefreiung [...] durchaus etwas nicht nur schmerzlich Ergreifendes, sondern auch zu tiefster Ehrfurcht Bewegendes«[95] mit sich bringt.

Der unbotmäßige Alte

> Da die Metaphysik vor kurzem unbeerbt abging
> Werden die Dinge an sich morgen sub hasta verkauft.*

In der Aprilnummer 1789 der *Berlinischen Monatsschrift* erschien ein Epigramm, das exemplarisch die Stimmung eines
größeren Teils der philosophischen Zunft gegenüber der Kantschen Aufforderung zur Selbstkritik ausdrückte:

> *Hilf mir hinauf zu Deinem lichterfüllten*
> *Wahrheitsfelsen,* Wolfia,
> *Damit ich nicht den dornenvollen nachtumhüllten*
> *Weg, am Stab der* Kantiana
> *Zu straucheln wage.*[1]

Kant mußte wohl einsehen, daß die Zumutungen, die er an
seine Zunftgenossen richtete, deren Toleranzdispositionen
weit überschritten hatten. Selbst dort, wo man durch tägliche
Begegnungen mit dem Philosophie-Kritiker hätte denken oder
hoffen können, daß sich ein nachdenklicher Umgang mit dessen Lebenseinfall einstellen würde, war man entschieden auf
Anti-Kant-Kurs. In Königsberg nämlich machte sich, mit wenigen – meist studentischen – Ausnahmen, eine Abneigung gegen Kant breit wegen dessen vermeintlichem »*gnostischen* Haß
gegen die Materie« bzw. dessen »*mystische[r]* Liebe zur Form«[2]
Der Stichwortgeber solcher Kritik – sein alter Bekannter aus
Kanters Buchladen und gelegentlicher Tischgenosse, Hamann
– hat Kant mit dem lange anhaftenden Epitheton eines *preußischen Hume*[3] versehen.
So kam es schon im ersten Jahrzehnt der ›Revolution der Denkungsart‹ zu einem »geheimen Widerwillen *fast aller Systema-
tiker* gegen die Kantische Kritik.«[4]

Und so ist es vielleicht kein Wunder, daß sich Kant, je älter er wurde, je mehr von seinen näheren und ferneren Zeitgenossen abhob. Dieses Unterschiedensein fällt den verschiedensten Leuten ganz unterschiedlich auf. Von denen, die nicht näheren Umgang mit ihm hatten, wird er als skurril oder kauzig wahrgenommen, oder impertinent, denen erscheint er als Sonderling, Hagestolz, Immer-zur-selben-Zeit-Spaziergänger, Misanthrop.

Er scheint jedenfalls der merkwürdigste Wissenschaftsbeamte im altpreußischen Staat in der Aufklärungsperiode gewesen zu sein. Einer, der mit Kant im Amte zu tun hatte, beschreibt ihn höchst widersprüchlich als einen, »der nie der Pluralität widersprach und sich selten die Zeit nahm, ein Actenstück der philosophischen Facultät durchzulesen.«[5]

Daß Kant alle Philosophie *sub species aeternitatis* überwunden hatte, aber dennoch nicht nur in deren Kritik hängenblieb, sondern der Philosophie für die Zukunft einen neuen Gegenstand freigelegt hatte, war lange umstritten. Der Streit wurde geführt unter der etwas engen Begriffskontroverse ›*Kritik* versus *System*‹. Viele indes waren von Kants Kritik als einem bloßen Zerstörungswerk geistig wie gelähmt, so daß sie das gesamte Kritik-Projekt aus Königsberg sogleich mit einem neuen, gerade erst konstruierten Kampfbegriff zurückwiesen: dem des *Nihilismus*.

Dieser neue Begriff entsteht im Umkreis der Polemik gegen die *subjektdefinierten Selbstverhältnisse* des wahren Erkennens und richtigen Handelns in Kants Transzendentalphilosophie. Vor allem war es wohl – im Theoretischen – eine vorschnelle Koinzidenz der Begriffe *Erscheinung* und *Schein*, die bei den Kritikern Kants hier den Verdacht eines Vernunftabusus bei Kant aufkommen läßt. Es ist zuerst Friedrich Heinrich Jacobi (1743–1819), der hier eine »Wissenschaft des Nichtwissens«[6] konstatieren zu müssen glaubt. Dieser neue Begriff ›Nihilismus‹ wird von Jacobi seit 1787, als er seine Schrift *David*

Hume über den Glauben, oder Idealismus oder Realismus veröffentlichte, gegen Kant und den auf ihn aufbauenden neuen Idealismus verwendet, und gipfelt dann nach 1800 in dem knappen Diktum: »Gesteht es nur [...] das ganze Gerüste eurer praktischen Lehre ist Nihilismus.«[7]

Daneben ist es Jakob Hermann Obereit (1725–1798), »der gegen Sie schreibt«[8], und der Kants zentralen Kritikpunkt der Unmöglichkeit einer Erkenntnis der *Dinge, an-sich-selbst-betrachtet* mit dem Dilemma konfrontiert: »Aut Ens a se, aut Nihil absolute«[9].

Die Universitätsmetaphysik kam mit Kants entschiedener Eingrenzung philosophischen Fragens auf *Endlichkeit* nicht zurecht. Kant schränkt »seine Philosophie [...] nur auf diese *Erde*, und folglich besonders auf den *Menschen* ein. – Sie ist also hauptsächlich *Wissenschaft des Menschen.*«[10] In dieser anthropologischen Wende der Kantschen Kritik lag für viele ein inakzeptables Heraushalten oder gar Entfernen (und Vergessen) der Transzendenz in der Philosophie, denn: »Das Ueberirdische fällt, sobald man das *Menschliche* überall entdeckt.«[11]

Und mancher bemerkte – jedenfalls seit Sommer 1789 – auch eine verdächtige Nähe des Königsbergers zur, wie Lichtenberg das genannt hat, *neufränkischen Experimentalpolitik.*

Kant hatte natürlich durchaus – und lange – Sympathien für deren freiheitlich-republikanische Werte, die auch eine bestimmte Sensibilität für soziale Belange einschloß. Besonders war es ihm jetzt um das zu tun, was er in einer seiner letzten Schriften als ein Leben »nach inneren Rechtsprincipien im Menschengeschlechte vereinigt«[12] nennt.

Das war Kant auch ›im kleinen‹ wichtig. – Als in Königsberg Mitte der neunziger Jahre das Konviktorium, eine Mensa für mittellose Studenten, aufgehoben werden sollte, weil wegen des großen Zulaufs chaotische (und finanziell prekäre) Zustände zu erwarten wären, wandte sich Kant mit einem Schreiben gegen dieses Unterfangen. Kant unterstützt seinen langjährigen Kollegen Reusch. »Ich bin der Meynung Exc: Physici wegen Beybehaltung des *Convictorii.* Zwar hat man in neueren Zeiten, nicht ohne Grund, für rathsam gehalten, statt der waysen-, Kranken- Invaliden- und Armenhäuser, bey denen die Lohnkosten des Personals der Verwaltung den größten Teil der Wohlthätigen Stiftung wegnehmen, baare Geldauszahlung einzuführen, allein in einer Stiftung für Leute, die nicht mehr Kinder, aber doch auch nicht durch Erfahrung zur vernünftigen Haushaltung gereifte Männer sind, würde dieser Vorschlag der Absicht garnicht angemessen seyn. – Die Sorglosigkeit derselben auf den künftigen Tag nicht hinaus zu sehen, sondern nur den gegenwärtigen zum Vergnügen zu benutzen, wird sie oft zu schlimmen Maasregeln verleiten, um sich bey Eintreten der Noth zu helfen. Es ist in der That eine große Wohlthat, nicht allein für die jungen Leute, sondern auch für das Publikum, gegen die Jugend gesichert zu sein und selbst nicht einmal die Freiheit zu haben, sich in Gefahr derselben zu setzen. – Daher trete ich dem Voto Exc: Politici bey: den vortrefflich ausgearbeiteten Aufsatz des Hrn: Prof. Reusch dem Etatsministerio vorzulegen.«[13] – Die Aufhebung des Konviktoriums zu dieser Zeit war damit vom Tisch.

An Vorschlägen für die Weiterverwendung des Gebäudes hat es seitens der Universität nicht gemangelt, der Jurist Theodor Anton Schmalz (1760–1831) schlug vor, das *Theatrum Anatomicum* darin unterzubringen.

Es gehört wohl zu einer Einsicht seines langen akademischen Lebens, daß Kant sein Fach, die Philosophie, selber durchaus zwiespältig sah. Sie gehöre mit ihrer Gelehrsamkeit zu den exakten Wissenschaften – gar »in *die physic*«, sagt Kant –, aber sie sei zum anderen eben auch »das *organon* zur Weisheit«, und, so ist dann offensichtlich: »Ein philosophisch Gelehrter ist darum nicht Philosoph.«[14] Damit aber traf Kant einen Nerv im alltäglichen Umgang mit Seinesgleichen, die beileibe nicht alle seinesgleichen waren.

Kant liebte den *Witz*, das *Witzige* – auch in seinen schwärzeren Formen, etwa bei Jonathan Swift. Sein experimentelles Philosophieren implizierte bei ihm selber auch einen Hang zum Frappierenden. Er war seiner Umgebung im Denken immer weit voraus, auch vor allem dahin, wo man ihm sowieso niemals würde folgen wollen. »Denken und wo möglich immer was Neues, die gewöhnlichen Begriffe überflügelndes Denken war für seinen regen Geist Bedürfnis. Daher seine Liebe für alle, wenn auch noch so paradoxen Schriften.«[15]

Kant hatte im Alter zu seinen Dienstpflichten als Hochschullehrer nicht immer mehr ein solches Verhältnis, wie man es seinem Begriff *Pflicht* – ›*du erhabener großer Name*‹[16] – gemäß zu erwarten hätte.

Ganz besonders schrill ist diesbezüglich das Urteil seines akademischen Kollegen, des Gerichtsmediziners Metzger, der Kants Amtsführung als Rektor der Universität im Sommer 1786 als durch »Confusion und des tumultarischen Gang der Geschäfte in diesem Rectorat«[17] gekennzeichnet denunzierte. Das war eine ›Retourkutsche‹, denn Metzger fühlte sich selber durch Kants Einsprüche seinerzeit um ›sein‹ Rektorat für den Winter 1785/86 gebracht. Damals sah Metzger seine Chance als Nachfolger *lege artis*, als sein Fakultätskollege, der hochbetagte Physiologe Johann Christoph Bohlius (1703–1785) starb, nachdem er schon als Rektor bestimmt war. Metzger rückte damit auf den zweiten Platz in der Ordinarien-Hierarchie seiner Fakultät. Bohlius wurde im Vorlesungsverzeichnis des Winters 1785/86 noch als Rektor ausgewiesen, doch Metzger rechnete fest damit, daß er die Amtsgeschäfte übernehmen könnte. So hat er kurz entschlossen dem Akademischen Senat am 30. September 1785 mitgeteilt[18], daß er am kommenden Sonntag zur Einführung als Rektor bereitstehe. Doch der Akademische Senat hatte schon Bohlius' Amtsvorgänger, den Juristen Holtzhauer, mit der Vertretung beauftragt. Und es war eben Kant, der im Senat diese Manöver Metzgers zur Amtserschleichung offenlegte, auch wenn er – wie sein Freund, der Senator Reusch, befürchtete – den Senatsfrieden damit empfindlich störte. In einer ausführlichen Polemik Kants gegen seinen alten Widersacher, den Medizinprofessor Metzger, werden einige Dimensionen der Querelen deutlich, die den Alltag in der Führungsetage der Universität bestimmen, und Kants diesbezügliche amtliche Abwiegelungsstrategie: »Auf das Anschreiben des Hr. H. R. [Hofrat] Metzger an einige von ihm selbst ausgewählte Glieder des Senats, da es offenbar eine wieder [wider] die übrige zu erregende Taction zur Absicht hat, ohne des Rectoris Vorwissen einen Umlauf und Stimmensammlung verlangt, und sogar wieder [wider] den ersteren aufzusetzen versucht, kan von uns, meinen Bedenken nach, gar nicht geantwortet werden. Wollen S. R. Theol. Prius die Gütigkeit haben, ihm nur in allgemeinen Ausdrücken zu antworten, daß, weit gefehlt H. D. Holtzhauer [1746–1801, Jura-Professor] usurpire das Rectorat, vielmehr der Senat ihn um diese Bemühung habe ersuchen müssen und ihm für so viele unvergoldtne Muse gar zu verbunden sey. Jetzt könne der Senat in dieser Sache, die keinem zu liebe oder zu leide, sondern lediglich um niemanden das Recht zu schmälern, bey Hofe einmal anhängig gemacht worden, nichts für seinen Kopf verfügen, sondern müsse dessen Antwort [...] der man posttäglich entgegen sehe, abwarten [...] Übrigens kann ich mich in die Besorgnisse Exc. Physici [d. i. Prof. Reusch] nicht wohl finden. Diese Sache hat einen überlegten, guten und selbst fürs Künftige zur Regel dienlichen Gang genommen, der, weit gefehlt die Eintracht der Glieder zu stöhren, vielmehr eine Ursache der Zwietracht weniger machen kann. Nur müssen wir daran gar nicht denken, irgend etwas Neues hierum zu beschließen, ehe die Antwort und der Bescheid vom Hofe angelangt ist; denn das würden wir weder in Berlin noch hier verantworten können.«[19]

Johann Daniel Metzger (1739–1805) stammte aus Straßburg, hier hat er 1766 promoviert mit einer Arbeit *Nervorum primi paris historia*, ging 1770 als Leibarzt zum Grafen von Bentheim-Steinfurt und von dort 1777 an die Universität nach Königsberg. Er hat, neben Christoph Gottlieb Büttner, hier in Königsberg die Rechtsmedizin[20] begründet. – Der Groll Metzgers gegen Kant datiert auf das Jahr 1782, als der – in Metzgers Augen – die Veranlassung gab für einen Beschwerdebrief des Akademischen Senats an den König, in dem es hieß, »daß wir gewißenhaft unsern schon lange gehegten Verdacht wi[e]der Hofrath Metzger, als fehle es ihm an ohninteressirtem Diensteifer, bey dieser Gelegenheit äußern; nicht um ihn anzuschwärzen, sondern um der Wahrheit auch in dieser Sache Gerechtigkeit werden zu laßen.«[21]

Metzger konnte in seiner Kritik am Rektor Kant aber auch tatsächlich auf einige unkonventionelle Amtsgebaren des Philosophen verweisen. So hatte Kant schon einmal Einladungen an Kollegen vergessen oder nicht alle seine rektoralen Entscheidungen mit dem Senat abgestimmt, sondern – zeitsparend – kurzerhand selber entschieden.

Einmal hatte Kant, als er in jenem Herbst 1786 Rektor wurde, den – eigentlich ganz praktischen – Einfall, eine Gelegenheit zu nutzen, mehrere Sitzungen sozusagen zusammenzulegen. So wollte er das Datum des Geburtstages des neuen Königs, Friedrich Wilhelm II., am 18. September 1786 nutzen, um das Pflichtpensum gleich dreier Sitzungen auf einmal zu erledigen. An diesem Tag mußte ohnehin der gesamte Akademische Senat präsent sein, denn er wurde dem Nachfolger Friedrichs II. (der am 17. August gestorben war) vorgestellt. Kant schrieb an seine Kollegen, er »habe die Ehre den Vorschlag zu thun, wie die drey Versammlungen desselben [des Senats] am künftigen Montage als dem königl. Geburtstage vereinigt werden könnten: wenn wir nämlich bald nach 8 Uhr Morgends zum examen alumnorum zusammen kämen, von 11 bis 12 Uhr dem actui oratorio beywohneten und zwischen 12 und 1 Uhr den Senatsconsess, in welchem ich nur einige wenige Sachen vorzutragen habe, hielten. Sollten indessen einige HEn Senatores diese Zeit zu Ihren nöthigen Vorträgen zu kurz finden, so kann künftigen Montag wegen des Consessus andere Entschließung genommen werden.«[22]

An diesem Tag fand dann, bis 22. September, im Schloß die offizielle Huldigung der neuen Majestät statt. Zur Erinnerung an dieses Ereignis wurden Medaillen geprägt, die an alle Mitglieder des Senats verteilt werden sollten. Der Kabinettsminister von Hertzberg ließ an den Rektor Kant zehn solche Erinnerungsstücke überweisen und damit auch ein Problem, denn sein Senat hatte (diesmal) nur neun Mitglieder. Es entstand für ihn also die Frage, »ob die 10te Medaille ihnen allen zusammen gehöre, um darüber zu disponiren« – Kant sah schon wieder neue Sitzungen auf sich zukommen ... – »oder ob jedes Mitglied, als Senator, nur auf eine Anspruch machen könne, dem Rectori aber, qua tali, eine Medaille besonders zufallen müsse und in dem mir geschehenen Auftrage der Vertheilung auch zugedacht sey. Zwar war ich gestern der ersteren Meynung; jetzt aber nehme ich wahr: daß sie mit der ausdrücklichen Bestimmung nicht übereintrifft ›sie an die Senatsmitglieder zu vertheilen‹. Denn die 10te würde auf solche Weise ausser den Senat kommen [nämlich an ihn selber, der nun zwei hätte ...], was dem klaren Ausdrucke wiederstreitet.«[23] Was also tun? Kant entscheidet es am Ende nicht selber, weder steckt er das Ding ein noch läßt er endlos darüber reden, sondern er bemüht wieder einmal die Figur *des Dritten* – er wartet auf eine Anweisung von oben.

Bei der Huldigung selber wurde auch der Universitätsrektor Kant dem neuen König vorgestellt, doch bemühte sich Magnifizenz umgehend (und erfolgreich!) um einen Substitut, der an seiner Stelle am nächsten Tag das hochherrschaftliche Zeremoniell des Hof-Gottesdienstes mitzumachen hätte. Bei Kollegen Mangelsdorff stieß er dabei auf offene Ohren. Kant hatte, wenn solche feierlichen Schritte angesagt waren, eine alte Gewohnheit, nämlich: er lief, wann immer er konnte, an der großen Kirchentür vorbei.

Bei der Huldigung hatte Kant in seinem Tischgenossen Theodor G. Hippel – der war seit 1780 erster Bürgermeister und Polizeidirektor Königsbergs – einen allzu bereiten, verläßlichen Spötter über solche Rituale gefunden. Hippel war auch ein »entschiedener und heftiger Republikaner [...], er ergoß sich mit bitterer Laune über die eben entstandenen Neuadlichen und über den Adel selbst.«[24] Bei diesen offiziellen Aufzügen durften Magnifizenz und Bürgermeister beieinander laufen (und miteinander sticheln), vor den Abgesandten der Fakultäten. – Die geistige Nähe beider ging so weit, daß man später Kant sogar verdächtigte, der Autor eines allgemein (und zutreffend!) Freund Hippel zugeschriebenen – anonymen – Werkes zu sein. Kant weist den Gedanken eines Plagiats Hippels mit dem Hinweis ab, daß Gedanken aus seinen öffentlichen Vorlesungen, die »der aufgeweckte Mann in seine launigten Schriften mischen konnte, und durch die Zuthat des Nachgedachten, dem Gerichte des Witzes einen schärfern Geschmack zu geben«, selbstverständlich frei sind für jedermann, »ohne sich deshalb nach«, wie sich Kant selber sieht, »dem Fabrikanten erkundigen«[25] zu müssen.

Kant nannte Hippel einen *Centralmenschen*[26], der mit seiner Gabe der *Selbstanstelligkeit* einen Glücksfall für Königsberg bedeutete.

Kant stand überhaupt religiösen, oder besser: kirchlichen Zeremonien zunehmend ablehnend gegenüber. Denn, so notiert er sich einmal: »Religion zu haben ist Pflicht gegen sich selbst – aber nicht einen Religionsglauben zu haben.«[27]

Ein Durchreisender in Königsberg, Johann Friedrich Abegg (1765–1840), berichtet dann auch von der eher windigen Glaubensfestigkeit des Philosophen – er habe in seiner Jugend »noch an keinem Satze des Christentums gezweifelt. Nach und nach sey ein Stück ums andere abgefallen.«[28] Sobald jene *Pflicht gegen sich selbst* sich nämlich je nach kontingenter kulturell-geschichtlicher Lebenslage, je verschieden vergegenständlicht in Satzungen, die ihrerseits nur auf historische Beweisgründe gebaut sind, wird das unabweislich, befürchtete Kant zu Recht, zur »Trennung der Menschen untereinander [...] und selbst unaufhörlicher Kriege«[29] führen.

Von Kants Kollegen Metzger wissen wir, daß Kant viele Jahre lang keine Predigt gehört, keinen Gottesdienst besucht und sich auch in Gesellschaft »zum Indifferentismus in der Religion bekannt«[30] hatte.

Besonders in der zweiten Hälfte seines akademischen Lebens verstärkte sich die hier angedeutete Tendenz bei Kant, sich mehr und mehr von Amtsgeschäften zurückzuziehen, ja geradezu sich zu drücken. Besonders im Jahr 1796 wurde seine Absenz[31] bei den vorgeschriebenen Senatssitzungen, in den vielen Wochen zwischen 9. März und 19. Oktober in schon peinlicher Weise aktenkundig gemacht. Kant fehlt permanent. Am 28. Februar 1798 geruht der Meister dann doch wieder einmal anwesend zu sein.[32]

Das brachte natürlich auch Konflikte in der Gelehrtenrepublik mit sich, da man als – zeitlebens – akademischer Bürger in einem viel umfassenderen Sinne in sie eingebunden war, als das dann später – in der ›Humboldtschen Universität‹ – der Fall gewesen war.

Kant weigerte sich auch einmal heftig, einer ›Neuerung‹ in der Besetzung des Akademischen Senats zuzustimmen, die manchen erforderlich schien, um – notabene – dienstsäumige Senatorenstimmen sozusagen zu ›kompensieren‹...; das träfe aber oft gerade auf ihn selber zu! Kant schreibt diesbezüglich: »Es hat sich eine Neuerung in den Beschlüssen eines Theils des Academischen Senats erhoben, wodurch eine Integrität desselben beabsichtigt wird, die mit sich selbst im geraden

von Hippel

Widerspruch ist, nämlich ein Decret, die Stelle der beständig
ausbleibenden bey den Sessionen desselben durch Adjuncten
zu ergäntzen, welche für sich selbst stimmgebend seyn sollen
ohne doch Glieder des Senats zu seyn und ein Theil über das
Ganze beschließt. Denn die Adjungirte, als *non senatores* können ganz andere Absichten haben als die des Senats. – Bisher
ist es so gehalten worden, daß die welche dem Consess nicht
beywohnen können vermittelst einer durch den Academischen
Ministerial verrichteten Capsulation ihre *vota* abgeben und so
waren sie authentisch; was würde denn werden wenn Stellver-
treter die nicht dasselbe Interesse für die Akademie haben [...]
wie Miethlinge den Platz derselben einnehmen und diese
Funktion nach ihrem eigenen Kopf verwalten sollten. [...] Da
also die Projectirte Substituten-Integritat an sich widerspre-
chend [...] so verweigere ich meine Einstimmung zu diesem

neu ausgedachten Plane indem der Alte so wie er weise auch zugleich der menschlichste ist. I. Kant.«[33]

Und als er wieder einmal gerade nicht anwesend war und trotzdem seine Meinung über ein dort behandeltes Problem nötig wurde, schrieb er lakonisch: »Ich trete dem voto Exc. Ilti. Medicorum bey und, da ich dem letzten Senatsconcess nicht beygewohnt habe, kann ich nichts weiter als meinen herzlichen Wunsch äußern, das es der Bemühung der Herren Inspectores gelingen möge, sehr unvollendete Schüler (wie die halbjährige Specimina beweisen) zu Lehrern auszubilden.«[34]

Kant ist immer voller Ironie. Auch wenn er – kurz vor seinem 65. Geburtstag – endlich eine Gehaltserhöhung bekommt. Der Minister für geistliche Angelegenheiten, Woellner, schrieb damals – am 3. März 1789 – an das ostpreußische Etats-Ministerium: »Schon lange haben wir den Fleiß und die Uneigennützigkeit des so geschickten, als rechtschaffenen Mannes, des Professoris Philosophiae Kant, der ohne irgend eine Zulage, noch Verbesserung zu verlangen, mit unermüdlichem Eifer, zum Besten der dortigen Universität arbeitet, mit unserer Zufriedenheit bemerkt [...] Wir haben daher dem Professor Kant, zum Zeichen unserer vollkommenen Zufriedenheit, aus dem Fond unseres Oberschulkollegiums eine jährliche Gehaltszulage von 220 rth zu accordiren allergnädigst geruhet.«[35]
Kant dankt dafür erstens seinen Kollegen im Senat für die Aufmerksamkeit, immerhin freue er sich »der kurzen Zeit, in welcher, allem Ansehen nach, ich sie noch genießen kann«, und zweitens vermutet er, daß diese Zulage, »da sie einmal für unsere Universität bestimmt ist, vermuthlich einem Derselben dereinst zu Theil werden wird.«[36]

Ein Besucher in dieser Zeit, der russische Schriftsteller Karamsin, beschreibt einen genervten älteren Herrn. »Kant spricht geschwind, sehr leise und unverständlich; ich muß alle meine

Gehörnerven anstrengen, um zu verstehen, was er sagt. Er bewohnt ein kleines unansehnliches Haus. Überhaupt ist alles bei ihm einfach, ausgenommen seine Metaphysik.«[37]

Kant gibt Anfang der neunziger Jahre dem Theologiestudenten Georg Nicolovius (1767–1833) einen Berufsratschlag. Georg Heinrich Ludwig N. war der älteste von drei Brüdern, von denen einer, Friedrich Nicolovius (1768–1736) der bekannte Königsberger Verleger war. Kant riet damals:»Was ich, nach der von Ihnen erklärten Abneigung gegen ein theologisches Amt, zur Basis eines sicheren, obgleich anfänglich kleinen Einkommens, vorschlage ist ein *Schulamt*. – Erschrecken Sie darüber nicht.«[38] Kant empfiehlt ihn deshalb an den Direktor des Joachimthalschen Gymnasiums zu Berlin, Johann Heinrich Meierotto (1742–1800), der ihn im August 1792 in Königsberg besucht hatte. – Georg H. L. Nicolovius befolgte den Rat Kants nicht. Er war – verheiratet mit Goethes Nichte Marie Schlosser (1767–1839) – dann seit 1800 Konsistorialrat in Königsberg und ab 1808 Leiter der Cultus-Sektion im Berliner Innenministerium.

Der Berliner Schullehrer Meierotto nimmt den *Chinesen von Königsberg* (Friedrich Nietzsche) im Sommer 1792 etwas anders wahr als einige Jahre zuvor der russische Gast Karamsin: »Er ist der heiterste, unterhaltendste Greis, der beste *Compagnon*, ein wahrer bon-vivant im *edelsten Verstande*. [...] Aber – erkenne darin den Mann von Geschmack und Welt,– von seiner Philosophie habe ich auch in den vertrautesten Stunden, die er mir gönnte, nicht ein Wort gehört.«[39] Damit war eine intellektuelle wie mentale Grundstimmung Immanuel Kants sehr genau getroffen.

Die Philosophie im protestantischen Deutschland hatte immer schon ein zwiespältiges Verhältnis zur politischen Wirklichkeit. Es könne nicht vergessen werden, so wurde am Beginn der Aufklärung jene Spannung beschrieben, »daß die Philosophie nicht geschickt sei Politicum zu tractiren, weil solches wieder [wider] die erfahrung läufft, als welche bezeugt, daß die alten von unsern Politici Philosophi seyn. Darob gehören zur Philosophie die Historie und andere Sachen, daraus die Politica gewonnen wird.«[40]

Nun wurde – viel später allerdings – in einem bemerkenswerten Nachruf auf Kant, der von einem der bedeutenderen zeitgenössischen Philosophen stammte, in einer atemberaubenden Analogie Kants ›Revolution der Denkungsart‹ als ›Denkart von Revolution‹ ausgewiesen: nämlich, »daß es ein und derselbe von lange her gebildete Geist war, der sich nach Verschiedenheit der Nationen und der Umstände dort [in Frankreich] in einer realen, hier [in Deutschland] in einer idealen Revolution Luft schaffte.«[41]

Die früheste Vermutung über die geistige – gar kausale! – Verbindung von Kritischer Philosophie und Französischer Revolution kommt allerdings aus dem katholischen Deutschland. – Der Würzburger Theologe Maternus Reuss schreibt am 17. August 1792 in einer Disputation: »Controversia haec [ob sich die Kantsche Theorie nachteilig auf die Religion auswirke], jam satis et pro religione et pro philosophia diremta est, nec perdurat, nisi in certis piis, ut ajunt, conventiculis, in quibus continuae quaralae de moderna per hanc philosophiam corruptione morem, *de revolutione in Gallia ex hac philosophia orta.*«[42] Und Reuss war ein vertrauter Kenner Kants, hatte er doch seit 1788 entsprechende akademische Veranstaltungen zur neuen Philosophie aus Königsberg im Programm.

Die singuläre Erscheinung unter den deutschen Gelehrten seiner Zeit hatte sehr früh schon ein hellsichtiger Chronist auf den Begriff gebracht, als er schrieb: »Wenige seiner teutschen Brüder, Logiker und Metaphysiker, haben ihm nachahmen wollen, und unter den wenigen hat keiner ihn übertroffen.«[43]

In den neunziger Jahren pflanzt sich eine unbestimmte Unruhe, deren tiefster Quell wohl im Paris jener Jahre zu suchen wäre, auch fort in so ferne europäische Orte wie Königsberg. –

Nur ist das, was dann davon hier ankommt, zunächst nicht mehr als studentischer Tumultismus.

Aus Kants Hörsaal allerdings war so etwas öfter schon zu hören gewesen. Es fing damit an, daß zwei Studenten in einem Königsberger Café-Haus – einer kam von der Mosel, der andere aus Göttingen – sich über die »verschiedenen Irrungen und Fehden unsrer modernen Philosophen« in die Haare kriegten. Der ›Linksrheinische‹ pries die Kantsche Philosophie über die Maßen, ließ keine göttingischen Einwände gelten und brach bald in »ein paar beißende Sarkasmen gegen alle Kantischen Gegner, und namentlich gegen die Herren Göttinger aus, mit dem ausdrücklichen Beifügen: Diese hätten sich [...] vor den Augen von ganz Deutschland *blamirt*.«[44] Göttinger Basistexte der Kant-Kritik waren: *Kritische Briefe an Hrn. Imm. Kant über seine Kritik der reinen Vernunft* [1790] und Johann Gottlieb Heynig: *Herausforderung an Herrn Prof. Kant in Königsberg* [1798]. Da griff ein Berliner Student in den Disput ein, er verteidigte seinen philosophischen Landsmann Mendelssohn gegen die Vermutung, »durch die *Kantische* Philosophie werde der dogmatisirenden Metaphysik Mendelssohns und seiner Vorgänger zu Grabe geläutet«, und im übrigen: »Kant ist ein Hochmuths-Narre, der sich gegen alle gescheute Leute aufhält und alles besser wissen will!«[45] Das fröhliche ›und *vice versa*‹ des Rheinländers beendete die erste – verbale – Ebene des Streits. Die Norddeutschen verlangten Genugtuung! Es wurde blank gezogen ... und bald war die schönste Paukerei im Gange. Die gewann der rheinische Kantianer.

Die Fortsetzung folgte tags drauf vor dem Universitätsgericht. Der Sieger verteidigte sich mit seiner Pflicht, gerade hier in Königsberg *für einen Mann, wie Kant* einzustehen! Von den – schlechten – Verlierern hörte man Äußerungen wie, es müsse ja um Kants Philosophie ›schief stehen‹, »wenn sie *nöthig hätte*, auf solche Weise soutenirt [unterstützt] zu werden.«[46] Die Verlierer in der Kneipe siegten vor dem Akademischen Senat. Der wehrhafte Kantianer mußte in den Universitäts-Karzer. Er fand sich beileibe nicht damit ab, sondern verfaßte in drei Tagen eine Schrift gegen drei der Mitglieder des Akademischen Senats – zwei Theologen und einen Philosophen –, denen er Parteiisches unterstellte. Sie hätten nämlich seit Jahr und Tag vom Katheder gegen den besten Denker ihrer Stadt gewettert, weil sie nicht dulden könnten, »daß Kant die Haupt-Stützzen der Dogmatik und Polemik wegschlage, die Zierde von tausend schönen Demonstrationen [...] übersinnlicher Gegenstände für überflüssig oder unstichhaltig darstelle.«[47] Kant wird gelächelt haben ... (*alles was man sagt solle schon wahr sein, muß man aber auch gleich alles wahre sagen ...*).

Dagegen war der Streit der Studenten Johannes Wilhelm Pfeiffer, Karl Daniel Hermes und Johann Heinrich Lehmann um einen Platz im Hörsaal Kants eine Quisquilie. Dennoch wurde das aktenkundig. Der ›Tumult‹ war kaum der Rede wert, aber er fand statt im Hause Kant, und wir befinden uns im Jahr 1792! – Die Studenten sollten bestraft werden, zunächst dachte man immerhin an eine *Custodien-Strafe* (Gefängnis) von vierzehn Tagen. Die Betroffenen schrieben Bittgesuche nach Berlin. Ihre Gründe betrafen immerhin die Grundfesten ihrer bürgerlichen Existenz. Pfeiffer wurde vom Rektor Kraus geraten, sich direkt um Gnade an den König zu wenden. Auch der Akademische Senat unterstützte diese Bitte beim König, um die Strafen in Geldstrafen umzuwandeln. Die Kontrahenten seien inzwischen wieder versöhnt, und einer von ihnen, Pfeiffer, habe ohnehin Königsberg schon verlassen, um in Halle eine Stelle anzutreten. »Wenn nun endlich nach dem Zeugnis unseres zweyten Professoris Theologiae, OberHofPrediger Schultz, Supplicant [der Bittsteller] in der hiesigen Reformirten Kirche bereits gepredigt hat, auch noch izt das Stipendium aus dem hiesigen WaisenHaus geniest [...] so können wir seinem Gesuch um so weniger entgegen seyn, als die von ihm begangene Privat-Injurie sich im Affeckte des Zorns gründete.«[48] So wurde schließlich die Strafe umgewandelt – in eine Geldbuße von 10 thl. – Kant war bei der Sitzung anwesend, auch er unterzeichnete das Schreiben.

Schließlich gab es im Herbst 1799 in Königsberg den – mißtrauisch beobachteten – Versuch der Gebrüder Böhmer, Goltz, Woÿdke und Gensen, einen studentischen Gesprächskreis zu etablieren. Vielleicht war das nach dem Vorbild des Jenaer Studentenbundes *Gesellschaft der freien Männer* gedacht, der ebenfalls in dieser Zeit bekannt wurde. Die Königsberger trafen sich immer samstags beim Gastwirt Krause im Hinterzimmer, »wo sie eine geheime Ordensverbindung unterhalten.«[49] Sie waren also offensichtlich von Anfang an der Obrigkeit bekannt. Und die hatte bereits am 23. Juli 1798 *Eine Verordnung wegen Verhütung und Bestrafung der die öffentliche Ruhe störenden Exzesse der Studirenden*[50] erlassen.

Einer der romantischen Akteure, Gensen, erhielt eine diesbezügliche Warnung: »Warnen Sie die Herren die sich vorgenomen Haben morgen ein Fensterschiessen [...] anzustellen; Ihr Versamlungs Ort bey Krause ist ausgekundtschaftet, und bereits ein Befehl zu ihrer Aufhebung beym Gouvernement ausgewürkt« und, um die Dringlichkeit zu betonen, mahnt er an: »Cito [geschwind]!«[51] Während von Berlin aus darauf gedrungen wird, die inkriminierten Subjekte zu relegieren, ist der Kant-Freund Schultz im Akademischen Senat gelassener. An seinen Rektor schreibt er, das alles »sei eine litterärische Gesellschaft zum Nutzen der Philosophie.«[52] – Kurze Zeit später tauchen aber in Königsberg »aufrührerische Zettel« auf, »des Inhalts *Auf Albertinens Söhne, vertheydigt eure Freyheit.*«[53]

Insgesamt sahen wohl einige bei der preußischen Obrigkeit solche studentischen – augenscheinlich *frankophilen* – Verfehlungen auch in gewisser Weise verursacht durch ihre akademischen Lehrer. Und Kant schien dabei von einer auffällig exemplarischen – und anhaltenden – Renitenz zu sein.

Vom Beginn der neunziger Jahre ist ein solcher schon selbstbe-
wußt couragierter Akt Kants und des Akademischen Senats
überliefert. – In der Stadt war es seit einiger Zeit zu Händeln
zwischen den Studenten und der Garnison gekommen. Da entstand ein Klärungsbedarf, den der Gouverneur der Stadt
Königsberg auf seine Weise bewältigen wollte. Er befiehlt kurzerhand und terminologisch etwas unbeholfen: »Die respecti-
ven Mitglieder eines hiesigen Hochweisen und Wohllöbl. Academischen Senats, werden hiedurch ersucht, Morgen Montag
des 24ten d. Monats des Morgens um 8 Uhr auf dem hiesigen
Gouvernement am Roßgärtner Markt zu erscheinen.«[54] Dieser
Befehl war nicht nur wegen der Kürze des angesetzten Termins
– der für immer bereite Militärpersonen gemacht schien – ein
Skandal. Er setzte sich auch über alle Normen des Umgangs mit
einer autonomen Anstalt, wie es die Universität war, hinweg.
Keine Frage, der derzeitige Hausherr im großen Jägerhof – der
alten Regimentskaserne – am Roßgärtner Markt, der General
Graf Henkel-Donnersmarck, war ein tapferer Kriegsmann, er
war General-Inspekteur der ostpreußischen Infanterie, Ritter
der St. Johanniter Malteser und gar Träger des (legendären) Or-
dens *Pour le Merite*. Aber hier hat er sich gravierend in seiner
Kompetenz vergriffen. Auch schien er keine Vorstellungen zu
haben, was es bedeutet, wenn montags morgen fast ein Dutzend Ordinarien von ihren Vorlesungen fernbleiben sollten. –
Jedenfalls entschieden sich die Professoren ebenso postwendend, daß sie dieser Einberufung *nicht* folgen werden. Denn
schließlich, so Kants Überzeugung: »Auf die Rechte der Menschen kommt mehr an, als auf die Ordnung (und Ruhe). Es läßt
sich große Ordnung und ruhe bey allgemeiner Unterdrükung
stiften. und Unruhen im gemeinen Wesen, welche aus der
Rechtsbegierde entspringen, gehen vorüber.«[55]

Mit dem Königsberger Militär gab es seitens der Universität
seit Mitte der achtziger Jahre zunehmend Spannungen. Staatlicherseits wurden jetzt zunehmend solche Studienwillige in

den Militärdienst gezogen, die nicht direkt in Königsberg wohnten, sondern im Einzugsbereich einer Militäreinrichtung lebten. Das waren die sogenannten *kantonspflichtigen* Studenten. Die benötigten zum Studium einen ›Erlaubnisschein‹ des jeweiligen Militär-Kommandanten. Der wurde aber immer wieder verweigert. Darüber beklagt sich die Universität einmal, als »zwey aus der lateinischen Schule in *Lyck* [heute: *Elk*] mit den erforderlichen Zeugnissen der Reife von der dortigen Schulcommission entlassene, unter dem *enrollement* [Einschreibung eines Rekruten] seines hier garnisonirenden Regiments stehende, junge Leute, *Dittlof* und *Vsko*, deren erster eines Bauern der zweyte eines Schuhmachers Sohn ist, [...] so fort ein[ge]zogen, ihre Zeugnisse der *Vniversitaet* nicht zurücklieferte, sie selber aber den Tag darauf an das *Depotbataillon* transportiren lies.«[56] Der Offizier handelte nach einer Verordnung vom 21. Juli 1784, wonach – *Schuster bleib bei deinem Leisten* – die Kinder von Bauern und Bürgern gefälligst das Gewerbe ihrer Eltern zu lernen hätten. Gegen eine allzu restriktive Auslegung dieses Reskripts wandte sich jetzt der Akademische Senat in Königsberg. Denn das Reskript »schärft nur ein [...] ihr Zudringen zur Universität durch die Strenge der Prüfung ihrer Tauglichkeit zu derselben einzuschränken.«[57] Also besteht die Universität darauf, bei vorliegender erfolgreicher Aufnahmeprüfung die Entlassung der Studenten aus dem Militärdienst anzuweisen und sie für das Studium freizustellen.

Und gerade Kant hatte sich in besonderer Weise für solche Studenten eingesetzt. Als Rektor hat er sich im Sommer 1786 erfolgreich beim Oberst von Berrenhauer dafür verwendet, »dem Johann Albert Gutowski den verweigerten Erlaubnisschein geneigtest zu ertheilen. – Zugleich erbitten wir uns, um fernere Weiterungen in dergleichen Fällen zu verhüten, von Ew: Hoch Wohlgeb. Gewogenheit dasjenige regulative Princip zu erkennen zu geben, nach welchem Dieselbe die Ertheilung, oder Verweigerung eines Erlaubnisscheins, an einem mit einem

gültigen Examinationsschein versehenen, bey dero Regiment *Enrollirten*, zu beurtheilen gesinnt sind.«[58]
Solche Befreiungen vom Militärdienst für Studenten waren nicht immer erfolgreich. Noch Ende der sechziger Jahre gab es den Fall des Studenten Gottlieb Crispien. Bei ihm lagen, wie ministeriell moniert wurde, keine Voraussetzungen vor, »ihn vom Dienst zu dimittiren; da nun dieser Crispien nicht nur eines Soldaten Sohn, sondern der Vater sogar [...] in Reih und Gliedern stehet: so ist nach dero Cantons Einrichtung kein Grund vorhanden, welcher diesen Gottlieb Crispien von der Enrollirung befreyen könnte.«[59] Und auch der König machte an diesem Fall klar: »So sehr Wir Uns auch demnach die Aufrechthaltung der Unseren Universitaeten verliehenen Gerechtformen und Freyheiten angelegen seyn lassen, so wenig können Wir danach die von der dortigen Akademie verweigerte Gestellung des benannten Crispien zum Syburgschen Regiment vorkommenden Umstände billigen, und befehlen Euch dahero hiemit [...] den Academischen Senat hiernach zu befinden.«[60] Bis zum Sommer war der junge Mann dem Regiment zurückgegeben. Der Provinzkommandeur General Hans von Lehwald (1685–1768) dankt dafür dem Akademischen Senat, es sei eine Entscheidung, die »dazu beitragen kann, die Rechte der Academie und das Ansehen ihrer Lehrer [...] zu erhalten.«[61]

Aber Kant hatte selber auch Subordinationsprobleme, die weit über Königsberg hinausgingen. Die begannen mit dem Tod Friedrichs des Großen am 17. August 1786. Der neue König Friedrich Wilhelm II. (ein Neffe Friedrichs II.) war, anders als sein aufgeklärter Onkel, ein mystischer, pietistischer Schwärmer. Einer seiner Herrschaftseinfälle war jener »Irrtum, in dem gesteigerten Pfaffenthum einen Schutz gegen die politische Neuerungssucht zu finden.«[62]
Zunächst löste er am 3. Juli 1788 den freisinnigen Kultusminister des großen Königs, Karl Abraham von Zedlitz, einen Ver-

trauten Immanuel Kants, ab. In dieses wichtige ›Justiz- und Geistliche Departement‹ rückte Johann Christoph Wöllner ein, der schon am 9. Juli 1788, gewissermaßen als seine erste Amtshandlung, die altpreußischen Vorschriften über den Umgang und den Unterricht mit der Religion verschärfte. Noch Friedrich der Große hatte zwanzig Jahre zuvor – 1768 – eine Nobilitierung Wöllners mit dem Satz abgelehnt: »Der Wöllner ist ein betriegerischer und Intriganter Pfafe, weiter Nichts.«[63]

Dieses »Edict, die Religionsverfassung in den Preußischen Staaten betreffend«[64], das sogenannte *Wöllnersche Religionsedikt*, beschränkte den öffentlichen publizistischen Umgang mit religiösen Fragen. Kurz: jeder habe eigene diesbezügliche Meinungen gefälligst für sich zu behalten, da sie im Falle eines Zweifels oder gar Kritik fürs Gemeinwesen mindestens unnütz, wenn nicht gefährlich seien. Die nun einsetzende Gesinnungsschnüffelei verlangte bald nach einer rechtlich abgesicherten Form; und so wurde nur ein halbes Jahr später, am 19. Dezember 1788, ein »Erneuertes Censur-Edict für die Preussischen Staaten«[65] nachgereicht; es blieb gültig in der Ära Wöllner, die mit dem Tode Friedrich Wilhelms II. – im November 1797 – zu Ende ging.
Dieses Dokument aber kam nicht aus dem Hause Wöllner, sondern vom Großkanzler von Carmer und dem Juristen Franz Svarez, die beide in einer aufklärerischen, friderizianischen Denktradition standen. Dementsprechend blieb die sich hier anknüpfende Zensurpraxis vergleichsweise mild. »Es wäre verkehrt, das Censuredikt auf völlig gleiche Linie mit dem Religionsedikt zu stellen. Die gemäßigte Form, in der es abgefaßt war, bildet einen scharfen Kontrast zu der gereizten, wenig objektiven Sprache des Religionsedikts. Dort redet Svarez, hier Wöllner.«[66] Diese neue Zensurbestimmung schien nötig, um – wie es in der obrigkeitlichen Begründung hieß – die *in Pressefrechheit ausartende Pressefreiheit* einzudämmen.
Wöllner hat dann, um die Zensurhoheit nach seinen strengen

Begriffen auch wirklich in die Hand zu bekommen, Anfang der neunziger Jahre (am 14. Mai 1791) eine neue, zentralisierte Behörde in Berlin gegründet, die »Immediat-Examinations-Commission«. Dieses neue Zensur-Amt war unabhängig vom traditionellen Oberkonsistorium und hatte eine viel größere Kompetenz. Ihm unterstanden alle Kirchen- und Schulämter, d. h. alle Prediger und Lehrer unterlagen einer für Preußen neuartigen Glaubens- und Gewissensprüfung. Die fortan Inkriminierten hießen »Christusläugner« und Naturalisten (derart denunzierte Wöllner sogar seinen ministeriellen Vorgänger, Freiherrn von Zedlitz), bald auch Jakobiner oder Demokraten. Und auch Kant geriet unter die mißtrauisch Beobachteten, denn »mit Kantens schädlichen schriften mus es auch nicht lenger fort gehen.«[67]

Da auch sofort die geisteswissenschaftliche Publikationstätigkeit unter Beobachtung stand, d. h. alle Zeitschriften, Broschüren philosophischen, theologischen oder pädagogischen Inhalts zur Zensur an die Kommission eingeschickt werden mußten, hatte dies unmittelbar eine Verödung des kulturellen Lebens in Preußen zur Folge. Denn sofort verließen beispielsweise zwei der angesehensten literarischen Zeitschriften den preußischen Staat. Die *Allgemeine Deutsche Bibliothek* (ADB) Friedrich Nicolais exilierte zwischenzeitlich nach Kiel und die *Berlinische Monatsschrift* (BMS) nach Jena. Diese Immediat-Examinations-Commission griff mit ihrem totalen Zensurbegehren natürlich massiv in althergebrachte Rechte und Selbstverwaltungsformen der preußischen Universitäten ein.
Die Verantwortlichen dieser neuen Zensurstelle waren allesamt Theologen und Oberkonsistorialräte, wie Johann Jesaias Silberschlag, der Prediger an der Berliner Georgenkirche Karl Georg Woltersdorf, der aus Breslau herbeigerufene Prediger Hermann Daniel Hermes, sowie der – ursprünglich aus der Herrnhuterkolonie Niesky stammende – Gymnasiallehrer am Breslauer ›Magdalenäum‹ Gottlob Friedrich Hillmer.

Durch die Observationen dieses Zensurkollegiums (1791 bis 1797) wurde in Preußen die Differenz zwischen Zensuredikt und Zensurdelikt ganz unerträglich.

Von diesen Verschärfungen war auch ganz besonders Immanuel Kant betroffen. Schon im Sommer 1791 machte etwa der Kommissionär Wolterdorf den Vorschlag[68], daß man Immanuel Kant, immerhin schon namhafter Professor der Universität Königsberg, mehrfach daselbst Rector academicus und Mitglied des Akademischen Senats und der Berliner Akademie der Wissenschaften, kurzerhand künftiges Publizieren verbieten möge. Ein anderes Mitglied jener Kommission, Hillmer, fand besonders durch Kants Aufsatz *Über das Mißlingen aller philosophischen Versuche in der Theodicee* (1791) den geistlichen Frieden gefährdet.

Zur Konfrontation kam es, als Kant Anfang 1792 seinen Aufsatz *Über das radikale Böse in der menschlichen Natur* der *Berlinischen Monatsschrift* eingereicht hatte. Diese Zeitschrift erschien inzwischen bei dem Jenenser Verleger Johann Michael Mauke, war also eigentlich dem Zensurzugriff der Immediat-Commission entzogen. Kant jedoch beharrte gegenüber dem Herausgeber der BMS, Johann Erich Biester, auf korrekter Zensurentscheidung zu seinem Text aus Berlin. Kant wollte nicht den Eindruck erwecken, so schrieb Biester in einem Begleitschreiben seiner Vorlage an die Zensurbehörde, »als ob er [Kant] einen literarischen Schleichhandel gerne einschlüge und nur bei geflissentlicher Ausweichung der strengen Berlinischen Zensur sogenannte kühne Meinungen äußere.«[69] Der Aufsatz Kants erschien im April-Heft der BMS. Schon dem nächsten religionsphilosophischen Aufsatz Kants, *Von dem Kampf des guten Prinzips, mit dem bösen, um die Herrschaft über den Menschen*, wurde am 14. Juni 1792 das Imprimatur aus Berlin verweigert. Während nun der BMS-Herausgeber Biester (am 20. Juni 1792) ein ausführliches ›Immediat‹-Gesuch[70] an König Friedrich Wilhelm II. richtete, vergeblich allerdings, wie der abschlägige Bescheid vom 2. Juli 1792 belegt, verfolgte Kant eine andere Strategie.

Er reichte seine inzwischen vier Aufsätze zur Religionsproblematik nicht mehr in Berlin ein, sondern gab sie an die heimische Theologische Fakultät der Albertina. Kant wollte seine Königsberger theologischen Kollegen aber durchaus nicht in Gewissenskonflikte stürzen, indem er ihnen etwa eine vorschnelle Entscheidung zu seinen Gunsten hätte ›ablisten‹ wollen. Das wäre wohl durchaus möglich gewesen, immerhin war der derzeitige Dekan der Theologischen Fakultät Oberhofprediger Johann Schultz ein Anhänger seiner Philosophie und gehörte zu seiner Tischrunde. Kant reichte seine Texte hier also ausdrücklich nicht zur definitiven Zensurentscheidung ein, sondern vielmehr zunächst zur Beurteilung, »ob die theologische Fakultät sich die Censur der Schrift anmasse, damit alsdann die philosophische Fakultät ihr Recht über dieselbe gemäß dem Titel, den sie führt, unbedenklich ausüben könne.«[71] Diesem Anliegen Kants, daß eben auch von philosophischer Seite über Religionssachen ›vernünftelt‹ werden könne und damit aber darüber wieder die Beobachtungskompetenz der Philosophischen Fakultät zuständig werde, konnte die Theologische Fakultät durchaus beipflichten. Und so erschienen, mit dem Segen der einheimischen Philosophischen Fakultät diese vier Texte Kants zur Ostermesse 1793 im Königsberger Verlag Nicolovius unter dem Titel *Die Religion innerhalb der Grenzen der bloßen Vernunft*. Eine zweite Auflage erschien schon binnen Jahresfrist 1794.

In seiner Vorrede zur ersten Auflage der Schrift *Der Streit der Facultäten* machte Kant später seine Gründe für die, seiner Meinung nach, Zuständigkeit der Philosophischen Fakultät öffentlich. Er machte auch den Brief des König vom 1. Oktober 1794 bekannt, in dem er angewiesen wurde: »Wir haben Uns zu Euch eines Besseren versehen, da Ihr selbst einsehen müsset, wie unverantwortlich Ihr dadurch gegen Eure Pflicht als Lehrer der Jugend und gegen Unsere Euch sehr wohl bekannte landesväterliche Absicht handelt. Wir verlangen [...] von Euch bei Vermeidung Unserer höchsten Ungnade, daß Ihr Euch künftighin Nichts dergleichen werdet zu Schulden kommen lassen [...] widrigenfalls Ihr Euch bei fortgesetzter Renitenz unfehlbar unangenehmer Verfügungen zu gewärtigen habt.«[72] Kant antwortet darauf in einem ausführlichen Schreiben, in dem er seine religionsphilosophische Publizistik verteidigt. Er habe sich niemals, betont er, gegen »mir bekannte *landesväterliche* Absichten vergangen« oder »der öffentlichen *Landesreligion* Abbruch getan.«[73] Und: Bei Angelegenheiten des Glaubens könne dem Theologen – zunächst als Geistlichem betrachtet – das Recht der Zensur nicht bestritten werden. Dies kann aber wohl nicht im Felde der Wissenschaften erlaubt sein, wenn hier z. B. biblische Fragen in einer philosophischen Abhandlung berührt werden, die damit »das anvertraute Gut einer andern Fakultät ist.«[74] Kant besteht also strikt auf dem Prinzip der Denk-, Forschungs- und Begutachtungsfreiheit für die Philosophie, gleich welchen Gegenständen, auch aus anderen Fakultäten, sie sich zuwenden möge.

Das war aber bei weitem nicht die einzige Widerborstigkeit, die die Berliner Zensur zu jener Zeit aus Königsberg erfahren sollte. Im Frühjahr 1794 wurde die Broschüre des Königsberger Theologen und Kant-Freundes Johann Gottfried Hasse *Über jetzige und künftige Neologie* von der Immediat-Commission moniert, dessen Verfasser, wie sich vorsorglich Woellner schon einmal notiert hatte, »ein haupt Neologe«[75] ist.
Und am Ende drangen – von der Theorie zur Praxis – auch schon Gerüchte von gewalttätigen Exzessen Königsberger Studenten gegen Kirchen an das Ohr der Obrigkeit – es war immerhin ein Student mit einer Tabakspfeife an einem Altar gesehen worden ...
Nun aber galt es, das Übel bei der Wurzel zu packen. In dem – oben schon zitierten – königlichen Rüffel, in *Seiner Königl. Majestaet allergnädigsten Spezialbefehl* heißt es, daß Kant seine

Pflicht als Lehrer der Jugend verletze und gegen die landes-
väterlichen Absichten handele. Und er wird angewiesen, »bei
Vermeidung Unserer höchsten Ungnade, daß Ihr Euch künftighin nichts dergleichen werdet zuschulden kommen lassen,
sondern vielmehr Eurer Pflicht gemäß Euer Ansehen und Eure
Talente dazu anwenden, daß Unsere landesväterliche Intention je mehr und mehr erreicht werde.«[76] Kant machte diese
Abmahnung und sein Antwortschreiben an den König erst
nach dessen Ableben und dem Ende der Wöllner-Ära in der
Vorrede zu seiner Schrift *Der Streit der Fakultäten* 1798 öffentlich bekannt. Kant sah sich also zunächst einem faktischen
Publikationsverbot ausgesetzt, wodurch sich die Veröffent-
lichung des *Streits der Fakultäten* verzögerte. – Kant hoffte auf
bessere Zeiten, um dann auch öffentlich »die Mißbräuche der
literärischen Polizeiverwaltung zu rügen.«[77]

Am 16. November 1797 übernahm Friedrich Wilhelm III. die
preußische Herrschaft. Die Wöllnerschen Edikte wurden kurz
darauf (am 23. November) annulliert und der Minister selber
entmachtet und ungnädig verabschiedet – »Als charakterloser
Streber, der zur Zeit seiner Macht den Gegnern seiner kirchlichen Richtung gegenüber plump und brutal aufgetreten ist,
verdient er geringe Anteilnahme.«[78] Sein Nachfolger wurde
Julius von Massow (1750–1816).
Der neue König Friedrich Wilhelm III. richtet am 12. Januar
1798 ein mahnendes Schreiben an den einst so mächtigen
Minister, in dem er betont, daß die Religion »nicht zu einem
gedankenlosen Plapperwerk herabgewürdigt werden darf«
und: »Vernunft und Philosophie müssen ihre unzertrennlichen
Gefährten sein.«[79] – Im Jahre 1799 wurde erneut eine No-
vellierung des Zensur-Edikts vorgenommen.
Diese altpreußische Denkfreiheit, die Kant immer einfallsreich
verteidigt hat, blieb ein immer wieder gefährdetes Gut. Einer
seiner Nachfolger, Karl Rosenkranz, hatte später – auch von
Königsberg her – wieder genügend Anlaß zur Klage, als er

schrieb: »Wie schmerzlich muß es uns stimmen, wenn wir nach fünfzig Jahren factisch noch unter dem Standpunct heruntergesunken sind, den die Presse im vorigen Jahrhundert einnahm.«[80]

Kants letzte Druckschrift *Der Streit der Fakultäten* erschien 1798 in Königsberg bei Friedrich Nicolovius. Damit hat Kant sein sozusagen universitätsphilosophisches Testament der Öffentlichkeit vorgelegt.

Kant wollte es als sein Vermächtnis gegenüber der Philosophischen Fakultät verstanden wissen, daß sie nicht mehr nur – wie lange – in einem Dienstverhältnis gegenüber den anderen, ›höheren‹ Fakultäten stehen solle, und auch nicht einfach nur konsensuell ›gleichberechtigt‹. Kant unternimmt vielmehr eine Volte, die an die Entschlossenheit der *kopernikanischen Wende* erinnert, um der Philosophischen Fakultät nun allein den oberen Rang der Vernunftkompetenz anzuweisen.

Hinter dem Verfasser lagen fast ein halbes Jahrhundert Erfahrungen in und mit der Universität im protestantischen Deutschland. Er kannte den hier in Alltagsroutine träge hinströmenden Fluß der Erkenntnis nur zu gut. Kant war schließlich über ein halbes Dutzend Mal Dekan der Philosophischen Fakultät gewesen und gar zweimal Rektor der Albertus-Universität zu Königsberg. Er mußte erleben, daß die Kommunikationsformen zwischen den Fakultäten überwiegend technisch-organisatorisch und nicht etwa interdisziplinär waren. Die *zwei Kulturen* in den Wissenschaften waren durchaus schon Kants Erfahrung.

Die Philosophie allerdings, so Kant, ist »in Ansehung ihrer Lehren vom Befehle der Regierung unabhängig, [hat] keine Befehle zu geben, aber doch alle zu beurteilen die Freiheit.«[81] Kant sah jedenfalls, daß es damit zwischen der Philosophischen Fakultät und den, wie er sagt, »Geschäftsleuten jener oberen Fakultäten«[82] als »Werkzeuge« jeder Regierung bald schon zu einem kommunikativen Dilemma kommen muß, da sich beide in Ansehung der Wahrheitsfrage auf ganz unterschiedlichen Positionen befinden. Kant nennt den so anhebenden Streit der Fakultäten dann auch einen *gesetzmäßigen* Streit. Es gelte, die herkömmliche Hierarchie der Fakultäten umzudrehen und »alles der Gesetzgebung der Vernunft zu unterwerfen«[83]. Das aber geht genau nur dann, wenn man die Gelehrtenrepublik sozusagen *republikanisch* reorganisiert. Dieses Modell, d. h. die Gewaltenteilung von Legislative und Exekutive im neuen republikanischen Staat, sollte auch im Reich des Geistes – in der Universität – ihren produktiven Sinn beweisen. Nämlich wie dort gesetzgebende und ausführende Kompetenz in ein öffentlichkeitsgeleitetes Verhältnis zu treten hätten, so sollen hier *Vernunft* (das Vermögen der Einheit der Verstandesregeln unter Prinzipien) und *Verstand* (das Vermögen der Einheit der Erscheinungen vermittels Regeln) in einen wohldefinierten Diskurs eintreten. Dies implizierte eine rechtsförmige wie epistemische Beziehung des verständigen Denkens jener »Werkkundigen der Gelehrsamkeit«[84] (der *oberen* Fakultäten) zur kritischen Vernunft der Philosophie (der *unteren* Fakultät).

Die Fakultätsordnung wird jetzt parlamentarisch verfaßt: »Die Classe der obern Facultäten (als die rechte Seite des Parlaments der Gelahrtheit) verteidigt die Statute der Regierung, indessen daß es in einer so freien Verfassung, als die sein muß, wo es um Wahrheit zu tun ist, auch eine Oppositionspartei (die linke Seite) geben muß, welche die Bank der philosophischen Facultät ist, weil ohne deren strenge Prüfung und Einwürfe die Regierung von dem, was ihr selbst ersprießlich oder nachteilig sein dürfte, nicht hinreichend belehrt werden würde.«[85] – Das ist das konsequente letzte Wort der kritizistischen Revolution der Denkungsart und wird von Kant im Bezug auf die Gelehrtenrepublik mit einer ganz neuen Metapher aus dem politischen Zeitgeschehen in der benachbarten französischen Republik verdeutlicht: Philosophie, Vernunft und Wahrheit stehen ›links‹. Dieses ursprünglich am je eigenen »Körper orientierte

Rechts-Links-Konzept [wurde] erst mit der französischen Revolution für die politische Ordnung freigesetzt. Dieses Rechts-Links-Konzept macht die Zeit mit ihrem dualen Aspekt von Vergangenheit und Zukunft als Schema fungibel: [...] die konservative Rechte ist auf den Erhalt des Lehrbestands, die progressive Linke auf ›den Fortschritt der Einsichten und Wissenschaften‹ [Kant] bedacht.«[86]

Die Idee der Universität als Mittelpunkt des geistigen Lebens einer Nation, als »die Pflanzschule für den mündig gewordenen, für den freien Bürger im Staat und in der Kirche«[87], erfordert gerade von der Philosophischen Fakultät Impulse für freie Forschung, unbedingte Öffentlichkeit und zensurfreie Publizistik. Gerade diese Fakultät soll – jedenfalls nach den Reformideen Kants – aus den staatlich-herrschaftlichen und unmittelbaren praktisch-politischen Zusammenhängen herausgehalten werden; die gouvernementalen Interessen sollen hier fortan keine wissenschaftsleitenden Motive mehr abgeben.
Kant nun beschrieb im *Streit der Fakultäten* diese Schwierigkeiten im Diskurs zwischen den »Geschäftsleuten der drei oberen Facultäten«[88] und den Philosophen aus der unteren Fakultät. Zugleich wußte er – gegen alle konsensualen Aspirationen–: »Streit kann und soll nicht durch friedliche Übereinkunft (*amicabilis compositio*) beigelegt werden, sondern bedarf (als Prozeß) einer *Sentenz*, d. i. des rechtskräftigen Spruches eines Richters (der Vernunft).«[89] So also wird vom späten Kant der diskurstheoretische Platz der Philosophie situiert.

Es ist nun gerade Immanuel Kants Schrift *Der Streit der Fakultäten* (1798), in der – am Ende der Aufklärung – eine Institutions- und Wissenschaftskritik geleistet wird, wobei gerade die Philosophie, und mit ihr deren Fakultät, aufgefordert ist, ihren, wie Kant sagt, »Schulbegriff« abzulegen; d. h. also Verzicht auf alle »Absicht einer Wissenschaft [...] wenn sie nur als eine von den Geschicklichkeiten zu gewissen beliebigen Zwecken angesehen wird.«[90] Hierbei fallen vor allem der ›unteren‹ Fakultät innovatorische Kompetenzen zu, was zu einem neuen Selbstverständnis eben der Philosophie führen muß. Denn nach jenem ›Schulbegriff‹ geriete die Philosophie zu einem »Polster zum Einschlafen und zum Ende aller Belebung, welche letztere gerade das Wohltäthige der Philosophie ist.«[91]

Die traditionelle Metaphysik (*vor* der Vernunft-Kritik) war natürlich zunächst für diese neue Funktion (kritischer Selbstreflexion) in keiner Weise diskursfähig. Erst jene »allgemeine Erschütterung auf allen Feldern der philosophischen Wissenschaften«,[92] durch die Metaphysik-Kritik der Transzendentalphilosophie Kants (seit 1781) ließ allmählich auch auf eine Reformation der Bedingungen der Möglichkeit der Wissens- bzw. Erkenntnisproduktion hoffen, d. h. auf das Begreifen dessen, was Wissen und Wissenschaft überhaupt ausmacht, worauf Geltung und Grenzen von Erkenntnis- bzw. Begriffsformen beruhen.

Während die oberen Fakultäten augenscheinlich größernteils »die stabile Funktion der Wissenschaft« vorstellen, »[ist] die untere mit der mobilen beschäftigt«[93] – auf diese griffige Formel brachte dann Karl Rosenkranz, der dritte Nachfolger Kants in Königsberg, die neue Idee der Universität bei Kant.

Um nun diese Mobilität vernünftig zu bewerkstelligen, mußte natürlich zuallererst die Vernunft selber aus ihrer bisherigen Immobilität als *metaphysica generalis sub specie aeternitatis* befreit werden. Zumal auch schon ein neuer Begriff von Wissenschaft (in Ablösung des lange geltenden Aristotelismus im Universitätsbetrieb) entstanden war, »der, weil auf Mathematik gegründet, zwar auch allgemeingültiges, ›unwidersprechliches‹ Wissen erstrebte, aber keinen sicher ruhenden fertigen Besitz von Wahrheiten kennt, sondern nur den langsam wachsenden, immer wieder der Prüfung der mathematischen Vernunft unterworfenen und in dieser Prüfung auch sich wandelnden Besitz von wissenschaftlichen Wahrheiten.«[94]

Als einen Grundmangel nun der Philosophie seiner Zeit konstatierte Kant bei allen beteiligten Schulen oder Richtungen: »Schwache Menschen, ihr gebt vor, es sey euch blos um Wahrheit und Ausbreitung der Erkentnis zu thun, in der That aber beschäftigt euch blos eure Eitelkeit!«[95]

Und so konnte es nicht verwundern, daß es bald schon zum Modeton des Zeitalters zu gehören schien, die Metaphysik zu verachten, daß also »die Metaphysik [...] *objektiv* erwogen vor gering oder entbehrlich zu halten«[96] sei.

Aus dieser verfahrenen Situation half der Philosophie nicht lediglich eine bloße Reform der überkommenen Lehrbegriffe oder Lehrbücher, sondern nur eine gründliche Revolution der überkommenen Denkungsart. Jene Selbstkritik der Vernunft setzte jetzt diese wieder in die Lage, mit begrifflich bzw. methodisch strengen, d. h. intersubjektiv geltenden Mitteln die Wahrheitsfrage entscheidbar zu stellen; damit war es der Transzendentalphilosophie in anspruchsvoller Weise möglich, als *Kritische Theorie* in die geistige Kultur der Gesellschaft wieder eingreifen zu können.

Dies betraf u. a. die Möglichkeit der Identifizierung von Vorurteilen in den Wissenschaften wie auch im Leben; jene methodische Unterscheidung von *Wissen, Glauben* oder *Hoffen* konnte dann auch fakultätstheoretisch in Anschlag gebracht werden. Zugleich näherte sich die neue Philosophie wieder den exakten bzw. Erfahrungswissenschaften an, d. h. die Philosophie konnte von den auf diesen Gebieten auftretenden Umwälzungen, z. B. bei den wissenschaftlichen Methoden, profitieren.

Das kritische Element der Philosophie – als ›untere‹ Fakultät – wurde so durch vielerlei diesbezügliche Innovationserfahrungen stark stimuliert. »Das eigentliche Ziel der Philosophie ist [...] die Erkenntnis der *Wahrheit* um ihrer selbst willen und damit die Abstraktion von den Selbstinteressen der Menschen. Entsprechend fungiert der Begriff der Wahrheit als Zentralbegriff in der Charakteristik der unteren Fakultät.«[97]

Kant hat damit etwas Bedeutsames von seiner inneren mentalen Verfassung offengelegt: In ihm ist, wie es Walter Benjamin einmal so trefflich formuliert hat, »die strenge Mitte zwischen dem Schulmeister und dem Volkstribunen markiert«[98].

Jeder der drei Abschnitte dieser späten Schrift Kants ist für sich ein kleines philosophisch wie literarisch gelungenes Kabinettstück, ein schöner Beleg dafür, »daß Kants Prosa selbst einen Limes der hohen Kunstprosa darstellt«[99]; daß schließlich alles, was dieser Philosoph je bedachte, die divinatorische Macht der Vernunft ausdrückt.

Es war sicher nicht nur rhetorisch gemeint, als einmal der Theologe Samuel Collenbusch bei Kant nachfragte: »In welchen Stücken unterscheidet sich der Glaube der Teüfel von dem Glauben des Herrn *Kant*? – und in welchen Stücken unterscheidet sich die Moral der Teüfel und die Moral des Herrn P. *Kants*?«[100] Diese inquisitorische Theologenfrage mit ihrer unfreiwilligen Komik wirft ein Schlaglicht auf die luziferische Ironie des alten Kant, die uns im übrigen an vielen Orten seines Werks begegnet, und zwar ziemlich signallos. Kant steckt uns an mit seinem stillen Gelächter über die Vernunftverfehlungen und Vernunftentbehrungen bei den so bürgerlich Tüchtigen, bei den sich so selbstgefällig spreizenden akademischen Geschäftsleuten mit ihrer Hörigkeit. Und: Kant weist hierbei *en passant* auf das *schismatische Zeichen* zwischen oberer und unterer Fakultät: die mentale Heiterkeit der Vernunft. »Mit echt modernem Geist empfiehlt Kant da, wo wir anderer berechtigter Gründe wegen unser Urteil zurückhalten [...] den Witz.«[101]

Kant wollte im *Streit der Fakultäten* ein modernes, liberales und effizientes Diskurs-Modell einer künftigen Universität vorstellen; er wollte »weder eine bloß fiktive Gelehrtenorganisation entwerfen noch die historisch gewordene Universität kopieren, sondern eine ›Idee‹ der Universität [...] begründen, in der sich die existierenden Universitäten wiedererkennen lassen und der sie angepaßt werden können und sollen.«[102]

Es ist nun aber wohl nicht zufällig, daß Kant in Deutschland mit dieser Theorie der Universität zunächst fast wirkungslos blieb. Kants Universitätsvorstellung sei, so etwa Herder in seiner *Metakritik* (1799), bloß der Ausdruck der Herrschsucht der kritischen Philosophie und sei der deutschen Bildungslandschaft fremd. Auch bei der Konzipierung und Einrichtung der Berliner Universität (1810), die doch unter dem maßgeblichen Einsatz von Gelehrten erfolgte, die von den Ideen des Kantianismus geprägt waren bzw. mit ihnen sympathisierten, wie Wilhelm von Humboldt, Johann Gottlieb Fichte, Heinrich Steffens oder Daniel Schleiermacher, waren die Ideen Kants eher im verborgenen virulent. Und angesichts der kulturpolitischen Frontstellung, mit der diese geistige Sammlung in jener Zeit in Preußen vollzogen werden mußte (gegen Napoleons sogenannte ›Fremdherrschaft‹), war es auch nicht zu erwarten, daß ausgerechnet jetzt jenes doch wohl ebenfalls als fremd (kosmopolitisch) empfundene, hochproblematisch obrigkeitsimmune Anerbieten Kants umsetzbar gewesen wäre. Hier war noch Herders Stoßseufzer, der doch ganz auf Kant gemünzt war, in Erinnerung: »Und nun die Philosophen mit ihrer Alleweltsbürgerschaft, die nirgends zu Hause ist.«[103]

An der Berliner Universität setzte sich allerdings im Verhältnis der Fakultäten zueinander das Prinzip der Gleichberechtigung durch. Die Stärke der Philosophischen Fakultät hier, ihre kritische Kraft während der beiden ersten Jahrzehnte ihres Bestehens war möglich durch die Etablierung so herausragender Denker wie Fichte, Solger oder Hegel. Von ihnen wurde die Idee der kritischen Vernunft aufgenommen und als programmatische Idee und Prinzip der Philosophischen Fakultät weitergeführt, so daß insgesamt resümiert werden kann: »Kants universitätstheoretisch skizzierter Typus einer staatlich veranstalteten Aufklärung im institutionellen Kreislauf höherer Bildung [...] war ebenso wirklichkeitsnah wie zukunftsträchtig.«[104]

In diesem so konstituierten, Kant sagt später dazu ›gesetzmäßigen‹, Streit der Fakultäten wird im ausgehenden 18. Jahrhundert gerade durch die Universitäten im protestantischen Deutschland das Problem der Zensur zu einem zentralen Diskussionsfeld, wobei die Binnengrenzen der Gelehrtenrepublik schnell überschritten werden. Die geistigen Neuerungen, die seit den neunziger Jahren im Gefolge der Revolution der Franzosen nach Deutschland dringen, vor allem aber die freiheitspathetischen menschen-, staats- und verfassungsrechtlichen Neubesinnungen wirkten als katalytische Elemente in den deutschen Diskussionen; und dadurch wurde ja auch gerade in Preußen ein großes Reformwerk in Bewegung gesetzt, wodurch schließlich auch mittelfristig die Aufhebung der Zensur erreicht wurde.

Im sogenannte neuhumanistischen Umschwung (nach 1820) wurden an den preußischen Hochschulen allerdings entscheidende Ansätze eines von kritischer Vernunft geprägten Anspruches philosophischer Fakultäten wieder zurückgenommen; und es wäre Kants Intentionen sicher nicht im letzten gerecht geworden, daß jetzt z.B. wieder das Altgriechische als ein unerläßliches Hauptstück aller Universitätsbildung angesehen wurde – »Humboldts klassizistisches Bild der Antike [war] [...] für die Begünstigung der klassischen Altertumswissenschaften in der preußischen Universitäts- und Bildungspolitik entscheidend gewesen.«[105] Allerdings: Eine für die Universalität der wissenschaftlichen Kultur überhaupt negative Folge dieser Entscheidung war, daß an diesen Universitäten bis weit ins 19. Jahrhundert hinein »die Naturwissenschaften als ein Gegenstand von untergeordneter Wichtigkeit behandelt und Philosophie so gut wie ganz verdrängt«[106] wurden.

*

Im Wintersemester 1792/93 hatte Kant unter den Lectiones publicae morgens 7 Uhr *Metaphysik* (nach Baumgarten) angekündigt und unter den Lectiones privatae zweimal wöchentlich, 8 Uhr bzw. 10 Uhr, *Anthropologie*. Diese öffentlichen Vorlesungen waren in Königsberg »umsonst«[107], also für die Hörer gebührenfrei. Kant hatte bei diesen Vorlesungen zu dieser Zeit immer um die 50 Hörer.

Unter dem Rektorat des Theologen Johann Schultz kündigt Immanuel Kant, Professor für Logik & Metaphysik und Senior Venerabilis des Akademischen Senats der Albertina, im *Catalogus Praelectionnum Academiae Regiomontanae* für das Wintersemester 1796/97 eine öffentliche Vorlesung zur *Metaphysik (nach Baumgarten)*, morgens, 7.00 Uhr, an. Es blieb bei dieser Ankündigung. Im Bericht über die wirklich gehaltenen Lehrveranstaltungen dieses Wintersemesters 1796/97 heißt es: »Immanuel Kant. Log. et Metaph. Prof. Ordin. Facult. Phil. Senior. Ich habe Alters und Unpäßlichkeit halber keine Vorlesungen halten können.«[108]

Seine letzte tatsächlich gehaltene Vorlesung – über *Logik* – fand statt am 23. Juli 1796. Die Ankündigungen Kants in den folgenden Semestern 1797, 1797/98, 1798, 1798/99 und letztmalig 1799 werden mit der Einschränkung *modo per valetudinem seniumque liceat* bzw. *ob infirmitatem senilem lectionibus non vacabit* versehen.

1796 schied er als Hochschullehrer aus. »Ich bitte«, so schrieb er in einer Notiz vom 26. September 1798 an den Akademischen Senat, »mich als Invaliden zu entschuldigen. Immanuel Kant.«[109] Er blieb allerdings bis Ende 1801 Mitglied des Akademischen Senats der Albertina. Danach übernahm der Theologe Johann Gottfried Hasse (1759–1806) Kants Senatorenplatz.

Kant wurde im Juli 1794 – zusammen mit vierzehn ausländischen Kollegen, u. a. Lichtenberg – zum Mitglied der Russischen Kaiserlichen Akademie der Wissenschaften zu St. Petersburg gewählt. Johann Albrecht Euler, der Sohn Leonhard Eulers, war Conferenz-Sekretar der Akademie, und er informierte Ende August 1794 Kant von dessen Zuwahl. Sein Dankschreiben scheint allerdings nicht angekommen, oder im Kompetenzdschungel der russischen Bürokratie verlorengegangen zu sein. Jedenfalls schreibt Kant drei Jahre später nach St. Petersburg: »Unbekannt mit den Förmlichkeiten in Geschäften, kann ich darinn wohl gefehlt haben, daß ich meinen Danksagungsbrief (deren Gelangung an die Behörde mir durch die Quittungen [...] alhier gesichert ist) an die Academie nicht durch ihren Director, sondern an den damaligen Präsidenten abgeschickt habe, von welchem Fehler ich hoffe, er werde durch diese meine schuldige Erklärung wieder gut gemacht seyn.«[110]

Seine letzte amtliche Einlassung ist auf das Frühjahr 1803, auf den 15. März zu datieren, als er als Senior Venerabilis von Professor Gensichen[111] gebeten wurde, ein Votum für eine Entscheidung des Akademischen Senats zur Verteilung von sogenannten ›Detractsgeldern‹ abzugeben.

Seine letzten schriftlichen Äußerungen betreffen Eintragungen, wie »Mein Barbier heisst *Rogall*« oder: »Herrn Criminalrath *Jensch* zu fragen, wie mein versoffener Bedienter [Lampe] abgeschafft werden soll«[112]; am 24. November 1803 läßt er von seinem neuen Diener Johann Kaufmann notieren: »Coulomb's allgemeiner Magnetismus. Der feinste Conconfaden leitet die magnetischen Kräfte durch andere Körper.«[113]
Das verweist übrigens auf ein neues-altes Interesse von Kant. Er las nämlich für sein letztes Werk, das den *Uebergang von den metaphysischen Anfangsgründen der Naturwissenschaft zur Physik* darstellen wollte, einige Texte zum Galvanismus. Dessen synthetische Leistung, so wie er es verstand, nämlich Sachverhalte ganz disperater Observanz – Organisches und Anorganisches – miteinander zusammenzuschließen, um

daraus neue Naturkräfte sozusagen ›herauszukonstruieren‹, erinnerte ihn an sein eigenes ursprüngliches philosophisches Programm. Und so kommentiert er seine Leseeindrücke mit einem für seine Zeitgenossen gewiß atemberaubenden Vergleich: »Die Transzendentalphilosophie ist ein Galvanism. [...] Was man den Galvanism nennt, ist eigentlich die Transzendentalphilosophie.«[114]

Mitte Februar 1797 sagt Kant eine Dienstverpflichtung in der Kypke-Stiftung ab – als sein Kollege Reccard sich wegen Kränklichkeit zu entschuldigen sucht, knüpft Kant gleich an, dieselbe Ursache verhindere ihn gleichfalls am Erscheinen. Im selben Jahr noch scheidet er aus der Stiftung aus.

Am 14. Juni 1797 wurde Kant eine zu Lebzeiten letzte öffentliche Ovation zuteil; zur Feier seiner Genesung wurde ihm am Abend dieses Tages bei Fackelschein eine kleine Nachtmusik dargebracht. Und in Studentenreimen – die er zum Glück nicht zu bewerten hatte! – konnte der Alte über sich hören:

Plato – Newton – o wie weit zurük,
Ließ sie Deines Geistes tiefer Blik!
Unter allen allen großen Spähern
War's – dem Geist des Höchsten sich zu nähern
Dir am meisten – Dir zuerst beschieden

Nimm nun hin dies Opfer unsrer Liebe
Ja [im Original ein verräterisches: Ia] es komm aus lautrem
reinen Triebe
Drum o Theurer ! laß es Dir gefallen.[115]

*

Noch die jüngeren Zeitgenossen des Alten aus Königsberg wußten, was seit der zweiten Hälfte des 19. Jahrhunderts hinsichtlich seiner Mentalität aus dem öffentlichen Blick geriet:

»Kant war also nichts weniger, als ein steifer Pedant, weder auf dem Katheder, noch in gesellschaftlichen Kreisen; hier und dort zeigte er sich vielmehr als einen sehr unterhaltenden, geistreichen und vielseitig gebildeten Mann.«[116]

Und wie weit aber war dessen neue, kritische Philosophie in Königsberg selber verankert? Das wird schlaglichtartig deutlich bei einer Universitäts-Prüfung, die der wohl beste Kenner der Kantischen Philosophie unter Kants Kollegen, Johann Schultz, zum Jahreswechsel 1799/1800 abzunehmen hatte. Es sollte der Cantoris Berger geprüft werden, da er sich um das Diacon-Amt in Liebstadt beworben hatte. Das Prüfungsergebnis im Fach Philosophie: »Philosophie; einige Wortbrocken, aus der kritischen; also: ganz schwach.«[117]

Epilog
Die Fakultät sucht Kants Nachfolger

Sein Ruhm ist besseren Zeiten vorbehalten.
Georg Christoph Lichtenberg *

Aus Königsberg kam zum Jahreswechsel 1803/04 betrübliche Nachricht: »Kants irdische Hülle nähert sich ihrer Auflösung. Er hat kaum noch einiges Bewußtsein. Seine Sprache ist gebrochen, seine Gedanken verworren, seine Geisteskraft auch bis zum Schatten geschwunden ... Er sieht übrigens sehnsuchtsvoll, aber standhaft, seinem Ende entgegen.«[1] Kant war seit dem Wintersemester 1797/98 – als *Senior Venerabilis* der Philosophischen Fakultät – im Ruhestand; er hatte sich seither »ob infirmitatem senilem«[2] vom Lehrbetrieb der Universität zurückgezogen. In einem *Tabellarischen Verzeichnis der von der philosophischen Fakultät gehaltenen Vorlesungen im Winterhalbjahr 1797/98* vom 8. April 1798 wurde darauf hingewiesen, daß Immanuel Kant »hat Alters und Krankheit halber nicht Vorlesungen halten können.«[3] Seine Lehraufgaben wurden zunächst vom Königsberger Personal der Philosophischen Fakultät mitvertreten. Die philosophischen Horizonte der ehedem Kantschen Lehr- und Disputationsthemen wurden dadurch natürlich deutlich verkürzt. So übernahmen zunächst vor allem die Kollegen (Prof. extraord., seit 1769!) August Wilhelm Wlochatius und der Professor für Poesie Karl Ludwig Poerschke (1752–1812) – mit Kant sehr vertraut »in den 26 Jahren da ich mit ihm umging«[4] – die Fächer der theoretischen Philosophie. Der designierte Kant-Nachfolger Wilhelm Traugott Krug bezeichnet später seinen Kollegen Poerschke als den »besten Schüler, den *Kant* in Königsberg hinterlassen hatte«[5], der gleichwohl im »Leben ein Sonderling war und dadurch zuweilen ins Lächerliche fiel.«[6]

Sie lasen über *Logik* nach eingeführten Lehrbüchern von Ebert und Jacob und über *Metaphysik* nach Professor Feder – der notabene ein bewährter Kant-Gegner war, oder auch – wie im Wintersemester 1798/99 – *Moralphilosophie* nach Eberhard, ebenfalls ein vehementer Kritiker der Kantschen Metaphysikkritik. Auch andere philosophische Disziplinen, die Kant einst vertrat, wurden von Wlochatius und Poerschke jetzt nach mehr oder weniger kant-fernen Autoren vorgetragen, so *Philosophische Enzyklopädie* nach Heydenreich oder *Anthropologie* nach Jacob (beides im Wintersemester 1798/99).

Im Sommersemester 1798 allerdings gab es bei den philosophischen Lectiones privatae doch eine Erinnerung an Kant, als Wlochatius über ›Criticam rationis purae‹ las, jedoch nicht nach dem Original, sondern nach Jacob Sigismund Becks *Erläuterndem Auszug aus den critischen Schriften des Herrn Prof. Kant,* der in drei Bänden 1793/96 in Riga erschienen war. Das war natürlich auch wieder nicht unproblematisch, denn zumal der Band 3 dieses Werkes – *Einzig möglicher Standpunkt, aus welchem die kritische Philosophie beurteilt werden muß* – stieß seinerzeit durchaus auf Kants Kritik.

Ein Jahr nach dieser Übung von Wlochatius – *Kant nach Beck* – monierte Kant jene Eigenheit mancher seiner Kommentatoren, nämlich »daß die Critik [...] nicht *buchstäblich* zu nehmen sey, sondern ein jeder, der die Critik verstehen will, sich zuallererst des gehörigen (Beckischen oder Fichteschen) *Standpunkts* bemächtigen muß, weil der *kantische* Buchstabe eben so gut wie der aristotelische den Geist tödte; so erkläre ich hiermit nochmals, daß die Critik allerdings nach dem Buchstaben zu verstehen, und bloß aus dem Standpunkte des [...] hinlänglich cultivirten Verstandes zu betrachten ist.«[7]

Das nun versuchte im folgenden Semester ein Königsberger Schullehrer – und Begründer des ›Tugendbundes‹ –, der Rektor der Kneiphofschen Schule, Magister Friedrich Gottlieb Lehmann (1763–1821), dessen Vater mit Kant im Briefwechsel stand, mit seinen Lehrveranstaltungen, als er ein *Propaedeuti-*

cum in philosophiam Kantii und im Wintersemester 1800/01 *Criticam Kantii ad Mellinii marginalia*[8] ankündigte. Solche Kant-Einführungen an einem Ort, wo Kant seit über vierzig Jahren Philosophie lehrte, überraschen – und befremden – doch einigermaßen. Der Magister Lehmann, immatrikuliert in Königsberg seit 16. Oktober 1792 und seit Dezember 1799 hier *extraordinairer* Professor[9], hatte überhaupt seine Lehrtätigkeit ganz der Introduktion Kantscher Themen gewidmet. So las er im Sommersemester 1799 über *Anthropologie* nach Kant, über *Kants Tugendlehre* und gab eine Einführung in *Carl Christian Erhard Schmid's Wörterbuch zum leichtern Gebrauch der Kantischen Schriften*

Kurzum: Diese Umstände, wie jetzt die Königsberger Philosophische Fakultät mit dem geistigen Erbe eines ihrer bekannteren akademischen Senioren umging, dieses nämlich mit sozusagen sehr spitzen Fingern zu servieren, hat Kant selber einmal bündig kommentiert: »Ein italienisches Sprüchwort sagt: ›Gott bewahre uns nur vor unsern Freunden, vor unsern Feinden wollen wir uns wohl selbst in Acht nehmen‹«.[10]

Aus Königsberg schien in jener Zeit immer wieder einmal »einiges von der übeln Laune Kants«[11] nach draußen zu dringen. So schrieb Beck einmal an Poerschke: »Dass der Ton der Weisheit in der Seele des wirklich sonst sehr hochachtungswürdigen Mannes durch den Schall seines großen Ruhmes etwas verstimmt worden sey, mag wahr sein. Bey aller Aufmerksamkeit auf sich selbst, kann sich wohl in die Seele des tugendhaften Mannes ein Gift einschleichen, das von ihm selbst nicht bemerkt wird, und das sich anderen in dem Mangel der Umgangstugenden, in mürrischem Wesen, und in der Neigung, alle neben sich geringschätzig zu beurtheilen, bemerkbar machen.«[12]

Kant mußte wohl am Ende seines akademischen und philosophischen Wirkens bemerken, daß nicht nur in Königsberg die Bedingungen der Möglichkeit kontinuierlichen Fortgangs seines Kritizismus nur schwach entwickelt waren. In einem kommentierenden Bücherverzeichnis zur Leipziger Messe vom Sommer 1801 hatte die Stuttgarter *Allgemeine Zeitung* eine diesbezüglich offensichtliche Tendenz anhand philosophischer Neuerscheinungen namhaft gemacht, als sie schrieb: »Vater Kant wird izt nur noch von wenigen Treugebliebenen in der philosophischen HausKapelle geduldet.«[13]

Dieses generelle Problem mit der Bewahrung der geistigen Höhe in Königsberg, die durch Kant definiert war, wird in einem Distichon Friedrich Raßmanns deutlich, als er kurz nach dem Tode des Meisters schrieb:

Mißverstanden von Jüngern, gleichwie der Gargettische Weise [d.i. Epikur]
Wird, da vom Lehrstuhl er stieg, fassen die Nachwelt ihn ganz?[14]

*

Immanuel Kant starb am Sonntag, den 12. Februar 1804, um 11 Uhr vormittags. Der Königsberger Maler Johann Friedrich Andreas Knorre (1763–1841) nahm dem Verstorbenen die Totenmaske ab.

Kants letztes Salär wird »dem Special-Bevollmächtigten und Curatori Funeris desselben [Kants] Diaconus Wasianski ausgezahlt, lt. Quittung: 238,47 rth.«[15]

Seine Erbschaft wurde geregelt durch sein beim Akademischen Senat zuletzt geändertes Testament vom 14. Dezember 1801 bzw. vom 22. Februar 1802. Danach gab es eine klare Entscheidung des Etats-Ministeriums, »*die 8.202 Reichsthaler aus Kants Nachlass an die Erben in Kurland gegen einen zehnprozentigen Abschoß dahin zu verabfolgen.*«[16]

Kants nachgelassenes Vermögen belief sich jedoch insgesamt, wie sein Nachlaßverwalter Diaconus Ehregott Andreas Christoph Wasianski (1755-1831) im Brief vom 17. Februar 1804 an

Carl Wilhelm Rickmann schrieb, auf 60000 Reichstaler. Erbberechtigt war erstens die in Kurland, in Alt-Rahden, lebende Verwandtschaft von Kants Bruder Johann Heinrich Kant (1736 bis 1800), d. h. dessen vier Kinder: Amalia Charlotta (geb. 1775), verheiratet mit Carl Wilhelm Rickmann, Minna (geb. 1779), verheiratet mit Carl Christoph Schoen, Henriette (geb. 1783), verheiratet mit Friedrich Stuard, sowie Friedrich Wilhelm Kant (geb. 1781). Des weiteren zweitens vier Kinder von Kants Schwestern in Königsberg.

Schließlich gingen drittens Legate aus der Erbschaft an Diaconus Ehregott Christoph Wasianski, den Rendanten der akademischen Kassen und Inspector des Colegii Albertini, Professor Johann Friedrich Gensichen (er bekam die Bibliothek), sowie an die Bedienten Martin Lampe, Johann Kaufmann und die Köchin Louise Nitzschin.

In der Sitzung des Akademischen Senats unter Leitung von Rektor Prof. Dr. med. Christoph Friedrich Elsner am 15. Februar 1804 wurde ein Rundschreiben an die Senatoren zum Tod des Philosophen vorgelegt, in dem Kants Ableben als ein Verlust *für die litterärische Welt, für die Menschheit* beklagt wurde. Die anschließenden Voten der Kollegen bekundeten unisono, Trauer anzulegen bis zur Beerdigung.

Am 20. Februar wurde nach einer außerordentlichen Sitzung der Universitätsleitung die Durchführung einer Gedenkfeier beschlossen, und man kam überein, daß der Professor für Dichtkunst ein entsprechendes Gedicht zu verfassen habe, daß der Historiker und derzeitige Dekan der Philosophischen Fakultät die offizielle Gedenkrede halten soll und daß an alle preußische Universitäten (Halle, Frankfurt/Oder, Duisburg, Erlangen, Erfurt) sowie die in Göttigen, Jena, Leipzig, Wittenberg, Würzburg, Landshut und Dorpat diesbezügliche Einladungen zu verschicken seien. Daß die Universität eine solche Feier abhalten wolle, wurde allerdings erst am 9. April 1804 öffentlich gemacht. – Die unmittelbaren Begräbnisfeierlichkeiten aber wurden unabhängig vom Akademischen Senat, gewissermaßen an der Basis der Universität, von Studenten organisiert.

Die Philosophische Fakultät der Albertus-Universität zu Königsberg veröffentlichte am Samstag, dem 18. Februar, ihren Nachruf auf Immanuel Kant.[17] Der Dekan der Philosophischen Fakultät in jenem Semester war der Professor der Beredsamkeit, Konsistorialrat Dr. Samuel Gottlieb Wald (1762–1828).
Am selben Tag publizierte auch die Vossische Zeitung in Berlin einen Nachruf, in dem es heißt: *Seine Verdienste und die Revision der spekulativen Philosophie kennt und ehrt die Welt.*
Zehn Tage später, am 28. Februar, nachmittags gegen drei Uhr, wurde Immanuel Kant im Professorengewölbe der Dom- und Universitätskirche zu Königsberg begraben.

Einige Königsberger Studenten hatten vier Tage nach Kants Tod bereits den König schriftlich gebeten, ihnen zu gestatten, dieses Trauerzeremoniell in Königsberg selber ausrichten zu dürfen. »Zeigen wir in tiefster Unterthänigkeit an«, so schrieben sie, »dass die Studirenden der hießigen Universität unter unserer Enterprise die Leichenbestattung des seligen Prof. Kant besorgen werden. Zugleich wagen wir es, mit dieser pflichtmässigen Bitte an Ew. Königl. Majestät allergnädigste Erlaubnis noch die zu verbinden, dass Allerhöchstdieselben die Gnade haben, uns das Geläut der Glocken auf den hiesigen Kirchen in der Art zu erlauben, dass wir zwar die Bemühungen der Glöckner, nicht aber die sonst gewöhnlichen Kosten bezahlen dürfen. Ferner tragen wir Hoffnung, dass Allerhöchstdieselben die Kirchenmusik und Cantate nicht nur aufzugeben, sondern auch zu erlauben geruhen, dass wir durch auszuteilende Billete den Einlaß des Publicums näher bestimmen.«[18] Diese Studenten waren der seit Sommer 1800 hier immatrikulierte Theologiestudent Johann Wilhelm Rosenhagen (aus Wolin in Pommern), der seit 1802/03 eingeschriebene

Jurastudent Johann Friedrich Schröter (aus Marienwerder, er starb bereits 1813), der Jurastudent Carl Michael Knuth (aus Stargardt) und der Theologiestudent Ernst Gottfried Adolph Böckel (aus Danzig), beide seit 1801/02 hier immatrikuliert. Bereits zwei Tage später erhalten die studentischen Petenten allerhöchste Nachricht vom Etatsministerium – vom Präsidenten der Kriegs- und Domänenkammer von Auerswald –, daß man höheren Orts durchaus gewillt ist, diesem Vorschlag zuzustimmen. Und die Studenten legen gleich noch nach, denn sie wollen natürlich den besten Platz für die Ehrung ihres Philosophen: »Nach einer genaueren Überlegung sehen wir uns indeß noch genöthigt, in tiefster Unterthänigkeit die Bitte an Ew. Königl. Majestät Allergnädigste Erlaubniß zu wagen, dass, da kein Saal zur Versammlung der von uns einzuladenden Folge und in der Nähe und bequem liegt, uns die Schlosskirche, die schon bey dem Königlichen Aufzuge dazu angewandt ward, zu diesem Zwecke eingeräumt werde.«[19] Auch dafür erhalten sie die königliche Genehmigung. Der Stadtkommandant und Magistrat wurden von den Studenten noch am 21. Februar um die »nöthigen Polizey-Verfügungen« gebeten. Allerdings müssen die Studenten doch noch einen Einspruch des Akademischen Senats hinnehmen, der ihre ›Einladungshoheit‹ betrifft. Danach »[sind] die Entrepreneurs angewiesen worden, die Invitation an die Chefs und Regiments so wie auch an die Chefs und Collegia zu richten. Keine Einschränkungen zu machen, sondern an alle, die sich einfinden wollen.«[20] Es könnte, so befürchtet die Universitätsobrigkeit, zu Unruhen kommen, wenn die Studenten zu selektiv auswählen würden. Auch die Abfolge des Leichenzuges solle »den respect: Versammelten überlaßen werden«[21] bzw. die Veranstalter sollten sich mit Kirchenrat Wasianski verständigen.

Der 28. Februar war ein heiterer Wintertag. Die hohe Leiche wurde nur von Studenten getragen. Der erste Redner am Grab war der Stud. theol. Ernst Gottfried Adolph Böckel (1783 bis

1854), später Professor in Greifswald. Neben seinen Trauer-
worten übergab er ein selbstverfaßtes Gedicht, in dem es
einigermaßen pietistisch pathetisch – und mit einer unfreiwilligen Komik, die Kant gewiß zum Lachen gebracht hätte – hieß:

Kehrest Du wieder, Verklärter, zu Deinen verlassenen
Kindern?
Oder ist es Dein Geist, der uns segnend umschwebt?
Horcht! Es ist des Vollendeten Stimme: »Seyd mir gesegnet,
Brüder, Söhne, die ihr meinen Hingang beweint!«[22]

Auch der zweite Redner, Friedrich Leopold Freiherr von
Schrötter, der ostpreußische Provinzialminister, gab seinen
Empfindungen in gebundener Rede Ausdruck:

Wer will den Tag mit Finsterniß verhüllen,
Den er aus der Verworrenheit erschuf?
Wer will den Kampf bestehn mit seiner Kraft,
Die, wie noch keiner vor ihm es gewagt,
Des Denkens Bahn und seine Formen maß?
Dank ihm, der die verworrnen Gänge
Zum Weisheitstempel prüfend aufgeklärt![23]

Diese studentische Initiative ist publizistisch gewürdigt worden. »Die Studenten allein zeichneten bei dieser Gelegenheit
sich aus; – unter den Professoren ein einziger, der Hr. Regie-
rungsrath [Juraprofessor und Dekan der Juristenfakultät, der
spätere Oberbürgermeister von Königsberg] *Heidemann*, den
übrigen schien *Kant's* Verlust kein Verlust zu seyn!«[24] Unter
den Anwesenden sah man einige Königsberger Notabeln, den
Oberburggraf von Ostau, der der Curator der Universität war,
den Rektor und den Kanzler der Universität, aber auch immerhin Preußens Gouverneur, General Wilhelm Magnus von Brün-
neck (1727–1817), »ein vieljähriger Freund des Verstorbenen,
[...] viele Offiziere, Deputirte der Kaufmannschaft [...]. Keine
Rangordnung wurde beobachtet.«[25] Eine militärische Eskorte

eröffnete den Leichenzug. Auf dem Sarg standen die Worte *Cineres mortales immortalis Kantii.* Der Weg ging durch die Junkergasse, am Schloß vorbei, durch Altstadt und Kneiphof zur Domkirche. – Am Rande des Zuges, so berichtet Metzger, habe man von einer Offiziersgattin angesichts des erhabenen Zuges ein etwas pikiertes ›*Mein Gott, so wird ja kein Gereral-Feld-Marschall begraben*‹ gehört, aber auch postwendend die Replik: ›*Madame, bedenken Sie, daß es der Generalfeldmar-schälle* viele *giebt, daß es aber nur* einen Kant *bisher gegeben hat*‹.

Die Gedächtnisfeier für den verstorbenen akademischen Senior wurde erst am 23. April 1804, 11 Uhr im Auditorium Maximum der Universität durchgeführt. Die *Gedächtnißrede auf Kant* seitens der Professorenschaft wurde vom Philoso-phie-Dekan Samuel Gottlieb Wald gehalten. Er betonte das Fortwirken von Kants Philosophie: »Freilich kann und wird die Nachwelt auf dem Grunde weiter fortbauen, den seine Archi-tektonik der Vernunft legte. Sie würde aber nur durch einen – *quem Deus avertat* [den Gott abgewendet hat] – philosophi-schen Vandalismus verleitet werden können, den großen Bau-meister zu vergessen, der nach Plato und Aristoteles, Newton und Leibniz, Wolf und Baumgarten, das Gebiet der Vernunft erforschte, erweiterte, befestigte.«[26]

*

Als nach dem Tod Kants in Königsberg seit Februar 1804 die Neubesetzung des Lehrstuhls für Logik und Metaphysik kon-kret anstand, haben sich natürlich Wlochatius und Lehmann beworben. – Die Einkünfte[27] des Kantschen Ordinariats, auf deren Höhe Anfänger nicht zu hoffen brauchten, waren am Ende eines langen Gelehrtenlebens sehr beträchtlich: als Pro-fessor für Logik & Metaphysik und als akademischer Senator, als Senior der Philosophischen Fakultät sowie durch außeror-dentliche Zuteilungen schließlich 985 rth.

Der Dekan der Philosophischen Fakultät der Albertina für das kommende Semester, der dieses Nachfolgeproblem zu regeln hatte, war Christian Jacob Kraus.

Am 16. Februar 1804 fragt das Königlich Ostpreußische Etats-Ministerium beim Akademischen Senat an, »wer von denen extraordinairen Professoren sich am meisten zu der durch das Absterben des Professors Kant erledigten Stelle qualificiret, und habt Ihr gleich das Gehalt und saemtl. Emolumente dieser Stelle anzuzeigen.«[28]

Am 13. Februar 1804 bat Lehmann in einem kurzen Anschreiben den Akademischen Senat, ihm »diese Stelle zu konferieren.«[29] Und tags darauf geht noch die Bewerbung von August Wilhelm Wlochatius ein, der sich dem Senat dadurch empfahl, daß Logik und Metaphysik »stets mein Lieblingsstudium gewesen, und habe ich selbige in den vollen 34. Jahren und 6. Monaten, in welchen ich als Privatlehrer auf der hiesigen Universität arbeite, fleißig und alle Jahre tractiret.«[30] Dieser Kandidat hatte – neben seinen Jahren – noch einen tiefersitzenden philosophischen Makel. Denn er war in jungen Jahren Anhänger der Crusiusschen Philosophie, und es war ja seit 1775 an preußischen Universitäten verboten, über die Philosophie des Leipziger Leibniz-Kritikers Christian August Crusius (1715–1775) öffentlich zu lesen. Dadurch hatte sich Wlochatius »bisher den Weg zu einer weiteren Beförderung selbst versperrt.«[31]

Der Akademische Senat befindet aber erstens den Kandidaten Wlochatius als zu alt und befürchtet, »die Lehrstelle würde bald wieder vacant werden«, sowie zweitens, daß Lehmann »der gelehrten Welt wenig bekannt«[32] sei.

Der Rektor bringt seinerseits einen dritten Namen ins Gespräch: »Herr Prof. Poerschke, der Logik und Metaphysic mit großem Beyfall liest, deßen Vorlesungen Kant selbst empfahl, der auch als Philosoph durch seine Schriften rühmlich bekannt ist, wäre derjenige der in Kants Stelle empfohlen werden könnte.«[33] Das wäre auch leicht möglich, denn Poerschke ist schon ordentlicher Professor der Königsberger Philosophischen Fakultät, nämlich Professor für Poesie. Man müßte bloß die Ordinarien, wie Elsner schreibt, »umtauschen«.

In der Sitzung des Akademischen Senats am 1. März 1804 stimmt die Mehrheit dem Rektor zunächst zu. Eigene Vorschläge kommen dabei von dem Physiker Professor Reusch – es sei »bey dieser Gelegenheit an Prof. Gensichen zu denken, der sich mit der Kantischen Philosophie vertrauter gemacht hat, und da er seinen ganzen Vortrag und seinen ganzen Fleiß der Mathematick gewidmet«, aber, räumt er ein, vielleicht wäre es »fraglich lieber diese Stelle einst zu erhalten, wenn er gleich noch warten müßte.«[34] Auch der Mediziner Metzger, ein alter akademischer Feind Kants, macht eigenes Bedenken geltend: »In dieser Sache, welche nach der eingeführten Vertheilung, zu meinem Departement gehört«, würde er, so Metzger, gern Rektor und Senat beistimmen, »wenn ich nicht vermuthete, daß Herr Prof. Poerschke den vorgeschlagenen Tausch nicht gern eingehen dürfte. Ich habe schon eher darüber nachgedacht, durch wen wohl Kants Lehrstelle zur Zufriedenheit des gelehrten Publikums und zum Vortheil der Studirenden am besten besetzt werden dürfte und fiel auf den Gedanken, daß Herr Hofprediger Johann Schulze [1739–1805] dieser Mann wäre. Er war es, der zuerst durch seine *Erläuterungen über Kants Critik der reinen Vernunft* Königsberg 1784 der neuen Philosophie mehr Eingang verschaffte und zeigte, daß er, vielleicht damals noch hier als einziger Kanten völlig verstand. Auch im Ausland ist er als der erste würdige Commentator der Kritischen Philosophie anerkannt worden. Sollte sich Herr Hofprediger nicht entschließen, die Kantsche Lehrstelle zu übernehmen und die seinige dem würdigen und uns so sehr verdinten Gensichen zu überlassen?«[35]

Schulze allerdings winkte ab. »Ich müße sehr fühllos seyn«, schrieb er an den Akademischen Senat, »wenn ich in diesem so ehrenvollen Anerbieten, in den Annalen unserer Universität mich als den unmittelbaren Nachfolger eines so großen Mannes aufzuführen, die besondere Geneigtheit Eines Ampl. Senatus nicht mit den dankbarsten Rührungen zu erkennen sollte.«[36] Aber letztlich blieb er doch dabei, daß »er die [ihm] zugedachte Ehre, Kants Nachfolger zu werden, gänzlich ablehnen muß.«[37]

Tags darauf mußte Senator Metzger dem Rektor gegenüber das Scheitern seines Vorstoßes einräumen: »Ew. Magnifizenz ermangle ich nicht die gestern Abend erhaltene Erklaerung des Herrn Hofprediger Schulze wegen der Kantschen Lehrstelle ad Acta zu überschicken. – Anbey [...] erwarte ich Befehl, ob ich den Antrag zur Annahme dieser Stelle an Herrn Prof. Poerschke nomine Senatus machen solle. Ich habe ihn gestern mündlich gesprochen und ihn dazu geneigter gefunden, als ich erwartet hatte.«[38] In diesem Sinne richtet der Rektor am 19. März an Poerschke die Frage, ob er sich eine Übernahme des Kantschen Lehrstuhls vorstellen könne. Immerhin sei er einer, dem »der verewigte selbst als einen seiner vorzüglichsten Zöglinge und trefflichen Philosophen schaetzte.«[39]

Am 20. März 1804 gibt Poerschke dem Rektor Elsner seine – überraschend bedingungsreiche – letztlich immer an pekuniäre Zuschläge gebundene Zusage bekannt. Er verlöre 40 rth an Emolumenten und, »da ich die mir bisher einträglichsten Privatkollegien in der neuen Stelle publice lesen muß, so büßte ich nach einem Durchschnitte von 16 Jahren, bloß von der Logik 216 rth jährlich ein.«[40] So verlangte er zudem, daß er auch künftig Privatvorlesungen über alte Dichter geben darf, und ferner wollte er sicherstellen, daß, sollte seine Stelle der Poetik länger unbesetzt bleiben, er sie nebenher mit bedienen dürfe, weil »bey unseren Studirenden wahre Liebe zum geschmackvollen Lesen der classischen Dichter gewesen.«[41] Weiteres, so Poerschke, »muß ich von Ihrer Gewogenheit andrer Entschädigungsmittel hoffen.«[42]

Damit hatte aber Poerschke unversehens die administrative Reichweite und Kompetenz der Universität doch überschätzt. Der Berichterstatter des Akademischen Senats für diese Beru-

fungsangelegenheit, Professor Metzger, gibt dem Rektor deshalb auch zu bedenken, »daß, da die Erfüllung der von Herrn
Prof. Poerschke gemachten Bedingung und verlangten Ent-
schaedigungen nicht vom Senat abhangt, solche der höhern
Behörde anheim gestellt bleiben muß.«[43]
So verfährt auch Rektor Elsner. Am selben Tag noch schreibt er
– allerdings sehr doppeldeutig – an das Oberkuratorium und
das Etatsministerium: »Ew. Kön.[igliche] Maj.[estät] empfehlen wir dem nach nicht, den Prof. Poerschke als einen seines
Vorgängers würdigen Nachfolgers zur vacanten Lehrstelle der
Logic und Metaphysik allergehorsamst zu empfehlen.«[44] Aber
er möchte dies verbinden, so der – offensichtlich sehr für seinen Kandidaten eingenommene generöse – Rektor, »mit der
beygefügten devoten Bitte, dem Prof. Poerschke zu seiner Ent-
schädigung diejenigen 220 rth allerhuldreichst zuzulegen, welche der sel. Kant durch Ew. Kön. Maj. Gnade aus dem Schul-
fond genoßen that.«[45] – Poerschke machte in Königsberg auch
weiter Karriere. Im Sommer des kommenden Jahres wird
Poerschke in den Akademischen Senat der Albertina aufgenommen. Und schließlich wird noch Poerschkes Professur für
Poesie dann im Frühjahr 1807 mit der Professur für Beredsamkeit und Pädagogik vereinigt. In dieser neue Stelle wird er jetzt
»zum Professor Ordinario der Schönen Wissenschaften und
Paedagogic bei der Philosophischen Fakultät der Universität
zu Königsberg in Preußen bestellt.«[46]
Eine Entscheidung aus Berlin für die Kant-Nachfolge jedenfalls
kam in diesem Zusammenhang nicht mehr zustande.

*

Ein zweiter Anlauf wurde im Winter 1804 unternommen. – In
diesen unerwartet langwierigen Prozeß um die Nachfolge
Kants kam jetzt vom Hof aus Berlin ein Name von außerhalb
ins Spiel, der früher schon einmal Lehrgegenstand an der Philosophischen Fakultät gewesen war, nämlich als Poerschke für
das Sommersemester 1803 eine Veranstaltung zum *Ius naturae*

ankündigte, und zwar: *ad Krugium*[47]. An diesen Philosophen, der an einer benachbarten preußischen Universität, an der Viadrina in Frankurt an der Oder, lehrte, hatte man sich jetzt höhern Orts erinnert.

Das Vorschlagsrecht für die Neubesetzung eines Lehrstuhls lag in Preußen zu jener Zeit bei der Universität. Die Albertina »hatte aber dießmal keinen Gebrauch davon gemacht, sondern dem Ministerium eine ganz freie Wahl überlassen. Da«, so beschrieb Krug in seinen Memoiren diese Situation, »trug mir nun *Massow* diese Stelle, die ursprünglich schlecht besoldet war, mit einer bedeutenden Gehaltserhöhung an.«[48]

Der Berliner Staatsminister für das Schul- und Kirchenwesen von Massow sah sich gerade wegen der Universität Königsberg in eine dringliche Entscheidungssituation gesetzt. Denn es sei, wie er es in einem Bericht an den König vom 31. Juli 1805 schrieb, die Albertina »aber ihrem gänzlichen Verfall nach und jetzt schon nicht im Stande auch nur den ganz unentbehrlichen Unterricht zu ertheilen.«[49]

Im Dezember 1804 schrieb Minister von Massow an den König, daß er den »Professor Wilhelm Traugott Krug zu Frankfurth an der Oder wegen seines bisher bewiesenen Fleißes und Geschicklichkeit, auch besonders in der Philosophischen Wissenschaft erlangten gründlichen Gelehrsamkeit, zum Professor ordinario bey der Philosophischen Facultaet Unserer Universität zu Königsberg in Preußen an des verstorbenen Professor Immanuel Kant Stelle allergnädigst ernannt und angenommen haben.«[50]

Wilhelm Traugott Krug stand zu dieser Zeit erst seit kurzem überhaupt in preußischen Diensten; er war seit Ende 1801 extraordinärer Philosophieprofessor an der kleinen Universität in Frankfurt/Oder. Es war für Krug, wie er sich später erinnerte, »eine mir ganz fremde Welt, wo ich mich erst allmälig zurechtfinden und anbauen musste, wo ich außer dem alten Steinbarth [lutherischer Theologe und Ordinarius für Logik & Metaphysik], der mir doch eigentlich selbst noch fremd war, keine lebendige Seele kannte.«[51] Seine Stelle hier war auch alles andere als attraktiv, er lebte im Grunde von einer Privatzuwendung Steinbarths. »Was den Professorem extraordinarium der Philosophie Krug betrifft«, so berichtet später einmal der Minister von Massow nach Berlin, »so habe ich den Consistorial-Rath und Professor Steinbarth bei meiner Anwesenheit in Frankfurt dafür zu disponiren, daß man diesen Mann aus Leipzig nach Frankfurt zu ziehen sich bemühen möchte. Er that dies: da über den Krug nicht anders als [...] ein vorläufiges Gehalt von 160 rth [...] und den Tod des Professor Borowski [der bekannte Kant-Biograph] einen Fond dazu darbot, so wurde der Krug zum Professor extraordinarius ernannt.«[52]

Krug war von Anfang an bemüht, seine fiskalische Situation zu verbessern. Er nahm wieder Kontakte zu seiner Heimatuniversität Wittenberg auf. Aber von Massow wollte ihn in Preußen halten. Er besserte Krugs Gehalt binnen Jahresfrist um fast 100 rth auf. Der Minister konnte einen guten Grund für diese finanzielle Verbesserung anführen: Krug war dabei, sich einen anderen Ruf zu organisieren. Und folglich lag ein Motiv für diesen Zuschlag, »ob er [Krug] gleich der jüngste[53] Professor extraordinarius ist, [...] darin, um ihn zur Ablehnung des erhaltenen Rufes nach Wittenberg zu disponiren, wenn gleich noch dahin steht, ob er sich hiedurch entschädigt finden möchte, da die dortige Situation nicht einträglich sein soll.«[54]

Nun also wurde Krug durch den Minister von Massow drei Jahre später für die Kant-Nachfolge ins Gespräch gebracht. »Zu der durch den Tod des Professors Kant erledigten Professur der Philosophie hat zwar der Professor [Krug] zu Frankfurt bereits die von Ew. Königl. Majestät vollzogene Bestallung erhalten, seine Krankheit hinderte ihn aber zu Ostern dieses Jahres sein dortiges Amt anzutreten, er müsste daher bis Michaelis damit befristet werden. Allein man meldet mir, daß er einen Ruf nach Greifswald mit 1200 rth Einkünfte erhalten und bittet um seine gänzliche Entlassung aus Preußischen Diensten. Da nun der Professor Krug ein ganz vorzüglicher Mann ist, den ich für jetzt nicht durch ein qualifiziertes Subjekt zu ersetzen weiß, und dessen Anstellung in Königsberg sehr willkommen war; so habe ich ihn zu disponiren gehabt, ob er nicht gegen eine Verbesserung der ihn in Königsberg bewilligten Einkommen den Ruf nach Greifswald ablehnen wolle. Seine Erklärung ist dahin ausgefallen, daß falls er eine Zulage von 500 rth erhalte, er versuchen würde, sein Greifswalder Engagement rückgängig zu machen.«[55]

Krug begann aber seine neue Stelle sehr zögerlich, zunächst mit langem Krankenurlaub. Auch war er offensichtlich nicht bereit, die akademisch üblichen Vorstellungs- und Einführungsveranstaltungen zügig zu absolvieren. So wollte er beispielsweise die Disputatio pro loco, also seine Königsberger Nostrifizierung, »bis künftigen Sommer aussetzen.«[56]

In Vorbereitung einer diesbezüglichen Fakultätssitzung bzw. der Meinungsbildung in jenem Sommer (1806) über diesen Sachverhalt fordert Decanus Poerschke dazu aber die Meinungen seiner Kollegen ein: »Die Capsel [darin wird die amtliche Post universitätsintern transportiert], weg.[en] der Disputation des H. P. Krug geht an die Fakultät ab.«[57] Zwei Tage später: »Die Capsel geht an den Senior Fac. Phil. H. P. Kraus ab.«[58]

Zu dieser Zeit war die Fakultät noch der Meinung, daß, »wenn dem H. Prof. Krug die geforderten Disputationen erlassen werden könnten, ohne Verletzung der Statuten der Universität, so stimmen wir ganz dafür. Bey einem Manne wie H. Prof. Krug, einen fruchtbaren, berühmten Schriftsteller, der durch mehrere Disputationen sich gezeigt und durch vieljährige ehrenvoll gehaltene Vorlesungen sich als geschickten akademischen Lehrer bewährt hat, möchten diese Disputationen wohl keine vollständige Entscheidung über seine Geschicklichkeit bewirken.«[59] Die ›Disputatio pro gradu‹ und ›Disputatio pro Receptione‹ sind ihm dann von der philosophischen Fakultät erlassen worden, weil er »frühere Disputationen aufzuweisen hat.«[60]

In der Senatssitzung gab es aber doch Stimmen, die für eine strikte Einhaltung der Statuten eintraten, da man doch, wie namentlich gerade der Philosophie-Dekan Poerschke – ganz ahnungsvoll – zu bedenken gibt, »durch solide Disputationen mögliche schlimme Folgen voraussieht und zu ersätzen helfen muß«[61], oder daß wenigstens, wie von Professor Elsner gefordert, »die Disp.[utatio] pro loco aber gehalten«[62] werde. Krug selber schließlich will sich dann der offensichtlich unvermeidlichen Disputatio pro loco gar nicht mehr entziehen; er strebe also, wie er bekundet, schon »aus Achtung gegen die akademischen Gesetze nicht die Dispenzion von der Disputation«[63] an. Aber der Kollege Krug hat es damit am Ende doch gar nicht zu eilig. Noch im Sommer 1806 notierte der Dekan Poerschke kurz und bündig in sein Diarium: »Auch sollte H. P. Krug aufgefordert werden, zu disputiren.«[64] Doch der läßt Monat für Monat verstreichen, ohne diesbezüglich etwas zu unternehmen. Es sei bekanntlich diese Disputatio pro loco, so entschuldigt er sich später, »bey weiland hier angestellten Professoren nicht für so dringend nothwendig gehalten worden, daß nicht oft eine Nachsicht von mehreren Jahren in Ansehung derselben stattgefunden hätte.«[65]

Nachdem wieder ein Jahr vergangen war, ließ er jetzt erklären: »Bey dem allen unterwerfe ich mich überall sehr gern den eingeführten Sitten, wenn sie nicht unsittlich sind, und erkläre dafür, daß ich die allein rückständige Disputatio pro loco noch vor Übernahme des Dekanats, welches mich künftigen Sommer trifft, halten werde.«[66]

Hatte Krug etwa – was sehr verständlich wäre – eine gewisse konzeptionelle Scheu, sich der Königsberger gelehrten Öffentlichkeit zu erklären, oder war er sich im Innersten wohl schon darüber im klaren, daß Königsberg bloß eine Episode in seinem akademischen Lebensplan sein würde?

Krug allerdings verpflichtete sich am Beginn seiner Zeit an der Albertina doch sogar sanktionsbewehrt, für die feste Zeit eines Lustrums in Königsberg zu bleiben: »Unterzeichneter verpflichtet sich hierdurch zur Rückzahlung der ihn vom 1sten März bis zum 1sten September d. J. zu verabreichenden Quanti von dem ihn in seiner Bestallung allergnädigst zugesicherten Gehalts aus der Universitäts- und OberSchulKasse, falls er sich etwa entschließen sollte, vor Ablauf einer Zeitdauer von fünf Jahren einen an ihn ergehenden etwaigen Rufs nach einer auswärtigen Universität oder überhaupt in das Ausland zu folgen.«[67]

Krug sollte also schnell fest für Königsberg installiert werden. Dazu gehört auch, daß er bald in den Akademischen Senat der Universität aufgenommen wurde. Eine Gelegenheit dazu war mit der schweren Erkrankung eines der Senatoren, des Physikers Reusch, gegeben. Der Senator Poerschke aber gab in der Senatssitzung am 4. November 1805 zu bedenken: »Ich sehe keine Notwendigkeit, mit der Vereidigung des Herrn Prof. Krug so sehr zu eilen. Da der Herr Prof. Reusch noch nicht pro Emerito erklärt worden ist, so würde die Aufnahme des H. P. Krug in den Senat den um die Universität sehr verdienten Mann, wie ich gewiß weiß, bitter kränken.«[68]

Das Ordinariat für Logik & Metaphysik in Königsberg wurde im Herbst 1807 vom Hof aus, der gerade – der Kriegswirren wegen – in Königsberg residierte, noch weiter gestärkt und aufgewertet. Als nämlich Christian Jacob Kraus starb, wurde dessen Lehrstuhl für Praktische Philosophie zweigeteilt: in eine selbständige Professur für Kameralistik und in die für Praktische Philosophie. Die wurde jetzt noch Krugs Ordinariat zugeschlagen. In der Berufungsurkunde heißt es: »Daß uns und unserem Königlichen Hause derselbe treu, hold und gewärtig seyn, Unsern Nutzen und Hoechstes Interesse sehen und befördern, Schaden und Nachtheile hingegen, so viel an ihm ist, abzuwenden helfen, besonders das ihm anvertauten Lehramt der practischen Philosophie fleißig wahrnehmen, zu dem Euch die studierende Jugend publice und privatim docendo und disputando, ohnermüht unterrichten, und darin tüchtigen und geschickten Subjecta zu mehren sich bemühen, wie nicht weniger denselben mit gutem Exempel vorgehen; ferner bey den in Facultate vorkommenden Sachen sein Votum mit guter Ueberlegung abgeben, und sich nebst seinen Collegen das Aufnehmen und Bestes der Universität äußerst angelegen seyn lassen, übrigens auch in allen Stücken sich dergestalt betragen und verhalten soll, wie es einem getreuen, ehrlichen und geschickten Königlichen Diener und Professori bey erwehnter Unserer Universität wohl ansteht, eignet und gebühret. Dahingegen und für solche seine Mühwaltung soll es der Professor der practischen Philosophie Krug aller ihm in dieser Qualitaet zustehenden Prärogativen Kassen und Gerechtigkeiten sich zu erfreuen und ein Gehalt von 150 rth ... zu genießen haben, auch bey dieser Bestallung bedürftigenfalls jederzeit gehörig gestützet werden.«[69]

Diese Erweiterung des Lehrgebiets kam im übrigen auch Krugs philosophischem Selbstverständnis besonders nahe. Denn es habe eben, so schreibt er in seinem Frankfurter Hauptwerk, mit dem er sich für Königsberg empfohlen hatte, »das Philosophieren nicht bloß eine spekulative, sondern eine höchst praktische Tendenz, und eben darum hangt der glückliche Erfolg des Philosophirens eben so sehr von der Gesinnung ab, mit der spekulirt wird, als vom Talente zu spekuliren.«[70]

Die strikte Entscheidung des Hofes für Krug kam wohl auch zustande, weil dessen theoretische Ausrichtung insgesamt in der Philosophie mit den mentalen Anforderungen aus Berlin für die preußischen Universitäten zu dieser Zeit zusammenstimmte. Galt es doch »bey dem jetzigen Zustand der Philosophie [...] die Ideen von dem überschwenglichen Punkte des transcendentalen Symbolismus zu verhüten.«[71] Und Krug profilierte sich als ein ausgewiesener Gegner des neuen Idealismus, so wie er namentlich aus Jena zu vernehmen war.

Er hatte sich – schon vor Frankfurt und Königsberg – mit zwei Schriften in die Diskussion um diese neue Philosophie begeben: *Briefe über die Wissenschaftslehre* (Leipzig 1800) und *Briefe über den neuesten Idealismus* (Leipzig 1801).

Krugs methodischer Haupteinwand gegen das – das *Programm* des Kantischen Kritizismus zu einem *System* des transzendentalen Idealismus weiterführende – neue Denken, namentlich bei Schelling, war der, daß hier explizit der ›gesunde Menschenverstand‹ verlassen wurde und die sich so eröffnende Welt eben als ›verkehrte Welt‹ erscheinen müsse. Das schien tatsächlich der gewollt paradoxe programmatische Ausgangspunkt der neuen Philosophie zu sein. In der *Einleitung* des von Schelling und Hegel gemeinsam herausgegebenen *Kritischen Journals der Philosophie* (1801/02) konnte man ja lesen: »Die Philosophie [...] ist nur dadurch Philosophie, daß sie dem Verstande, und damit noch mehr dem gesunden Menschenverstande, worunter man die lokale und temporäre Beschränktheit [...] der Menschen versteht, gerade entgegengesetzt ist; im Verhältnis zu diesem ist an und für sich die Welt der Philosophie eine verkehrte Welt.«[72]

Dagegen versicherte sich nun Krug einer fraglosen Vernunft von Gewißheit und Evidenz gegenüber jener bloß ›spekulierenden Vernunft‹. Der *(empirischen)* Subjektivität vermag er aus methodischen Gründen nur eine abbildende oder eine abwägende Kompetenz zuzugestehen. In einer höherdimensionierten *(transzendentalen)* Subjektivität und ihrem *konstruktiven* Vermögen, so wie sie vom neuen Idealismus eingefordert wurde, konnte er nur eine schwärmerische Phantasie, gar Nonsens am Werk sehen, die das Ende der Philosophie heraufbeschwören würden. – Von Krug stammt auch jene die Transzendentaltheorie insgesamt augenscheinlich blamierende Forderung – die ganz schnell als parodistischer Einfall die Runde gemacht hat –, es solle durch sie doch einmal ein *reales* Objekt konstruiert und entworfen werden. »Es hat noch kein Idealist unternommen, die Art und Weise der Entstehung einer bestimmten Vorstellung von einem äußern Gegenstande (z. B. meiner Schreibfeder) zu beschreiben und darzuthun, welche doch als nothwendiges Erfoderniß einer Theorie, von welcher nicht weniger, als die ganze Realität des Wissens anhangt, billiger Weise erwartet werden könnte.«[73] Abgesehen davon, ob dies als ein gelungener Scherz wird gelten dürfen, so kommt aber en passant auch ein unerwartet verfestigtes aufklärerisches Ressentiment Krugs über eigentlich sehr enge Horizonte philosophischen Denkens überhaupt zum Ausdruck. »Der Philosoph soll«, so bringt dies einmal Krugs wichtigster philosophischer Schüler auf den Begriff, »auf nichts Anderes ausgehen, als den *gemeinen Verstand zur gesunden Vernunft zu erheben*, d. h., dessen Aussprüche wissenschaftlich zu berichtigen, zu läutern, zu begründen, zu vervollständigen, zu ordnen«[74] sich bemühen.

An jener abstrusen Zumutung jedenfalls haben nun die Herausgeber des *Kritischen Journals der Philosophie* das tiefe Mißverständnis von Krug und einem Großteil der zeitgenössischen philosophischen Zunft gegenüber den Grundprinzipien des transzendentalen Idealismus polemisch aufgegriffen. »Hr. Krug glaubt mit dieser Forderung der Deduktion von etwas Bestimmten einen äußerst guten Fund getan zu haben, er hält sich damit gegen den Idealismus für ganz gedeckt und meint, daß durch die Lösung dieses Problems das neueste idealistische System gegen alle fernere Einwendung in Sicherheit gestellt werden könnte; [...] er ist aber auch im voraus überzeugt, daß kein Idealist in der Welt auch nur den Versuch dazu machen werde.«[75]

Daß der menschliche Geist seine kognitive Potenz nicht nur aus sozusagen ›rezeptiven‹ Vermögen nimmt, sondern daß dies Kognitive geradezu überhaupt erst als ›Konstruktivität‹ definiert ist, ist etwas, das Kant mit der Metapher der *Kopernikanischen Wende* in der Philosophie begreiflich machen wollte. Davon aber ist Krugs Rationalität weit entfernt. Dessen Differenz zum Denken des sich in Jena entwickelnden neuen Idealismus hat einmal Hegel so bestimmt, daß es diesem gerade darauf ankommt, die »wahrhaft innere Form der Prozesse«[76] namhaft zu machen. Es geht also im Fortgang mit Kant über Kant hinaus um eine umfassende *Konzeptualisierung* des Wirklichen. Damit wird tatsächlich in einem kategorischen Sinne Wirkliches immer schon ›erzeugt‹, aber eben nicht als sozusagen ›naturale‹, sondern als Verstehenswirklichkeit.

Nach Krugs Bildungsgeschichte[77] hat man freilich auch kaum eine nähere Affinität hierzu vermuten dürfen. Allerdings hatte er zwischen 1792 und 1794 Philosophie in der Kant-Hochburg Jena bei Carl Leonhard Reinhold gehört. »Die kantische Philosophie machte damals Epoche; sie galt für ein Evangelium und *Reinhold* für den ersten Apostel derselben.«[78] Hier bei ihm wollte Krug vor allem Aufschluß über Kants *Kritik der reinen Vernunft* erlangen – sie »war mir noch ein verschlossenes Buch«[79]. Aber Reinhold vermochte bei seinem »fleißigsten und aufmerksamsten Zuhörer« kein rechtes Verständnis der Kantschen Revolution der Denkungsart zu erzeugen, ja er konnte »nicht einmal die Dunkelheiten und Widersprüche, die [er] in *Kant's* Schriften fand«[80], auflösen.

Krug wird 1792 auch außerhalb des Jenaer Hörsaals mit Kritischem zu Kant konfrontiert worden sein. Als er nämlich in diesen Tagen schwer an einem »hartnäckigen Hüftweh« litt, suchte er lange um Abhilfe »und ward erst nach vielen vergeblichen Versuchen anderer Ärzte durch den Geheimen Hofrath *Gruner* in Jena davon befreit.«[81] – Dieser Professor Gruner war neun Jahre zuvor, 1783, wegen einer verunglimpfenden Stellungnahme zu einem medizinischen Fachkollegen aus Königsberg, Professor Metzger, in einen Injurienhändel geraten. Der Senator Kant hatte sich damals zwar gegen Gruners »Anzüglichkeiten«[82] gewandt, aber nicht der momentanen Stimmungslage im Senat nachgegeben und gefordert, »daß nach Jena geschrieben wird um Satisfaction zu erhalten«[83], sondern er hat geraten, die Sache nicht durch unerfüllbare Forderungen nach Jena weiter zu verhärten; was am Ende nur blamabel für Königsberg gewesen wäre (zumal der gute Metzger selber auch Schuld trug an Gruners Häme).

Wenn Krug in diesen Tagen (Anfang der Neunziger) daran gedacht haben sollte, nach Königsberg zu gehen, so riet ihm sein geistiger Mentor Franz Volkmar Reinhard dringend ab, wegen zunehmender Kauzigkeit Kants[84].

Krug nahm die Kantsche Theorie, wie viele damals, als ein eher zweifelhaftes Gebilde wahr, änigmatisch, aber doch in Einzelstücken interessant, terminologisch neuartig, aber schwer rezipierbar. Sie sei wohl schon ein Meisterwerk, aber kein vollendetes, sie habe schon Fehler, aber keine so gravierenden, daß das Gemeinwesen geistlich in Gefahr sei, etc. pp., und was der ›Abgewogenheiten‹ mehr sind. Krug hat gelegentlich aber auch gegen die ärgste, militanteste Kritizismuskritik polemisiert, so einmal – anonym – gegen die Kant-›Fatwa‹ des Generalsuperintendenten Herder, demgegenüber er betonte, »daß die *Kritik* in der *Hauptsache* trotz den Angriffen ihres metakritischen Aristarchen unerschüttert stehe.«[85]

Für die generelle philosophische Befindlichkeit Krugs aber, mit der er das ›kantische Jerusalem‹ [Jena] verließ, hat einmal Jean Paul den trefflichen Terminus gefunden: der junge Magister bliebe letztlich doch ein »Neben-Kantianer«[86].

Seine Position zu Kant aber hat er am Ende seiner Wittenberger Jahre (1801) so bestimmt: »Die kantische Philosophie genügte mir nicht mehr. Die Grundpfeiler des alten Hauses wankten; ich verließ es also und baute mir ein neues.«[87]

Krug geht zwar jetzt terminologisch auch weiter vom ›Subjekt‹, vom ›Ich‹, vom ›Bewußt-Sein‹ aus, doch ist das ihm sozusagen ein ›Ding‹ (wenngleich ein höchstes) unter anderem. Es hat einen ›idealen‹ Modus und muß zu Dingen mit ›realem‹ Modus in Beziehung (z. B. für die Erkenntnis und die Moralität) gebracht, d. h. zugeordnet, ›didaktisiert‹, systematisiert werden. Das aber eben nicht als »*Ableitung* (deductio) aller philosophischen Erkenntnisse aus einem *einzigen Satze* als ihrer gemeinschaftlichen *Quelle* oder *Wurzel* [. . .] sondern zur *Hinleitung* (reductio) derselben auf ein *einziges Ziel* als ihren gemeinschaftlichen *Mittelpunkt* oder *Brennpunkt*.«[88]

Mit dieser geistigen Disposition trat Krug nun das so theorie-verwöhnte Königsberger philosophische Ordinariat an. In seinem Hauptwerk dieser Jahre, der *Denklehre oder Logik* (Königsberg 1806), greift er immer wieder die transzendentalphilosophische Begrifflichkeit auf. So entfaltet er beispielsweise einen »transzendentalen Synthetisme«, um aber zugleich »eben diese Synthese als unbegreifliche und unerklärbare Urthatsache des Bewußtseins«[89] zu deklarieren.

Krug hielt in Königsberg am Ende seine Fünf-Jahres-Verpflichtung vom 13. Dezember 1805 doch nicht ein. Lange vor der Zeit sondiert er neue Möglichkeiten. Bereits im August 1807 wird von Dresden aus »im Auftrag des ersten Conferenzministers, des Herrn Grafen von Hohenthal«, sondiert, wie Franz Volkmar Reinhard an Krug schreibt, »ob und unter welchen Bedingungen Sie einem Rufe nach Leipzig zu folgen geneigt wären.«[90] Da aber kein Ordinariat frei war, erledigte sich dieser Vorstoß zunächst. Im folgenden Frühjahr – inzwischen war nach Friedrich Carus d. Ä. auch der andere Ordinarius, Professor Seydlitz, gestorben – bekommt er wieder einen Avis aus Sachsen, daß er »von der Universität zu Leipzig zu der vacanten philosophischen Profession secundo loco denominirt worden«[91] sei. Man nahm hier eigentlich nicht sehr gern ›Auswärtige‹ an, da aber Krug doch ein gebürtiger Sachse war, waren solche Bedenken bald hinfällig. »Die Fakultät war gleich bereit, mir die Disputazion pro juribus optimis magistrii lipsiensis dergestalt zu erlassen, daß sie mit der pro loco verbunden würde.«[92]

Weil Krug seine Königsberger Stelle auch wirklich vor der Zeit aufgab, kamen noch erhebliche Regreßkosten auf ihn zu. Am 23. Februar 1809 erinnert das Königliche Curatorium den Akademischen Senat an die »nunmehr vollzogene Dimissoniala für den Professor Krug, welches demselben eingehändigt werden soll, sobald er seine Winter-Vorlesungen beendigt, und die Zurückzahlung des Reisegeldes von 229 rth 80gr nachgewiesen haben wird.«[93] Diese Mittel hatten seinerzeit den Umzug nach Königsberg erleichtern helfen, und sie würden verfallen sein, wenn Krug seine Pflichtzeit hätte eingehalten. Aber seinerseits hat er auch noch Forderungen. Da er, Krug, aber gedächte, wie er versichert, »bis Ostern hier zu bleiben, und ich auch bis dahin meine Dienstgeschäfte sowohl bei der Universität überhaupt, als auch beim Senat und der Fakultät insonderheit fortsetzen werde, so gebürt mir auf der anderen Seite notwendig auch das volle Gehalt des laufenden Quartals vom 1. März bis 31. Mai d. J., welches Gehalt auch sonst etatsmäßig vierteljährlich, seit einiger Zeit aber wegen Geldmangels in den Kassen bloß monathlich vorausbezahlt worden.«[94]

Am 27. März 1809 wird Karl Dietrich Hüllmann von Krug bevollmächtigt[95], alle seine noch ausstehenden Geldgeschäfte mit der Universität abzuwickeln

Und so verließ Wilhelm Traugott Krug Ende März 1809 die Gelehrtenrepublik Königsberg, er wechselte vom Pregel an die Pleiße. – Ein Nachfolger für Krug in Königsberg stand schon bereit. Am 22. Mai 1809 wird der Akademische Senat vom Königlichen Curatorium aus Marienwerder angewiesen, daß »dessen Nachfolger Professor Herbart das ihm gemäß der allerhöchst vollzogenen Bestallung zukommende Gehalt, vom 1. April an ab, in gewöhnlicher Art auszuzahlen«[96] sei.

Die akademische Jugend in Leipzig freute sich auf diese neue Stimme im Hörsaal – die meisten jungen Leute, so wird Krug informiert, wollen sich »von keinem andern Mystagogen in das Heiligthum der Philosophie einführen lassen, als von Ihnen; sie warten also auf Sie.«[97]

Krug reüssierte schnell an der Leipziger Universität: »In der philosophischen Fakultät [...] hat der Tod so gewüthet, daß ich in noch nicht zu vollen Jahren von der 9. bis zur 5. Stelle nachgerückt bin.«[98] – Er wird hier schließlich ein Vierteljahrhundert, bis 1834, Philosophie lehren. – Am Ende mußte allerdings resümiert werden: »Gleichwohl hat es der große Krug in Leipzig mit dem Publikum verdorben [...] Krug docirt anmaßend und langweilig.«[99]

Die Philosophische Fakultät der Albertina nach Kants Tod
wurde auch von Fichte in Karrierepläne einbezogen, nach Aufgabe des Jenaer Lehramts. Fichte verlor zum Jahreswechsel
1799/1800 seine Universitätsprofessur in Jena, als er als Herausgeber des *Philosophischen Journals* in den später – etwas
mißverständlich – als *Atheismus-Streit* bezeichneten Zensurfall
mit der kursächsischen geistlichen Obrigkeit verwickelt wurde.
Der Spiritus rector dieser Kampagne gegen Fichte war übrigens
der geistige Mentor Krugs, Franz Volkmar Reinhard.

Fichte zog sich nach Preußen zurück. Mit seiner geistigen
Orientierung stieß er natürlich auch hier staatlicherseits auf
große Zurückhaltung, aber man sah z. B. davon ab, seine philosophische Publizistik mit Verboten zu behindern. Denn dadurch würde zum ersten generell »der Sieg der Wahrheit er-
schwert« und »die Grundsätze der Preßfreyheit, Censur und
Toleranz sehr bald in ihrer Heftigkeit erschüttert, und Wir in
die Nothwendigkeit gesetzt werden, selbige [. . .] aufzuopfern.«[100] Zum zweiten aber wäre das gerade bei Fichte un-
angemessen, seien doch jene Aufsätze »in dem besagten
[Philosophischen] Journal in einer Sprache geschrieben, die
nicht nur nichts anlockendes hat, sondern auch das Verstehen der eigentlichen Meinung den Verstand nur äußerst er-
schreckt, so daß das große Publikum vom Eigenen desselben
zurückschreckt und die Möglichkeit einer weitverbreiteten
Sensation aufgehoben, wogegen der geübte Denker aber bald
durch die Mißverständnisse und Widersprüche, die er in dem
Räsonnement unmöglich übersehen kann, zurückgestoßen
wird.«[101]

In Preußens Hauptstadt konnte Fichte vor ausgesuchtem Publikum (u. a von Beyme, von Hardenberg) einige philosophische Privatissima zu seiner eigenen Philosophie, der *Wissenschaftslehre*, durchführen. Dadurch eröffneten sich auch neue
Perspektiven für seine Anstellung bei preußischen Universitä-

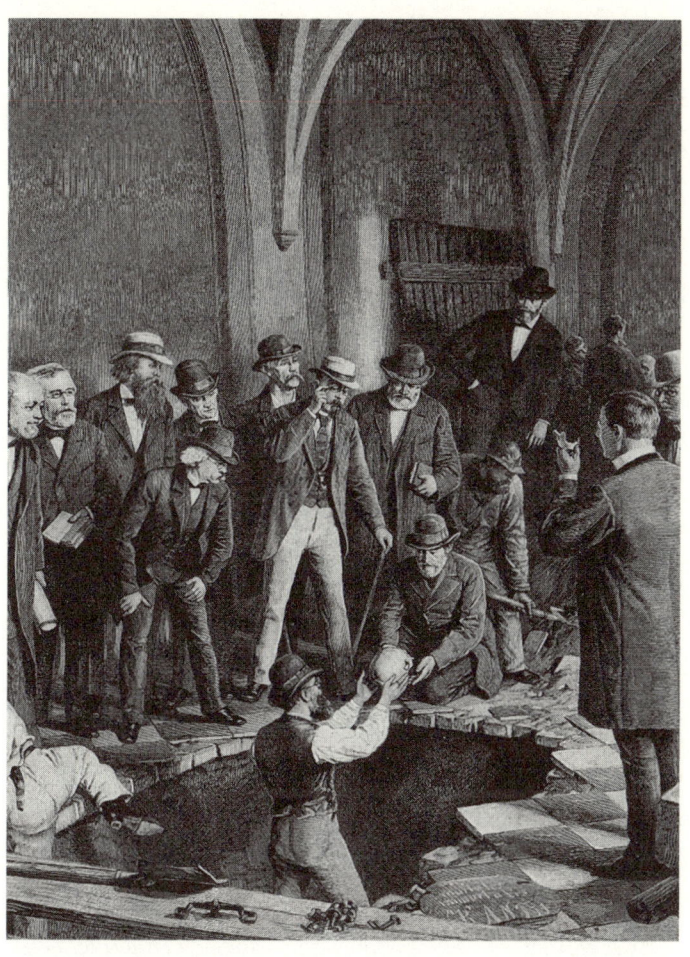

Exhumierung Kants 1880

ten. Im Frühjahr 1805 war er dann für zwei Semester an der seit 1791 zu Preußen gehörenden Erlanger Universität[102] tätig. Infolge des preußisch-französischen Kriegs kam Fichte Anfang 1807 für ein halbes Jahr nach Königsberg. »Fichte kam, von dem Feinde vertrieben, an und eröffnete einen Kursus über die Wissenschaftslehre, den er am 5ten Januar begann und am

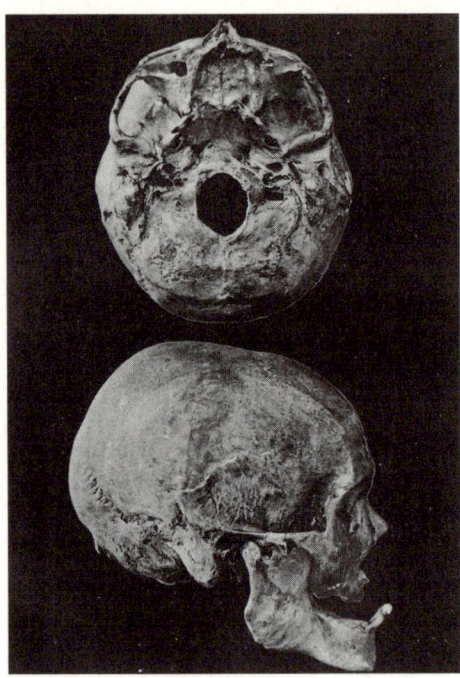

Kants Schädel 1880

20ten März mit der 28sten Vorlesung schloß. – Fichtes *vivere non esse* in diesen Umgebungen gesprochen, war wohl selten mehr als hier an seiner Stelle.«[103] Aber er vermochte dennoch hier nicht zu reüssieren. Denn: »Fichte beging aber die Unvorsichtigkeit«, so erinnerte sich Krug, »gleich in der ersten Stunde sich über Kant und dessen Philosophie auf eine zu starke Weise auszusprechen. Dies nahmen ihm die Königsberger, die für Kant eine ungemeine Verehrung hegten und ordentlich stolz auf diesen Landsmann waren, sehr übel und gaben ihrer Unzufriedenheit zum Theile durch Scharren mit den Füßen zu erkennen.«[104]

Darin aber, daß die Königsberger »für die Wissenschaftslehre keinen Sinn zu haben schienen«[105], war auch der unmittelbare Nachfolger auf Kants Lehrstuhl mit ihnen einmal einig.

Als 1810 die Berliner – die ›Humboldtsche‹ – Universität gegründet wurde und von den bekannteren Philosophen auch Fichte hinberufen wurde, griff der auch mit eigenen Ideen ein in die Diskussionen um Universitätsreformen bzw. zu Neugründungen[106] von Universitäten. Von der ursprünglichen Kantschen Idee der Universität allerdings blieb nicht mehr viel übrig. – Von den Nachfolgern auf Kants Lehrstuhl im 19. Jahrhundert muß zweifellos Karl Rosenkranz (1805–1879), der als Dritter seit 1833 dieses Amt ausfüllte, als einer der bedeutenderen Gelehrten in der jüngsten Geschichte der Königsberger Albertus-Universität genannt werden. Er war wohl der letzte Gelehrte, der sich in Königsberg der Kantschen Idee der Philosophischen Fakultät verpflichtet sah.

*

Als einstens in einer Gesellschaft die Rede von der andern Welt war, sagte jemand zu *Kant*: »›Sie wird man da wohl wenig habhaft werden können, wenn Sie in der Gesellschaft aller Weisen alter und neuer Zeiten einen Clubb schließen werden?‹ ›Ach Freund!‹ erwiderte *Kant*, ›bleiben Sie mir weg mit den Gelehrten! Wenn ich in der andern Welt meinen *Lampe* [seinem ehemaligen Bedienten] begegne, so werde ich froh seyn und ausrufen: Gott Lob, ich bin in guter Gesellschaft!‹«[107]

Apokryphe Kant-Texte 1776–1791

In den Vorlesungsverzeichnissen der Universität Königsberg, die jeweils Ende April und Oktober veröffentlicht wurden, gibt es erst seit der Zeit von Sommersemester 1771 bis Wintersemester 1794/95 jeweils immer vor dem Veranstaltungsregister eine (in Latein gehaltene) *Praefatio* zur aktuellen Orientierung der Studierenden fürs kommende Semester. Die Frage ist nun: Wer hat in der Albertina diese Texte verfaßt?

Eine Regelung in den Statuten der Universität dazu findet man nicht, da der Catalogus Praelectionum (seit 1635) von Anfang an lange ohne einen solchen pädagogischen Vorspruch ausgekommen ist.

In Königsberg finden wir, noch als Ausnahme, eine solche Praefatio in einem handschriftlichen Vorlesungsverzeichnis[1] von Johann Friedrich Danovius († 1748), aus dem Jahre 1733/34. Er wurde später Rektor der Löbenichtschen Schule (seit 1743) und Professor eloquentiae et historia. Der war aber in dieser Zeit gerade mit pädagogischen und organisatorischen Maßnahmen beschäftigt, die die Effektivität des Schulbetriebs betrafen und die in einer Verordnung am 25. Oktober 1735 festgeschrieben wurden. Diese spezielle kommentierte Präparation seiner Lehrveranstaltungen ist bei Danovius wohl mit seiner anderen Schultätigkeit zu begründen.

Diese pädagogische Erweiterung des Lektionskatalogs der Universität um jeweils diesen orientierenden Vorspruch beginnt anfangs der siebziger Jahre, seit Sommersemester 1771, als Friedrich Samuel Bock Dekan der Philosophischen Fakultät ist. Diese Neuerung ist im Zusammenhang zu sehen mit einer Reformierung des Universitätsbetriebs. – An der preußischen Muster-Universität Halle/S. wurden nach einer Inspektion des Berliner Ministers Johann Christoph von Steck die Vorlesungsverzeichnisse seit 1768 mit einer solchen Praefatio versehen (bis 1806).

Das betrifft die Lehrenden, die angehalten werden, ihre Verpflichtungen auch genau einzuhalten (oder, wenn schon keine Studenten kommen, sich wenigstens an Disputatorien zu beteiligen oder Publikationen vorzulegen). Und das betrifft natürlich die Studierenden, deren Leistungs- und Motivationsniveau gehoben werden mußte, u. a. durch verbesserte Aufnahmeprüfungen. Gelegentlich wurde von Berlin her geklagt, daß »Ein Eigennutz oder Parteylichkeit bey der Annahme gar zu jugendlicher ... gar zu roher Schüler vorwalte« und also künftig durch Prüfung seitens des Decanus es so gehalten werde, »daß keine andern, als allein würdige Subjecta in die Zahl der gelehrten Bürger künftig hin aufgenommen, diejenigen aber ohne einiges Aufsehen der Person, Gaben und Fürsprache zurückgewiesen werden mögen, die keinen wahren Trieb zum Fleiß, noch nie gar aber zur Tugend und ehre haben, auch noch nicht einmal wissen, oder beyderseits wollen, was der Beruf und die Pflicht eines Studenten sey u. worin dasjenige bestehe, was sie in dieser Entrathung dem gemeinen Maße u. sich selbst schuldig sind.«[2]

Diese Praefationes in den Vorlesungskatalogen nun sollen diese Verbesserungen im Universitätsbetrieb unterstützen. Die Vorlesungskataloge sollen künftig einheitlich gestaltet werden, »nicht nach dem Rang des Lehrers, sondern nach der Reihe der Wißenschaften jeder Facultaet, mit Benennung der ordentlichen, und außerordentlichen, auch graduirten Docenten.«[3] Dieser Catalogus Praelectionum Academiae ist fortan das zentrale Orientierungspapier für die Studierenden; für sie sind auch jene Praefationes gemacht, die sich direkt appellativ an sie wenden.

Die Herausgeber der Vorlesungsverzeichnisse[4] sind sich unsicher, von wem diese Stücke stammen. Sie vermuten, daß sich auf diese Weise »die jeweiligen Rektoren bzw. an deren Stelle der Rhetorikprofessor an die akademische Jugend wenden.«[5] Diese letztere Vermutung wäre zu stützen durch Hinweis auf jenen erwähnten, *Capitolium* benannten, Vorlesungsaushang des Johann Friedrich Danovius. – Aber gerade von diesem Ordinariat hat beispielsweise Kant für eine Studienreform am allerwenigsten erwartet. »Die Lehrer der Beredsamkeit standen bey ihm in keinem vortheilhaften Lichte, wie schon seine Anthropologie [§ 71] lehrt; er verglich sie mit den Advocaten.«[6] Über den *Professor Eloquentiae* konnte man auch aus Göttingen, von Joh. Dan. Michaelis, wenig Schmeichelhaftes hören, gerade aus dem Jahr 1770. Michaelis schreibt: »Zum Professor Eloquentiä wird man doch vermutlich den Rector, wenn er auch der geschickteste ... wäre, nicht gebrauchen können, so lange er Rector ist, ohne gerade den Wissenschaften, deren flor auf Universitäten man so sehr zu wünschen hat, Schaden zu thun.«[7] Zudem war die Eloquenz-Professur in Königsberg – seit 1743 – als Ordinariat »der *deutschen* Beredsamkeit gesetzt«.[8]

Aber angesichts der außerordentlich verstärkten Bedeutung des Dekans der Philosophischen Fakultät bei der Durchsetzung der Reform des Studiums, bei seiner zentralen Rolle für die Aufnahme neuer Studenten und seiner Verantwortung für Studienangelegenheiten überhaupt, würde ich zu bedenken geben, ob doch nicht der jeweilige Philosophie-Dekan jene Praefationes verfaßt haben könnte. Zumal, wie wir bei Arnoldt in seiner Königsberger Universitätsgeschichte lesen können, »ein jeder Decanus dieser Facultät nicht nur wehrendem Decanat zugleich im academischen Senat sitzet, wenn er gleich sonsten kein ordentliches Glied desselben ist, sondern auch als Consiliarius des Rectors den ersten Platz unter den Senatoren aus der philosophischen Facultät in dem academischen Senat einnimmt.«[9]

Auch in den neuesten Forschungen zur Königsberger Universitätsgeschichte, namentlich durch Werner Eulers Analysen zu *Kants Amtstätigkeit*, wird auf die besonders innovative Funktion der Philosophischen Fakultät seit den 1770er Jahren hingewiesen. »Einerseits sollten in den drei oberen Fakultäten nicht einseitig bloß gesammelte Kenntnisse vermittelt werden; vielmehr ging es darum, durch die Verbindung mit der Philosophie zugleich eine gründliche Urteilsfähigkeit zu erwerben, die in diesen Fakultäten auch wissenschaftliche Forschung möglich machen sollte. Andererseits wuchs gemäß den Anforderungen eines modernen Staatswesens der Bedarf am Ausbau neuer wissenszweige, die ausschließlich in der vierten Fakultät situiert werden konnten.«[10]

Wenn also doch der philosophische Dekan als Verfasser dieses ›Praefatio‹ auszuweisen wäre, hätten wir sechs oder sieben bislang unbeachtet gebliebene Kant-Textstücke zur Hand, denn Kant war vom Sommersemester 1776 bis zum Wintersemester 1794/95 siebenmal Dekan. Aber auch, wenn, wie Pozzo vermutet, der Rektor jeweils der Autor dieser Praefationes wäre, hätten wir es mit mindestens zwei solcher Kant-Texte zu tun. Mit seinem Dekanat 1794/95 endet dann auch die Praxis dieser Praefationes. Als Kant im Vorlesungsverzeichnis des Sommersemesters 1798 ein allerletztes Mal – pro forma – als Philosophie-Dekan ausgewiesen wird, gibt es eine Praefatio schon nicht mehr.

Texte:

Praefationes zu den Vorlesungsverzeichnungen der Semester, in denen Kant Dekan war:

1.) Sommersemester 1776:

Der Rektor der königlichen Universität
Königsberg
Friedrich Samuel Bock,
Doktor der Theologie
und ordentlicher Professor der griechische Sprache, königlich preußi-
scher
Konsistorialrat und erster Vorsteher der königlichen Bibliothek.
Kanzler und Direktor
Johannes Ludwig L'Estocq,
erster Professor der Rechte,
königlich preußischer Kriegsrat, Richter der Stadt und der französischen
Kolonie in
Königsberg, ordentliches Mitglied der Gesellschaft der Wissenschaften
und der
Künste in Frankfurt (Oder)
und Ehrenmitglied der deutschen Gesellschaft.
Der Senat der Universität
und die Dekane
Der Theologischen Fakultät
Dr. und Prof. Theodor Christoph Lilienthal,
der Juristischen Fakultät
Dr. und Prof. Johann Ludwig L'Estocq,
der Medizinischen Fakultät
Dr. und Prof. Johann Christoph Bohl,
der Philosophischen Fakultät
Prof. Immanuel Kant,
grüßen mit den besten Wünschen die edle,
erhabenste Studentenjugend.

Indem wir das Verzeichnis der Vorlesungen bekanntgeben, in denen sich die Dozenten im kommenden Semester bemühen werden, eure Begabun-gen, teure Staatsbürger, zu fördern, ermahnen wir euch, die Zeit, die ihr an dieser Akademie verbringt, bewußt wahrzunehmen. Es ist die Zeit des Lebens, die notwendige Dinge vorbereitet, um später bestimmte Aufgaben richtig und mit Erfolg erledigen zu können. Da nun aber die Künste und Wissenschaften, die euch nützlich sein werden und von denen eine Menge als Lernstoff hier angeboten wird, zahlreich sind, die Studienzeit an der Akademie aber gewöhnlich kurz ist, wie sollte es da eurer Arbeitsweise nicht am zuträglichsten sein, die kurze Zeitspanne umsichtig zu nutzen? Denn es ist eure Aufgabe, sich an jenen Satz Platons zu erinnern, dem auch Tullius beipflichtet: »Ihr lebt nicht nur für euch privat, sondern die Heimat nimmt einen Teil von euch in Anspruch.« Auch deshalb solltet ihr euch anstrengen, ja es besteht sogar eine Notwendigkeit, daß ihr aus diesem Hort der Weisheit, nachdem ihr ein Lehrangebot von außerordentlich hoher Qualität genossen habt, als tüchtige Menschen und tüchtige Staatsbürger hervorgeht. Wer die Zeit, in der der Grundstein für die Tüchtigkeit bei der Jugend gelegt wird, vergeudet, wird zu spät und nicht ohne Gewissensbisse einsehen, daß er einen irreparablen Schaden angerichtet hat. Damit wir nun um so erfolgreicher in diesem Lauf der Wissenschaft voranschreiten, ist Bescheidenheit und Demut vonnöten, die dringend empfohlen werden muß. Denn obwohl für den Heranwachsenden eine Notwendigkeit besteht, die Kräfte der Begabung, bei denen es darauf ankommt, daß sie da sind, nachdem sie die Natur so freigebig ausgeteilt hat, zu kennen und soweit es sich schickt, sie auch zu schätzen, obgleich zusätzlich der überhaupt Lob verdient, der, einmal von einer angeborenen Liebe zu den Musen veranlaßt, sich anstrengt, dem Eifer herausragender Persönlichkeiten nachzueifern, ist dennoch der allerschädlichste Fehler für das zartere Alter die irrige Überzeugung der eigenen Weisheit, die im allgemeinen meistens gerade die Anfangserfolge der Lehre und der Tüchtigkeit zunichte macht. Es ist deshalb die Aufgabe der Jugend, von deren Anlagen unsere herrliche Heimat sich die größten Hoffnungen macht, zu überlegen, wie weit vom Gipfel des vollkommenen Beispiels sie noch entfernt ist, wie groß das ist, was sie nicht weiß, es ist die Aufgabe, eher zu hören und zu lernen als zu lehren und zu sprechen und auch, sich vor alberner Prahlerei zu hüten. Ganz richtig schreibt Secundus, der es durch eine enorme Auffassungsgabe für alles Wissenschaftliche und unermüdlichen Fleiß erreicht hatte, daß die Gebildeten seines Zeitalters ihn schätzten und zu ihm emporblickten, an Spurinna, womit er die Zurückhaltung bei einem jungen Gelehrten empfiehlt: »Irgendwie schickt sich bei der wissenschaftlichen Beschäftigung eher die Ehrfurcht für die Menschen als zuversichtliches Selbstvertrauen.« Wer von euch in diesem Geist die Vorlesungen besucht, welche jetzt angekündigt werden, dem versprechen wir mit Gottes Hilfe einen überreichen Erfolg.

Nach der Geburt am Sonntag Misericordias Domini (21.4.) im Jahre nach der Erlösung des Erdkreises 1776.

2.) Wintersemester 1779/1780:

Der Rektor der königlichen Universität
Königsberg
Andreas Johannes Orlovius,
Doktor der Medizin und ordentlicher Prof.,
Kanzler und Direktor
Wilhelm Bernhard Jester,
Doktor beider Rechte und erster Prof.,
königlich preußischer Kriminalrat,
Der Senat der Universität,
und die Dekane
der Theologischen Fakultät
Dr. und Prof. Theol. Christoph Lilienthal,
der Juristischen Fakultät,
Dr. und Prof. Wilhelm Bernhard Jester
der Medizin. Fakultät
Dr. und Prof. Johannes Daniel Metzger,
der Philosophischen Fakultät,
Prof. Immanuel Kant,
grüßen mit den besten Wünschen die edle,
erhabenste Studentenjugend.

Wenn irgend etwas den Fleiß der Studenten hervorruft, dann ist es die glühende Liebe zur Wissenschaft. Denn wer begreift und empfindet, wie reizvoll und angenehm sie ist, fühlt keine Reue über die aufgewandte Mühe. Wer sich mit einer Sache befaßt, die ihm angenehm ist, der duldet es auch, in die schwierigsten Aufgaben verstrickt zu werden. Wer beim Umgang mit den Musen Haß und Abscheu empfindet, geht den dornigen Weg, auf dem man zum Parnaß kommt, ungern und langsam: Wen dagegen der einschmeichelnde Glanz des strahlenden Phöbus gefangen nimmt, der besiegt im hoffnungsvollen Vertrauen auf die angenehmsten Vorteile, die sich aus der Gemeinschaft mit den Musen einstellen, die Beschwerlichkeiten des Weges. Die jungen Leute erfreuen sich des glücklichsten Schicksals, die durch den angenehmen Geschmack der Lehren ans Studium herangeführt werden. Durch ebendiese gefangengenommen sitzen sie gern und häufig unterm Katheder des Lehrers, mit Vergnügen und voller Freude hören sie seine Rede und schweigen andächtig. Der Freiheit allerdings, die im Kreis der Wissenschaft ganz zu Recht für das Allerhöchste gehalten wird, schaden diejenigen, die ihrem Lehrer blind folgen und ihm eine allzu große Autorität zubilligen: dennoch werden die, die sich mit Erfolg in der Wissenschaft bemühen werden, den Kräften der eigenen Begabung und dem persönlichen Fleiß nicht in einem solchen Grade vertrauen, daß sie die Lehre derjenigen, die sich in ihrem Fach auskennen, überhaupt verachten. Sie folgen der Stimme dessen, der die Quellen der Bildung selbst zeigt; und nicht zufrieden damit, daß sie diese aus der Ferne gesehen haben, kommen sie näher heran und trinken von dem, was für sie angenehm und gesund ist. Weil sie den Weg der Wissenschaft schon etwas zügiger zurücklegen können, freuen sie sich, wenn sie einen treuen und gelehrten Berater zur Seite haben. Denn es ist nur wenigen, denen der gnädige Gott besonders zugetan war, gegeben, ohne Schwimmgürtel im Meer der Wissenschaften zu schwimmen; und diese, als einzige mit der bewunderungswürdigen Mitgift einer stattlichen Naturanlage ausgerüstet, sind gewöhnlich mit dem erwünschten Erfolg auf den Ruhm der Autodidakten aus: aber den meisten ist der Lehrstoff schließlich doch sehr angenehm, wenn ihn die lebendige Stimme des Lehrers, der sich auf den Stand des Lernenden einläßt, mit einer gewissen Klarheit in der Rede, mit Anmut und Gefälligkeit beleuchtet. Nachdem er durch die gewinnende Rede des Lehrenden dem Geschmack des Heranwachsenden angenehmer dargereicht worden ist, kann sich dieser schon selbst auf eigene Faust genaue und gediegene Kenntnis davon verschaffen. Mit Freude sehen wir, teure Kommilitonen, daß viele von euch ihren Fleiß beim Studium der Wissenschaften unter Beweis stellen. Wir hoffen gleichzeitig, daß in Zukunft auch die übrigen diese lobenswerten Beispiele nachahmen. Alle, die in unserer Akademie die schönen und ehrenvollen Künste und Wissenschaften lehren, stehen schon im Begriff, sich um euch, ihr teuren Häupter, im Wintersemester verdient zu machen. Es ist jetzt an euch, diese Hilfe, die euch angeboten wird, zu nutzen und euch selbst der Zuverlässigkeit der Gelehrten anzuvertrauen. Wir ersuchen euch, zu den Veranstaltungen zu kommen. Sucht den Beistand für ein lobenswertes Leben, der für euch, wenn ihr euch um euren Namen und um die Vorteile der Heimat besonders bemühen wollt, nötig ist.

Nach der Geburt am 19. Sonntag nach Trinitatis (10.10.) im Jahre der Wiederherstellung des Heiles 1779.

3.) Wintersemester 1782/1783:

Der Rektor der königlichen Universität
Königsberg
Gotthilf Christian Reccard'
Doktor der Theologie und zweiter Prof.,
königlich ostpreußischer Konsistorialrat,
Pfarrer in Sackheim, Direktor des Friedrichskollegiums,
Mitglied der schwedischen Gesellschaft für Treue und Glauben
Kanzler und Direktor
Wilhelm Bernhard Jester,
Doktor beider Rechte und erster Prof.,
königlich preußischer Kriminalrat, Kurator
der Universitätsstipendien, Vorsteher der
Wallenrodt-Bibliothek
Der Senat der Universität und die Dekane
der Theolog. Fakultät
Dr. und Prof. Johannes Ernst Schulz,
der Juristischen Fakultät
Dr. und Prof. Georg Friedr. Holtzhauer,
der Mediz. Fakultät
Dr. und Prof. Johannes Daniel Metzger,
der Philosophischen Fakultät
Prof. Immanuel Kant,
grüßen mit den besten Wünschen die edle,
erhabenste Studentenjugend.

Nur über Umwege kann man sich eine Wissenschaft oder Kunst richtig aneignen. Denn weder kann man, liebe Kommilitonen, einen immer wieder abschweifenden und sprunghaften Lerneifer dulden, der mehr zu einem Faulen als zu einem Fleißigen gehört, noch wollen wir die eitle

Sucht der Vielforscherei empfehlen, die nur einzelnen begabten Köpfen zugestanden werden kann. Trotzdem ist es nötig, daß wir, die wir einst für uns gelernt haben und jetzt immer noch unermüdlich für euch lernen, offen aussprechen, daß man unbesonnen lernt, wenn man glaubt, daß man sich mit einem Sprung, den die Natur nicht liebt, dieses oder jenes Wissen aneignen, anderes, was dem vorausgeht oder mit ihm verbunden ist, aber vernachlässigen könnte. Dieser Fehler der Ungeduld wird, wenn er aus der Glut des Herzens hervorgegangen ist, das das von ihm im voraus so sehr geschätzte Wissen so schnell als möglich auffaßt, leicht und meistens von dem selbst, der den Fehler begangen hat, korrigiert. Aber um so unerbittlicher sitzt man fest, wenn ein gewisses Vorurteil, von schlechter Lektüre beeinflußt und von häuslicher Beschränktheit begünstigt, die Verwirrten einmal dazu überredet hat, daß sie Zeit und sich selbst verschwenden würden, wenn sie nebeneinander auf mehrere Wissenschaften, die ihrer Meinung nach völlig überflüssig sind und sie nur von ihrem ursprünglichen Vorhaben abbringen, Mühe verwenden würden, die sie eigentlich nur der einen Hauptsache gelobt hätten. So kommt es, daß jeder von ihnen schneller als gewöhnlich auf seinen eigenen Markt eilt, daß sie, ehe sie die akademische Laufbahn überhaupt angefangen haben einzuschlagen, sie schon wieder beenden: aber dadurch geschieht es auch, daß solche Leute, solange sie leben, in ihrem Wissen schwelgen, das ihrer Meinung nach als einziges alles abzudecken scheint.

Deswegen ist von euren Lehrern, liebe Kommilitonen, niemals vernachlässigt worden und wird auch niemals vernachlässigt werden, bei der Behandlung welchen Wissenschaftsgebietes auch immer die übrigen, mögen sie vorausgehen oder als Hilfe dienen, zuverlässig zu empfehlen; zu zeigen, daß umgekehrt keine von ihnen weder im Geist noch in den Büchern zu Recht abgetrennt werden kann, zu erklären, daß keine unter den Wissenschaften ist, die unter den Wissenschaftlern öfter Mißgunst schafft, dazu zu ermahnen, daß die Musen umkreist und nicht erobert werden wollen und daß sie jenen, der eine von ihnen verachtet, alle meiden.

Deshalb ist es uns immer angenehm, wenn wir sehen, daß die meisten von euch bis jetzt Studenten sind, die, mag auch jeder auf sein eigenes einzelnes Ziel bedacht sein, dennoch lernen, was sich jeweils an Gelegenheit zu lernen bietet, auch wenn sie nicht sofort wissen, wozu es gut ist. Denn, wie der kluge Philologe [Salomon] Geßner sagt, diejenigen, die allzu sorgfältig rechnen, lernen nicht viel. Wohlan! Wir bieten euch jetzt eine neue Möglichkeit, Dinge zu lernen, genug abwechslungsreich, damit jeder für seinen Bedarf etwas auswählen kann, genügend geeignet, damit jeder folgen kann. Lebt wohl!

Nach dem 20. Sonntag nach Trinitatis im Jahre nach der Erlösung des Erdkreises 1782.

4.) Sommersemester 1785:

Der Rektor der königlichen Universität
Königsberg
Johannes Christoph Bohlius,
Doktor der Medizin und erster Prof.
Leibarzt des Königs, Beisitzer des Kollegium Medicum und
Senior des akademischen Senats,
Der Senat der Universität
und die Dekane
der Theolog. Fakultät
Dr. und Prof. Johannes Hartmann Christoph Graef,
der Jurist. Fakultät
Dr. und Prof. Georg. Friedrich Holtzhauer,
der Medizin. Fakultät
Dr. und Prof. Johannes Daniel Metzger,
der Philosoph. Fakultät
Prof. Immanuel Kant,
grüßen mit den besten Wünschen die edle,
erhabenste Studentenjugend.

Es wissen alle von euch, liebe Kommilitonen, daß sich unter den Schriften, die wir vom Vater der römischen Beredsamkeit haben – ob man nun auf die Fülle der verschiedenen Gegenstände oder auf die überaus geschmackvolle Form schaut –, das Werk »Orator« befindet. Am Anfang dieser Schrift ist eine Stelle, bei der wir darauf dringen, daß ihr sie euch tief in eure Herzen einprägt. »Aber es ziemt sich«, so Ciceros Worte, »daß alle, die große und erstrebenswerte Dinge anstreben, alles versuchen. Wenn aber irgendeinen seine Natur oder etwa die Kraft einer herausragenden Begabung im Stich läßt oder es ihm an Unterweisung in den einschlägigen Fachgebieten mangelt, dann halte er dennoch die Laufbahn ein, zu der er fähig ist. Es ist aber ehrenhaft, daß der, der dem Besten folgt, sich auf dem zweiten und dritten Platz behauptet. Denn in der Dichtung ist nicht nur für Homer, Archilochus, Sophokles oder Pindar Platz: sondern auch für die, die gleich nach ihnen kommen, und auch für die, die wieder unterhalb der zweiten Garnitur stehen. Und auch Platons Größe hat Aristoteles in der Philosophie nicht vom Schreiben abgehalten. Und auch Aristoteles selbst hat durch seine wirklich bewunderungswürdige Wissensfülle doch nicht den Eifer der übrigen ausgelöscht.

Und nicht nur bei geistigen Bemühungen haben sich herausragende Männer nicht abschrecken lassen, sondern nicht einmal die Künstler haben sich von ihren Künsten abbringen lassen, die die Schönheit eines Ialysos, den wir in Rhodos gesehen haben oder die Schönheit der Venus von Kos doch nicht nachahmen konnten. Auch von der Statue des olympischen Jupiter oder der des Speerträgers haben sich die übrigen nicht abschrecken lassen, zu versuchen, was sie bewirken können, bis wohin sie fortschreiten können. So groß war ihre Zahl, ihr Ruhm auf dem eigenen Gebiet so bedeutend, daß wir die Spitzenleistungen zwar bewundern, aber auch die geringeren mit Beifall bedenken. Man darf nicht die Hoffnung aufgeben, selbst das Höchste zu erreichen. Gerade bei den herausragenden Dingen ist das, was dem Besten am nächsten steht, immer noch groß.« Soweit Cicero, der sich bei seiner geistigen Suche nach dem idealen Redner einen vorstellt, bei dem er selbst Zweifel hegt, daß es einen solchen jemals gegeben hat. Bei dieser Überlegung fürchtet er, daß er den Eifer vieler hemme, so daß sie aus Verzweiflung über ihre Schwäche nicht mehr das versuchen wollen, was sie mißtrauen läßt, ob sie es erreichen können. Nehmt euch diese Worte zu Herzen, ihr lieben jungen Leute, die ihr eure Zeit der Wissenschaft widmet. Denkt daran, ihr dürft nicht verzweifeln! Denn was hat die Natur so erhöht, das Tüchtigkeit und Fleiß, die auch mittelmäßigen Begabungen auf die Beine helfen, nicht zu unterstützen vermögen? Aber die geistige Lethargie muß man ablegen, beim Lernen gilt es eiserne Disziplin zu bewahren. Denn die Dinge, die ihr begehrt, sind groß und erstrebenswert. Ihr setzt eure Hoffnungen auf Ämter, die im Staat sowohl als sehr bedeutend als auch als sehr gewinnbringend gelten. Diese Belohnungen für eine Jugend, die so lobenswert begonnen hat, stellt die Heimat der Tüchtigkeit und einer Unterweisung, die gefruchtet hat, in Aussicht; damit so gut wie sicher vor der Trägheit des Herzens. Eure Vorteile stehen auf dem Spiel, und zwar auf einem solchen, daß es durch das Schicksal nach zwei Seiten hin offen ist, es sei denn, ihr richtet es so ein, daß kein Tag ohne genaues Ziel vergeht. Zuhören, das niemals unterbrochen wird, ist nötig, damit ihr nicht eure Mühe zugrunde richtet, so daß sie sinnlos wird. Glaubt aber ja nicht, durchs Zuhören allein könnte die Sache insgesamt zur Vollendung gelangen, wenn nicht nüchterne Lektüre dazukommt. Wenn ihr aber beides miteinander verbunden habt und nicht Mühe und Zeit schont, dann versprechen wir euch, daß ihr, wenn schon nicht als die Besten, so doch als die den Besten am nächsten Kommenden hervorgehen werdet. Es ist aber ehrenhaft, daß der, der dem Besten folgt, sich auf dem zweiten und dritten Platz behauptet. Aber um Umwege und, was eine üble Tendenz hat, Gefahren im Studium der Wissenschaften zu vermeiden, bieten wir für euch im Wintersemester eine Fülle neuer Vorlesungen. Wie ihr sie nutzen wollt, oder ob ihr sie nicht in Anspruch nehmen wollt, wird in eurem Ermessen liegen.

5.) Wintersemester 1787/1788:

Der Rektor der königlichen Universität Königsberg
Andreas Johannes Orlovius
Doktor der Medizin und erster Professor
Der Senat der Universität
und die Dekane
der Theolog. Fakultät
Dr. und Prof. Gotthilf Christian
Riccard,
der Jurist. Fakultät
Dr. und Prof. Georg Friedrich Holtzhauer,
der Medizin. Fakultät
Dr. und außerordentlicher Prof. Karl Gottfried Hagen,
der Philosoph. Fakultät
Prof. Immanuel Kant
grüßen mit den besten Wünschen die edle,
erhabenste Studentenjugend.

Was Nepos von Atticus sagt (in seiner Biographie Kapitel 17 »Dieser hatte sich die Vorschriften der maßgeblichen Philosophen so zu eigen gemacht, daß er sie für seine Lebensführung, aber nicht zur Prahlerei nutzte.«), das, davon seid überzeugt, müßt ihr nachahmen, Kommilitonen, wenn ihr euch die angebotene, für jedes Fachgebiet bewunderungswürdige Vielfalt der Lehrangebote an der Akademie anschaut.

Erstens ist es wichtig, klug auszuwählen, was nützlich ist und was notwendig. Wenn man den Eindruck hat, daß in den Vorlesungen überhaupt nichts angeboten wird, was weniger nützlich ist oder gar, was man völlig entbehren kann, wird man das berücksichtigen müssen, was aus dem ganzen Nützlichen mehr nützlich ist und was besonderen Vorteil für die Studienausrichtung und Lebensplanung eines jeden bringt. Dabei achtet darauf, daß ihr euch nicht von einem schiefen Urteil oder privatem Interesse leiten laßt, sondern die Weisheit eines Beraters und eure eigene Klugheit zu Rate zieht. Zweitens müßt ihr kennenlernen und begreifen, was gelehrt wird. Da Kenntnisse derjenige erwirbt, der liest und zuhört, derjenige jedoch begreift, der Gelesenes und Gehörtes von neuem vornimmt und behält, kann man leicht einsehen, daß es, um die Lehren eurer Lehrer zu begreifen, nicht reicht, was gelehrt wurde, gehört zu haben, sondern man muß es aufschreiben und sich ins Gedächtnis zurückrufen, daß es nicht genügt, wortwörtlich zu wiederholen, was gelehrt wurde, sondern man muß es eingehend erörtern und mit eigenen Worten wiedergeben. Also irren die gewaltig, die nur nachlässig an den Veranstaltungen teilnehmen oder die ihr ganzes Studium so einrichten, daß sie nur auf dem Papier, nicht im Geist, nur mit der Bewegung der Feder, nicht mit der wendigen Beweglichkeit des Geistes ihren Lehrer verstehen. Drittens wird, was die Hauptsache ist, wichtig sein, daß ihr die Lehren nicht zur Prahlerei, sondern zur Lebensführung benutzt. Denn was nützt es, gelehrter zu sein, wenn nicht ebenso besser und weiser? Denn die Zivilisierung selbst hat vornehmlich von dem ihren Namen, was das Unzivilisierte des Lebens beseitigt und den Charakter korrigiert. Denn daß die Lektionen erfolgreich gelernt wurden, verbessert den Charakter und läßt nicht zu, daß er ungehobelt bleibt.

6.) Sommersemester 1791:

Der Rektor der königlichen Universität Königsberg
Theodor Heinrich Anton Schmalz,
Doktor beider Rechte und ordentlicher Prof.
Der Senat und die Dekane
der Theolog. Fakultät
Dr. und Prof. Johannes Gottfried Hasse,
der Jurist. Fakultät

Dr. und Prof. Daniel Christoph
Reidenitz,
der Medizin. Fakultät
Dr. und Prof. Johannes Daniel Metzger,
der Philosoph. Fakultät
Prof. Immanuel Kant
grüßen mit den besten Wünschen die edle,
erhabenste Studentenjugend.

Wie müssen wir unserem gütigsten Herrgott dankbar sein, liebe Kommilitonen, unser Preußen hat Frieden, und nicht einen, der in Schmach er-
kauft wurde, sondern einen, der durch Tapferkeit verteidigt wurde. Diese
Wohltat der göttlichen Vorsehung muß von euch um so mehr als ein Glück
angesehen werden, je mehr von Europa der Brand des Krieges vernichtet
hat und je weniger die wissenschaftlichen Beschäftigungen beibehalten
werden können, es sei denn, im Frieden.

Aber wie wir die Ruhe vor dem Feind genießen, so genießen wir auch bei
uns die Ruhe vor dem Wahnsinn zu Hause. Vor jener Wildheit der Bürger
haben wir sicher gelebt, die die blühendsten Königreiche und mit ihnen,
was an guter Sitte von der Verderbtheit des Zeitalters unberührt geblieben
war, zerstört. Ja sogar zu den erhabenen Plätzen der Wissenschaft und
jeglicher Bildung, zu den ehrwürdigen Heiligtümern der Musen, von denen Frechheit und Gewalt möglichst weit entfernt sein sollte, hat sich die
frevelhafte Verwegenheit vorgewagt. Wer hat denn nicht von den Unruhen hier, den grausamen Schicksalsschlägen da gehört?

Wenn wir aber diese Sache zur Sprache bringen, können wir uns nicht
enthalten, ja wir wollen euch sogar ein wohlverdientes Lob zukommen
lassen, ehrenhafte Bürger unserer Hochschule! Denn ihr habt, was euch
hoch anzurechnen ist, beharrlich am Gesetz und guten Sitten festgehalten
und euch so betragen, daß ihr, die ihr anderen ein leuchtendes Vorbild
seid, euch keinesfalls als unwürdig erwiesen habt.

Fahrt so fort, ihr, die ihr uns so teuer seid! Fahrt so fort auf dem Königsweg
zum wahren Ruhm, und, was ihr ja schon getan habt und tut, verbindet
euren anständigen Charakter mit einem unermüdlichen Studium der Wissenschaften. So wird euch eure Hochschule niemals Anlaß zum Verdruß
sein noch ihr jemals der Hochschule.

Anmerkungen

Prolog

* Karl Rosenkranz: Königsberger Skizzen, Danzig 1842, S. 64 f.
1 Königsberg in alten und neuen Reisebeschreibungen, hg. v. Brigitta Kluge, Düsseldorf 1989, S. 34.
2 Archiwum Państwowe w Olsztynie [zit. als: APO], 1647, Kuratorium, Nr. 163.
3 Fritz Gause: Die Geschichte der Stadt Königsberg in Preußen, Köln/Weimar/Wien 1996, Bd. 2, S. 60.
4 Friedrich Wilhelm Schubert: Immanuel Kant's Biographie, in: Immanuel Kant's sämmtliche Werke, hg. v. Karl Rosenkranz und Friedrich Wilhelm Schubert, Elften Theils, II. Abt., Leipzig 1842, S. 13.
5 Immanuel Kant: Bemerkungen in den *Beobachtungen über das Gefühl des Schönen und Erhabenen*, hg. v. Marie Rischmüller, Hamburg 1991, S. 114.
6 Vgl. Selma Stern: Der Preussische Staat und die Juden, III. Teil, 2. Abt.: Akten, 2. Hb.bd., Tübingen 1971, S.982.
7 Immanuel Kant: Anthropologie in pragmatischer Hinsicht, in: Kant's Gesammelte Schriften, hg. v. der Akademie d. Wissenschaften, Berlin 1902 ff., [zit. als: AA], Bd. 7, S. 206.
8 Edikt, v. 24. Dez. 1725, in: APO, 1646, Universität Königsberg, Nr. 21, Acta des Academischen Senats 1705–1782, fol. 35.
9 Immanuel Kant: Vorlesungen über Anthropologie, AA, Bd. 25, 2. Hb.bd., 1. Hälfte, S. 655.
10 Immanuel Kant: Reflexionen zur Anthropologie, AA, Bd. 15, Zweite Hälfte, S. 773.
11 Ibid.
12 Immanuel Kant: Anthropologie in pragmatischer Hinsicht. Vorrede, AA, Bd. 7, S. 121.
13 Ludwig Friedländer: Aus Königsberger Gelehrtenkreisen, in: ders., Reden und Studien, Erster Teil, Straßburg 1905, S. 43.
14 Der Einsiedler [Königsberg], hg. v. Friedrich Samuel Bock, 1. Jg. (1740), XL. St , v. Mittw., d. 5. Oct. 1740, S. 316 ff.

15 Reinhard Brandt: Kant in Königsberg, in: Studien zur Entwicklung preußischer Universitäten, hg. v. Reinhard Brandt u. Werner Euler, Wiesbaden 1999, S. 288.

16 Bericht des Kammermeisters des Kammeramtes Jurgaitschen, v. 17. Juli 1710, in: Max Riemer u. Wilhelm Obgartel: Geschichtliches Heimatbuch für Ostpreußen, Langensalza/Berlin/Leipzig 1930, S. 110.

17 Fritz Terveen: Gesamtstaat und Retablissement. Göttingen/Frankfurt/M./Berlin 1954, S. 167.

18 Immanuel Kant. Ein Lebensbild nach Darstellungen der Zeitgenossen Borowski, Jachmann, Wasianski, hg. v. Hermann Schwarz, Halle/S. 1907, S. 156 [zit. als: Immanuel Kant].

19 Christian Friedrich Reusch: Kantiana, in: Neue Preussische Provinzial-Blätter, Bd. 6 (1848), S. 8.

20 Adam Smith: Untersuchungen über das Wesen und die Ursachen des Volkswohlstandes, Bd. 2, Berlin 1878, S. 228.

21 Johann Benjamin Jachmann an Immanuel Kant, v. 9. Okt. 1789, AA, Bd. 11, S. 94.

22 Arno Friedrichs: Klassische Philosophie und Wirtschaftswissenschaft, Gotha 1913, S. 32.

23 Immanuel Kant, a. a. O., S. 169.

24 Friedrich Wilhelm Schubert: Immanuel Kant's Biographie, a. a. O., S. 13.

25 Fritz Gause: Die Geschichte der Stadt Königsberg in Preußen, Köln/Weimar/Wien 1986, Bd. 1, S. 55.

26 Pachtkontrakt mit Israel Moses Friedlaender, v. 21. Mai 1745, in: Selma Stern: Der Preussische Staat und die Juden, III. Teil, 2. Abt.: Akten, 2. Hb.bd., Tübingen 1971, S. 990.

27 Conrad Bornhak: Geschichte der preußischen Universitätsverwaltung bis 1810, Berlin 1900, S. 169.

28 Max Wundt: Kants Ahnenerbe, in: Blätter für Deutsche Philosophie, Bd. 12 (1938/39), S. 193.

29 Theodor Gottlieb Hippel: Sämmtliche Werke, Bd. 12, Berlin 1835, S. 39 f.

30 Immanuel Kant: Streit der Fakultäten, AA, Bd. 7, S. 57.

31 Benno Erdmann: Martin Knutzen und seine Zeit, Leipzig 1876, S. 133 ff.

32 Königliche Erneuerte und erweiterte Verordnung, wie es in denen

Lateinischen Schulen, bey der Universität (…) mit anderen zum Kirchen- und Schul-Wesen gehörigen Dingen, In dem Königreiche Preussen zu halten, Berlin, den 25. Oct. 1735, Königsberg 1735, S. 3.

33 Immanuel Kant, a. a. O., S. 27.

34 Johann Heinrich Lambert an Immanuel Kant, v. 13. Nov. 1765, AA, Bd. 10, S. 51.

35 Lindner an Immanuel Kant, v. 15./26. Dez. 1759, AA, Bd. 10, S. 25.

36 Vorlesungsverzeichnisse der Universität Königsberg (1720–1804), hg. v. Michael Oberhausen und Riccardo Pozzo, Stuttgart 1999, S. 513 [»›Aber es ziemt sich‹«, so Ciceros Worte, »*daß alle, die große und erstrebenswerte Dinge anstreben, alles versuchen*‹«].

37 Christian Schiffert: Nachricht von den jetzigen Anstalten des Collegii Fridericiani, Königsberg 1741, § 5, Pkt. 4, in: Die Schule Immanuel Kants, hg. v. Heiner Klemme, Hamburg 1994, S. 69.

38 Im[m]anuel Kant, in: Deutscher Ehren-Tempel, hg. v. W. Hennings, Vierter Band, Gotha 1823, S. 41.

39 Henning: Chronologische Übersicht der denkwürdigsten Begebenheiten, Todesfälle und milden Stiftungen in Preußen, vorzüglich in Königsberg im 18. Jahrhundert, Elbing 1803, S. 147.

40 Gustav Zippel: Geschichte des Königlichen Friedrichs-Kollegium zu Königsberg Pr. 1698–1898, Königsberg 1898, S. 110.

41 Johann Gotthelf Lindner an J. C. Behrens, v. 25. Dez. 1750, in: Königsberger um Kant, hg. v. Joseph Kohnen, Berlin 1993, S. 17 f.

42 Karl Ludwig Woltmann: Geist der neuen Preußischen Staatsorganisation, Leipzig/Züllichau 1810, S. 8.

43 Karl Rosenkranz 1843, in: Max Jacobson: Erinnerung an Alt-Königsberg. Festschrift zum 50. Doctorjubiläum Ludwig Friedländers, Leipzig 1895, S. 148.

44 Karl Rosenkranz an Karl Gutzow, v. 10. Juli 1837, in: Karl Rosenkranz: Briefe 1827–1850, hg. v. Joachim Butzlaff, Berlin/N.Y. 1994, S. 144.

* Zitiert nach Paul Stettiner: Aus der Geschichte der Albertina, Königsberg 1894, S. 46.

1 Wilhelm Dieterici: Geschichtliche und statistische Nachrichten über die Universitäten im preußischen Staate, Berlin 1836, S. 41.

2 [Johann Daniel] Metzger: Ueber die Universitaet zu Koenigsberg, Königsberg 1804, S. 10 f.

3 APO, Bestand 1646, Universität Königsberg, Nr. 256, Praecedentz Rectoris Academiae et Profesores, fol. 238.

4 Rescript des Königs, v. 29. Aug. 1693, in: APO, 1646, Nr. 256, Praecedentz Rectoris Academiae et Profesores, fol. 99.

5 Notker Hammerstein: Zur Geschichte der deutschen Universität im Zeitalter der Aufklärung, in: Universität und Gelehrtenstand 1400–1800, hg. v. H. Rössler u. G. Franz, Limburg 1970, S. 157.

6 Götz v. Selle: Geschichte der Albertus-Universität zu Königsberg in Preussen, Würzburg 1956, S. 145.

7 Götz v. Selle: Geschichte der Albertus-Universität zu Königsberg in Preussen, a. a. O., S. 105.

8 Paul Stettiner: Aus der Geschichte der Albertina, a. a. O., S. 12 f.

9 Ludwig v. Baczko: Versuch einer Geschichte und Beschreibung Königsbergs, Königsberg 1804, S. 332.

10 Christian Johann Jacob Kraus an Ludwig v. Baczko, v. 6. Nov. 1786, in: Ludwig v. Baczko: Geschichte meines Lebens, Bd. 2, Königsberg 1824, Beilage I, S. 246.

11 Götz v. Selle, a. a. O., S. 194.

12 Immanuel Kant: Der Streit der Fakultäten, AA, Bd. 7, S. 23.

13 Ibid., S. 30.

14 Christian Wolff: In wie ferne die Philosophie keine Magd sei [1729]. Gesammelte kleine philosophische Schriften, Halle 1737, S. 70 ff.

15 Immanuel Kant: Auf Cölestin Kowalewski [† 23. Januar 1771], AA, Bd. 12, S. 421. – Kowalewski stammte aus Nikolaiken, er hatte sich am 2. Sept. 1727 promoviert mit *De eo quod iustum est in foris Borussiae.*

16 Johann Friedrich Herbart an Carl v. Steiger, v. 27. Febr. 1810, in: J. F. Herbart, Sämtliche Werke, hg. v. K. Kehrbach u. O. Flügel, Bd. 17, Langensalza 1912, S. 64.

17 Ernst Theodor Amadeus Hoffmann: Juristische Arbeiten, hg. v. Friedrich Schnapp, München 1973, S. 91.

18 Karl Abraham Freiherr v. Zedlitz an Immanuel Kant, v. 1. Aug. 1778, in: AA, Bd. 10, Berlin 1922, S. 236.

19 Karl Rosenkranz an Varnhagen v. Ense, v. 30. Mai 1835, in: K. Rosenkranz, Briefe 1827–1850, hg. v. J. Butzlaff, Berlin 1994, S. 95.

20 Zitiert nach Paul Stettiner, a. a. O., S. 52.

21 Johann Wolfgang Goethe: Faust. Erster Teil, Vers 1951–1953.

22 Königliche Erneuerte und erweiterte Verordnung, Wie es in denen Lateinischen Schulen, Bey der Universität … zu halten, de dato Berlin, d. 25. Oct. 1735, Königsberg 1735, S. 5.

23 Decanus, Doctores und Professores der Theologischen Facultät an den Rector, v. 20. Aug. 1770, in: Geheimes Staatsarchiv Preußischer Kulturbesitz, Berlin-Dahlem, [zit. als: GStAPK], EM 139 b, Nr. 25, Bd. 5 (1770–1772), fol. 41.

24 Ludwig v. Baczko: Versuch einer Geschichte und Beschreibung Königsbergs, a. a. O., S. 332.

25 Daniel Heinrich Arnoldt: Historie der Königsbergischen Universität, Erster Theil, Königsberg 1746, Beylagen Nr. 53, S. 312.

26 Königliche Erneuerte und erweiterte Verordnung, a. a. O., S. 13.

27 Königliche Erneuerte und erweiterte Verordnung, a. a. O., S. 12.

28 Extract aus der Vorstellung des Profesoris Wald, v. 22. Dec. 1789, in: APO, 1646, Acten des Academischen Senats. Vorlesungsverzeichnisse 1788-1799, d 111, fol. 83.

29 Votum Kants, v. Ende Dez. 1789, in: APO, a. a. O., d 111, fol. 85.

30 Immatrikulationseintrag vom 24. September 1740: »Immanuel Kandt«, in: APO, 1646, Nr. 410, Acta Facultaet Philos. 1732–1751, fol. 394.

31 Immanuel Kant: Auf Christoph Langhansen, in: AA, Bd. 12, S. 421.

32 Immanuel Kant an Marcus Herz, v. 20. Aug. 1777, AA, Bd. 10, S. 212.

33 Edikt vom 2. November 1735, in: APO, 1647, Kuratorium, Nr. 391, Daß Deliquenten nicht ihren Verwandten überlassen werden dürfen, fol. 67–70.

34 Der Beobachter an der Spree, Nr. 1, v. 4. Januar 1802.

35 Votum Kants v. 20. Nov. 1795, in: APO, 1646, Nr. 851, fol. 358.

36 Edict, daß Landes-Kinder hieführo bloß auf einheimischen Uni-

versitäten, Gymnasii und Schulen studiren, v. 19. Juni 1751, in: APO, 1646, Nr. 232, fol. 80.

37 Hans-Joachim Waschkies: Physik und Physikotheologie des jungen Kant, Amsterdam 1987, S. 57.

38 Hans-Joachim Waschkies: Physik und Physikotheologie des jungen Kant, a. a. O., S. 577.

39 Giorgio Tonelli: Conditions in Königsberg and the Making of Kant's Philosophy, in: bewußt sein. Gerhard Funke zu eigen, hg. v. Alexius J. Bucher u. a., Bonn 1975, S. 140.

40 So Hans-Joachim Waschkies: Physik und Physikotheologie des jungen Kant, a. a. O., S. 558.

41 Immanuel Kant: Allgemeine Naturgeschichte und Theorie des Himmels, AA, Bd. 1, S. 222.

42 Arnold Kowalewski: Kants Gedanken über philosophische Geistespflege, in: Kant-Festschrift zu Kants 200. Geburtstag, hg. v. Friedrich v. Wieser, Leopold Wenger u. Peter Klein, Berlin 1924, S. 49.

43 Abraham Gotthilf Kästner: Von einem Philosophen, in: ders., Vermischte Schriften, Erster Theil, Altenburg 1783, S. 190.

44 GGA, 37. Stck, v. 13. April 1750, S. 290–294.

45 NAE, März 1752, Teil 2, S. 177–179.

46 Wurde erstmals veröffentlicht in: Leonhard Euler: Briefe an eine deutsche Prinzessin über verschiedene Gegenstände aus der Physik u. Philosophie, hg. v. Günter Kröber, Leipzig 1968, S. 195 f.

47 Harald-Paul Fischer: Eine Antwort auf Kants Briefe v. 23. August 1749, in: Kant-Studien 76 (1985), H. 1, S. 84.

48 Immanuel Kant: Gedanken von der wahren Schätzung der lebendigen Kräfte, AA, 1, S. 171.

49 Immanuel Kant: Über Pädagogik. Einleitung, Kants Werke, hg. v. Ernst Cassirer, Bd. 8, S. 466.

50 Ibid.

51 APO, Bestand 1646, Nr. 306: Facultatis Philosophiae 1751–1772, Eintrag Nr. IV im Sommersemester 1755, fol. 189/190.

52 Immanuel Kant, S. 10.

53 Der Magisterschmaus, in: Abraham Gotthelf Kästner: Vermischte Schriften, Erster Theil, Altenburg 1783, S. 136.

54 APO, 1646, Nr. 301, Decanat Philos. 1719–1808, fol. 228.

55 Reglement, daß sowohl die Profesores als andere, welche auf Uni-

versitaeten Collegia lesen, zur Aufmunterung derer Studenten eine gewisse Anzahl Disputationen halten sollen, in: APO, 1646, Nr. 100, Acta des Academ. Senats. Disputation, Promotion in superioribus Facultatibus 1608–1848, fol. 292.

56 Leonhard Christoph Sturm: Unmaßgeblicher Vorschlag, wie die Philosophische Facultät allhier zu Frankfurt an der Oder mögte wiederum in flor gebracht werden, Ao. 1703. In: GStAPK, Rep. 51, Nr. 92 (1560–1730), M. A. 106, Fasc. v. 14. Febr. 1704.

57 Rektor Balthasar Tilesius an den König, v. 30. Juli 1733, in: APO, 1646, Nr. 116, Acta Senatus 1710–1739, fol. 344 ff. Tilesius hatte sich am 10. Mai 1701 promoviert mit einer juristischen Arbeit *Disputatio inauguralis de sorte.*

58 Königsberger Adreßkalender für 1784, S. 92.

59 Actum des Senat. Academ., v. 13. Okt. 1779, in: APO, 1646, Nr. 805, fol. 27.

60 Bericht Kants an den Akademischen Senat, v. 15. Okt. 1779, Erstdruck in: Werner Euler/Steffen Dietzsch: Prüfungspraxis und Universitätsreform in Königsberg. Ein neu aufgefundener Prüfungsbericht Kants aus dem Jahre 1779, in: Kant-Forschungen, Bd. 5 (1994), S. 100.

61 Ludwig Metzel: Die dritte Säkularfeier der Universität zu Königsberg, Königsberg 1844, S. 134.

62 Ludwig v. Baczko, a. a. O., S. 340 f.

63 Rektor an Akademischen Senat, v. 6. Mai 1709, in: APO, 1646, Nr. 256, Praecedentz Rectoris Academiae et Profesores, fol. 236.

64 Etatsministerium an Akademischen Senat, v. 28. März 1715, in: APO, 1646, Nr. 256, fol. 249/250.

65 König an den Senatum Academicum, v. 5. Jan. 1741, in: APO, 1646, Nr. 256, fol. 292/293.

Der elegante Magister

* [Friedrich Richter:] Erfahrungen eines jungen Magisters, Heidelberg 1832, 22. Kap., S. 213.

1 Johann Georg Hamann an Immanuel Kant, v. 27. Juli 1759, in: Hamann's Schriften, hg. v. Friedrich Roth, Ersther Theil, Berlin 1821, S. 429.

2 Johann Friedrich Reichardt: Der lustige Passagier. Erinnerungen

314

eines Musikers und Literaten, hg. v. Walter Salmen, Berlin 2002, S. 92.

3 APO, 1646, Nr. 361, fol. 742.

4 Werner Stark: Wo lehrte Kant? in: Königsberg, hg. v. Joseph Kohnen, Frankfurt/M. 1994, S. 88.

5 Immanuel Kant an François Théodore de la Garde, v. 25. März 1790, in: AA, Bd. 11, S. 146.

6 Alois Winter: Selbstdenken – Antinomien – Schranken, in: Aufklärung, Bd. 1 (1986), H. 1, S. 34.

7 Karl Rosenkranz: Geschichte der Kant'schen Philosophie, hg. v. Steffen Dietzsch, Berlin 1987, S. 97.

8 Allgemeine deutsche Bibliothek, 38. Bd. (1779), 2. Stck., S. 631.

9 Imanuel Kant, in: Deutscher Ehren-Tempel, a. a. O., Bd. 4, S. 53.

10 Immanuel Kant in Rede und Gespräch, hg. v. Rudolf Malter, Hamburg 1990, S. 23.

11 Immanuel Kant: Anthropologie, in: AA, Bd. 7, S. 251 u. 265 f.

12 Immanuel Kant, S. 313.

13 Johann Georg Hamann an Johann Georg Lindner, v. 26. Jan. 1763, in: Hamann's Schriften, hg. v. Friedrich Roth, Dritter Theil, Berlin 1822, S. 180.

14 Maria Charlotta Jacobi an Immanuel Kant, v. 12. Juni 1762, in: AA, Bd. 10, S. 39.

15 Immanuel Kant an Johann Gottfried Herder, v. 9. Mai 1767, in: AA, Bd. 10, S. 74.

16 Franz v. Dillon an Immanuel Kant, v. 2. Juni 1789, in: AA, Bd. 11, S. 55.

17 Carl August Böttiger: Literarische Zustände und Zeitgenossen, Leipzig 1838, S. 133.

18 Jens Baggesen an Johann Benjamin Erhard, v. Juli 1791, in: Immanuel Kant in Rede und Gespräch, hg. v. Rudolf Malter, Hamburg 1990, S. 371.

19 Zit. n.: Horst Günther: Das Erdbeben von Lissabon, Berlin 1994, S. 20.

20 Immanuel Kant: Geschichte und Naturbeschreibungen des Erdbebens, AA, Bd. 1, S. 460.

21 Immanuel Kant: Fortgesetzte Betrachtung der seit einiger Zeit wahrgenommenen Erderschütterungen, AA, Bd. 1, S. 472.

22 Ueber die Schwierigkeiten beim Studium der Kantischen Philoso-

phie, und Vorschläge wie man sie überwinden kann, in: Deutsches Magazin [Altona], Bd. 10 (1795), S. 645 f.

23 Marcus Herz: Versuch über den Geschmack, Leipzig/Mitau 1776, S. 31.

24 Immanuel Kant: Nachricht von der Einrichtung seiner Vorlesungen, AA, Bd. 2, S. 308.

25 Johann Georg Hamann: Rez. zu I. Kant: Beobachtungen über das Gefühl des Schönen und Erhabenen, in: Hamann's Schriften, Dritter Theil, Berlin 1822, S. 270.

26 Allgemeine deutsche Bibliothek, 5. Bd. (1767), 2. St., S. 273.

27 Friedrich Schiller an Johann Wolfgang Goethe, v. 19. Februar 1795, in: Briefwechsel zwischen Goethe und Schiller, hg. v. Houston Stewart Chamberlain, Erster Band, Jena 1910, S. 58.

28 Johann Gottfried Herder an Johann Georg Hamann v. 21. Mai 1765, in: Johann Gottfried Herder: Briefe, hg. v. Wilhelm Dobbek u. Günter Arnold, Bd. 1, Weimar 1977, S. 45.

29 Immanuel Kant an Johann Gotthelf Lindner, v. 28. Okt. 1759, AA, Bd. 10, S. 19.

30 Ibid.

31 GStAPK, XX.HA, 139c IV, Nr. 170, Bd. 1, fol. 39–90.

32 Daniel Weymann: Bedenklichkeiten ..., a. a. O., S. 30.

33 Immanuel Kant: Versuch einiger Betrachtungen über den Optimismus, AA, Bd. 2, S. 35.

34 Johann Georg Hamann an Johann Gotthelf Lindner, v. 12. Okt. 1759, in: Hamann's Schriften, hg. v. Friedrich Roth, Erster Theil, Berlin 1821, S. 491.

35 Immanuel Kant an Johann Georg Hamann, v. 6. April 1774, AA, Bd. 10, S. 156.

36 Johann Georg Hamann: Zweifel und Einfälle, in: Hamann's Schriften, a. a. O., Vierter Theil, Berlin 1822, S. 324.

37 Immanuel Kant: Kritik der reinen Vernunft, A 760.

38 Nachtgedanken eines Zweiflers, in: Beylage zum 53ten St., v. 5. Julius 1771, in: Rudolf Unger: Hamann und die Aufklärung, Bd. 2, Jena 1911, Anhang, S. 903.

39 Johann Gottfried Herder an Johann Georg Hamann, v. 10. Aug. 1764, in: Johann Gottfried Herder: Briefe, hg. v. Wilhelm Dobbek u. Günter Arnold, Bd. 1, Weimar 1977, S. 26.

40 Vorlesungsverzeichnisse der Universität Königsberg (1720 bis

1804), hg. v. Michael Oberhausen u. Riccardo Pozzo, Stuttgart 1999, Teilband 2, S. 311 f. [Der Buchhändler Joh. Jac. Kanter sagt den Studenten zu, gemäß seinen Kräften an zwei Tagen der Woche wissenschaftliche Werke anzubieten, die in Göttingen, Leipzig, Halle, Erfurt und Königsberg erschienen sind und die Sache der Gelehrsamkeit betreffen].

41 Zum Lobe der Buchdruckerey, in: Der Einsiedler, XX. St., Königsberg, Mittw., d. 18. März 1740, S. 160.

42 APO, 1646, Nr. 1921, Acta des academischen Senats über Kalender-Adressbücher 1730–1856, fol. 131 u. 136.

43 Johann Georg Hamann an Johann Gottfried Herder, v. 28. August 1768, in: Hamann's Schriften, hg. v. Friedrich Roth, Dritter Theil, Berlin 1822, S. 385.

44 Akten der Philosophischen Fakultät 1751, in: APO, 1646, Nr. 306, fol. 494 f.

45 Ibid., fol. 495 f.

46 Johann Georg Hamann an Friedrich Heinrich Jacobi, am Tage *Quasimodogenitii* 1786, in: Jacobis's Werke, hg. v. Friedrich Roth, Bd. 4, S. 209.

47 Hamann's Schriften, a. a. O., Dritter Theil, S. 236.

48 Immanuel Kant: Versuch über die Krankheiten des Kopfes, AA, Bd. 2, S. 261.

49 Ibid., S. 264 f.

50 Immanuel Kant: Versuch über die Krankheiten des Kopfes, a. a. O., S. 267.

51 Johann Georg Hamann an Johann Lindner, v. 1. Febr. 1764, in: Hamann's Schriften, a. a. O., Dritter Theil, S. 213.

52 Immanuel Kant an Charlotte v. Knobloch, v. 10. Aug. 1763, AA, Bd. 10, S. 48.

53 Immanuel Kant: Vorlesungen über Psychologie, hg. v. Carl du Prel, Pforzheim 1964, S. 154.

54 Immanuel Kant: Träume eines Geistersehers, AA, Bd. 2, S. 317.

55 Immanuel Kant: Vorlesungen über Psychologie, a. a. O., S. 155.

56 Immanuel Kant: Träume eines Geistersehers, a. a. O., S. 318.

57 Ibid., S. 320.

58 Ibid., S. 334.

59 Gotthilf Heinrich Schubert: Die Geschichte der Seele, Stuttgart/Tübingen 1850, Bd. 2, S. 90.

60 Immanuel Kant: Reflexionen zur Logik, AA, Bd. 16, Refl. Nr. 2421, S. 358.

61 Arturo Farinelli: Traumwelt und Jenseitsglaube bei Kant [= Rede zur Kant-Copernicus-Woche der Albertus-Universität, Königsberg am 12. Juli 1940], Königsberg 1940, S. 5.

62 Friedrich v. Stolberg an Friedrich Heinrich Jacobi, v. 1788, in: Johann Georg Hamann (1730–1788), Katalog zur Ausstellung anläßlich des 200. Todestages von Hamann, hg. v. Renate Knoll, Bonn 1988, S. 141.

63 Johann Georg Hamann an Kriegsrath Scheffner, v. 10. Nov. 1784, in: Hamann's Schriften, a. a. O., Siebenter Theil, Berlin 1825, S. 179.

64 Ibid.

65 Novalis: Das allgemeine Brouillon, in: Schriften, hg. v. Richard Samuel, Bd. 3, Stuttgart 1983, S. 388.

66 Carl du Prel: Kants mystische Weltanschauung. Einleitung zu Immanuel Kants Vorlesungen über Psychologie (1889), Pforzheim 1964, S. 47.

67 Johann Wolfgang Goethe: Maximen und Reflexionen, Nr. 338, hg. v. Max Hecker, Weimar 1907, S. 63.

68 Allgemeine deutsche Bibliothek, 4. Bd. (1767), 2. St., S. 281.

69 J. J. Kanter an den Academischen Senat, in: GStAPK, XX HA, EM 139k, fol. 125.

70 Immanuel Kant, S. 45

71 Daniel Friedrich v. Lossow an Immanuel Kant, v. 18. Jan. 1770, AA, Bd. 10, S. 89.

72 Immanuel Kant: Anthropologie, AA, Bd. 7, S. 120.

73 Karl Faber: Die Haupt- und Residenzstadt Königsberg in Preußen, Königsberg 1840, S. 94.

74 Immanuel Kant an Johann Erich Biester, v. 31. Dez. 1784, in: AA, Bd. 10, S. 397.

75 Ibid.

76 Reflexionen Kants zur Kritik der reinen Vernunft, hg. v. Benno Erdmann, Leipzig 1884, S. 10.

77 Kants Testatschein für Christoph Schoenaich, v. 1. Aug. 1758, in: APO, 1646, Nr. 535, fol. 32; zit. nach Erstdruck bei: Werner Euler: Kants Briefwechsel und ›Amtlicher Schriftverkehr‹, in: Kant-Studien, Bd. 91, Sonderheft 2000, Anhang, S. 140.

78 Ibid.

79 Vgl. dazu Werner Euler in: Kant-Studien, Sonderheft 2000, a. a. O., S. 137.

80 Königliche Erneuerte und erweiterte Verordnung, v. 25. Oct. 1735, Königsberg 1735, S. 15.

81 Praefatio zum Vorlesungsverzeichnis des Wintersemesters 1787/1788, gedr. bei: Vorlesungsverzeichnisse der Universität Königsberg (1720–1804), hg. v. Michael Oberhausen u. Riccardo Pozzo, Stuttgart 1999, Teilband 2, S. 537 f.

82 Immanuel Kant an Unbekannt, v. 1. Okt. 1772, AA, Bd. 10, S. 136.

83 Johann Voigt: Das Leben des Prof. Christian Jacob Kraus, Königsberg 1819, S. 437.

84 Leonhard Christoph Sturm: Unmaßgeblicher Vorschlag, wie die Philosophische Facultät allhier zu Frankfurt an der Oder mögte wiederum in flor gebracht werden. Ao. 1703, in: GStAPK, I. HA, Rep. 51, Nr. 92 (1560–1730), M. A. 106 (Fasz. v. 14. Febr. 1704).

85 APO, 1647, Kuratorium, Nr. 10, Von der Verfassung der Königsberger Academie und derselben Verbesserung 1764-1766, fol. 4 f.

86 Kurzgefaßte Nachricht von der Verbeßerung der Königsbergschen Academie, in APO, 1647, Kuratorium, Nr. 10, fol. 54/55.

87 Kurzgefaßte Nachricht von der Verbeßerung der Königsbergschen Academie, in APO, 1647, Kuratorium, Nr. 10, fol. 56.

88 Immanuel Kant an den König, v. 8. April 1756, AA, Bd. 10, S. 3.

89 Napoleon an seinen Bruder Jérôme, v. 7. Juli 1807, in: Napoleons Briefe, hg. v. Friedrich Schulze, Leipzig 1912, S. 234.

90 Zit. n. Hellmuth Weiss: Das Königsberg Kants in den Augen eines jungen russischen Teilnehmers am Siebenjährigen Krieg, in: Jahrbuch der Albertus-Universität, Bd. 17 (1967), S. 54.

91 GStAPK, XX. HA, EM 139b, Nr. 25, Bd. 5 (1770–1772), fol. 54.

92 APO, 1646, Nr. 306, Akten der Philosophischen Fakultät 1751 ff., fol. 285/87.

93 Immanuel Kant an die philosophische Facultät, v. 12. Dez. 1758, AA, Bd. 10, S. 5.

94 Immanuel Kant an die Kaiserin Elisabeth, v. 14. Dez. 1758, AA, Bd. 10, S. 6.

95 König Friedrich II. an Ostpreußische Regierung, v. 5. Aug. 1764, in: GStAPK, XX. HA, EM 139c 4.

96 Ostpreußische Regierung [Minister v. Braxein] an den König, v. 19. Okt. 1764, in: Ibid.

97 Immanuel Kant an Simon Gabriel Suckow, v. 15. Dec. 1769, AA, Bd. 10, S. 83.

98 Immanuel Kant an Friedrich II., v. 24. Oktober 1765, AA, Bd. 10, S. 49.

99 Etatsministerium an den König, v. 19. Oct. 1764, in: GStAPK, XX. HA, EM 139c 4.

100 Friedrich II. an ostpreussische Regierung, v. 24. Oct. 1764, in: GStAPK, XX. HA, EM 139c 4.

101 Kabinettsordre des Königs an die preuss. Regierung v. 16. Nov. 1764, AA, Bd. 13, S. 26.

102 Königliches Rescript, v. 25. Mai 1767, in: GStAPK, XX. HA, EM 139 b, Nr. 25, Vol. IV, fol. 22.

103 Immanuel Kant: Reflexionen zur Logik, AA, Bd. 16, Refl. Nr. 3476, S. 861.

104 Immanuel Kant an den König, v. 14. April 1772, AA, Bd. 10, S. 136.

105 Johann Gottfried Herder: Briefe zur Beförderung der Humanität, 49. Brief, in: Sämmtliche Werke, neu hg. v. Johann v. Müller, Tübingen 1810, Eilfter Theil, S. 189 f.

106 Ibid., S. 190.

107 Immanuel Kant: Vorlesungen zur Logik, hg. v. Karl Heinrich Ludwig Poelitz, AA, Bd. 24, S. 565.

108 Immanuel Kant: Reflexionen zur Metaphysik, AA, Bd. 18, S. 285.

109 Johann Wolfgang Goethe: Faust. Erster Teil, Vers 1911–1915.

110 Reflexionen Kants zur Kritik der reinen Vernunft, hg. v. Benno Erdmann, Leipzig 1884, S. 4 f.

111 Dekret v. Zedlitz, v. 25. Dez. 1775, zit. bei Karl Rosenkranz: De varia philosophiae ante Kantium in Academia Albertina, in: Karl Rosenkranz: Neue Studien, Leipzig 1877, Bd. 3, S. 247.

112 Etatsministerium an den Akademischen Senat, v. 9. Nov. 1764, in: APO, 1646, Nr. 306, fol. 476.

113 Etatsministerium an den Akademischen Senat, v. 25. Nov. 1765, in: APO, 1646, Nr. 306, fol. 552 f.

114 Wie im Wintersemester 1766/67, ibid., fol. 638.

115 Etatsministerium an den Akademischen Senat, v. 29. April 1770, in: ibid., fol. 285 f.

116 Ibid., fol. 785 f.

117 Ibid., fol. 787.

118 Immanuel Kant: Nachricht von der Einrichtung seiner Vorlesungen, AA, Bd. 2, S. 308.

119 Immanuel Kant an Johann Gotthelf Lindner, v. 28. Oct. 1759, AA, Bd. 10, S. 18 f.

Was Erkennen ist und was nur Denken

 * AA, Bd. 16, S. 869.

1 APO, 1646, Nr. 306, Phil. Fak. 1751–1772, fol. 736.

2 Ibid., fol. 779.

3 Die *Allgemeine Deutsche Bibliothek* meldete die Beförderung in Bd. 15 (1771), 2. St. S. 628.

4 GStAPK, (ehemals Merseburg) Rep. 7: Universität Königsberg, Phil. Fac, Bibliothecarii, Nr. 190, Bl. 19/20.

5 Jacob Michael Reinhold Lenz: An Kant, mitgeteilt v. Rudolf Reicke, in: Altpreussische Monatsschrift, Bd. 4 (1867), S. 656 ff.

6 [David Friedländer:] Kant und Herz, in: Neue Berlinische Monatsschrift 13 (1805), S. 151.

7 Benno Erdmann: Martin Knutzen und seine Zeit, Leipzig 1876, S. 145.

8 Immanuel Kant an Johann Heinrich Lambert, v. 31. Dec. 1765, AA, Bd. 10, S. 56.

9 Ibid., S. 57.

10 Ibid., S. 57.

11 Immanuel Kant: Kritik der reinen Vernunft, B XXII.

12 Immanuel Kant: Reflexionen zur Metaphysik, AA, Bd. 18, S. 69.

13 Immanuel Kant: Prolegomena zu einer jeden künftigen Metaphysik, die als Wissenschaft wird auftreten können, AA, Bd. 4, S. 260.

14 David Hume: Eine Untersuchung über den menschlichen Verstand, Berlin 1965, S. 9.

15 Immanuel Kant: Kritik der reinen Vernunft, A 764.

16 Immanuel Kant an Christian Garve, v. 21. Sept. 1798, AA, Bd. 12, S. 255.

17 Johann Heinrich Lambert an Immanuel Kant, v. 13. Oct. 1770, AA, Bd. 10, S. 104.

18 Immanuel Kants Reflexionen zur Kritik der reinen Vernunft, hg. v. Benno Erdmann, Leipzig 1884, S. 68.

19 Ibid., S. 68.

20 Ibid., S. 67.

21 Immanuel Kant an Christian Garve, v. 7. Aug. 1783, AA, Bd. 10, S. 341.

22 Über die Schwierigkeiten beim Studium der Kantischen Philosophie, und Vorschläge wie man sie überwinden kann, in: Deutsches Magazin [Altona], Bd. 10 (1795), S. 635.

23 Ibid., S. 636.

24 Immanuel Kant: Allgemeine Naturgeschichte und Theorie des Himmels, in: AA, Bd. 1, S. 229 f.

25 Immanuel Kant an Jacob Sigismund Beck, v. 1. Juli 1794, in: AA, Bd. 11, S. 515.

26 Immanuel Kant an Marcus Herz, v. 20. Aug. 1777, AA, Bd. 10, S. 212.

27 Johann Friedrich Reichardt: Der lustige Passagier, a. a. O., S. 83.

28 Immanuel Kant: Nachlaß. Vorarbeiten u. Nachträge, AA, Bd. 23, S. 35.

29 Immanuel Kant: Kritik der reinen Vernunft, B 146.

30 Georg Gustav Fülleborn: Immanuel Kant, o. O., 1800, S. 25.

31 Johann Georg Hamann: Rezension der *Critik der reinen Vernunft*, in: Hamann's Schriften, a. a. O., Sechster Theil, S. 49.

32 Immanuel Kant: Nachlaß zur Logik, AA, Bd. 16, Refl. Nr. 1726, S. 94.

33 Immanuel Kant: Nachlaß zur Logik, AA, Bd. 16, Refl. Nr. 3136, S. 674.

34 Immanuel Kant: Nachlaß zur Logik, AA, Bd. 16, Refl. Nr. 2398, S. 345.

35 Immanuel Kant: Ergänzungen zum Opus postumum, AA, Bd. 23, S. 488.

36 Immanuel Kant: Prolegomena, AA, Bd. 4, S. 272.

37 Christian Wolff: Von dem Unterschiede metaphysischer und mathematischer Begriffe in der Philosophie. in: Christian Wolff: Gesammelte Werke, I. Abt.: Deutsche Schriften, Bd. 22, § 14.

38 Immanuel Kant: Kritik der reinen Vernunft, B 81.

39 Immanuel Kant an Moses Mendelssohn, v. 8. April 1766, AA, Bd. 10, S. 72.

40 Ibid., S. 72.

41 Immanuel Kant an Jacob Sigismund Beck, v. 20. Jan. 1792, AA, Bd. 11, S. 315 f.

42 Immanuel Kant: Kritik der reinen Vernunft, A 51.

43 Immanuel Kant: Kritik der reinen Vernunft, B 177.

44 Ibid., B 187.

45 Immanuel Kants Reflexionen zur Kritik der reinen Vernunft, hg. v. Benno Erdmann, Leipzig 1884, S. 295.

46 Jacob Sigismund Beck: Einzig-möglicher Standpunkt, aus welchem die critische Philosophie beurtheilt werden muß, Riga 1796, S. 55.

47 Lose Blätter aus Kants Nachlass, hg. v. Rudolf Reicke, 1. Heft, Königsberg 1889, S. 129.

48 Georg Wilhelm Friedrich Hegel: Vorlesungen über die Geschichte der Philosophie, hg. v. Gerd Irrlitz, Bd. 3, Leipzig, Reclam 1971, S. 502. »Das qualvollste Kapitel der reinen Vernunftkritik ... das geheimnisvolle Schema.« (Julius Ebbinghaus, Relativer und absoluter Idealismus, Leipzig 1910, S. 59).

49 Immanuel Kant: Nachlass, AA, Bd. 21, S. 42.

50 Jacob Sigismund Beck an Immanuel Kant, v. 10. Nov. 1792, AA, Bd. 11, S. 384.

51 Immanuel Kant an Jacob Sigismund Beck, v. 4. Dez. 1792, in: AA, a. a. O., S. 395.

52 Immanuel Kant: Nachlaß zur Logik, AA, Bd. 16, Refl. Nr. 2857, S. 548.

53 Norbert Hinske: Kants Begriff des Transzendentalen und die Problematik seiner Begriffsgeschichte, in: Kant-Studien 64 (1973), S. 60.

54 Michel Foucault: Die Ordnung der Dinge, Frankfurt/M. 1974, S. 385.

55 Immanuel Kant: Welches sind die wirklichen Fortschritte, die die Metaphysik seit Leibniz' und Wolffs Zeiten in Deutschland gemacht hat?, in: Immanuel Kants Werke, hg. v. Ernst Cassirer, Berlin 1922, Bd. 8, S. 255.

56 Immanuel Kant: Prolegomena, AA, Bd. 4, S. 373.

57 Theodor W. Adorno: Kants *Kritik der reinen Vernunft* (1959), hg. v. R. Tiedemann, Frankfurt (Main) 1995, S. 40.

58 Ibid., S. 332.

59 Immanuel Kant: Widerlegung des problematischen Idealismus, in: Kants Werke, hg. v. Ernst Cassirer, Bd. 4, Berlin 1913, S. 523.

60 Immanuel Kant an Johann Plücker, v. 26. Jan. 1796, AA, Bd. 12, S. 56.

61 Friedrich Schiller: Ueber die ästhetische Erziehung des Menschen, in: Schiller Nationalausgabe, Bd. 20, hg. v. Benno v. Wiese, Weimar 1962, S. 357.

62 Johann Wolfgang Goethe: Anschauende Urteilskraft, in: Goethes Philosophie, hg. v. Max Heynacher, Leipzig 1922, S. 283.

63 Theodor Gottlieb Hippel an Johann Georg Scheffner, v. 17. Juli 1781, in: Theodor Gottlieb Hippel: Briefe. Sämmtliche Werke, Berlin 1827, Bd. 14, S. 223.

64 Karl v. Knebel an Karl August Böttiger, v. 15. Juni 1799, in: Böttiger, Literarische Zustände, a. a. O., Theil 2, S. 220.

65 Karl v. Knebel an Karl August Böttiger, v. 30. Juni 1800, in: ibid., S. 225.

66 Johann Georg Hamann an Kriegsrath Scheffner, v. 7. Oct. 1784, in Hamann's Schriften, a. a. O., Bd. 7, S. 175.

67 Johann Georg Hamann an Johann Gottlieb Steudel, v. 4. Mai 1788, in: Hamann's Schriften, a. a. O., Siebenter Theil, S. 419.

68 Kaufvertrag v. 23. Mai 1776, in: APO, 1646, Nr. 236, Senatssitzungen 1544–1810, Vorgang 67 B, fol. 595.

69 Ibid., fol. 594.

70 Ibid., fol. 595.

71 Ibid., fol. 595.

72 APO, 1646, Nr. 236, Senatssitzungen 1544–1810, fol. 620/621.

73 Votum von Rektor Kant, v. 18. Juni 1788, in: APO, 1646, Nr. 1376, fol. 1.

74 Ludwig v. Baczko: Versuch einer Geschichte und Beschreibung Königsbergs, Königsberg 1804, S. 339. Dieses Werk war im übrigen einst auch Gegenstand eines Zensurvorganges des Dekans Kant.

75 Vgl. Abdruck bei F. H. Hesse: Die Preußische Preßgesetzgebung, ihre Vergangenheit und Zukunft, Berlin 1843, S. 217 ff. Vgl auch: Censure de Berlin, in: Nemesis 10 (1817), S. 145–154.

76 Eine Einkommenstabelle für Immanuel Kant aus dem Frühjahr 1802 wies als »Zufällige Einkünfte nach sechsjährigem Durchschnitt« für Censur-Gebühren lediglich 6 Reichstaler aus: vgl. Arthur Warda, Ergänzungen zu Erich Fromms zweiten und dritten

Beitrag zur Lebensgeschichte Kants, in: Altpreuss. Monatsschrift Bd. XXXVIII (1901), H. 5 u. 6, S. 421.

77 Gert Hagelweide: Publizistischer Alltag in der preußischen Provinz zur Zeit der französischen Revolution, in: Französische Revolution und deutsche Öffentlichkeit, hg. v. H. Böning, München/London/N.Y./Paris 1992, S. 254.

78 Immanuel Kant: Die Religion innerhalb der Grenzen der bloßen Vernunft, AA, Bd. 6, S. 8.

79 APO, 1646, Nr. 1519, Etat der Universität 1771–1798, Schreiben Kants v. 9. Jan. 1788, fol. 71.

80 Immanuel Kant: Die Religion innerhalb der Grenzen der bloßen Vernunft, a. a. O., S. 8.

81 Ibid., S. 40.

82 In Sachen des Professoris Mangelsdorff wegen der Censur der Comoedien-Zettel 1787, in: APO, 1647, Nr. 378, fol. 2–33.

83 Dekan Kant an den Akademischen Senat, v. 24. Oct. 1787, in: GStAPK, Rep 7 [ehemals Merseburg], Nr. 192: Acta Censur der Comödien-Zettel April 1787, fol. 155.

84 APO, 1646, Nr. 1921, Acta des academischen Senats über Kalender-Adressbücher 1730–1856, fol. 138 u. 145.

85 Ostpreussische Regierung an die Universität, v. 11. Aug. 1780, in: GStAPK, Rep. 7, Nr. 190.

Die ansteckende Kraft der Kritik

* AA, Bd. 16, S. 459.

1 Ludwig Heinrich Jakob: Prüfung der Mendelssohnschen Morgenstunden oder aller spekulativen Beweise für das Dasein Gottes, Leipzig 1786, S. XX.

2 Friedrich v. Müller im Gespräch mit Goethe, v. 29. Dez. 1823, in: Kanzler v. Müller: Unterhaltungen mit Goethe, Kritische Ausgabe, hg. v. Ernst Grumach, Weimar 1956, S. 99.

3 Ludwig Heinrich Jakob, a. a. O., S. III.

4 Immanuel Kant an Marcus Herz, Mai 1781, AA, Bd. 10, S. 270.

5 Ludwig Heinrich Jakob: Prüfung der Mendelssohnschen Morgenstunden, a. a. O., S. III f.

6 Johann Georg Hamann an Johann Georg Herder, v. 21. Febr. 1779,

in: Hamann's Schriften, hg. v. Friedrich Roth, 6. Theil, Berlin 1824, S. 68.

7 Marcus Herz: Betrachtungen aus der spekulativen Weltweisheit, hg. v. E. Conrad, H. Delfosse u. B. Nehren, Hamburg 1990, S. 73.

8 Immanuel Kant an Marcus Herz, 21. Febr. 1772, AA, Bd. 10, S. 130.

9 Ibid., S. 131.

10 Ludwig Heinrich Jacob, a. a. O., S. XXXIII.

11 Immanuel Kant an Marcus Herz, v. Ende 1773, AA, Bd. 10, S. 145.

12 In diesem Jahr wurde der jüdische Historiker Joseph Lewin Saalschütz unter dem Rektorat von Karl Rosenkranz außerordentlicher Professor für Geschichte an der Albertina in Königsberg.

13 Karl August Boettiger: Literarische Zustände und Zeitgenossen, Leipzig 1838, Th. 2, S. 102.

14 Ibid., S. 102.

15 Ein Belegexemplar liegt in: APO, Bestand 1646, Universität, Nr. 310, fol. 77–83. Das fehlt bei Manfred Komorowski: Promotionen an der Universität Königsberg 1548–1799, München 1988.

16 Marcus Herz: Grundlage zu meinen Vorlesungen über die Experimentalphysik, Berlin 1787, S. 2.

17 Ibid., S. 6.

18 Karl August Böttiger: Literarische Zustände und Zeitgenossen, a. a. O., S. 104.

19 Karl August Boettiger: Literarische Zustände und Zeitgenossen, Theil 2, a. a. O., S. 104.

20 Friedrich Schiller an Johann Wolfgang Goethe, v. 23. Nov. 1795, in: Briefwechsel zwischen Schiller und Goethe, hg. v. Houston Stewart Chamberlain, Bd. 1, Jena 1910, S. 132.

21 Protokoll des Akademischen Senats, v. 17. Dez. 1783, Pkt. 13, in: APO, 1646, Nr. 805, fol. 193.

22 Johann Georg Hamann an Johann Georg Herder, v. 8. Febr. 1784, in: Hamann's Schriften, a. a. O., 6. Theil, S. 373.

23 Daniel Jenisch: Skizze von dem Leben und Charakter Mendelssohns. In: Daniel Jenisch: Ausgewählte Texte, hg. v. Gerhard Sauder, St. Ingbert 1996, S. 35.

24 [Daniel Jenisch]: Berlin. Eine Satyre, in: Berlinisches Archiv der Zeit u. ihres Geschmacks, 1 (1795), Bd. 1, S. 521.

25 Wilhelm v. Humboldt an Karl Gustav v. Brinkmann, v. 11. Oct. 1792,

in: W. v. Humboldts Briefe an Karl Gustav v. Brinkmann, hg. v. Albert Leitzmann, Leipzig 1939, S. 32. – Der Herausgeber dieses Briefwechsels bezeichnet Jenisch als »ein ständiges stichblatt höhnenden witzes für den freundeskreis [um Humboldt]« (a. a. O., S. 200).

26 [Daniel Jenisch]: Berlin. Eine Satyre, a. a. O., S. 519.

27 Ibid., S. 525.

28 Ibid., S. 526.

29 Karl August Böttiger: Literarische Zustände und Zeitgenossen, Theil 2, a. a. O., S. 104.

30 Berlin. Eine Satyre, a. a. O., S. 521.

31 Satyrischer theologischer Kalender auf das Jahrhundert 1800, Leipzig 1800, S. 141.

32 Daniel Jenisch an Immanuel Kant, 14. Mai 1787, in: AA, Bd. 10, S. 487.

33 So meldet es die Berlinische Zeitung, 147. Stück, Sonnabend, d. 9. Dez. 1786.

34 Daniel Jenisch an Immanuel Kant, 22. Mai 1796, in: AA, Bd. 12, S. 83.

35 Daniel Jenisch: Über Grund und Wert der Entdeckungen des Hrn. Prof. Kant in der Metaphysik, Moral und Ästhetik, Berlin 1796, S.108.

36 Vgl. ibid., S. 62 f. u. S. 198.

37 Ibid., S. 155.

38 Karl Rosenkranz: Geschichte der Kant'schen Philosophie (1840), hg. v. Steffen Dietzsch, Berlin 1987, S. 249.

39 Ludwig H. Jakob an Immanuel Kant, v. 28. Febr. 1789, AA, Bd. 11, S. 6.

40 Johann G. C. Kiesewetter an I. Kant, v. 15. Dez. [recte Nov.] 1789, in: ibid., S. 113.

41 Ibid., S. 113.

42 Immanuel Kants Werke, hg. v. Ernst Cassirer, Berlin 1922, Bd. 8, S. 343.

43 Vgl. ibid.

44 Karl Rosenkranz: Geschichte der Kant'schen Philosophie, a. a. O., S. 249.

45 Immanuel Kant: Logik, Immanuel Kants Werke, hg. v. Ernst Cassirer, a. a. O., Bd. 8, S. 452.

46 Johann G. C. Kiesewetter: Versuch einer faßlichen Darstellung der wichtigsten Wahrheiten der neuern Philosophie, Berlin 1795, S. 107f.

47 Ibid., S. 110.

48 Ibid., S. 110.

49 Johann G. C. Kiesewetter: Gedrängter Auszug aus Kants Kritik der reinen Vernunft, Berlin 1796, S. 18f.

50 Ibid., S. 22.

51 Johann G. C. Ch. Kiesewetter: Darstellung der wichtigsten Wahrheiten der kritischen Philosophie, Berlin 1824, S. 2.

52 Ibid., S. 6.

53 Ibid., S. 8.

54 Ibid., S. 5.

55 Ibid., S. 4.

56 Immanuel Kant an Johann G. C. Ch. Kiesewetter, 19. Okt. 1798, in: AA, Bd. 12, S. 256.

57 Johann G. C. Ch. Kiesewetter an Immanuel Kant, v. 3. Juli 1791, in: AA, Bd. 11, S. 267.

58 Ibid.

59 Ibid.

60 Immanuel Kant an François Th. de la Garde, v. 2. Aug. 1791, AA, Bd. 11, S. 275.

61 Johann G. C. Ch. Kiesewetter, Grundriß einer allgemeinen Logik, Erster Theil, Berlin 1802, S. 8.

62 Ibid., Zweiter Theil, Berlin 1796, S. 1.

63 Ibid., S. 2.

64 Ibid., S. 2f.

65 Ibid., S. 178f.

66 Johann G. C. Ch. Kiesewetter an I. Kant, v. 25. Nov. 1798, AA, Bd. 12, S. 264.

67 Johann G. C. Ch. Kiesewetter: Grundriß einer allgemeinen Logik. Zweiter Theil, a. a. O., S. 7.

68 Allgemeine Deutsche Bibliothek, Jg. 1783, Anhang zum 37. bis 52. Band, 2. Abt., S. 858.

69 [Anonym:] Kurze historische Darstellung der gesamten kritischen Philosophie nach ihren Hauptresultaten für Anfänger und Freunde der Philosophie, Leipzig 1801, S. 33.

70 Friedrich Nicolai: Über meine gelehrte Bildung, über meine Kennt-

nis der kritischen Philosophie und meine Schriften, Berlin/Stettin 1799, S. 77.

71 Ueber den graßirenden Kantianismus in kleinen Städten, in: Berlinisches Archiv der Zeit und ihres Geschmacks, Jg. 5(1799), Bd. 1, S. 538.

72 Vgl. Gideon Freudenthal: Die Autarkie des Salomon Maimon, in: Lars Lambrecht u. Eva-Maria Tschurenev, Geschichtliche Welt und menschliches Wesen, Frankfurt/M./Berlin 1992, S. 15–35;

73 Vgl. Julius Guttmann: Lazarus Bendavid, in: Monatsschrift f. Geschichte u. Wissenschaft des Judentums Jg. 61 (1917), S. 26–50 u. S. 176–211; Dominique Bourel: Lazarus Bendavid an die Akademie d. Wissenschaften, in: Begegnung von Deutschen und Juden in der Geistesgeschichte des 18. Jahrhunderts, hg. v. Jacob Katz u. Karl Heinz Rengstorf, Tübingen 1994, S. 91–94.

74 Immanuel Kant an Marcus Herz, v. 26. Mai 1789, AA, Bd. 11, S. 54.

75 Heinrich Corrodi: Versuch über Gott, die Welt und die menschliche Seele, Berlin 1788, S. 421.

76 Ludwig Geiger: Berlin. 1688–1840. Bd. 2, Berlin 1895, S. 126.

77 Christian Gottftried Schütz in: Intelligenzblatt der ALZ, Nr. 57, Mittw., d. 30. April 1800, S. 474.

78 Ausführlicher Bericht des Gedicke v. 17. Dec. 1789 zum Befund und Zustand aller von ihm besuchten Universitäten Deutschlands, in: GStAPK, Rep 76 alt [ehemals Merseburg], II, Nr. 5, fol. 61/62.

79 Aus einem Briefe von Jena, über Reinholds Abgang nach Kiel, in: Der Genius der Zeit, Bd. 2 (1794), S. 251.

80 Carl Leonhard Reinhold: Briefe über die Kantische Philosophie, Bd. 1, Leipzig 1790, S. 101.

81 Ibid., S. 134.

82 Carl Leonhard Reinhold: Neue Darstellung der Hauptmomente der Elementarphilosophie, in: Beiträge zur Berichtigung bisheriger Mißverständnisse der Philosophen, Jena 1790, S. 167.

83 Ibid., S. 168.

84 Carl Leonhard Reinhold: Versuch einer neuen Theorie des menschlichen Vorstellungsvermögens, Prag & Jena 1789, S. 453.

85 Ibid., S. 477.

86 Ibid., S. 482.

87 Ibid., S. 483.

88 Ibid.

89 Carl Leonhard Reinhold: Erörterung über den Versuch einer neuen Theorie des Vorstellungsvermögens, in: Beiträge zur Berichtigung bisheriger Mißverständnisse der Philosophen, a. a. O., S. 400.

90 Johann Wolfgang Goethe an Staatsrath Schultz, v. 18. Sept. 1831, in: Sophienausgabe, Abt. IV, Bd. 49, Weimar 1909, S. 82.

91 Johann Wolfgang Goethe: Kunst und Handwerk, in: Sophienausgabe, Abt. I, Bd. 47, Weimar 1896, S. 56.

92 Karl v. Knebel an Goethe, v. 12. Januar 1799, in: Goethe und seine Freunde im Briefwechsel, Bd. 1, Berlin 1009, S. 393.

93 Johann Wolfgang Goethe an Friedrich Schiller, v. 19. Dez. 1798, in: Briefwechsel zwischen Schiller und Goethe, a. a. O., Bd. 2, S. 198.

94 Johann Wolfgang Goethe im Gespräch mit Eckermann, v. 11. April 1827, in: Johann Peter Eckermann: Gespräche mit Goethe, hg. v. Fritz Bergemann, Leipzig 1968, S. 222 f.

95 Anweisung, wie die Philosophie, Philologie und diejenigen Wissenschaften, worin die Philosophische Facultät den Unterricht gibt, Königsberg 1770, in: GStAPK, HA XX, EM 139 b, Nr. 25, Bd. 5 (1770–1772), fol. 121.

96 Johann Heinrich Samuel Formey an Immanuel Kant, v. 9. Dec. 1786, AA, Bd. 10, S. 472.

97 Herzberg an den König, v. 24. Juli 1787, In GStAPK, Rep. 96 [ehemals Merseburg], Nr. 214 A, fol. 39. [einer der tiefsten Philosophen der Zeit, der bereits vier Preise in unserer Akademie gewonnen hat].

98 Georg Christoph Lichtenberg an Gottfried August Bürger, v. 1787, in: ders., Aphorismen – Essays – Briefe, hg. v. Kurt Batt, Leipzig 1970, S. 497.

Die Tischgesellschaft

* AA, Bd. 16, S. 425.

1 Allgemeine deutsche Bibliothek [Berlin/Stettin], 20. Bd. (1773), 1. St., Frontispiz.

2 Johann Friedrich Reichardt: Der lustige Passagier, a. a. O., S. 92 f.

3 Immanuel Kant an die Kuratoren des v. Lesgewangschen Stiftes, v. 3. Jan. 1784, AA, Bd. 23, S. 491.

4 Adickes-Nachlaß im Zentralen Archiv der Berlin-Brandenburgischen Akademie der Wissenschaften. Sig. U 3/18.

5 Der alte Kant, hg. v. Artur Buchenau u. Gerhard Lehmann, Berlin/ Leipzig 1925, S. 12 f.

6 Verzeichniß der Bücher des verstorbenen Professors Johann Friedrich Gensichen, wozu auch die demselben zugefallene Bücher des Professor Kant gehören, Königsberg 1808, S. 3–15.

7 Immanuel Kant: Anthropologie, AA, Bd. 7, S. 278.

8 Das Gemälde von Emil Dörstling (1859–1939) entstand 1893 als Auftrag des jüdischen Bankiers und Königsberger Stadtrats Professor Walter Simon (1857–1920); er war einer der bedeutendsten Stifter der Stadt Königsberg. Das Sujet des Gemäldes findet sein Vorbild in Menzels *Tafelrunde Friedrich d. Großen* von 1850.

9 Immanuel Kant: Anthropologie, a. a. O., S. 279 f.

10 Der alte Kant, a. a. O., S. 15.

11 Ibid., S. 15.

12 Erfordertes Gutachten [von Carl Daniel Reusch] die Rechte des Herrn D. Buck und Prof. Kant zu dem Ostern 1786 die Philosophische Facultaet treffende Rectirat angehend, AA, Bd. 13, S. 168.

13 Pro Memoria [von Christian Jacob Kraus] die bey der Rectorwahl eines philosophischen Senators geltenden Regeln betreffend, AA, Bd. 13, S. 167 f.

14 Johann David Metzger: Beytrag zur Geschichte der Frühlings-Epidemie im Jahr 1782, Königsberg/Leipzig 1782, S. 5 f.

15 Immanuel Kant: De Medicina Corporis, quae Philosophorum est, AA, Bd. 15, Nachlaß zur Anthropologie, 2. Hb.bd., 2. Hälfte, S. 939–953. Die Übersetzung ›*Über die Heilung des Körpers, soweit sie Sache der Philosophen ist*‹ wird zitiert nach Reinhard Brandt in: Kant-Studien 90 (1999), H. 3, S. 358–365.

16 Immanuel Kant: ›Über die Heilung des Körpers‹, a. a. O., S. 359.

17 Ibid., S. 362.

18 Johann Georg Hamann, v. 17. Apr. 1787, in: J. G. Hamann: Briefwechsel, hg. v. Walther Ziesemer, Leipzig 1940, Bd. 7, S. 148.

19 Christian Friedrich Reusch: Kantiana, in: Neue Preussische Provinzial-Blätter, Bd. 6 (1848), S. 13.

20 Immanuel Kant an Marcus Herz, v. 20. August 1777, AA, Bd. 10, S. 211.

21 Ibid.

22 August Lewald: Ein Menschenleben, Bd. 1, Berlin 1844, S. 98 f.

23 Er war der »Kommandeur des blauweißen Dragonerregiments v. Werther« (Fritz Gause: Die Geschichte der Stadt Königsberg, a. a. O., Bd. 2, S. 260).

24 Johann Georg Hamann an Johann Georg Lindner, v. 1. Febr. 1764, in: Hamann's Schriften, hg. v. Friedrich Roth, Dritter Theil, Berlin 1822, S. 213.

25 Christian Friedrich Reusch: Kantiana, in: Neue Preussische Provinzial-Blätter, Bd. 6 (1848), S. 15.

26 Immanuel Kant: AA, Bd. 16, S. 395.

27 Immanuel Kant: Bemerkungen. Note per un diario filosofico, a cura di Katrin Tenenbaum, Rom 2001, S. 84.

28 August v. Blumröder: Meine Erlebnisse in Krieg und Frieden, Sondershausen 1857, S. 85.

Kant und die Königsberger Juden

* Franz Rosenzweig: Kleinere Schriften, Berlin 1937, S. 109 f.

1 Immanuel Kant: Bestimmung des Begriffs der Menschenrace, AA, Bd. 8, S. 100. – Vgl. Ignaz Zollschan: Das Rassenproblem unter besonderer Berücksichtigung der theoretischen Grundlagen der jüdischen Rassenfrage, Wien/Leipzig 1911.

2 Immanuel Kant: Über den Gebrauch teleologischer Principien in der Philosophie. AA, Bd. 8, S. 163 f.

3 Ibid., S. 164.

4 Ibid., S. 164.

5 Ibid., S. 163.

6 Immanuel Kant: Beobachtungen über das Gefühl des Schönen und Erhabenen, AA, Bd. 2, S. 249.

7 Immanuel Kant: Über den Gebrauch teleologischer Principien in der Philosophie, AA, Bd. 8, S. 176.

8 Immanuel Kant: Beobachtungen über das Gefühl des Schönen und Erhabenen, AA, Bd. 2, S. 252.

9 Immanuel Kant: Der Streit der Fakultäten, AA, Bd. 7, S. 52.

10 Vgl. das Verzeichnis der jüdischen Studenten an der Albertina bei Hans-Jürgen Krüger: Die Judenschaft von Königsberg in Preußen 1700–1812, Marburg 1966, S.91–119.

11 Monika Richarz: Juden, Wissenschaft und Universitäten, in:

Jahrbuch des Instituts für Deutsche Geschichte, Beiheft 4, hg. v. W. Grab, Tel-Aviv 1982, S. 58.

12 Hier wird bestimmt: »Amplecti se de singularis doctrinae coelestis Articulis universum Scripturae Propheticae et Apostolicae Consensum, et praecipua Symbola cum his consentientia, et consentire in illud doctrinae genus, quod ex his constitutum, et anno tricesimo Imperatoriae Majestati Carolo V. sub titulo Augustanae Confessionis traditum, et deinceps in Apologia repetitum est, eo intellectu et sensu, qui cum universa Scriptura Prophetica et Apostolica congruit, et in hac agnita veritate adjuvente gratia Dei permansuros, publicam utilitatem Scholae promoturos, animi gratitutinem in *illustrissimum borussiae principem* et Scholae hujus Professores, et inprimis in Decanum et Collegium Artisticum debita subjectione et observatione declaraturos, nec denuo Magisterii titulum alibi repetituros.« (D. H. Arnoldts ausführliche und mit Urkunden versehene Historie der Königsbergischen Universität, Königsberg 1746, Erster Theil, Beylagen, Num. 49, S. 190).

13 Johann Joseph Ignatz v. Döllinger: Die Universitäten sonst und jetzt, München 1867, S. 13.

14 Ibid.

15 Ismar Schorsch: The Religious Parameters of Wissenschaft - Jewish Academics at Prussian Universities, in: Year Book of the Leo Beck Institute, XXV (1980), S. 14. Vgl. neuerdings auch: V. Karady: Das Judentum als Bildungsmacht in der Moderne, in: Österr. Zt. f. Geschichtsforschungen 8 (1997), H. 3, S. 347–361.

16 Vgl. J. Braun: Judentum, Jurisprudenz und Philosophie. Bilder aus dem Leben des Juristen Eduard Gans (1797–1839), Baden-Baden 1997.

17 Johann Georg Hamann an Johann Georg Herder, v. 6. Mai 1779, in: Hamann's Schriften, hg. v. Friedrich Roth, Berlin 1824, Bd. 6, S. 79.

18 Ibid.

19 J. Voigt: Das Leben des Prof. Christian Jakob Kraus, Königsberg 1819, S. 132 f.

20 Kurt Röttgers: Kants Kollege und seine ungeschriebene Schrift über die Zigeuner, Heidelberg 1993, S. 121.

21 Immanuel Kant an Carl Leonhard Reinhold, v. 28. 3. 1794, in: AA, Bd. 11, S. 495.

22 Immanuel Kant an Carl Leonhard Reinhold, v. 12. Mai 1789, AA, Bd. 11, S. 33.

23 Johann Friedrich Abegg: Reisetagebuch von 1798, hg. v. W. & J. Abegg, Frankfurt/M. 1987, S. 190.

24 Wöchentliche Königsbergische Frag- und Anzeigungs-Nachrichten, Nr. 24, 1755.

25 Vgl. Hans-Jürgen Krüger: Die Judenschaft von Königsberg in Preußen 1700–1812, Marburg 1966, S. 31 f.

26 Der Wortlaut dieses Eides bei Joseph L. Saalschütz: Zur Geschichte der Synagogen-Gemeinde in Königsberg II, in: Monatsschrift für Geschichte und Wissenschaft des Judenthums 7 (1858), S. 213 f.

27 Vgl. GStAPK, Berlin-Dahlem, EM 38 d4, Nr. 103. Die Judenkommission war so zusammengesetzt: Etatminister v. Bartholdi (Chef) sowie die Geh. Hof- und Kammergerichtsräte v. Sturm, Freyberg und Bewert.

28 Selma Stern-Täubler: Die geistigen Strömungen des 18. Jahrhunderts und das Judenproblem, in: Zeitschrift für die Geschichte der Juden in Deutschland 7 (1937), S. 74; vgl. auch Hannah Arendt-Stern: Aufklärung und Judenfrage, in: Zeitschrift für die Geschichte der Juden in Deutschland 4 (1932), S. 65 f.

29 Selma Stern-Täubler, a. a. O., S. 75.

30 Selma Stern-Täubler, a. a. O., S. 76.

31 Vgl. Joseph L. Saalschütz: Zur Geschichte der Synagogen-Gemeinde in Königsberg III, in: Monatsschrift für Geschichte und Wissenschaft des Judenthums, Jg. 8 (1859), S. 94–99.

32 David Friedländer: Akten-Stücke, die Reform der Jüdischen Kolonien in den Preußischen Staaten betreffend, Berlin 1793, S. 95.

33 Vgl. Jacob Guttmann: Kant und die Juden, Leipzig 1908, S. 46, sowie Friedrich Wilhelm Schubert: Immanuel Kants Biographie, in: I. Kants sämmtliche Werke, hg. v. Karl Rosenkranz u. Friedrich Wilhelm Schubert, 11. Theil, 2. Abt., Leipzig 1842, S. 208 und Hans Vaihinger: Die Kantmedaille und der schiefe Turm von Pisa, in: Kant-Studien 2 (1898), S. 109–115 u. S. 376 f.

34 Immanuel Kant: AA, Bd. 12, S. 432.

35 Ernst Hennig: Chronologische Übersicht der denkwürdigsten Begebenheiten, Todesfälle und milden Stiftungen in Preußen, vorzüglich in Königsberg im 18. Jahrhundert, Elbing 1803, S. 62.

36 Richard Lewin: Die Judengesetzgebung Friedrich Wilhelms II., in:

Monatsschrift für Geschichte und Wissenschaft des Judentums 57 (1913), S. 229.

37 Vgl. zu dieser Funktion der *cives academici* auch Jacob Toury: Der Eintritt der Juden ins deutsche Bürgertum. Eine Dokumentation, Tel Aviv 1972.

38 Von der Verfassung der Königsberger Academie und derselben Verbesserung (1764–1766), in: APO, Bestand 1647 [Kuratorium], Nr. 10, fol. 56.

39 Johann S. König: Annalen der Juden in den Preußischen Staaten, besonders in der Mark Brandenburg, Berlin 1796, S. 140 f.

40 Abgedruckt bei Johann S. König, a. a. O., S. 155–161. – Aber auch noch das General-Juden-Reglement vom 17. April 1750 bestimmte in § XXX die Ablehnung »des Mißbrauchs des jüdischen Gebeths so sich anfänget Alehnu wie in den Edicten von 1703 und 1716 bereits ausführlich und nachdrücklich verordnet ist« (GStAPK, Dahlem, EM 38 d 4, Nr. 192, fol. 26).

41 E. Hennig: Chronologische Übersicht, a. a. O., S. 11.

42 Eingabe von Johann Heinrich Lysius, v. 21. April 1741, in: Selma Stern: Der Preussische Staat und die Juden, III. Teil, 2. Abt.: Akten, 2. Hb.bd., Tübingen 1971, S. 976.

43 [Moses Mendelssohn:] Zufällige Gedanken über des Herrn Prof. Kypke Beschuldigung der Judenschaft zu Königsberg, in GStAPK, Dahlem, a. a. O., Nr. 206, fol. 72–78r, sowie Kypkes Replik, ibid., fol. 79–94. Diese anonyme Schrift Mendelssohns ist erstmals gedruckt in M. Mendelssohn: Gesammelte Schriften. Jubiläumsausgabe. Begonnen v. I. Elbogen u. J. Guttmann, Bd. 10,1 (Schriften zum Judentum IV), hg. v. W. Weinberg, Stuttgart 1985, S. 307–310.

44 Acta Senatus Academiae Regiomontanae den Nachlaß des Herrn Prof. Kypke betr., in: APO, 1646, Nr. 321, fol. 31.

45 Freiherr v. Zedlitz an die Ostpreußische Regierung, v. 25. Febr. 1781, in: GStAPK, XX. HA, EM 139 d, Nr. 24, fol. 69. – Diese 100 rth hätten nach dem Tod Kypkes, schreibt ein Chronist, »eine andere mir unbekannte Bestimmung erhalten.« (Nachrichten von der Königlichen Universität zu Königsberg in Preußen, hg. v. J. F. Goldbeck, 1782, S. 86).

46 Louis Gomperz: Briefwechsel zwischen Herrn Cantzley-Direktor Göckingk, Herrn Inspektor Bobrik und Gomperz, Marienwerder 1785, S. 137.

47 Vgl. das Verzeichnis der jüdischen Studenten an der Albertina bei H.-J. Krüger: Die Judenschaft von Königsberg in Preußen, a. a. O., S. 91–119.

48 Vgl. Christian Friedrich Reusch: Kantiana, in: Neue Preussische Provinzial-Blätter, Bd. 6 (1848), S. 462.

49 Monika Richarz: Der Eintritt der Juden in akademische Berufe, Tübingen 1974, S. 56.

50 Oskar Wolfsberg: Zur Zeit- und Geistesgeschichte des Judentums, Zürich 1938, S. 257.

51 David Friedländer: a. a. O., S. 77.

52 Votum u. Beschluß des Akademischen Senats, v. 13. April 1768 über immatr. Juden Moses Marcus, in: APO, 1646, Nr. 804, fol. 202.

53 Vgl. zum familiären Hintergrund E. Herzfeld: Der Schutzjude Isaac Levin Joel, in: R. Kalter: Geschichte der jüdischen Gemeinde zu Potsdam, hg. v. J. H. Schoeps u. H. Simon, Berlin 1993, S. 177–227.

54 GStAPK, Dahlem, EM 38 d 4, Nr. 211, fol. 1.

55 Ibid., fol. 11.

56 Ibid., fol. 14v.

57 APO, Universität Königsberg, 1646, Nr. 208, fol. 396.

58 M. Komorowski: Promotionen an der Universität Königsberg 1548 bis 1799, London/N.Y./Paris 1988, S. 45 (Nr. 207).

59 GStAPK, Dahlem, EM 38 d4, Nr. 211, fol. 12.

60 Ibid., fol. 15v.

61 Ibid., fol. 16v.

62 Ibid., fol. 24.

63 Ibid., fol. 20.

64 Guido Kisch: Forschungen zur Rechts-, Wirtschafts- und Sozialgeschichte der Juden. Ausgewählte Schriften, Bd. 2, Sigmaringen 1979, S. 215.

65 GStAPK, Dahlem, [ehem. Merseburg], Rep. 7, Nr. 190 (1777–1808), fol. 472.

66 Ibid., fol. 470v.

67 Immanuel Kant an die Philosophische Fakultät, v. 20. Febr. 1786, in: AA, Bd. 12, S. 451.

68 GStAPK, Dahlem, [ehem. Merseburg], a. a. O., fol. 477.

69 Ibid., fol. 477. Zur Ablehnung Euchels durch die Universität vgl. auch: I. Kant, AA, Bd. 12, S. 453 f.

70 Ludwig v. Baczko: Geschichte meines Lebens, Bd. 2, Königsberg 1824, S. 84.

71 Christian Johann Jacob Kraus an Ludwig v. Baczko, v. 6. Nov. 1786, in: Ludwig v. Baczko: Geschichte meines Lebens, 2. Bd., Königsberg 1824, Beilage I, S. 245.

72 Ibid., S. 246.

73 GStAPK, Dahlem, EM 3e, Nr. 29, fol. 839.

74 Immanuel Kant, Religion innerhalb der Grenzen der bloßen Vernunft, in: AA, Bd. 6, S. 125.

75 Immanuel Kant in Rede und Gespräch, hg. v. Rudolf Malter, Hamburg 1990, S. 517.

76 Immanuel Kant: Religion innerhalb der Grenzen der bloßen Vernunft, AA, Bd. 6, S. 126.

77 Rudolf Reicke: Lose Blätter aus Kants Nachlass, 3. Heft, Königsberg 1898, S. 10.

78 Immanuel Kant: Streit der Fakultäten, AA, Bd. 7, S. 52.

79 Ibid.

80 Moses Mendelssohn: Gesammelte Schriften, Leipzig 1843, Bd. 5, S. 665.

81 Oskar Wolfsberg: Zur Zeit- und Geistesgeschichte des Judentums, Zürich 1938, S. 59.

82 Immanuel Kant an Moses Mendelssohn, v. 16. Aug. 1783, in: AA, Bd. 10, S. 347.

Kants unmerkliches Lächeln über die Aufklärung

*   AA, Bd. 16, S. 828.

1 Georg Christoph Lichtenberg: Aphorismen – Essays – Briefe, a. a. O., S. 213.

2 Immanuel Kant: Beantwortung der Frage: Was ist Aufklärung? AA, Bd. 8, S. 35.

3 Ibid., S. 36.

4 Johann Georg Hamann an Christian Jacob Kraus, v. Dec. 1784, in: Hamann's Schriften, hg. v. Friedrich Roth, 7. Theil, Leipzig 1825, S. 191.

5 Ibid.

6 Ibid., S. 192.

7 Johann Wolfgang Goethe im Gespräch mit Kanzler Müller, v. 29. Apr. 1818, in: Kanzler v. Müller: Unterhaltungen mit Goethe, Kritische Ausgabe, hg. v. Ernst Grumach, Weimar 1956, S. 28.

8 Immanuel Kant: Idee zu einer allgemeinen Geschichte in weltbürgerlicher Absicht, AA, Bd. 8, S. 24.

9 Immanuel Kant: Reflexionen zur Anthropologie, AA, Bd. 15, 2. Hb.bd., S. 634.

10 Immanuel Kant: Was ist Aufklärung? AA, Bd. 8, S. 40.

11 Johann Georg Hamann an Franz Bucholtz, 15. Dec. 1784, in: Hamann's Schriften, a. a. O., S. 186.

12 Jacques Lacan: Kant mit Sade, Nachwort zu: Marquis de Sade: Die Philosophie im Boudoir, Herrsching 1980, S. 353.

13 Immanuel Kant: Reflexionen zur Anthropologie, AA, Bd. 15, 2. Hb.bd., S. 622.

14 Immanuel Kant: Reflexionen zur Logik, AA, Bd. 16, Refl. Nr. 2978, S. 597.

15 Immanuel Kant: Religion innerhalb der Grenzen der bloßen Vernunft, AA, Bd. 6, S. 100.

16 Immanuel Kant: Was ist Aufklärung? AA, a. a. O., S. 36.

17 Immanuel Kant: Idee zu einer allgemeinen Geschichte, a. a. O., S. 23.

18 Immanuel Kant an Marie v. Herbert, v. Frühjahr 1792, AA, Bd. 11, S. 332.

19 Immanuel Kant: Reflexionen zur Metaphysik, AA, Bd. 18, Refl. Nr. 4927.

20 Friedrich Gundolf: *Lessing.* Rede zum 22. Januar 1929, Heidelberg 1929, S. 16. – Diese Rede im Plenarsaal des Reichstages hat er dann noch einmal am 15. März 1929 in der Aula der Amsterdamer Universität gehalten. Gegen diese Sicht polemisierte dann im selben Jahr in Amsterdam der einheimische Ordinarius für Germanistik Theodor C. van Stockum in seinem Festvortrag *Lessing absconditus*, als er betonte, »dass Lessings Abirrung vom schmalen Wege der Wahrhaftigkeit keine gelegentliche Entgleisung war« und es zahlreiche »Zeichen [gebe], dass dieser aufgeknöpfte Wahrheitsverkünder, diese anima candida uns sachte zum besten gehalten hat« (Theodor C. v. Stockum: Von Friedrich Nicolai bis Thomas Mann, Groningen 1962, S. 42 f.). Dagegen ist früh schon zu Recht eingewandt worden: »In Lessings Geist hat die deutsche

Philosophie ... sich umgeprägt, oder richtiger gesagt, jene Gärung und Zersetzung empfangen, aus welcher der Kantsche Subjectivismus und die an ihn sich anschließenden Umwälzungen hervorgingen« (Paul Haffner, Eine Studie über Lessing, Köln 1878, S. 68).

21 Immanuel Kant: Reflexionen zur Metaphysik, AA, Bd. 18, Refl. Nr. 5112.

22 Johann Wolfgang Goethe: Faust, Vers 14.

23 Ibid., Vers 601.

24 Ibid., Vers 573 f.

25 [Louis Poinsinet de Sivry]: Psychologische und physiologische Untersuchungen über das Lachen: aus d. Frz., nebst einer Abhandlung, in welcher Kants Erklärung des Lachens erläutert, und Herrn D. Platners Theorie des Lächerlichen geprüft wird, Wolfenbüttel 1794, S. 48.

26 Gotthold E. Lessing: Eine Duplik, in: ders., Sämtliche Schriften, hg. v. Karl Lachmann, Leipzig 1897, Bd. 13, S. 23 f. »Gerade weil die Vernunft so hoch zu schätzen ist, verdient jede Berufung auf sie das Mißtrauen einer stets neuen Überprüfung« (Johannes v. Lüpke, Wege der Weisheit. Studien zu Lessings Theologiekritik, Göttingen 1989, S. 18).

27 Immanuel Kant an Ludwig Ernst Borowski, v. 6.-22. März 1790, AA, Bd. 11, S. 141.

28 Ibid.

29 Arnold Kanne: Blätter von Aleph bis Kuph, Leipzig 1801, S. 19.

30 Immanuel Kant an Ludwig Ernst Borowski, v. 6.-22. März 1790, AA, Bd. 11, S. 142.

31 Abraham Gotthelf Kästner an Immanuel Kant, v. 2. Oct. 1790, AA, Bd. 11, S. 214.

32 Immanuel Kant: Anthropologie, AA, Bd. 7, S. 220.

33 Karl Rosenkranz: Aus einem Tagebuch, Leipzig 1854, S. 318.

34 Immanuel Kant: Kritik der Urteilskraft, AA, Bd. 5, S. 332.

35 Immanuel Kant: Idee zu einer allgemeinen Geschichte ..., AA, Bd. 8, S. 28.

36 Immanuel Kant: Vorankündigung des nahen Abschlusses eines Traktats zum ewigen Frieden in der Philosophie. AA, Bd. 8 , S. 422.

37 Voltaire an A. M. Thieriot, v. 21. Oct. 1736, in: Voltaire: Œuvres compl., Nouv. Ed., Bd. 34, Paris 1880, S. 153.

38 Friedrich Ch. Baumeister: Elementa philosophiae recentioris, Halle 1755, S. 479.

39 Eine Edition dieser Preisfrage ist 1966 im Berliner Akademie Verlag von Werner Krauss vorgelegt worden.

40 Examen du *Prince* de Machiavel, Bd. 2, La Haye 1741, S. 22 f.

41 D'Alembert an Friedrich II., 18. Dec. 1769. In: Hinterlassene Werke Friedrich II., 14. Bd., Berlin 1788, S. 89.

42 Friedrich II. an d'Alembert, 15. Nov. 1769. In: ibid., 11. Bd., Berlin 1788, S. 51.

43 Abgedruckt bei Werner Krauss: Aufklärung III, hg. von Martin Fontius, Berlin 1996, S. 198. Vgl. dazu Edouardo Chitas: Über Ideologie und Aufklärung oder *Ist es nützlich, das Volk zu täuschen?* In: Philosophie in weltbürgerlicher Absicht, hg. von Hans Jörg Sandkühler, Köln 1985; und Jochen Schlobach: Die Wahrheit der Aufklärer und das Volk. Kommentar zur Preisfrage der Berliner Akademie 1777. In: Der Philosoph und das Volk. 200 Jahre Französische Revolution [Dialektik, 17], Köln 1989, S. 11–20.

44 Benjamin Constant: Über politische Reaktion [1797], zit. nach der Textsammlung: Kant und das Recht der Lüge, hg. v. G. Geismann und H. Oberer, Würzburg 1986, S. 23.

45 Benjamin Constant: Über die Gewalt. Vom Geist der Eroberung und von der Anmaßung der Macht, hg. von H. Zbinden, Bern 1942, S. 34.

46 »Du darfst nicht lügen, und wenn die Welt darüber in Trümmer zerfallen sollte.« (J. G. Fichte: Verantwortungsschriften gegen die Anklage des Atheismus. In: J. G. Fichte-Gesamtausgabe, hg. von R. Lauth und H. Gliwitzky, Abt. I, Bd. 6, Stuttgart 1981, S. 42).

47 Immanuel Kant: Über ein vermeintes Recht aus Menschenliebe zu lügen. AA, Bd. 8, S. 428.

48 Ibid., S. 426.

49 Immanuel Kant: Über ein vermeintes Recht . . ., a. a. O. S. 426. – Julius Ebbinghaus sieht in diesen Überlegungen Kants eine »Weltenwende in der Theorie einer möglichen gesetzlichen Gewalt über Menschen überhaupt« (J. Ebbinghaus: Kant's Ableitung des Verbots der Lüge aus dem Rechte der Menschheit. In: Kant und das Recht der Lüge, a. a. O., S. 83).

50 Immanuel Kant: Über ein vermeintes Recht . . ., a. a. O. S. 426.

51 Immanuel Kant: Über ein vermeintes Recht . . ., a. a. O. S. 426.

52 Also: »Im rechtlichen Sinne aber will nur diejenige Unwahrheit Lüge genannt werden, die einem anderen unmittelbar an seinem Rechte Abbruch thut« (Immanuel Kant: Metaphysik der Sitten, AA, Bd. 6, S. 238).

53 Immanuel Kant: Die Metaphysik der Sitten, AA, Bd. 6, S. 429.

54 Immanuel Kant: Grundlegung zur Metaphysik der Sitten, AA, Bd. 4, S. 421.

55 Immanuel Kant an Carl Leonhard Reinhold, v. 21. Sept. 1791, AA, Bd. 11, S. 289.

56 Johann Benjamin Erhard: Über das Recht des Volkes zu einer Revolution, hg. v. Hellmut G. Haasis, München 1970, S. 32.

57 Johann Georg Hamann: Neue Apologie des Buchstabens h, in: Hamann's Schriften, hg. v. Friedrich Roth, Vierter Theil, Berlin 1823, S. 143.

58 Johann Georg Hamann an Johann G. Lindner, v. 23. Jan. 1761 (Beylage), in: Hamann's Schriften, a. a. O., Dritter Theil, Berlin 1822, S. 63.

59 Diese Nachlaßnotiz wurde zuerst publiziert von F. W. Schubert: Immanuel Kant und seine Stellung zur Politik in der letzten Hälfte des achtzehnten Jahrhunderts. In: Historisches Taschenbuch, hg. von Fr. v. Raumer, Jg. 9, Leipzig 1838, S. 625.

60 Immanuel Kant: Muthmaßlicher Anfang der Menschengeschichte, AA, Bd. 8, 121.

61 Immanuel Kant: Kritik der Urteilskraft, AA, Bd. 5, S. 263.

62 Neue Klio [Leipzig], Bd. 1 (1797), März/April, S. 512. – Diese Rez. erschien ursprünglich im Pariser ›Journal d'économie politique‹, Nr. 5 (1796), das Pierre Louis Roederer herausgab.

63 Immanuel Kant: Zum ewigen Frieden, AA, Bd. 8, S. 381.

64 Staatswirthschaftliche Aphorismen, in: Neue Monatsschrift für Deutschland, hg. v. Friedrich Buchholz, 35. Bd. (1831), S. 151.

65 Tübingische gelehrte Anzeigen, 79. St., v. 1. Oct. 1796, S. 627.

66 Vgl. Allgemeine deutsche Bibliothek, Bd. 56 (1787), 2. St., S. 622.

67 [Zm. - d. i. Scherff:] Die Abgötterey unsers philosophischen Jahrhunderts [Mannheim 1779], in: Allgemeine deutsche Bibliothek, Anhang zu dem 37.–52. Band (1783), 2. Abt., S. 1237.

68 Anzeige von Die Abgötterey unseres Philosophischen Jahrhunderts, in: Wielands Gesammelte Schriften, hg. v. der Dt. Akad. d. Wiss., I. Abt. Werke, Bd. 22, Berlin 1954, S. 115.

69 Ibid., S. 116.

70 [Embser:] Die Abgötterei unsers philosophischen Jahrhunderts, Mannheim 1779, S. 3.

71 Ibid., S. 4.

72 Ibid., S. 5.

73 Ibid., S. 24 u. S. 84.

74 [Embser:] Die Abgötterei unsers philosophischen Jahrhunderts, a. a. O., S. 110.

75 Ibid., S. 115.

76 Ibid., S. 202.

77 Ibid., S. 199.

78 Immanuel Kant an Johann G. C. Kiesewetter, v. 15. Okt. 1795, AA, Bd. 12, S. 45.

79 Immanuel Kant: Muthmaßlicher Anfang der Menschengeschichte, a. a. O., S. 120.

80 Ibid., S. 121.

81 Vernünftige Gedanken von Quacksalbern, item von Kranken, in: Taschenbuch für Freunde des Scherzes und der Satire, hg. v. Johann D. Falk, Leipzig 1797, S. 117 f.

82 Erschienen in Leipzig, in der Zeitungs-Expedition 1721.

83 Wilhelm v. Humboldt an Friedrich Schiller, v. 30. Okt. 1795, in: Briefwechsel zwischen Schiller und Humboldt, hg. v. Siegfried Seidel, Bd. 1, Berlin 1962, S. 205.

84 Friedrich Schlegel: Versuch über den Republikanismus, in: Immanuel Kant: Zum ewigen Frieden. Mit Texten zur Rezeption 1796 bis 1800, hg. v. Steffen Dietzsch, Leipzig: Reclam 1984, S. 110.

85 Friedrich Schlegel: Versuch über den Begriff des Republikanismus, a. a. O., S. 112.

86 Klio [Leipzig], Bd. 1 (1796), S. 121 f.

87 Immanuel Kant: Idee zu einer allgemeinen Geschichte ..., AA, Bd. 8, S. 29.

88 Immanuel Kant: Bemerkungen in den *Beobachtungen über das Gefühl des Schönen und Erhabenen*, hg. v. Marie Rischmüller, Hamburg 1991, S. 41.

89 Ludwig v. Baczko: Das Stadtarmen-Krankenhaus zu Königsberg in Preußen, Vortrag vom Mai 1799, in: Preußische Provinzial-Blätter, Bd. 7 (1832), S. 10.

90 Stammbuch C. H. B. 1802, in: Handschriftenabt. der Universitätsbibliothek Mainz

91 Publilii Syri sententiae, ed. E. Wölfflin, Leipzig 1869, V. 32.

92 Raoul Richter: Kant und die 7 Weisen, in: Kant-Studien, Bd. 6
(1901), S. 126.

93 Fragmenta philos. Graec., Paris 1883, Bd. I, 213.

94 Vgl. AA, Bd. XIII, S. 585 f. und Kant-Studien, Bd. 72 (1981), H. 3,
261.

95 Erwin Rhode an Franz Overbeck, v. 17. März 1895, in: Briefwechsel
Overbeck/Rhode, hg. v. A. Patzer, Berlin 1990, S. 182.

Der unbotmäßige Alte

* Die Xenien, Nr. 294, in: Die Schiller-Goethe'schen Xenien, erl. v.
Ernst J. Saupe, Leipzig 1852, S. 169.

1 Johann August v. Beyer: An Wolfia, in: Berlinische Monatsschrift,
1789, April-Heft.

2 Johann Georg Hamann: Metakritik über den Purismum der reinen Vernunft, in: Hamann's Schriften, a. a. O., Siebenter Theil,
S. 7.

3 Johann Georg Hamann an Johann Gottfried Herder, v. 10. Mai 1781,
in: Hamann's Schriften, a. a. O., Sechster Theil, S. 186.

4 Ludwig Heinrich Jakob: Prüfung der Mendelssohnschen Morgenstunden, Leipzig 1786, S. VI.

5 Ludwig v. Baczko: Geschichte meines Lebens, Bd. 2, Königsberg
1824, S. 137 f.

6 Friedrich Heinrich Jacobi: Werke, Leipzig 1812 ff., Bd. 4, S. XLIII.

7 Friedrich Heinrich Jacobi: Über das Unternehmen des Kriticismus,
die Vernunft zu Verstande zu bringen, Werke, a. a. O., Bd. 3, S. 184.

8 Christian Gottfried Schütz an Immanuel Kant, v. 20. Sept. 1785,
AA, Bd. 10, S. 408.

9 Obereits Widerruf für Kant, in: Magazin zur Erfahrungsseelenkunde, Bd. 9 (1792), 2. St., S. 142. [Entweder Dinge-an-sich, oder
das absolute Nichts].

10 Nicolaus Vogt: System des Gleichgewichts als nützliches und prak-
tisches Resultat der Geschichte oder Philosophie der Erfahrung,
Mainz 1785, S. VII.

11 [Karl Heinrich Ludwig Pölitz:] Die Philosophie unseres Zeitalters in der Kinderkappe, von einem Manne, der auch lange in dieser Kappe gelaufen ist, Pirna 1800, S. 14.

12 Immanuel Kant: Der Streit der Fakultäten, AA, Bd. 7, S. 88.

13 Votum Kants, v. 28. Juni 1794, in: APO, 1646, Nr. 161, Acta des Academischen Senats die Aufhebung der Convictorii betreff. 1794–1808, fol. 11.

14 Immanuel Kant: Reflexionen zur Logik, AA, Bd. 16, S. 68 f.

15 Rudolf Reicke: Kantiana. Beiträge zu Kants Leben und Schriften, Königsberg 1860, S. 15.

16 Immanuel Kant: Kritik der praktischen Vernunft, AA, Bd. 5, S. 86.

17 Bericht Metzgers v. 27. Sept. 1786, in: APO, 1646, Nr. 202, fol. 124.

18 Metzger an den Akademischen Senat, v. 30. Sept. 1785, in: APO, 1646, Nr. 444, fol. 8.

19 Votum Kants, v. 17. Okt. 1785 [auf ein Schreiben von Metzger, v. 15. Okt.], in: APO, 1646, Nr. 444, fol. 14.

20 Johann Daniel Metzger: Kurzgefaßtes System der gerichtlichen Arzneiwissenschaft, Königsberg/Leipzig 1793.

21 Rektor und Akademischer Senat an den König, v. 6. Nov. 1782, in: GStAPK, XX, EM 139 c 3, Nr. 48, fol. 21.

22 Rektor Kant an den Akademischen Senat, v. 21. Sept. 1786, in: Staatsbibliothek Berlin, Handschriftenabt., Autogr. Samml. I/1469.

23 Rektor Kant an die Ostpreussische Regierung, v. 21. Sept. 1786, in: GStAPK, HA., XX, EM 85 f, Nr. 22, fol. 10.

24 Nekrolog auf das Jahr 1797, 8. Jg. (1797), Bd. 1, S. 269 f.

25 Erklärung Kants v. 6. Dezember 1796, in: Allgemeine Literatur-Zeitung [Jena], 1797, Intelligenz-Blatt, Nr. 72.

26 Nekrolog auf das Jahr 1797, a. a. O., S. 308.

27 Immanuel Kant: AA, Bd. 23, S. 399.

28 Johann Friedrich Abegg: Reisetagebuch von 1798, hg. v. Walter u. Jolanda Abegg, Frankfurt/M. 1987, S. 184.

29 Immanuel Kant: AA, Bd. 23, S. 401.

30 Immanuel Kant in Rede und Gespräch, a. a. O., S. 139.

31 Acta des academischen Senats 1796, in: APO, 1646, Nr. 808, bes. fol. 1–30.

32 Ibid., fol. 74.

33 Votum Kants [von 1777] als Beilage zum Brief v. Abraham Jacob Penzel an Immanuel Kant, v. 12. Aug. 1777, mitgetteilt von Franz Boll, abgedr. in: Allgemeine Zeitung [München], Nr. 247, v. 27. Oktober 1900, Beilage, S. 4 f.

34 Votum Kants, v. 24. Febr. 1791, in: GStAPK, XX. HA, EM 42a, Nr. 57.

35 APO, Bestand 1646, d. 111, fol. 26.

36 Votum Kants, v. 16. März 1789, in: AA, Bd. 13, S. 231.

37 Nikolai Karamsin: Briefe eines russischen Reisenden, hg. v. Walter Markov, Berlin 1977, S. 46 f.

38 Immanuel Kant an Georg Heinrich Ludwig Nicolovius v. 16. Aug. 1793, in: AA, Bd. XI, S. 439.

39 Johann Heinrich Ludwig Meierotto an seine Frau, v. 12. Aug. 1792, in: Immanuel Kant in Rede und Gespräch, a. a. O., S. 387.

40 Decanus, Senior, und andere Professores der Philosophieschen Facultät [Frankfurt/O.] an der Churfürst, v. 6. Febr. 1665, in: GStAPK, I. H. A., Rep. 51, Nr. 93/94, unpag.

41 Friedrich Wilhelm Joseph Schelling: *Immanuel Kant*, in: Fränkische Staats- und Gelehrten-Zeitung, Nr. 49 u. 50, v. 5. März 1804.

42 Maternus Reuss: *De eo, quid ratio speculativa a priori de anima et mundo statuere possit*, Disputation, Würzburg 17. August 1792, S. 3.

43 Charactere teutscher Dichter und Prosaisten, Berlin 1781, S. 371.

44 Studenten-Balgerey über die Kantische Philosophie, in: Analekten für Politik, Philosophie und Literatur, Leipzig 1787, S. 133 f.

45 Ibid., S. 135.

46 Ibid., S. 138.

47 Studenten-Balgerey, a. a. O., S. 139.

48 Akademischer Senat an den König, v. 20. Juni 1792, in: GStAPK, XX. HA, EM 139 j, Nr. 132, fol. 10.

49 Aktennotiz v. 22. Nov. 1799, in: APO, 1646, Nr. 1646, fol. 8.

50 APO, 1647, Kuratorium Nr. 251, fol. 4–9.

51 Denunziationszettel für Gensen, in: APO, 1646, Nr. 1646, fol. 17.

52 Johann Schulze an Rector Christoph Friedrich Elsner, v. 16. Dez. 1799, in: ibid., fol. 42/43.

53 Rektor Johann Daniel Metzger an den König, v. 13. Febr. 1802, in: APO, 1647, Kuratorium, Nr. 251, fol. 81.

54 General Graf v. Henkel an den Akademischen Senat, v. 23. Okt. 1791, in: APO, 1647, Kuratorium, Nr. 481, fol. 9.

55 Immanuel Kant: Reflexionen zur Anthropologie, AA, Bd. 15, 2. Teilbd., 2. Hälfte, Refl. Nr. 1404, S. 612.

56 Akademischer Senat an das Etatsministerium, v. 26. Juli 1791, AA, Bd. 12, S. 459 f. Das ist: APO, 1646, Nr. 1808, fol. 9–11.

57 Ibid., S. 460.

58 Rektor Kant an Oberst Berrenhäuer, v. 15. Mai 1786, AA, Bd. 12, S. 451 f.

59 Acta den Student Crispien betreffend, der dem Syburgschen Regiment verabfolgt werden muß, 1767, in: APO, 1646, Nr. 1807, fol. 9.

60 Friedrich, König v. Preußen an die Ostpreußische Regierung, v. 5. März 1767, in: ibid., fol. 20.

61 General v. Lehwald an den Akademischen Senat, v. 4. Juli 1767, in: APO, 1646, Nr. 1807, fol. 34.

62 Kuno Fischer: Kant's Leben und die Grundlagen seiner Lehre. Drei Vorträge, Mannheim 1860, S. 44.

63 Zit. nach Erich Fromm: Immanuel Kant und die preussische Censur, Hamburg/Leipzig 1894, S. 19.

64 Abgedruckt in: Acten, Urkunden und Nachrichten zur neuesten Kirchengeschichte, I, Weimar 1788, S. 461–479, oder auch in: Erich Lehmann: Preußen und die katholische Kirche seit 1640, Th. 6, Leipzig 1893, S. 250 ff. Vgl. dazu auch Friedrich Kapp: Aktenstücke zur Geschichte der preussischen Censur- und Pressverhältnisse unter dem Minister Wöllner, in: Archiv f. d. Gesch. d. dt. Buchhandels Bd. 4 (1879), und F. Valjavec: Das Woellnersche Religionsedikt und seine geschichtliche Bedeutung, in: Hist. Jahrbuch 72 (1953), S. 386 ff.

65 Abgedruckt in: Novum Corpus constitutionum prussico-brandenburgensium praecipue Marchicarium, Bd. 8 (1791), Sp. 2339 bis 2350.

66 Erich Fromm, Immanuel Kant und die preussische Censur, a. a. O., S. 21.

67 Aide memoire Woellners, v. 30. März 1794, gedr. bei Peter Krause in: Stillstand, Erneuerung und Kontinuität, hg. v. Jörg Wolff, Frankfurt/M./Berlin/Bern 2001, S. 90.

68 Vgl. Friedrich Wilhelm Schubert, Kant's Biographie, in: Immanuel Kant's sämmtliche Werke, hg. v. Karl Rosenkranz u. Friedrich Wilhelm Schubert, 11. Th., Zweite Abt., Leipzig 1842, S. 130. Schubert bezieht sich dabei auf »einen Brief Kiesewetter's aus Berlin vom

14. Januar 1791, der sich handschriftlich im Nachlass Kant's befindet.« (Ib.).

69 Immanuel Kant: Briefwechsel, hg. v. Otto Schöndörffer, Bd. 2,
Leipzig 1924, S. 869.

70 Vgl. Erich Fromm: Immanuel Kant und die preussische Censur,
a. a. O., S. 28–33.

71 Entwurf des Schreibens von Immanuel Kant an die Königsberger
theologische Fakultät, betr. die Druckfreiheit für seine Schrift: Religion innerhalb der Grenzen der reinen Vernunft, zuerst mitgeteilt
von Wilhelm Dilthey: Der Streit Kants mit der Censur, in: Archiv
f. Gesch. d. Philosophie 3 (1890), S. 429. – Vgl. auch Emil Arnoldt:
Beiträge zu dem Material der Geschichte von Kant's Leben und
Schriftstellerthätigkeit in Bezug auf seine »Religionslehre« und
seinen Conflict mit der Preussischen Regierung, in: Altpr. Monatsschrift 34 (1897), S. 345 ff., S. 603 ff. und 35 (1898), S. 1 ff.

72 Friedrich Wilhelm II. an Immanuel Kant v. 1. Oktober 1794, in: AA,
Bd. 7, S. 6.

73 Immanuel Kant: Der Streit der Fakultäten. Vorrede, AA, Bd. 7, S. 8.

74 Immanuel Kant, Die Religion innerhalb der Grenzen der bloßen
Vernunft, AA, Bd. 6, S. 9.

75 Aide memoire Woellners, v. 30. März 1794, a. a. O., S. 90.

76 Königliches Rescript v. 1. Oktober 1794, in: Immanuel Kant, Der
Streit der Fakultäten, AA, Bd. 7, S. 6. Vgl. auch Erich Fromm: Zur
Vorgeschichte der Königlichen Kabinetsordre an Kant vom 1. Okt.
1794, in: Kant-Studien 3 (1898), S. 142–147.

77 Immanuel Kant an Johann G. C. Ch. Kiesewetter, 13. Dez. 1793, AA,
Bd. 11, S. 476.

78 Otto Tschirch: Geschichte der öffentlichen Meinung in Preußen im
Friedensjahrzehnt vom Basler Frieden bis zum Zusammenbruch
des Staates, Bd. 1, Weimar 1933, S. 271.

79 Friedrich Wilhelm III. an Johann Ch. Wöllner, v. 12. Jan. 1798, in:
Gothaische gelehrte Zeitung, 21. Febr. 1798, 15. Stck, S. 119 f.

80 Karl Rosenkranz: Kant und die Preßfreiheit, in: ders., Studien,
2. Theil, N. F., Leipzig 1844, S. 249. Vgl. zu Beginn der Metternich-
Zeit: Heinrich Luden: Vom freien Geistes-Verkehr, Preßfreiheit –
Censur – Buchhandel und Nachdruck, Weimar 1814, und: »Die
Censur beruht auf Furcht und Mangel des Glaubens an die Kraft
der Wahrheit. Mit ihr erwächst die Faulheit und Dummheit, sie

dient allen Mißbräuchen zur Schutzwehr.[...] Die ächte Freiheit erzeugt die Wahrheit, und die wahre Öffentlichkeit ertödtet zugleich den Preßzwang und die Preßfrechheit.« (Friedrich v. Raumer: Über die geschichtliche Entwicklung der Begriffe von Recht, Staat und Politik, Leipzig 1832, S. 182).

81 Immanuel Kant: Der Streit der Fakultäten, AA, Bd. 7, S. 19 f.

82 Ibid., S. 28.

83 Immanuel Kant: Ungedruckte Vorarbeit zur Einleitung des *Streit der Fakultäten*, in: Bayerische Staatsbibliothek, Kantiana, Hagen 23.

84 Immanuel Kant: Der Streit der Fakultäten, AA, Bd. 8, S. 18.

85 Immanuel Kant: Der Streit der Fakultäten, a. a. O., S. 35.

86 Reinhard Brandt: Die politische Institution bei Kant, in: Politische Institutionen im gesellschaftlichen Umbruch, hg. v. G. Göhler, K. Lenk u. a., Opladen 1990, S. 350.

87 Alexander Jung: Die Universität und das freie Bürgerthum, in: Königsberger Literatur-Blatt 3 (1844), Nr. 68, v. 24. Aug. 1844, S. 540.

88 Immanuel Kant: Der Streit der Fakultäten, a. a. O., S. 28.

89 Ibid., S. 33.

90 Immanuel Kant: Kritik der reinen Vernunft, A 840.

91 Immanuel Kant: Verkündigung des nahen Abschlusses eines Traktats zum ewigen Frieden in der Philosophie, AA, Bd. 8, S. 415.

92 Carl Ludwig Reinhold: Briefe über die Kantische Philosophie, Bd. 1, Leipzig 1790, S. 108.

93 Karl Rosenkranz: Neue Studien, Bd. 2, Leipzig 1875, S. 7.

94 Otto Scheel: Die deutsche Universität von ihren Anfängen bis zur Gegenwart, in: Das akademische Deutschland, Bd. 1, Berlin 1930, S. 35.

95 Immanuel Kant an Christian Garve, v. 7. August 1783, AA, Bd. 10, S. 343.

96 Immanuel Kant an Moses Mendelssohn, v. 8. April 1766, in: AA, Bd. 10, S. 70.

97 Reinhard Brandt: Zum ›Streit der Fakultäten‹, in: Kant-Forschungen, Bd. 1 (1987), S. 34.

98 Walter Benjamin: Deutsche Menschen, hg. v. Klaus-Peter Noack, Leipzig/Weimar 1979, S. 15.

99 Walter Benjamin an Gershom Scholem, v. 22. Okt. 1917, in: Walter

Benjamin: Briefe, hg. v. Gershom Scholem u. Theodor W. Adorno, Bd. 1, Frankfurt/Main 1978, S. 150.

100 Samuel Collenbusch an Immanuel Kant, v. 26. Dez. 1794, in: AA, Bd. 11, S. 536.

101 Karl Rosenkranz: Aus einem Tagebuch, Leipzig 1854, S. 318.

102 Reinhard Brandt: Zum ›Streit der Fakultäten‹, in: Kant-Forschungen, a. a. O., S. 33.

103 Johann Gottfried Herder: Briefe zur Beförderung der Humanität, hg. v. Johann v. Müller, Tübingen 1810, Eilfter Theil, S. 184.

104 Hermann Lübbe: Deutscher Idealismus als Philosophie preußischer Kulturpolitik, in: Hegel-Studien, Beiheft 22, Bonn 1983, S. 8.

105 Ibid., S. 5 f.

106 Friedrich Paulsen: Geschichte des gelehrten Unterrichts, Bd. 2, Berlin 1921, S. 309. – In einer allgemeinen Richtlinie der Universität Berlin von 1818 wurde ausdrücklich die altertumswissenschaftliche Bildung als die Grundlage aller weiteren Universitätsarbeit erklärt: »Die ganze wissenschaftliche Bildung der neueren Zeit ist auf das Studium des Altertums gegründet, von welchem sie sich … nur zu ihrem Verderb trennen kann.« (Friedrich Paulsen, ibid., S. 252).

107 Christian Jacob Kraus an Christian Gottfried Schütz, in: Jenaische ALZ, 3. März 1788.

108 APO, 1646, Akten des Akadem. Senats. Vorlesungsverzeichnisse 1788–1799, Nr. d 111, fol. 248.

109 APO, Bestand 1646, Nr. 236, fol. 352.

110 Immanuel Kant an Johann Albrecht Euler, v. 12. Jul. 1797, in: Kant-Studien 66 (1975), H. 1, S. 2.

111 Gensichen an den Rector, v. 15. März 1803, APO, 1646, Nr. 56, fol. 430.

112 Immanuel Kants Mittagsbüchlein, Zentrales Archiv der Berlin-Brandenburgischen Akademie der Wissenschaften. Nachlaß Immanuel Kant: Konvolut L, 2, bzw. Faksimile-Ausgabe, hg. v. Hermann Degering, Berlin 1926.

113 Kants letzte Aufzeichnungen, mitgeteilt v. G. Mecklenburg, in: Kant-Studien 61 (1970), H. 1, S. 96.

114 Kants Opus postumum, dargest. u. beurteilt v. Erich Adickes, Berlin 1920, S. 471.

115 Dem verehrungswürdigsten Herrn Professor I. Kant aus Hoch-
achtung und Liebe dargebracht von sämmtlichen Studierenden der hiesigen Universität, d. 14. Iuni 1797, wieder abgedr. bei
Erich Mertens: Drei Königsberger Huldigungen, in: Königsberg, hg. v. Joseph Kohnen, Frankfurt/M./Berlin/Bern 1994,
S. 392 f.

116 Deutschlands berühmte Männer, dargestellt von Georg Ludwig
Jerrer, Zweiter Theil, Leipzig 1835, S. 39.

117 APO, 1646, Nr. 1745, fol. 184.

Epilog

* Georg Christoph Lichtenberg: Fortsetzung der Betrachtungen
über das Weltgebäude. Von Kometen (1787).

1 Zeitung für die elegante Welt [Leipzig], Nr. 7, v. 17. Januar 1804,
Sp. 54/55.

2 Catalogus Praelectionum Academiae Regiomontanae WS 1797/
98, in: Vorlesungsverzeichnisse der Universität Königsberg (1720
bis 1804), hg. v. Michael Oberhausen u. Riccardo Pozzo, Stutt-
gart-Bad Cannstatt 1999, Teilband 2, S. 657.

3 APO, Universität Königsberg, Bestand 1646, d. 111, fol. 291.

4 Karl Ludwig Poerschke an Samuel Gottlieb Wald, v. 23. April
1804, in: Kantiana. Beiträge zu Immanuel Kants Leben und Schriften, hg. v. Rudolph Reicke, Königsberg 1860, S. 63.

5 Urceus [d. i. W. T. Krug], Meine Lebensreise, In sechs Stazionen.
Nebst Franz Volkmar Reinhard's Briefen an den Verfasser, Leipzig 1825, S. 149.

6 Ibid., S. 313.

7 Immanuel Kant, Erklärung in Beziehung auf Fichtes Wissenschaftslehre, v. 7. Aug. 1799, in: AA, Bd. 12, S. 397.

8 Catalogus Praelactionem WS 1800/1801, APO 1646, Nr. 358,
fol. 7.

9 In Sachen des M. Lehmann wegen nachgesuchter extraordinairer
Professur, Schreiben mit der Unterschrift Kants, in: APO, 1647,
Kuratorium, Nr. 155, fol. 6.

10 Immanuel Kant, Erklärung in Beziehung auf Fichtes Wissenschaftslehre, vom 7. Aug. 1799, AA, Bd. 12, S. 397.

11 Jacob Sigismund Beck an Karl Ludwig Poerschke, v. 30. März 1800, in: Briefe aus dem Kantkreise, mitgetheilt v. Hans Vaihinger, in: Altpreußische Monatsschrift, 17 (1880), S. 298.

12 Ibid., S. 298.

13 Allgemeine Zeitung [Stuttgart], Nr. 160, v. 9. Juni 1801.

14 Zeitung für die elegante Welt, Nr. 42, v. 7. April 1804, Sp. 336. – Christian Friedrich Raßmann (1772–1831), Publizist und Redakteur, war Herausgeber eines »Kurzgefassten Lexikons deutscher pseudonymer Schriftsteller« (Leipzig 1830). Vgl. insgesamt: Friedrich Raßmann: Leben und Nachlaß, Münster 1833.

15 Act Salaria, in: Jahres Rechnung über die Fonds der Universität der Universität Königsberg in Pr., pro 1. Junii 1803/04, APO, Bestand Universität Königsberg, 1646, Nr. 478, fol. 50.

16 GPStAPK, Berlin-Dahlem, HA XX, EM 139c IV 60.

17 APO, Bestand: Universität Königsberg, 1646, Nr. 356, fol. 296.

18 Studenten an den König, v. 16. Februar 1804, in: APO, Bestand 1647, Kuratorium, Nr. 362: Wegen eines extraordinairen Aufzugs der hiesigen Studirenden bei dem Begräbnisse des verstorbenen Prof. Kant 1804, fol. 2 f.

19 Die Entrepreneurs des Kantschen Leichenbegängnisses an den König, v. 22. Februar 1804, in: APO, 1647, a. a. O., fol. 7.

20 Academischer Senat an den König, v. 29. Febr. 1804, in: a. a. O., fol. 19 f.

21 Ibid., fol. 20.

22 Ernst G. A. Böckel: Empfindungen am Grab Kant's, in: Immanuel Kant zu ehren, hg. v. Joachim Kopper u. Rudolf Malter, Frankfurt/M. 1974, S. 44.

23 Rede des Freyherrn von Schrötter, in: ibid., S. 46.

24 Zeitung für die elegante Welt, Nr. 43, v. 10. April 1804, Sp. 357.

25 Kgl. Preuß. Staats-Kriegs- und Friedenszeitung [d. i. die Hartung'sche Zeitung], 18. St., v. Donn., d. 1. März 1804, S. 283.

26 Samuel Gottlieb Wald: Gedächtnißrede auf Kant am 23. April 1804, in: *Kantiana*. Hrsg. Rudolf Reicke, Königsberg 1860, S. 25.

27 Vgl. Joh. Fr. Gensichen, Consignation des Gehalts und der Emolumente des am 12. Februar 1804 verstorbenen Professors der Logik und Metaphysik Herrn Immanuel Kant, in: APO, Bestand 1646, Nr. 339, fol. 18 u. 19.

28 Etats-Ministerium an den Akademischen Senat, 16. Febr. 1804, in:

APO, Bestand 1646, Nr. 339: Acta des Academischen Senats die Anstellung der Professoren an der Philosophischen Facultät betreffend 1804–1868, fol. 1.

29 APO, Bestand 1646, Nr. 339, fol. 3.

30 APO, Bestand 1646, Nr. 339, fol. 2. »Mein Wunsch ist immer dieser gewesen«, so schreibt Wlochatius weiter, »auf der Universitaet bis an mein Ende Lehrer zu bleiben, und mein Zustand in Unterrichtung der Jugend wird [...] destomehr zunehmen, wenn ich auch noch ein stehendes Gehalt als ordentlicher Professor bekomme.« (Ibid.).

31 Johann Daniel Metzger: Ueber die Universitaet zu Koenigsberg, Königsberg 1804, S. 68.

32 Rector Elsner an das Etats-Ministerium, v. 28. Febr. 1804, in: APO, Bestand 1646, Nr. 339, fol. 5.

33 Ibid., fol. 5.

34 Votum Reusch, in: ibid., fol. 6.

35 Votum Metzger, in: ibid., fol. 7.

36 Schulze an Rector, Kanzler und Senatoren, v. 12. März 1804, in: APO, Bestand 1646, Nr. 339, fol. 25.

37 Ibid., fol. 26. – Schulze starb dann auch schon im Sommer 1805.

38 Metzger an den Rektor, v. 13. März 1804, in: ibid., fol. 24.

39 Elsner an Poerschke, v. 13. März 1804, in: ibid., fol. 26.

40 Poerschke an den Rektor, v. 20. März 1804, in: ibid., fol. 29. »Ich bin bescheiden genug einzusehen«, so erklärt er sich weiter, »daß alle möglichen Nachfolger Kant's, dessen günstigen Urtheilen über meine Lehrfähigkeit ich den größten Theil des mich beglückenden Beyfalls verdanke, die Zahl meiner Zuhörer in der theoretischen Philosophie vermindert werden könne; doch darf ich als ein geübter und erfahrener Lehrer hoffen, es werde mir die Einträglichkeit dieser Vorlesungen nicht auf immer ganz zunichte machen.« (Ibid., fol. 30).

41 Ibid., fol. 30. Er führt dafür auch gewissermaßen kulturpolitische Gründe an: »Wo man noch ernstlich der stets wiederkehrenden Barbarey umkehr will, wird keine Gelegenheit unbenutzt gelassen, durch die Erklärung der Römer und Griechen Humanität zu befördern.« (Ibid., fol. 30).

42 Ibid., fol. 30.

43 Metzger an Magnifizenz, v. 21. März 1804, in: ibid., fol. 32.

44 Rector Elsner an das Oberkuratorium und Etats-Ministerium, v. 21. März 1804, in: ibid., fol. 37.

45 Ibid., fol. 37. Diese Zulage an Kant wurde ihm erst als Fünfundsechzigjährigen [!] im Frühjahr 1789 gewährt. Der Minister für geistliche Angelegenheiten, Woellner, schrieb damals – am 3. März 1789 – an das Ostpreußische Etats-Ministerium: »Schon lange haben wir den Fleiß und die Uneigennützigkeit des so geschickten, als rechtschaffenen Mannes, des Professoris Philosophiae Kant, der ohne irgend eine Zulage, noch Verbesserung zu verlangen, mit unermüdlichem Eifer, zum Besten der dortigen Universität arbeitet, mit unserer Zufriedenheit bemerkt [...] Wir haben daher dem Professor Kant, zum Zeichen unserer vollkommenen Zufriedenheit, aus dem Fond unseres Oberschulkollegiums eine jährliche Gehaltszulage von 220 rth zu accordiren allergnädigst geruhet.« (APO, Bestand 1646, d. 111, fol. 26).

46 Brief v. Schroetter an den König, v. 23. März 1807, in: APO, Bestand 1646, Nr. 339, fol. 162.

47 Vgl. Wilhelm Traugott Krug, Aphorismen zur Philosophie des Rechts, Bd. 1, Jena/Leipzig 1800.

48 Urceus, Meine Lebensreise, a. a. O., S. 142.

49 GStAPK, I. HA, Rep. 96 A: Tit 33, 33 F, fol. 9.

50 APO, Bestand 1646, Nr. 642, fol. 3.

51 Urceus, Meine Lebensreise, a. a. O., S. 113. – Hier in Frankfurt, im Haus des Stadtkommandanten Generalmajor v. Zenge, lernte Krug bei einem Ball eine der Töchter des Hause kennen – Wilhelmine v. Zenge, die einmal in den Dichter Heinrich v. Kleist verliebt war. Wilhelmine wird 1803 Krugs Ehefrau.

52 Brief v. Massow an den König, v. 7. Mai 1802, in: GStAPK, I. HA, Rep. 96 A, Nr. 33 A, Tit. 33, fol. 130 v. – Der Prof. Steinbarth »gab mittels eines Privatabkommens 160 rth dem Krug ab, und half mir«, schreibt v. Massow, »bei künftiger Vacanz seines Gehaltes dem Krug ex cassa diese 160 rth anzuweisen.« (Ibid., fol. 131).

53 Krug war 1802 im Tableau der Lehrkräfte der Universität Frankfurt unter Nr. 18 aufgeführt (Vgl. ibid., fol. 134 v).

54 Brief v. Massow an den König, v. 7. Mai 1802, in: GStAPK, I. HA, Rep. 96 A, Nr. 33 A, Tit. 33, fol. 131 v.

55 Brief v. Massow an den König, v. 31. July 1805, in: GStAPK, I. HA, Rep. 96 A, Tit. 33, 33 F, fol. 10–10v.

56 Brief v. Massow an den König, v. 9. Dez. 1805, in: APO, Bestand 1646, Nr. 642, fol. 20.

57 Poerschkes Eintrag unter dem 26. Aug. 1806 in sein Diarium Decanatus, in: APO, Bestand 1646, d. 135. Am nächsten Tag starb Fakultätskollege Reusch – »Die Capsel kommt von ihm ohne Votum zurück.« (Eintrag in Poerschkes Diarium unter den 27. Aug.).

58 Poerschkes Eintrag unter dem 28. Aug., in: ibid. Am nächsten Tag bekommt er die ›Capsel‹ von Kraus zurück.

59 Decanus u. Senioren der philosophischen Fakultät an den Rector, v. 31. Aug. 1806, in: APO, Bestand 1646, Nr. 642, fol. 32.

60 Königl. Curatorium an den Akadem. Senat, v. 2. Nov. 1807, in: APO, Bestand 1646, Nr. 339, fol. 201 u. 204.

61 Votum Poerschke, v. 4. Sept. 1806, in: APO, Bestand 1646, Nr. 642, fol. 35. Dieses Votum war ihm offensichtlich sehr wichtig, denn er hatte es auch in seinem Decanats-Diarium von 1806 vermerkt – APO, Bestand 1646, d. 135: Eintrag unter dem 4. Sept.

62 Votum Elsner, v. 5. Sept. 1806, in: APO, Bestand 1646, Nr. 642, fol. 35.

63 Votum Krug, v. 5. Sept. 1806, in: ibid., fol. 36.

64 Diarium Decanatus Prof. Poerschke 1806: Eintrag am 20. Jun., in: APO, Bestand 1646, d. 135.

65 Erklärung des Prof. Krug wegen der von ihm zu haltenden Disputazionen, v. 12. Okt. 1807, in: APO, Bestand 1646, Nr. 642, fol. 43.

66 Erklärung des Prof. Krug ..., a. a. O., fol. 43. Die andere, die *Disputatio pro receptione* sei ihm »bekanntlich von dem vormaligen Hochlöblichen OberCuratorio zu Berlin in Zustimmung mit der hiesigen philosophischen Fakultät erlassen worden.« (Ibid., fol. 43).

67 Wilh. Traug. Krug, Verpflichtung vom 13. Dezember 1805, in: APO, Bestand 1646, Nr. 642, fol. 22.

68 Votum Poerschke, v. 4. Nov. 1805, in: APO, Bestand 1646, Nr. 642, fol. 19. – Der Prof. Reusch starb dann im folgenden Sommer, am 27. August 1806 in Königsberg.

69 Königl. Majestät allergnädigster Special-Befehl v. 6. October 1807, in: APO, Bestand 1646, Nr. 642, fol. 44 f. In seinen Erinnerungen an diese Umstände zwanzig Jahre später erhöht sich seine Zulage

auf »200 Thl« (vgl. Urceus, Meine Lebensreise, a. a. O., S. 149). – Schon ein paar Tage nach seiner Bestallung macht er es am 19. Okt. 1807 Magnifizenz gegenüber dringlich, »zu verfügen, daß mir das bestimmte Gehalt als professori philosophiae practicae für das laufende Vierteljahr baldigst ausgezahlt werde.« (Ibid., fol. 46).

70 Wilhelm Traugott Krug, Fundamentalphilosophie oder urwissenschaftliche Grundlehre [1803], Züllichau u. Freistadt 1819, S. 75.

71 Brief des Dept. für Auswärtige Angelegenheiten an die Churfürstlich Sächsischen Herren Geheime Räthe, v. 16. April 1799, in: GStAPK, I. HA, Rep. 9, F 2a, Fasc. 37, fol. 41. – In einer früheren Antwort des Auswärtigen Amts in Berlin an Minister v. Massow werden die Neuen Philosopheme, namentlich Fichtes – begriffsfern – als »transcendente Spinlationes« (Ibid., fol. 16) bezeichnet!

72 Einleitung zu: Friedrich Wilhelm Joseph Schelling u. Georg Wilhelm Friedrich Hegel, Kritisches Journal der Philosophie [1802/03], hg. v. Steffen Dietzsch, Reclam Leipzig 1981, S. 16 f.

73 Briefe über den neuesten Idealismus. Eine Fortsetzung der Briefe über die Wissenschaftslehre, Leipzig 1801, S. 74 f.

74 Emil Ferdinand Vogel, D. Wilhelm Traugott Krug, in drey vertraulichen Briefen an einen Freund im Ausland biographisch-litterarisch geschildert, Neustadt an der Orla 1844, S. 7.

75 Schelling/Hegel, Kritisches Journal der Philosophie, a. a. O., S. 80.

76 Hegel, Zum Ende der Mechanik, in: Hegel, Jenaer Systementwürfe I, hg. v. Klaus Düsing u. Hermann Kimmerle, Hamburg 1975, S. 124. »Vor der Leiche eines Königs der Spekulation wie Hegel, dem auch Krug aus Gewissenhaftigkeit manchen Dolchstoß gegeben, würde ein kritischer Antonius sprechen müssen: Ja, Krug, du bist ein ehrenwerter Mann.« (Karl Rosenkranz, Geschichte der Kant'schen Philosophie, hg. v. Steffen Dietzsch, Berlin 1987, S. 258).

77 Wilhelm Traugott Krug, geb. in der Mitternacht v. 21. zum 22. Juni 1770 im sächsischen Radis b. Gräfenhainichen, war 1782–1788 Schüler in Schulpforta; an Fichte, der etwas früher hier Gymnasiast war und der als Leipziger Student einmal zu Besuch kam, erinnerte man sich noch als an einen strengen, unbeliebten Mitschüler. Nach seinem Abgang als immerhin *Tertius Portensis* studierte Krug zwischen 1788 u. 1791 Theologie in Wittenberg. Philosophische Vorlesungen hörte er hier bei Franz Volkmar Rein-

hard, deren »Grundton die wollfische war« (Urceus, Meine Lebensreise, a. a. O., S. 78) und bei *Aenesidemus*-Schulze, dem namhaften Kant-Gegner. Am 17. Okt. 1791 wurde Krug in Wittenberg
zum *Doctor philosophiae et Magister artium liberalium* ernannt.
Von 1794 bis 1801 blieb Krug als Privatdozent in Wittenberg. Das
waren seine »akademischen Hungerjahre« (Urceus, Meine Lebensreise, a. a. O., S. 88).

78 Urceus, Meine Lebensreise, a. a. O., S. 77.

79 Ibid., S. 78.

80 Ibid., S. 82.

81 Ibid., S. 79. Gruner war zu dieser Zeit schon lange im Ruhestand.

82 Immanuel Kant an Kanzler u. Senatoren, vom 15. Dec. 1783, in:
APO, Bestand 1646, Nr. 234, fol. 130.

83 So zustimmend das Votum von Reusch, a. a. O., fol. 130, und auch
das Votum von Schultz (fol. 131).

84 Franz Volkmar Reinhard an Krug, v. 1. Aug. 1793, in: Urceus,
a. a. O., S. 242.

85 Ueber Herder's Metakritik [1799], in: Wilhelm Traugott Krug,
Philosophische Schriften, Band 1, Leipzig 1839, S. 181.

86 Jean Paul an Friedrich Heinrich Jacobi, 30. Jenn. 1804, in: Jean
Pauls Sämtliche Werke, hg. v. Eduard Berend, III. Abt. (Briefe),
Bd. 4, Berlin 1960, S. 272. – Im Neukantianismus später wird man
ihn, zusammen mit Kiesewetter und Jäsche, gar einen »orthodoxen Schüler Kants« nennen. (Vgl. E. Adickes: Liebmann als Er-
kenntnistheoretiker, in: Kant-Studien 15 (1910), S. 4).

87 Urceus: Meine Lebensreise, a. a. O., S. 117.

88 Wilhelm Traugott Krug: Fundamentalphilosophie, a. a. O., S. 75.

89 Wilhelm Traugott Krug: Denklehre oder Logik [d. i.: System der
theoretischen Philosophie, Bd. 1], Königsberg 1806, S. 4.

90 Franz Volkmar Reinhard an Wilhelm Traugott Krug, v. 19. Aug.
1807, in: Urceus: Meine Lebensreise, a. a. O., S. 317.

91 Franz Volkmar Reinhard an Wilhelm Traugott Krug, v. 28. März
1808, in: ibid., S. 320. ›Primo loco‹ war der Prof. Brehm nominiert,
der aber bereit wäre, sich, da er »der Universität schon über zwanzig Jahre gedient hat, durch eine starke Pension abzufinden.« (Ib.).

92 Urceus: Meine Lebensreise, a. a. O., S. 326. Sich solche akademischen Rituale vom Halse zu schaffen, war offensichtlich eine
Marotte von ihm.

93 Köngl. Curatorium an den Akademischen Senat, v. 23. Febr. 1809, in: APO, Bestand 1646, Nr. 642, fol. 50. Die genaue Auflistung dieser Leistungen vgl. fol. 55/56.

94 Wilhelm Traugott Krug an den Prorector Academiae Magnifice, v. 4. März 1809, in: APO, Bestand 1646, Nr. 642, fol. 57. – Wieso *Prorector*? Seit kurzem – seit Frühjahr 1808 – war in Königsberg als der »perpetuierliche Rector [...] Sr. Königliche Hoheit, der Kronprinz v. Preussen erwählt« (Akademisches Erinnerungsbuch für die, die in den Jahren 1787–1817 die Königsberger Universität bezogen haben, Königsberg 1825, S. 180). Der faktische Rector aus der Universität wurde deshalb neu als *Prorector Academiae Magnifice* bezeichnet, er wurde aus dem Kreis der ältesten Professoren gewählt.

95 APO, Bestand 1646, Nr. 642, fol. 60. – Diese Geldquerelen zogen sich dann noch hin bis in den August 1810!

96 Ibid., fol. 61.

97 Franz Volkmar Reinhard an Wilhelm Traugott Krug, v. 9. Jan 1809, in: Urceus, Meine Lebensreise, a. a. O., S. 328.

98 Wilhelm Traugott Krug an Unbekannt, v. 5. März 1811, in: Universitätsbibliothek Leipzig, Handschriftenabt., Bestand »W. T. Krug«.

99 Wolfgang Menzel: Die deutsche Literatur, Stuttgart 1836, Erster Theil, S. 240.

100 v. Massow an das Königl. Hochlöbliche Department der auswärtigen Angelegenheiten, v. 4. Maertz 1799, in: GStAPK, I, Rep. 9, F2a, Fasc. 37, fol. 18. Vgl. auch: Ernst Müsebeck: Das Verhalten der preußischen Regierung im Fichteschen Atheismusstreit, in: Historische Zeitschrift 115 (1916), S. 278–310.

101 Departement für auswärtige Angelegenheiten an die Churfürstl. Sächsischen Herrn Geheimen Räthe, v. 16. April 1799, in: GStAPK, I, Rep. 9, F2a, Fasc. 37, fol. 36v–37.

102 Hier machte er konkrete Vorschläge zur Universitätsreform mit seinen *Ideen für die innere Organisation der Universität Erlangen*, vgl.: Wilhelm Erben: Fichte's Universitätspläne, Innsbruck 1914, S. 50–73.

103 Zeitung für die elegante Welt, Nr. 138, v. 28. August 1807, Sp. 1102.

104 Urceus: Meine Lebensreise, a. a. O., S. 164.

105 Ibid., S. 165. Auch Krug erachtete ja die *Wissenschaftslehre* »als

Grundsatz einer die Gewißheit aller Erkenntnis zerstörenden Philosophie.« (Briefe über die Wissenschaftslehre, Leipzig 1800, S. 3).

106 Johann Gottlieb Fichte: Deduzierter Plan einer zu Berlin zu errichtenden Höhern Lehranstalt, die in gehöriger Verbindung mit einer Akademie der Wissenschaften stehe [1807], in: Idee und Wirklichkeit einer Universität, hg. v. Wilhelm Weischedel, Berlin 1960, S. 30–105.

107 Im[m]anuel Kant, in: Museum des Wundervollen [Leipzig], Bd. 1 (1804/05), S. 18.

Apokryphe Kant-Texte 1776–1791

1 APO, 1646/Nr. 116, fol. 372. ›Capitolium‹.

2 APO, 1646/Nr. 208, fol. 143.

3 Special-Befehl des Königs, v. 26. Mai 1770, in: APO, 1646, Nr. 306, fol. 850.

4 Einleitung der Herausgeber in: Vorlesungsverzeichnisse der Universität Königsberg (1720–1804), hg. v. Michael Oberhausen u. Riccardo Pozzo, Stuttgart 1999, S. XLII.

5 Riccardo Pozzo: Vorlesungsverzeichnisse als Quelle der Universitätsgeschichte Preußens, in: Studien zur Entwicklung preußischer Universitäten, hg. v. Reinhardt Brandt u. Werner Euler, Wiesbaden 1999, S. 74.

6 Johann Gottfried Hasse: Letzte Äußerungen Kants, in: Der alte Kant, hg. v. Artur Buchenau u. Gerhard Lehmann, Berlin/Leipzig 1925, S. 31.

7 Raisonnement über die protestantischen Universitäten in Deutschland, Zweiter Theil, Frankfurt u. Leipzig 1770, S. 269.

8 Daniel Heinrich Arnodts Historie der Königsbergischen Universität, Zweyter Theil, Königsberg 1746, S. 470.

9 Daniel Heinrich Arnoldt: Historie der Königsbergischen Universität, Königsberg 1746, S. 177.

10 Werner Euler: Kants Beitrag zur Schul- und Universitätsreform, in: Studien zur Entwicklung preußischer Universitäten, a. a. O., S. 221 f.

Personenregister

Der Name ›Immanuel Kant‹ wird hier nicht gesondert aufgeführt.

Abbildungsverzeichnis

Dank

Für die Unterstützung und Interesse an dieser Arbeit möchte ich mich sehr herzlich bei Herrn Prof. Dr. Volker Gerhardt vom Institut für Philosophie der Humboldt-Universität Berlin bedanken.

Mein Dank gilt auch den Kollegen vom Kant-Archiv der Philipps-Universität Marburg, Herrn Prof. Dr. Reinhardt Brandt, Herrn Prof. Dr. Werner Stark und – in besonderer Erinnerung gemeinsamer Olsztyn-Recherchen – Herrn Dr. Werner Euler.

Ein ganz herzlicher Gruß und Dank gebührt der Archivarin Frau Magistra Beata Wacławik vom Archiwum Państwowe w Olsztynie [Staatsarchiv Olsztyn (Allenstein)].

Desweiteren bedanke ich mich bei Herrn Prof. Dr. Kurt Röttgers vom Christian-Jacob-Kraus-Institut der FernUniversität Hagen, bei Herrn Lorenz Grimoni vom Museum Stadt Königsberg in Duisburg und bei den Kollegen von der Kant-Forschungsstelle der Johannes Gutenberg-Universität Mainz.

Für ihre Hilfe bei Übersetzungen bedanke ich mich bei Friederike Fischer (München) und Herrn Dr. Heinz Mürmel (Universität Leipzig).

Berlin, 22. April 2003   St. D.